系统性金融风险的缘起与治理

——国际经验与教训

章　彰◎著

中国金融出版社

责任编辑：肖丽敏　赵晨子
责任校对：潘　洁
责任印制：陈晓川

图书在版编目（CIP）数据

系统性金融风险的缘起与治理：国际经验与教训/章彰著 . —北京：
中国金融出版社，2023. 2
ISBN 978 – 7 – 5220 – 1797 – 6

Ⅰ. ①系…　Ⅱ. ①彰…　Ⅲ. ①金融风险防范—研究—中国
Ⅳ. ①F832. 1

中国版本图书馆 CIP 数据核字（2022）第 195716 号

系统性金融风险的缘起与治理：国际经验与教训
XITONGXING JINRONG FENGXIAN DE YUANQI YU ZHILI：
GUOJI JINGYAN YU JIAOXUN

出版
发行　　**中国金融出版社**

社址　　北京市丰台区益泽路 2 号
市场开发部　　（010）66024766，63805472，63439533（传真）
网 上 书 店　www. cfph. cn
　　　　　　　（010）66024766，63372837（传真）
读者服务部　　（010）66070833，62568380
邮编　　100071
经销　　新华书店
印刷　　河北松源印刷有限公司
尺寸　　169 毫米 ×239 毫米
印张　　27. 5
字数　　362 千
版次　　2023 年 2 月第 1 版
印次　　2023 年 2 月第 1 次印刷
定价　　99. 00 元
ISBN 978 – 7 – 5220 – 1797 – 6
如出现印装错误本社负责调换　联系电话（010）63263947

—— 前　言 ——

正确看待实体经济风险

防范和化解系统性金融风险只有坚持运用辩证思维、系统思维、战略思维、法治思维、底线思维、精准思维的方法论，切实结合我国实际情况，客观分析金融服务实体经济的制约因素，找准药方、精准发力，才能形成既服务实体经济又化解风险的新格局。

唯物主义辩证法坚持一分为二地看待问题，既不盲目悲观，也不盲目乐观。有利态势下蕴含着不利因素，不利态势下隐藏着有利条件。坚持辩证思维分析金融服务实体经济的现状，不仅要看到金融体系在支持实体经济方面发挥着重要作用，也要看到金融服务实体经济能力的不足。融资总量无法满足市场需求，金融供给结构性矛盾依然突出，金融机构对"三农"及中小微企业的支持力度有限，科技企业融资困难等问题，反映出金融支持实体经济的诸多薄弱环节。唯物主义辩证法坚持抓主要矛盾和矛盾的主要方面。金融工作的主要矛盾是实体经济产生的融资需求与金融供给能力不足的矛盾，实体经济融资需求多样化和金融供给单一化之间构成矛盾的主要方面。我国金融体系由银行占据绝对主导地位，实体经济融资主要依赖银行。在经济增速放缓阶段，实体经济会出现资金占压严重、企业流动性普遍短缺的问题，流动性资金需求迫切。而银行授信标准的"顺周期"特征决定了企业流动性越短缺，银行新增授信标准越收紧，实体经济很容易陷入流动性困境。金融供给能力不足主要表现为银行以外的金融机构质量严重不足。股权融资原本可以对冲债权融资的期限约束，起到稳定实体经济的作用，但市场上股权融资供给极度缺乏，能获得股权融资的实体只是少数。抓主要矛盾和矛盾主要方面客观上要求从融资总量和融资结构两方面入手，增强金融服务实体经济的能力。唯物主义辩证法还坚持用发展的眼光看待问题。事物是发展变化的，金融供给能力在变，实体经济也在变化。实体经济短期流动性困难并不影响经济长期看好的大趋势，市场逐步回暖会改善企业流动性资金占压的局面，这就要求银行灵活设计和调整授信期限，以时间换取空间，而不是简单地到期一收了之。伤害实体经济的结果最终必然伤害金融机构的可持续发展。

学会用系统思维分析金融服务实体经济能力存在的不足，就要从整体性、关联性、协调性上研判制约金融服务能力提升的障碍。系统地看，有多种原因影响金融机构服务实体经济的能力，既可能是金融机构难以获得实体经济的真实信息、投放的资金总量受到监管机构或上级机构的限制、区域内的金融机构授信权限不足、风险控制标准过严、融资服务费用过高、融资工具灵活性不够、金融机构工作作风不实等原因，也可能是企业经营管理不规范、缺乏核心竞争力、诚信缺失、发展前景不明朗等因素，还可能涉及政府职能部门服务意识差、工作流程冗长、办事效率低等原因。这些问题交织在一起，有时候政府部门问题突出些，有时候金融机构问题突出些，还有时候企业问题突出些。增强金融服务实体经济能力首要注重融资整体效果，解决实体经济融资总量提升的问题。融资总量是一个反映宏观情况的指标，政府、金融机构和实体经济必须协调一致、共同发力、齐头并进才能提高融资总量。政府要持续抓好信用体系建设，营造诚实守信的市场环境，严厉惩戒失信行为。要把政府"放管服"改革与提升融资总量结合起来，把行政效率提高作为重中之重，把行政许可、行政审批办结作为改善政府工作的着力点，将行政执法监督规范化，寓监督与服务中；要注重融资结构平衡，着重发展股权投资基金、创业投资基金、风险投资基金等直接融资方式，为实体经济开辟多种不同形式的融资渠道；要在融资力度和节奏上，按照"逆周期"思路引导和激励金融机构加大支持实体经济的力度。在经济增速放缓期，鼓励贷款投放力度更大些，投放节奏更快些。政府对金融机构的考核应拉长考核时间，除直接效益考核外，还应将金融机构对实体经济产值和税收增长率的贡献、实体经济就业增长率、实体经济专利增长率等看似并不直接相关的指标也纳入考核，更加全面地看待金融机构对实体经济的支持。

坚持用战略思维分析和解决金融服务实体经济不足的问题，就必须要树立正确的"三观"。首先，要有全局观。未来一段时间直到21世纪中叶，我国的发展目标是全面建设社会主义现代化强国。建设社会主义现代化强国就必须有现代化经济体系，现代化经济体系需要更能满足市场需要的供给能力，需要更强大的国家创新能力，需要解决区域发展不平衡、振兴乡村问题，需要释放市场经济体系中各生产要素，需要更加开放地融入世界经济体系。金融发展必须服务于整个经济建设全局，一切金融活动都要围绕实体经济的合理需求开展。其次，要有比较观。在清晰地看到大趋势后，还要看到局部比较优势和比较劣势。历史传承、自然禀赋、体制机制等因素既是经济发展水平的优势所在，也是比较劣势的原因。不同类型金融机构服务实体经济也有比较优势和比较劣势的问题，只有找准优势和劣势，才能对症下药、扬长避短。最后，还要有时空观。要从时间和空间两个维度看待事物发展变化，全局看准了，比较优势明朗了，还要看是否恰逢其时，以及是否有足够的发展空间。产业是现代经济的依托，要紧紧围绕"植优补短"，在产业布局、产业培育、产业创新、产业升级方面下功夫。增强金融服务实体经济能力不能只满足于"特事特办"，解决个别重大项目和重大企业的融资，而要谋划支持产业发展的金融大格局。在许多区域内并不缺少资金，但资金进入实体经济的渠道普遍存在各种各样的梗阻。银行业法人机构众多，差异化融资结构却并未形成。"垒大户"现象屡见不鲜，追逐地方政府融资平台的倾向明显，金融"血液"没有顺畅地流到关系经济发展的"植优补短"领域。因此，必须从战略高度谋篇布局，加强对银行融资体系疏导，通过引导、考核、激励、风险补偿推动资金流向实体经济，通过政府融资担保公司、保险公司撬动资金流向实体经济，通过设立政府产业基金、发展风险投资基金等方式，将资金直接注入实体经济，解决渠道梗阻问题。

坚持用法治思维引领和指导金融服务实体经济的能力，就要求政府各级各部门真正做到学法、用法、懂法。市场经济是法治经济，经济发展必须善用法治思维化解矛盾，坚守契约精神，以法律为准绳来推动金融工作。党的十九大报告中提出："坚持依法治国，依法执政，依法行政共同推进，坚持法治国家，法治政府，法治社会一体建设，坚持依法治国和以德治国相结合，依法治国和依规治党有机统一，深化司法体制改革，提高全民族法治素养和道德素质。"依法行政就必须坚持"把权力关进制度的笼子"，明确权力赋予哪级政府职能部门，在制度约束下明明白白行使权力。在执法过程中，政府和其他市场经济主体都应该维护法律的权威性，不能搞以权代法、以权谋私。金融工作与资金融入、融出有关，最应该讲信用，信用是金融活跃程度的基石。涉及政府信用的融资在依法履约方面应该是市场的楷模和表率。商鞅变法之前徙木立信，就是为了建立起政府言出必行的信用。法出民随，这样才能令行禁止。各级政府不能因为主要领导更迭而损害政府信用，更不能选择性履约，在维护金融机构合法债权方面尤其要秉承公平公正的原则，不能以各种理由逃废金融机构债务。增强金融服务实体经济的能力看似是对金融机构提出的要求，实际上更是对司法公正和政府依法行政提出的要求。不按市场规则出牌，不能扭转"情大于法"的局面就等于毁掉了信用，堵塞了金融机构依法维权的通道，必然严重削弱金融服务实体经济的能力。

坚持底线思维就是在服务实体经济之前做好最坏打算，要做好承担可能发生风险的准备。底线思维是防范风险的思维模式，增强服务实体经济能力绝不能以牺牲金融机构安全为代价。在经济周期不同阶段，实体经济对金融体系服务能力的预期和金融体系自身的安全性要求之间会有一定矛盾，是更多地容忍实体经济增长放缓，还是更多地容忍金融机构坏账增加，只有运用底线思维才可以帮助我们掌握好两者之间的"度"。底线思维要从"讲原则"开始，金融机构风险控制要处理好原则性和灵活性的关系，在服务实体经济上要具体问题具体分析，既不能生搬硬套，更不能信马由缰。既要不折不扣地执行中央政策，又要实事求是、因地制宜地寻找解决方案。底线思维也要"讲细节"。"患生于所忽，祸起于细微"，实体经济在经营过程中会有各种风险，金融机构对实体经济的资金支持和智力支持意味着金融机构和实体经济牢牢捆绑在一起，共同应对风险。要从细节入手，防止小恙酿成大患，不断致力于支持过程中的风险隐患消除。底线思维更要"讲平衡"，如果实体经济发展不平衡、实体经济体系和金融体系之间发展不平衡，以及金融体系内部发展不平衡都会造成金融支持实体经济不足。在不平衡状态下，从最不平衡之处入手解决"短板"问题，金融服务实体经济的能力就会改善。

增强金融支持实体经济能力不是泛泛而谈，必须要学会精准思维。精准思维必然以目标为导向、以问题为导向、以结果为导向。金融服务实体经济既有金融机构的工作目标，也有实体经济的发展目标，精准思维要求金融机构和实体经济紧紧围绕既定目标，推进各项工作，定期"回头看"，在总结中完善，在不断完善过程中再总结。服务实体经济出现了问题既可能是金融机构或实体经济的目标偏差，也可能是各自行动不力造成。精准思维从来不大而化之，哪里出了问题就解决哪里的问题。精准思维也是专业精神和科学精神的体现。金融服务实体经济是一个长期的、动态的过程，是一个没有最好、只有更好的过程。精准思维要求金融机构在服务实体经济的每个环节上精益求精，行动起来犹如导弹百分之百击中目标，精准无误，来不得半点马虎。精准思维注重调查研究，以及调查研究基础上的实践，要求知行合一。增强金融服务实体经济能力不是什么新课题，在新形势下老课题需要新思路、新方案，这些新思路和新方案必然来自深入调查研究基础上的勇于创新和勇于实践。有些时候新方案甚至是一个试错过程，不必担心"犯错误"，不必担心"走弯路"，要在实践中不断修正方案，最终实现"帕累托改进"。

目　录

第一章　系统性金融风险分析框架

一、风险认识论

人们习惯于把风险定义为出现了没有预料到的不利结果，或预料到了不利结果，但因为各种原因没有采取及时有效的防范措施，而不得不承受的不利结果。定义中描述的两种情况结果相同，过程却有天壤之别。没有预料到不利结果是由于受知识、经验、能力所限，对未来未知造成的。随着知识增加，经验和能力逐步改进，将部分原来是未知的变成已知，或者人类知识、经验、能力面对这样的问题不再有限制，采取的防范措施成本可接受，预料到了不利结果，也采取了合理行动，就不会有风险。必须承认永远存在人类知识、经验、能力无法企及的领域，因而对未来未知，这种情况下无法提前防范，不利结果发生之前只能听之任之，发生之后通过及时采取行动来减少损失。预料到了不利结果在认识上更进了一步，因为对不利结果是已知的，但未采取必要行动，被迫接受了不利结果，更值得同情和惋惜。

风险的上述定义体现了"知"和"行"的关系。"知行合一"的内在逻辑是"实践、认识、再实践、再认识，这种形式，循环往复以至无穷，而实践和认识之每一循环的内容，都已经进到了高一级的程度。这就是辩证唯物论的全部认识论，这就是辩证唯物论的"知行统一观"。[①] 在风险管

---

① 杨信礼．重读《实践论》《矛盾论》［M］．北京：人民出版社，2014.

理领域，从"知"的角度看，对于事件发生可能产生的不利结果，存在如表1-1所示的四种心理状态。

表1-1　　　　　　　　　已知和未知情况下的心理状态

状态	已知	未知
已知	石头落地	提心吊胆
未知	无知无畏	听天由命

结合"知"的情况，从"行"的角度看，会有八种情形、两种结果。不考虑行动不到位导致结果不理想，只有在已知已知的情形下采取了防范行动，结果是"无风险"。其他七种情形结果都是"有风险"。其中，在已知已知情形下，未采取行动可能是因为防范行动成本太高，发生的损失小于风险防范的成本，经济上不划算，也可能是存在侥幸心理，结果是"有风险"；在已知未知、未知已知、未知未知情形下，都不可能采取防范行动，结果自然是"有风险"。应该说，在绝大多数情形下，无论采取或不采取行动，最终的结果都是"有风险"。如表1-2所示。

表1-2　　　　　　　　各种情况下采取行动和未采取行动面临的结果

状态	行动	未行动
已知已知	无风险	有风险
已知未知	有风险	有风险
未知已知（"灰犀牛"）	有风险	有风险
未知未知（"黑天鹅"）	有风险	有风险

风险事件发生后回头检视"知"和"行"的不足之处，就会发现对于已知已知这种情形，采取行动的效果和未采取行动的代价都是可以看到的；对于已知未知和未知已知的情形，可以提高对风险的认识水平和防范风险的行动能力，下次类似事件再次发生时，上次的已知未知和未知已知情形都可以变成已知已知情形，俗语说的"吃一堑长一智"就是这个意思。对于未知未知情形，风险发生后"回头看"可以让人们对已知未知情况有更

深入的理解，对防范风险行动借鉴方面并没有太多意义。

风险无处不在、无时不在。在人类历史长河中，处处可见风险事件给人类造成的伤害。那些有先见之明并及时采取了防范措施的案例，因为并未形成损害，大多淹没在历史尘埃中，好在还是可以从故纸堆中发现一些蛛丝马迹。

《治安策》节选

臣窃惟事势，可为痛哭者一，可为流涕者二，可为长太息者六，若其他背理而伤道者，难遍以疏举。进言者皆曰天下已安已治矣，臣独以为未也。……然而天下少安，何也？大国之王幼弱未壮，汉之所置傅相方握其事。数年之后，诸侯之王大抵皆冠，血气方刚，汉之傅相称病而赐罢，彼自丞尉以上偏置私人，如此，有异淮南、济北之为邪？此时而欲为治安，虽尧舜不治。……天下之势方病大瘇。一胫之大几如要，一指之大几如股，平居不可屈信，一二指搐，身虑亡聊。失今不治，必为痼疾，后虽有扁鹊，不能为已。病非徒瘇也，又苦蹠戾。元王之子，帝之从帝也，今之王者，从弟之子也。惠王之子，亲兄子也；今之王者，兄子之子也。亲者或亡分地以安天下，疏者或制大权以逼天子，臣故曰非徒病瘇也，又苦蹠戾。可痛苦者，此病是也。天下之势方倒县。凡天子者，天下之首，何也？上也。蛮夷者，天下之足，何也？下也。今匈奴嫚，娒侵掠，至不敬也，为天下患，至亡已也，而汉岁金絮采缯以奉之。夷狄征令，是主上之操也；天子共贡，是臣下之礼也。足反居上，首顾居下，倒县如此，莫之能解，犹为国有人乎？非亶倒县而已，又类辟，且病痱。夫辟者一面病，痱者一方痛。今西边北边之郡，虽有长爵不轻得复，五尺以上不轻得息，斥候望烽燧不得卧，将吏被介胄而睡，臣故曰一方病矣。医能治之，而上不使，可为流涕者此也。陛下何忍以帝皇之号为戎人诸侯，势既卑辱，而祸不息，长此安穷！进谋者率以为是，固不可解也，亡具甚矣。臣窃料匈奴之众不过汉一大县，以天下之大困于一县之众，甚为执事者羞之。陛下何不试以臣为属国之官以主匈奴？行臣之计，请必系单于之颈而制其命，伏中行说而笞其背，举匈奴之众唯上之令。今不猎猛敌而猎田彘，不搏反寇而搏畜菟，玩细娱而不图大患，非所以为安也。德可远施，威可远加，而直数百里外威令不信，可为流涕者此也。

这篇文章发表在公元前 174 年，贾谊清晰地点明了对国家风险形势的判断。后世有历史学家评论，"汉兴，贾谊博极群籍，抱王伯之略，为文帝陈治安。其言诸侯王势骄悍，易生变，后七国果反；匈奴患不可不备，单于果数侵，苦汉边吏；淮南王三子怨望，不宜分封，后果反，淮南子为创。诸所论事，皆恺切世故，世以此称谊通达国体"。令人扼腕叹息的是，汉文帝并未就贾谊的风险提示采取有效防范措施，之后的七王之乱、匈奴屡屡南侵、淮南王反叛均给西汉王朝造成了巨大损失，逐一印证了这篇千古雄文的高瞻远瞩。从风险认识论角度看，这是已知已知而未采取行动的典型案例。

除了极少数已知已知情形外，更常见的是在已知未知情形下进行决策，这种决策的难处在于没有化解风险的手段，不得不承受风险，未出风险是运气成分使然，具有很大偶然性。20 世纪早期英国探险家沙克尔顿一段具有传奇色彩的经历正是这种情形的写照。

沙克尔顿绝处逢生

1914 年初，英国探险家沙克尔顿招募了一支由 27 名船员组成的探险队，经过 5 个月的准备，8 月 1 日这 28 人乘木船离开伦敦，开启南极探险之旅。1915 年 1 月 8 日，探险队乘坐的"坚毅号"到达南极边缘的威德尔海，陷入了冰川之中。随冰川漂移了几个月后，"坚毅号"被冰坨彻底压垮，探险队被迫弃船。探险队员决定尝试徒步穿越冰雪寻找生机，行进中体力消耗巨大，行程十分缓慢，只好在浮冰上扎营。在冰天雪地里露营 5 个月后探险队员陷入了绝境。万不得已之下，他们利用弃船时抢救出的 3 艘小救生艇，经过 7 天航行，到达荒无人烟的大象岛。在大象岛仍看不到生还的希望，此时船员的体能和精神都濒于极限。1916 年 4 月 4 日，沙克尔顿决定与另外 4 名船员横渡 1300 米巨浪滔天的大海，想方设法到达设有捕鲸站的南乔治亚岛求救。他们五人在狂风巨浪中航行 17 天，奇迹般到达南乔治亚岛南岸。捕鲸站设在岛的北岸，在留下 2 个体弱的队员后，剩余的三人再次奇迹般穿越了 42 公里飞鸟难渡的冰川，于 1916 年 5 月 20 日成功到达设在北岸的捕鲸站。8 月 30 日，沙克尔顿带领的救援队成功救出所有被困队员。沙克尔顿探险队的经历被永远载入航海史册。

航海是充满风险的活动，时时刻刻面临死亡。从风险认识论来看，在沙克尔顿探险队成功获救的案例中至少有两个决策和相应的行动至关重要。当探险队员历经千辛万苦到达大象岛时，体能和精神几近崩溃极限。沙克尔顿别无选择，第一个关键决策是冒险横渡大海，想方设法到达南乔治亚岛求救。船员精神疲惫、体能枯竭，却硬挺了 17 天，奇迹般到达南乔治亚岛南岸。沙克尔顿在已知前途未卜情形下（属于典型的"已知未知"情形），即使采取行动，很大程度上结果都会是不利的，或者说大概率无法到达南乔治亚岛南岸。而实际结果却完全相反，风险事件未发生。第二个关键决策是剩余三人奇迹般穿越 42 公里飞鸟难渡的冰川，成功到达南乔治亚岛北岸捕鲸站。沙克尔顿在别无选择的情况下放手一搏，此时队员的体能更差，对冰川多难走、要走多远、走多长时间看到人烟一无所知，更大的概率是倒在希望的途中。最终实际结果却是有利的，风险事件也未发生。套用概率语言描述，假设沙克尔顿第一次决策成功的概率是 10%，第二次决策成功的概率也是 10%，两次决策都成功的概率只有 1%。两次九死一生的决策结合起来相当于百人中九十九死一生的概率。除了感叹还是感叹，他的运气确实太好了。

与沙克尔顿的好运气相比，曾被认为是世界上经验最丰富的登山家斯考特·费舍尔和罗伯·霍尔就没那么幸运了。他们曾多次成功攀登过世界上许多高峰，生命却永远定格在1996年5月10日。

攀登珠穆朗玛峰的悲剧

1996年有30支探险队准备攀登珠穆朗玛峰，其中斯考特·费舍尔和罗伯·霍尔率领的两支探险队是规模最大的商业探险队，队员都是花费了巨额费用的非专业登山爱好者。出发前，费舍尔鼓励登山爱好者说："问题不在于海拔，而在于你的态度……我们已经有了详细的规划，大家都非常兴奋。我告诉你，这些天我们已经建成了一条通往山顶的路。"霍尔意识到这么多不合格的队员登山，在这个季节想成功登顶而又不发生任何意外几乎是不可能的。费舍尔却非常自信发生意外的不会是自己，担心的是其他队员发生意外，他如何去救援。为了防范意外，费舍尔聘请了2名向导，霍尔除了聘请2名经验丰富的向导外，还雇用了7名当地夏尔巴人协助登山。

在前往大本营的过程中，遇到了队员生病、氧气无法及时供给、为帐篷和生活用品搬运与当地人发生冲突等问题，费舍尔不得不耗费大量精力去协调解决。适应性训练过程并不顺利，每当有队员想打退堂鼓时，霍尔都鼓励大家不要放弃。在离开大本营前，费舍尔和霍尔不断提醒队员严格遵守登顶日程表的重要性，以免遇到危险。费舍尔表示："如果你不能在两点钟之前到达山顶，那么就应该折回。黑暗永远不是你的朋友。"在行进过程中，他们再次强调了如果队员跟不上整个进程就及时返回的重要性，但没有说明折回时间。1996年5月10日下午2:30，霍尔和许多队员到达山顶，3:45费舍尔也到达山顶。当时天气没有任何预兆。队员们下山时，风速加大，开始下雪，队员身体疲劳，行进缓慢，天气变得越来越糟。到晚上，气温下降至 -73℃，费舍尔和霍尔最终体力耗尽、命丧黄泉。事后，幸存者的话很耐人寻味，"5 月 10 日的悲剧不是一场意外，而是错误决策的后果，是那些对是否登顶以及如何登顶进行决策的人的错"。

这场悲剧的始作俑者是费舍尔和霍尔，他们过于相信自己的经验。虽然意识到了登山过程的风险，但高估了自己处理各种风险的能力。准备工作也存在明显不足，对可能出现的不利情况没有详细处理预案。遇到登顶时间延误、天气突变、队员体力不支的紧急突发情况，无法有效应对。遇到环境变化不知变通，一味地按照既定攀登路线行进，追求过程完美、决策僵化和灵活性不足等诸多问题暴露无遗，一连串失误最终酿成大祸。

二、 系统性金融风险的分析视角

沿着风险定义的逻辑，金融风险可以认为是起源于各种金融活动而产生的、没有预料到的不利结果，或预料到了不利结果但因为各种原因没有采取及时有效的防范措施，而不得不承受的不利结果。金融危机的破坏力远非单个金融风险事件可比，"覆巢之下，安有完卵"是对金融危机后果的最佳描述。

（一） 系统性金融风险的定义

到底什么是系统性金融风险，迄今为止并没有一个普遍认可的定义。成立在 2009 年的金融稳定理事会（Financial Stability Board）将它定义为部分或整个金融体系瘫痪，造成大范围金融服务中断，并给实体经济造成严重负面影响的可能性。其核心是金融机构、市场或产品出现问题造成的负外部效应。

巴塞尔银行监管委员会研究人员将系统性金融风险分为两类：第一类是金融冲击导致一批金融市场和金融机构同时丧失功能的风险；第二类是由于金融机构之间直接关联，一个或少量金融机构倒闭传染到其他金融机构。[①] 有研究人员对系统性金融风险进行了长达十年的调查后，确定系统性金融风险发生的三种特别重要的方式是金融传染、普遍的金融不平衡和整体负面冲击。[②]

欧洲中央银行把系统性金融风险表述为经历了重要系统性事件产生的风险，这样的事件给许多系统重要的金融中介和市场（包括相关的金融基础设施）造成不利影响。事件促发因素可能来自金融体系外部的冲击，也可能来自金融体系内部和经济体系内部。系统性金融风险又被细分为三种形式的风险，即金融传染风险、外部冲击风险、内生风险，可能以三种中的某一种形式出现，也可能两种或三种形式一起出现。外部冲击风险、内生风险与金融体系的"顺周期"特征紧密关联。[③]

英格兰银行监管官员从结构和周期两个维度描述系统性金融风险，它"包括金融体系结构中的断裂线，即金融体系构成要素连接的方式，以及不可持续的杠杆、债务和信贷增长造成的周期性威胁"。[④]

中央党校的观点认为，系统性金融风险主要是指单个金融事件如金融机构倒闭、债务违约、金融价格波动等引起整个金融体系的危机，并导致经济和社会福利遭受重大损失的可能性。[⑤]

还有的观点认为，系统性金融风险与系统性实体风险对应，是指一个

---

① Craig H. Furfine, "Interbank exposures: quantifying the risk of contagion", BIS Working Papers, No. 70, 1999.

② De Bandt, O. and P. Hartmann, "Systemic risk: A survey", ECB Working Paper, No. 14, Nov. 2000.

③ ECB, "The concept of systemic risk", Financial Stability Review, Dec. 2009.

④ Paul Tucker, "Macroprudential policy – building financial stability institutions", BIS Central Bankers' Speeches, Apr. 2011.

⑤ 中央党校（国家行政学院）习近平新时代中国特色社会主义思想研究中心. 以系统性策略防范系统性金融风险［N］. 经济日报, 2019 – 04 – 30.

冲击将导致经济价值与信心的损失，以及整个金融体系不确定性的风险。[1]

　　上述定义的共同点如下：（1）强调爆发系统性金融风险是一种可能，具有不确定性。（2）强调系统性金融风险发生是一个过程，起先有系统性金融风险的累积，累积到一定程度，在某个时点爆发金融危机，随后冲击持续扩大，进一步传染到实体经济，可以看到金融体系瘫痪、大范围金融服务中断、金融机构倒闭、债务违约、金融价格波动等现象。（3）强调金融与实体经济相互影响。巴塞尔银行监管委员会的研究表明，金融和实体经济之间通过借款人资产负债表、银行资产负债表和流动性三大渠道相互影响。无论是借款人，还是银行，他们的资产负债表净值（权益）变化影响着信贷市场供求关系，会改变信贷条件。流动性会影响银行发放信贷支持实体经济的能力。[2] 银行受到流动性冲击，融资流动性下降迫使部分银行出售资产，造成资产市场供给增多、价格下跌，资产价格下跌进一步刺激了资产出售，进入螺旋式下降过程，形成损失螺旋（Loss Spiral）。市场流动性下降迫使保证金交易中保证金比例提高，融资成本上升，融资行为开始减少，交易行为进入螺旋式下降，形成保证金螺旋（Margin Spiral）。以上三大渠道都可以形成金融传染。金融传染风险是系统性金融风险的一种典型表现形式，表现为一个特定的金融市场或金融机构没有能力继续履行责任，通过实际风险暴露和信息不对称传输到另一个或另外几个市场或机构。[3] 没有初始冲击事件通常不会发生传染，传染发生时传播速度、输入强

---

①　De Nicolo, G. and M. Lucchetta, "Systemic Risks and the Macroeconomy", IMF WP/10/29 Feb. 2010.

②　借款人（含企业和家庭）资产负债表渠道影响借款人的权益和抵押品，银行资产负债表渠道影响银行的贷款和权益，两者被认为是"金融加速器"。流动性渠道分为融资流动性和市场流动性，融资流动性是指银行负债端，反映的是银行及时获取资金的状况。市场流动性是指银行资产端，反映的是银行可以进行资产交易的难易程度。参见 BCBS, "The transmission channels between the financial and real sectors: a critical survey of the literature", Working Paper, No. 18, Feb. 2011。

③　ECB, "Financial Market Contagion", Financial Stability Review, Dec. 2005.

度、输入影响范围都超出了正常的预期水平。[①]（4）强调系统性金融风险的时间和空间维度特征。各个定义中都没有描述系统性金融风险存续的时间，可以合理推断出从系统性金融风险开始爆发到结束经历了一段时间，这段时间里出现了金融市场和金融机构同时或先后丧失功能的情况。定义中没有说明系统性金融风险影响的空间范围，从已爆发金融危机国家遭受的损失来看，由金融体系到实体经济，从一国到多国，影响的空间范围可以极大延伸。

上述定义的差异之处在于对系统性金融风险产生的原因和传播渠道认知不同，有些表述更具体，有些描述比较抽象。

（二） 与系统性金融风险相关的几个概念

在政府、监管机构、研究人员对系统性金融风险的论述中，经常会出现金融危机、金融不稳定、金融脆弱等一些相关术语，为了避免歧义和误解，需要澄清这些概念的异同。

系统性金融风险是否就是金融危机呢？系统性金融风险的主流定义认为，系统性金融风险描述的是一种可能性。国际货币基金组织将金融危机分为货币危机、突然停滞（或资本账户和国际收支）危机、债务危机和银行危机四种类型。货币危机涉及对货币的投机性攻击，形成迅速贬值，政府被迫迅速提高利率，实施资本控制，或动用国际储备对冲货币贬值造成的风险。突然停滞危机是指国际资本流入大规模超预期下降或一国总资本流动大幅反转，同时伴有信用利差飙升。债务危机由外债危机和国内公共债务危机构成。一国无法偿还或失去偿还外债意愿就会形成外债危机。对国内债务直接违约，或出现通货膨胀，降低硬币金属含量，转为使用其他金属等实质上无法偿还国内债务的行为，可以看作国内公共债务危机。实际或潜在的银行挤兑和经营失败造成银行负债可转换性延迟，迫使政府通过大规模提供流动性和资本支持进行干预，就是银行危机。四种危机之间

---

① "Vitor Constâncio: Contagion and the European debt crisis", BIS Central Bankers' Speeches 1, Oct. 2011.

相互重叠，由多维度的事件构成，难以用单一指标来描述其特征。[①] 从金融危机发生的步骤和过程看，"首先是资产价格的不断上涨，家庭财富随之水涨船高，家庭消费支出也随之增加，整个社会笼罩在亢奋的情绪下，认为这是'从未有过的机遇'。接着，资产价格涨至最高点，转而掉头下跌，泡沫的破灭带来商品、房地产、股票价格的大幅下跌，甚至出现崩溃或金融危机"[②]，上述现象描述说明金融危机不是可能性，是结果，是系统性金融风险集中、全面、彻底的爆发。发生金融危机等同于系统性金融风险从可能性变为现实。

系统性金融风险与金融不稳定又是什么关系呢？2019 年韩国银行将金融稳定定义为一种金融体系能顺畅发挥作用的状态，在这种状态下金融体系中所有关键构成部分都能令人满意地履行自己的职责：金融机构履行其金融中介职能，市场参与者对于金融市场保持高度信心，金融基础设施运转良好。金融不稳定，也有学者称之为金融脆弱，描述的是另外一种状态，是市场功能受到重大扭曲和损害的一种感觉。[③] 重要的金融资产价格明显偏离基础因素，国内、国际市场功能和信贷可获得性被严重扭曲，国民经济总支出高于或低于经济体系生产能力，都可以看作金融不稳定的表现。它和系统性金融风险累积都会对经济可持续增长构成伤害，只是在程度上有所不同，金融不稳定未必导致金融危机。当金融不稳定普遍存在，损害了金融体系发挥功能，到达了一个经济增长和社会福利遭到重大损失的点，就会爆发金融危机。金融不稳定的核心在于银行创造新信贷、货币和购买力的无限能力与不可再生的城市土地供给短缺之间的相互作用。自我强化的"信贷和价格泡沫"与"泡沫破裂"的周期循环是必然结果。[④] 如果把

[①] Stijn Claessens and M. Ayhan Kose, "Financial Crises: Explanations, Types and Implications", IMF Working Paper, Jan. 2013.

[②] 查尔斯·P. 金德尔伯格，罗伯特·Z. 阿利伯. 疯狂、惊恐和崩溃——金融危机史 [M]. 北京：中国金融出版社，2011.

[③] Roger W. Ferguson, "Jr: Thoughts on financial stability and central banking", BIS Review 32/2006.

[④] 阿代尔·特纳. 债务和魔鬼——货币、信贷和全球金融体系重建 [M]. 北京：中信出版集团，2016.

金融比作人体，金融不稳定相当于人体受到病毒侵袭，出现抵抗力下降的症状，爆发金融危机相当于人体被病毒彻底击倒。

系统性金融风险和个体金融风险是什么关系呢？系统由一个个个体组成，个体机构发生金融风险，只要控制得及时有效，未必导致金融危机。但是，风险具有相互关联性和传染性，个体机构的金融风险足够大，又与其他金融机构关联程度足够高时，或者某一重要的金融市场、金融基础设施关闭时，会产生"多米诺骨牌效应"，爆发金融危机。早期的防范措施很难保证单家金融机构不会倒闭，但是可以想办法不让倒闭的单家金融机构将整个金融体系拖入泥潭。

美国、英国研究文献中经常出现 Systematic Risk 和 Systemic Risk，这两个词的含义又是否相同呢？到底哪一个指系统性风险？在投资资产组合理论中，有不可分散的风险和可以分散的风险之分，前者英文表述为 Systematic Risk。不可分散的风险是市场中所有投资者都要承担的风险，也可以理解为是整个市场内生的风险。在风险管理理论中，Systematic Risk 指宏观经济和金融市场状况未预料到的变化对借款人表现的影响；Idiosyncratic Risk 指单家公司自身的特殊风险。[①] 也有观点认为，宏观审慎政策从目标上是针对系统性风险的（Systemic Risk），是为了控制经济遭受金融危机的成本。而微观审慎政策目标是限制单家金融机构倒闭的可能性，是针对特殊风险的（Idiosyncratic Risk）。[②] 由此看来，Systematic Risk 和 Systemic Risk 侧重点有区别。Systematic Risk 也翻译为市场风险，更强调市场上的所有个体都必须承受，无法分散也无法规避的风险，带来这种风险既有市场本身原因也有市场以外的原因，是站在"微观主体角度关注宏观变化对微观的影响"。Systemic Risk 没有特意从金融市场角度切入，而是更强调实体经济和金融体

---

① BIS, "Studies on credit risk concentration", Working Paper, No. 15, Nov. 2006.

② Andrew D. Crockett, "Marrying the micro – and macro – prudential dimensions of financial stability", BIS Management Speeches, Sep. 2000.

系功能受到重创，甚至全部失灵，站在"宏观监管者的角度关注微观行为对整个系统的影响"。

（三）　对系统性金融风险规律的认知

近几十年来，几乎每隔一段时间就会爆发一轮金融危机，规模一次比一次更大，影响一次比一次更深。每次爆发金融危机都可以找到各种借口推脱，"因为我们做得比别人好，比别人更聪明，同时我们也从历史的错误中吸取了教训"，所以"这次不一样"。令人好奇的是，金融危机可以避免吗？如果无法避免，爆发前哪些征兆值得高度警惕？本书尝试从曾经爆发过金融危机国家的经济总量增长，经济结构变化，融资规模与经济总量增长速度，政府、企业、居民的债务结构及可持续性，资产价格波动，金融机构安全性、金融市场开放程度、金融监管能力等指标和变化趋势中来搜寻系统性金融风险从积累到爆发的蛛丝马迹。

几乎没有人能预测到金融危机爆发的特征和波及范围，在系统性金融风险领域一定存在着已知未知、未知未知情形。国际货币基金组织、监管机构、信用评级机构、投资者都没有预测到 1994 年墨西哥比索危机。1997年东南亚金融危机爆发后，美国著名经济学家克鲁格曼曾说："货币投机性攻击不是什么新鲜事，我们中的一些人几年前就警告东南亚国家可能处于危险之中，但这次危机的范围和深度使每个人大吃一惊，这次灾难显示，在我们之前的哲学中有做梦都想不到的金融危险。"面对房地产市场和次级抵押贷款逐渐暴露的问题，2007 年 3 月，时任美联储主席伯南克在联合经济委员会上作出的结论是"在当前这个时间点上……次级抵押贷款市场发生的问题对更加广泛的经济和金融市场的影响似乎可能得到控制"。国际货币基金组织与金融稳定理事会也表示，"在系统性金融风险早期预警方面的尝试发现，危机的促发因素是无法预测的，但在确定脆弱性方面是有用的"。①

---

① IMF, "The IMF – FSB Early Warning Exercise", *Design and Methodological Toolkit*, Sep. 2010.

经常项目赤字大小并非引发金融危机的元凶。一国经常项目出现赤字说明宏观经济意义上的储蓄出现缺口，缺口大需要弥补缺口的资金就多，感觉更容易出风险，实践却证明缺口小也不代表不会爆发金融危机。1990—1996 年韩国经常项目赤字只占 GDP 的 2%，印度尼西亚经常项目赤字占 GDP 的 3%，泰国经常项目赤字占 GDP 的 8%，三国在后续的东南亚金融危机中均受到重创。在东南亚金融危机爆发前 20 年，新加坡经常项目赤字占 GDP 的比例平均在 10% 左右，一直未爆发金融危机。通过资本账户流入弥补经常项目赤字是一国国际收支平衡管理的重要内容，也是金融危机外部冲击的一个重要来源。从 20 世纪 90 年代早期开始，国际资本流动总体上是不断增加的趋势。第一波国际资本流动增加的趋势到 1997—1998 年东南亚金融危机爆发终止，随即国际资本流动趋势出现逆转。2002 年以后国际资本又呈现出加速流动态势，直到 2008 年国际金融危机开始，之后又开始逆转。已知的情形显示，净美元负债占 GDP 比例高，结构性失业率高，存在正产出缺口，金融开放程度高的国家更容易出现国际货币基金组织所指的突然停滞危机。一国在相对集中的时间里大规模偿还外债，又恰逢资本流动由净流入变为净流出时，是对该国防范系统性金融风险能力的重大考验。

在国内高利率环境下，采用固定汇率制的国家难以对抗外部冲击。实施固定汇率制度的国家需要高度警惕短期对外债务的累积程度，要定期监控外币负债主体、负债方式、负债总量、负债集中程度及期限结构变化，特别是要小心那些对外风险暴露中不被注意的风险集中（Unwarranted Concentrations），对银行体系外币风险暴露程度以及外币流动性必须严格监管，同时要保持足够的外汇储备[①]，以防不测。由于政治、经济、外交、军事、社会等原因，一些国家可能遭遇外商直接投资撤离、无法参与国际银

---

① 1999 年 4 月，阿根廷财政部副部长 Pablo Guidotti 建议管理外币资产负债的国家在没有新的对外借款的情况下至少要能存活 1 年。

团贷款、市场上投资者大规模抛售本国企业债券和股票，为应对资本流出，就必须继续提高利率。如果国内原本已经处于较高利率水平，继续提高利率，会让持有外币债权的债权人对潜在信用风险更加担心，加快撤出资金的步伐。在紧急情况下被迫放弃固定汇率制绝对是"败招"，短期后果非常严重。本币贬值是用实际行动承认了本国汇率存在一定程度高估，受市场心理因素影响，汇率贬值幅度会显著扩大，出现过度贬值。本币贬值还可能引发其他货币竞争性贬值。英国、阿根廷、墨西哥、俄罗斯、泰国这些曾采取固定汇率制的国家均有过本币汇率遭到攻击，本国汇率市场大幅度波动的先例。当然，本币贬值只是引发金融危机的必要条件，而非充分条件。20世纪80年代澳大利亚出现过与1997年东南亚金融危机期间泰国、韩国同样强度的汇率贬值，80年代后期也曾出现过相当程度的"资产泡沫"，但健康的资本市场和稳健的银行体系让它安然度过了危机时刻。在经济周期不同阶段，采用固定汇率制的国家实际汇率高估或低估是常态，外部冲击容易诱发金融危机。相比固定汇率制，浮动汇率制能够更快、更容易地吸收外部冲击，有利于风险尽早释放，减轻经济震荡。

　　政府和实体经济融资扩张速度长期快于名义GDP增长会造成债务负担持续增加，债务规模过大是金融危机的诱因。名义GDP增长与信贷快速扩张并没有伴随CPI和资产价格的快速增长，说明信贷推动实际产出增加，增加的实际产出是经济发展需要的。只要CPI温和增长，再融资能够持续，宏观经济总体上仍然是健康的。名义GDP保持增长，扣除CPI因素后，实际GDP增长率很低甚至为负值，而信贷仍然保持较快增长，说明物价上涨吞噬了实际产出，信贷增长没有推动实际产出快速增长，更多地影响了物价和资产价格。中央银行为抑制通货膨胀被迫提高利率，就会增加政府、企业、居民的再融资成本，政府、企业和居民为保持流动性被迫加杠杆的行为可能造成资金链断裂。名义GDP增速低，如果伴随着CPI、资产价格快速增长及信贷快速扩张的"滞胀"情形，部分对冲型融资变成投机性融资，部分投机性融资变成"庞氏融资"①，就需要对信贷快速扩张投向的领域进行结构性干预。对于不同类型的债务主体，多大的债务规模是健康的，多快的债务增速是合理的，并无定论。最简单的判断方法是债务规模大到偿还利息变得越来越困难时，就要尽快削债。

金融机构及"影子银行"是内生系统性金融风险的主要来源。金融机构资产负债两端的期限错配和货币错配是内生的"风险之源"，在金融周期繁荣阶段不断扩大杠杆，进入衰退周期后金融机构清偿能力和流动性严重不足就很容易陷入倒闭，金融机构之间资产负债表的相互关联使单家机构倒闭风险被迅速放大。有风险的金融机构很容易通过支付、清算、拆借、银团贷款、投资、融资、交易、结算等业务关联向另外一些金融机构传染，声誉联系也会威胁健康的金融机构，爆发金融危机。20 世纪七八十年代出现过 Hersatt 银行、Continental Illinois 银行出风险引发金融危机的情况。后来的实证研究表明，银行支付系统中参与机构数量和支付流强度影响系统性金融风险大小。② 于是，西方国家将那个时代防范系统性金融风险的重点放在银行结算支付体系上。在建设实时全额结算系统（Real – Time Gross Settlement），完善"钱货两讫"交易（Delivery – Verse – Payment），监控银行大额支付结算中的交易对手和结算风险等领域不断弥补短板，不太关注结算支付体系以外诱发金融危机的因素。从 1992 年巴塞尔资本协议正式实施以来，美国、英国、日本、挪威、瑞典、冰岛等发达国家不断有银行因为宏观环境变化、内部控制和风险管理不当而倒闭，有些银行倒闭直接引发了本国金融危机。新兴市场国家银行业危机更多的是由政策扭曲、存款保险对存款人过度保护、银行信息披露不足、公司治理缺陷、监管不力或

---

① 海曼·明斯基将融资分为对冲型、投机型和庞氏型，对冲型融资是指债务人未来预期现金流能覆盖贷款的利息和本金；投机型融资是指债务人现金流只能覆盖利息，如果贷款到期需要偿还本金，债务人必须用新的贷款来偿还现有贷款；庞氏融资是指债务人未来预期现金流不能覆盖贷款利息，需要依靠出售现有资产或借新贷款来偿还现有贷款的本息。

② Craig H. Furfine, "Interbank exposures: quantifying the risk of contagion", BIS Working Papers, No. 70, Jun. 1999.

利益冲突等结构性因素所致。据统计，1970 年以来，全球经历了 150 次以上的系统性银行危机。[1] 这些银行危机从表面上看是负债出了问题，根子却在清偿能力。市场信心和银行以外的机构引发金融危机的警示也并非没有。[2] 近十年来，"影子银行"快速膨胀改变了银行独大的格局，使整个金融体系越来越难以应对流动性突然收缩的冲击，成为诱发金融危机的新来源。

　　金融市场，尤其是银行间市场、外汇市场是金融危机的重要传播渠道。信息技术发展使金融网络连接越来越紧密，在市场风声鹤唳时期，任何小的风险事件都可能由多渠道迅速扩散，引起更大的波动。东南亚金融危机期间，日本出现了中型券商 Sanyo 公司在银行同业市场上借款违约的风险事件，虽然违约金额与同业市场融资规模相比不值一提，但违约事件最终还是造成日本银行同业市场流动性崩溃。[3] 金融市场的"顺周期"特征是与生俱来的。在金融高涨时期，投资融资活跃，金融市场交易频繁，吸引更多金融机构加入，市场流动性充裕，资产预期收益看好，资产价格攀升。金融衰退时期，投资融资活动萎缩，金融交易规模持续下降，市场流动性不足。资产价格由市场上现金数量决定，市场上现金减少，资产价格就持续下跌。这些资产市价下跌会使本不需要出售资产获取流动性的机构流动性变差，被迫加入出售行列，形成流动性收缩。当市场信心消失、出现恐慌时，会找不到交易对手而无法进行交易，市场流动性彻底消失，单家银行即刻就暴露在流动性风险之下。"环球同此凉热"，过去几十年金融风险传播速度越来越快。20 世纪 80 年代拉丁美洲债务危机传播用了几年时间，1997 年东南亚金融危机从发生到疯狂用了几个月时间。2008 年国际金融危

　　① Pablo Hernández de Cos, "The future path of the Basel Committee: some guiding principles", BCBS Speech, 17 Oct. 2019.

　　② "Mr Bäcksström looks at the Riksbank and financial system stablility and comments on the LTCM case", BIS Review 23/1999.

　　③ Hiroshi Nakaso, "The financial crisis in Japan during the 1990s: how the Bank of Japan responded and the lessons learnt", No. 6, BIS Papers, Oct. 2001.

机扩散到全球只用了半天时间。[1]

银行危机也可能单独发生，也可能和货币危机、债务危机同时期发生。货币危机的研究成果将有效预测货币危机的月度指标确定为实际汇率相对于长期趋势升值、银行危机、股票价格下跌、出口下降、M2占国际储备的比例高、经济衰退。年度指标中预测效果最好的两个指标是经常账户赤字占GDP比例和占投资的比例。预测银行业危机有效的月度指标包括实际汇率相对于长期趋势升值、股票价格下跌、M2乘数上扬、实际产出下降、出口下降、实际利率上升。[2] GDP增长放缓，M2占国际储备的比例较高，信贷和资产价格飙升都被证明是新兴市场国家银行业危机的先兆。贸易条件恶化、全球利率和商品价格冲击等全球性因素也是促发银行危机的重要因素。20世纪80年代，美元利率迅速上升引发了拉美主权债务危机，本币和本国银行均无法幸免。

金融放松管制进程与本国审慎监管能力建设不匹配会相当危险。爆发金融危机的新兴市场国家大多数都有程度不同的"金融抑制"（Finanical Repression），在逐步消除"金融抑制"的过程中，金融行业会迅速发展，金融机构资产负债表的扩张速度远高于GDP增长速度。无论新兴市场国家还是发达国家，爆发金融危机的国家都曾出现金融部门自我膨胀下的过度加杠杆行为。金融部门过度增长使不良贷款积聚，重大风险领域管理跟不上发展速度，资金跨境流动承受更多国别风险，实体经济债务淤积，以及银行与银行之间，银行与货币市场基金、机构投资者或对冲基金等其他金融机构之间交易规模不断增加，"自由金融市场产生的金融体系内部交易规模远远超过社会需要的社会最优数量"，一国监管能力不济或未能及时遏制金融体系风险累积，最终都会走向金融危机。

---

① Jean – Claude Trichet, "Systemic risk", 10 Dec. 2009.

② Goldstein, M., C. Reinhart and G. Kaminsky, "Assessing financial vulnerability, an Early Warning System for Emerging Markets", Peterson Institute for International Economics Press, 2000.

金融行业薪酬与盈利挂钩的强激励为自我扩张提供内生动力，诱发"大则不倒"的道德风险。2008 年国际金融危机前 5 年美国金融业利润占全部公司总利润的 40%，是 1960—2000 年平均数的两倍。[①] 金融体系越大、越复杂，金融业收入就越高，高级管理层的收入更是令人瞠目。1999—2008 年，摩根大通银行资产规模从 6670 亿美元增至 2.2 万亿美元，年复合增长率达 16%。美洲银行和花旗银行的年复合增长率也分别达到 14% 和 12%。投资银行资产规模增速比商业银行更快。高盛的资产规模从 1999 年的 2500 亿美元飙升至 2007 年的 1.1 万亿美元，年增长率达 21%。这期间雷曼兄弟公司年增长率也达到了 17%。20 世纪 80 年代后期，华尔街年收入最高的首席执行官是 320 万美元，2007 年高盛、雷曼兄弟、摩根大通的首席执行官年收入分别为 6850 万美元、3400 万美元和 2800 万美元。当年美国主要银行和证券公司总报酬金额高达 1370 亿美元。[②] 高薪激励让金融行业内在扩张冲动无比强大，成为金融复杂化和金融体系内自转扩张的驱动力量。意识到内生动力的可怕，政府和监管机构必须及早对规模大、复杂程度高的问题金融机构进行处置，避免错失化解金融危机的最佳时间。

（四）　系统性金融风险产生的原因

总结历史上系统性金融风险产生的原因有助于把握其内在规律。针对风险认识论中提出的已知已知、已知未知、未知已知三种情形，下面从金融周期（信贷周期）、经济理论、外部冲击、内部结构、风险传染、监管和其他视角解释爆发金融危机的原因。

1. 金融周期（信贷周期）视角

金融周期或信贷周期变化是分析系统性金融风险的重要视角，承认金融周期或信贷周期的存在就相当于承认爆发金融危机有周期规律。金融周

[①]　Lorenzo Bini Smaghi, "Some thoughts on the international financial crisis", BIS Review 127/2008.

[②]　"The Financial Crisis Inquiry Report", submitted by the Financial Crisis Inquiry Commission, Jan. 2011.

期与经济周期不完全相同，它比经济周期波幅更宽、时间更长。20 世纪 80 年代中期之前，美国经济周期和金融周期的长度和波幅非常相似。90 年代以后，金融周期明显拉长。7 个全球主要经济体金融周期平均持续 16 年左右。仅仅考虑 1998 年之后到达顶点的金融周期，平均时间将近 20 年。[①] 金融周期收缩阶段持续达 7 年之久，经济衰退一般不超过 1 年。这意味着金融周期会跨越一个经济周期。[②] 金融周期与经济周期不完全同步说明不是所有的经济衰退都出现在金融周期的顶峰之前。一旦经济衰退期与金融周期顶峰滑落期重合，对经济的影响会更加严重。

金融周期波幅和长度不是一成不变的，它取决于一国的宏观政策。经济全球化可以提高一国的劳动生产效率，释放经济增长潜力。金融自由化可以改善一国的融资限制，实体经济更容易获得来自其他国家的低成本资金，促进了信贷和资产价格繁荣。劳动生产效率稳步提高为保持稳定的低通货膨胀水平创造了条件，于是货币政策收紧的空间被压缩。这种良性循环可以适当拉长金融周期的繁荣阶段，降低周期波幅。[③]

金融周期的谷底是系统性金融风险彻底释放的时期，金融周期的顶峰是系统性金融风险累积到顶点的时期，从谷底到高峰是系统性金融风险积聚、不断增加的时期。这一时期系统性金融风险不断积聚，表现为信贷过剩、货币过剩、金融机构过剩。美国、英国、德国、澳大利亚、挪威等国家内生的金融危机都发生在金融周期的高峰时期或是接近高峰时期。如果把信贷缺口作为经济体系杠杆水平的大致度量，房地产价格缺口作为价格反转的可能性和规模的大致度量，2000 年年中美国信贷缺口和房地产价格缺口就已经进入危险区域，爆发金融危机的可能性已经很明显。

---

① Jaime Caruana, "Dealing with financial systemic risk: the contribution of macroprudential policies", Central Bank of Turkey/G20 Conference on "Financial systemic risk", 27 – 28 Sep. 2012.

② Claudio Borio, "The financial cycle and macroeconomics: What have we learnt?", BIS Working Papers, No. 395, Dec. 2012.

③ Ibid.

2. 经济理论视角

在解释系统性金融风险方面，经济学者看法并不相同。"过度储蓄"论（Excessive Saving View）认为，全球经常账户失衡是金融危机的起源，全球经常账户盈余，特别是亚洲国家经常账户盈余是金融危机的根本原因。经常账户盈余以及相应的净资本流出，为赤字国家的信贷繁荣提供融资。经常账户盈余还起到压低美元资产利率的作用，反过来刺激了信贷繁荣和风险承担。

反对意见认为，融资是一个总的现金流概念，反映的是以货币形式得到的购买力。储蓄和信贷的关联没有那么紧密。过度储蓄论混淆了总资本流动和净资本流动，为信贷繁荣融资的是总资本流动。美国信贷繁荣主要靠国内融资，外部融资主要来自经常账户赤字的国家（英国）或平衡的国家（欧元区国家），并非来自经常账户盈余的亚洲国家。储蓄和投资影响的是自然利率，而非市场利率。自然利率是无法观察到的，由实际因素决定，自然利率有可能长时间偏离市场利率。市场利率是市场对政策利率和风险溢价的期望之间相互影响的结果。风险溢价受到金融资产相对供给和风险偏好的影响。因此，不能认为经常账户盈余压低了美元资产利率。

基于以上反对意见，形成了"过度弹性"论（Excess Elasticity View）。无论实际资源如何，金融体系可以内生融资手段，融资的数量扩张可以脱离经济体的生产能力，这就是弹性的力量。弹性可以理解为货币制度、金融制度限制信贷创造过程和外部融资可获得性的程度。限制程度低，就说明弹性高。国际货币和金融体系的弹性不断提高，金融不均衡便逐步累积起来，最终形成金融危机。加强审慎监管，降低金融体系内生的扩张力量，抑制"顺周期"特征，才可能降低金融危机发生的概率，这也成为"逆周期"监管的理论依据。

3. 外部冲击视角

一国进入国际资本市场，银行开展外币借款就无法完全规避汇率波动风险，开展外币贷款难免增加自身承担的信用风险。外币资产和外币负债不能完全匹配又会给银行带来流动性风险。即使银行运用金融工具将外币资产和外币负债进行了匹配，国内借款人也可能因为汇率变化无法偿还外币贷款，还可能存在外币借款行业集中度风险。从整个国家角度看，即使是该国总资本流入和总资本流出完全相等，货币和期限的不匹配也会产生风险。国际资本流动是全球金融不稳定的力量，已经累积的外币资产和外币负债结构失衡是引发金融危机的重要原因。

东南亚金融危机爆发前 10 年，东南亚国家 GDP 平均增速在 7% ~ 10%。1990—1996 年，泰国资本流入占每年 GDP 的 10%，印度尼西亚资本流入占每年 GDP 的 3.5%。[①] 东南亚国家资本市场欠发达，国际资本流入使其银行体系资产负债表迅速扩张。在汇率受管制的泰国，资本净流入引起本币升值，减少经常账户盈余，也引发了泰国国内贷款增加和资产"价格泡沫"，迫使央行在市场上卖出本币、买入外币，泰铢货币供应由此而增加。嗅觉灵敏的国际投机势力发现泰国经济过热，泰国央行无法通过提高利率控制通货膨胀，于是大量抛售泰铢，对泰铢汇率形成持续压力。当外汇储备无力支撑按固定汇率购买美元时，泰铢贬值造成外币高负债企业违约、银行资产质量恶化等连锁反应。1998 年，泰国和印度尼西亚亚银行体系的不良贷款率接近 50%，韩国、马来西亚、菲律宾银行体系的不良贷款率也都达到两位数[②]，新加坡、中国香港也都受到殃及。

4. 内部结构视角

经济体系中各经济主体的风险相互影响，金融机构行为、金融行业与其他非金融行业之间相互联系是理解系统性金融风险的"钥匙"。系统性金融风险除了受到经济周期和金融周期因素影响外，结构性因素也是一个很关键的视角。

---

① Glenn Stevens, "The Asia crisis – a retrospective", BIS Review 82/2007.

② Ibid.

（1）金融行为扭曲和实际信贷增长。美国经济学家克鲁格曼曾经指出，一国金融机构可以自由进入国际金融市场时，其道德风险会转换为金融资产和房地产风险过度累积，出现"金融泡沫"。金融机构过度的金融行为难以为继时，"资产泡沫"就会破灭，外资就会流出，造成汇率制度崩溃，这被称为金融过度（Financial Excess）。金融过度是累积系统性金融风险的重要原因。许多国家存在金融过度的同时，也都伴生着一定程度的金融抑制。金融抑制通过各种管制将信贷资源配置到政府部门或一些特殊部门，造成信贷结构发生变化，影响金融市场运行。金融抑制的实质是一种扭曲金融配置资源行为的税收形式，是对市场失灵的强制纠正，可以降低金融危机爆发的频率。正是这个原因，审慎监管和金融抑制之间的界限并不是泾渭分明。

曾任英国金融服务局主席的阿代尔·特纳指出，准固定性质的债务合约、内在不完善的市场以及短视的人类行为，这三者相互作用导致了金融和宏观经济不稳定。[①] 在他看来，市场无法自行达到债务和股权合同的最佳平衡点，长期放任市场不管可能造成过多债务、过高杠杆率的系统性趋势。信贷具有天然的"顺周期"特征，在经济景气时扩大银行信贷投放、在经济衰退时收缩信贷规模，深化了金融体系的脆弱程度。杠杆率越来越高，经济主体承担的风险越来越偏离合理程度，金融体系和宏观经济就会变得越来越脆弱，"去杠杆"的进程很容易爆发金融危机。

（2）银行资产负债表的合理程度。银行贷款过于集中以及银行之间业务相互依赖加深都曾是爆发金融危机的原因，1982—1983年的拉丁美洲债务危机、20世纪90年代初期日本银行体系坍塌均是如此。除上述原因之外，银行通过跨境经营规模膨胀，加大杠杆和期限错配力度，购入大量政府债券，在较短时间内实现资产负债表快速扩张并非好事。东南亚金融危

---

① 阿代尔·特纳. 债务和魔鬼——货币、信贷和全球金融体系重建［M］. 北京：中信出版集团，2016.

机之前，大量欧美银行与东南亚当地银行开展业务，当地银行持有大量短期跨境债权，面临的主权违约风险、资金转移风险和本国借款人违约风险都有所上升。危机降临后本币跌跌不休，外币标价的债务明显上升，本国政府为控制外资流出采取的政策进一步限制了借款人本币转换为外币的能力，借款人偿债能力持续恶化。当市场流动性出现问题时，持有大量短期跨境债权的本国银行市场筹资的渠道被切断，最后只能由中央银行出手救助，或者倒闭。

（3）"影子银行"的功能和行为。"影子银行"是银行体系之外的信用中介，"影子银行"体系的发展是金融体系结构性变化的结果。2008年以前，美国就出现了银行发起、持有的金融资产所占份额逐步下降，非银行金融机构、基金、复杂金融结构主体（Complex Financial Structures）持有的金融资产所占份额逐步上升的趋势。之所以有如此情形，与商业银行、投资银行和其他机构的边界变得模糊，银行经营模式由"发起—持有"变成"发起—分销"有很大关系。在美国的"影子银行"体系中，商业银行、以房利美（Fannie Mae）和房地美（Freddie Mae）[①] 为代表的住宅按揭机构、消费信贷公司等是发起机构，经过风险通道机构的汇集，经过"影子银行"参与后对风险进行分层、再分层后出售，最终的风险承担者是机构投资者，它们的资金来源于货币市场基金、第三方回购市场和美联储，多是短期资金，资金来源日益短期化与底层资产日益长期化形成了极大矛盾。

从证券化底层资产的发起到最后分销，链条复杂，法律主体多，风险穿透几乎不可能。"影子银行"将复杂的衍生产品、金融市场、支付清算和结算体系紧密联系起来，将银行与非银行金融机构紧密联系起来，在交易中履行了信用中介职能，完成了期限转换、流动性转换、杠杆扩张和风险

---

① 房利美全称是联邦全国按揭协会，是美国大萧条期间1938年为购买由联邦住房管理局保险的按揭贷款而设立。"二战"后也获得授权可以购买由退伍军人管理局担保的家庭贷款。房地美全称是联邦家庭贷款按揭公司，成立的目的是帮助储贷机构销售按揭贷款。房利美和房地美具有双重使命，既通过购买、持有、证券化或担保按揭贷款支持按揭市场，也追求股东收益最大化。

转移。① "影子银行" 体系持有大量金融资产，但它的机构和业务几乎不受监管，治理风险、组织风险、信用风险、市场风险、流动性风险、操作风险错综复杂，它们不像银行那样在流动性紧急时刻可以直接寻求美联储的流动性救助，一旦负债来源受阻，会迅速崩塌，反噬实体经济。

（4）金融基础设施的完备程度。从金融基础设施的完备性上也可以找到金融危机发生的原因。金融基础设施是广义的概念，它既包括金融市场参与者用来执行交易清算、结算的物理设施，也包括规范市场参与者交易行为、权利义务的法律、监管、合约层面的规则及业务做法。美联储前主席格林斯潘在东南亚金融危机爆发后指出，金融基础设施不足使亚洲银行体系在危机之前更加脆弱，阻碍了危机处置。会计处理不充分、缺乏破产规定、公司治理缺失被认为是新兴市场国家20世纪90年代爆发金融危机的原因。

金融物理设施具有公共产品的属性，金融物理设施极大地影响着市场

---

① 从金融稳定的角度来衡量，信用中介指标$1 = \dfrac{信贷资产}{总金融资产}$；信用中介指标$2 = \dfrac{贷款}{总金融资产}$。贷款是信贷资产的一部分，信用中介指标2是信用中介指标1的子集。信用中介指标介于0到1之间，指标越高，说明信用中介活动越明显。指标为0，说明不涉及信用中介的业务活动。期限转换指标$1 = \dfrac{(长期资产 - 权益 - 长期负债)}{总金融资产}$；期限转换指标$2 = \dfrac{短期负债}{短期资产}$。期限转换指标1落在 -1 和 1 之间，0代表没有期限转换，负值代表负的期限转换。期限转换指标2落在0到1之间表示负期限转换，大于1说明非常依赖短期融资。

流动性转换指标$1 = \dfrac{(总金融资产 - 狭义流动资产 + 短期负债)}{总金融资产}$；流动性转换指标$2 = \dfrac{(总金融资产 - 广义流动资产 + 短期负债)}{总金融资产}$。狭义流动性资产只包括现金及现金等价物，广义流动性资产包括高质量流动性资产，以及债务及股权工具。流动性转换指标值为1，说明没有进行流动性转换。指标值为2，说明总资产流动性不佳，主要靠短期负债和可赎回权益融资。杠杆指标$1 = \dfrac{总金融资产}{权益}$；杠杆指标$2 = \dfrac{总金融资产 + 总表外风险暴露额}{权益}$；杠杆指标$3 = \dfrac{总名义风险暴露额}{净资产价值}$；杠杆指标$4 = \dfrac{总负债}{权益}$；杠杆指标$5 = \dfrac{(总金融资产 - 权益)}{总金融资产}$。杠杆指标1是不考虑风险基础上的权益倍数，对于共同投资中介（如货币市场基金、固定收入基金等），是管理的资产与净资产价值的比率。杠杆指标2和指标3将表外风险纳入，是经济杠杆。指标5用于度量结构性融资中介非权益比率。

参与者作出风险决策的速度。如果风险暴露金额不能快速确定，市场参与者会普遍采取规避风险的做法，造成市场流动性迅速消失和资产价格剧烈波动。美联储前主席伯南克将 2008 年国际金融危机归因为缺乏强大的中央交易对手。贝尔斯登在短期融资市场和场外衍生交易市场很活跃，当时尽管贝尔斯登的债权人持有大量抵押品，市场流动性缺乏导致债权人丧失了能够出售抵押品收回贷款的信心，贝尔斯登的短期贷款无法滚续，它的破产带来了一系列连锁反应。

银行和非银行金融机构处置违约的规则和程序也是金融基础设施的有机组成部分。不能只针对银行提出恢复和处置计划要求，非银行金融机构同样需要明确的处置规则和程序，否则，会让市场参与者预期非银行金融机构"大则不倒"，助长道德风险，增加事后处置的社会成本。

5. 风险传染视角

风险传染是一个由点及面、由表及里的过程，由于某一个风险点引发金融危机的案例数不胜数。欧洲中央银行就风险传染提出五条标准，即一种资产价格下跌导致其他资产价格下跌；一种资产价格下跌导致其他资产价格下跌的关系不同于日常观察到的相互依赖关系；这种关系不能从经济基本因素上找到解释；这种关系是负面极端事件，和危机情况一致；这种关系是一段时间传播后的结果，而不是由于面临共同的冲击同时产生的结果。[①]

传染是一方向另一方或另外几方输入，或双向、多向相互输入。也有发达国家的监管官员将金融传染的标准概括为输入是经济基本因素不能解释的，输入不同于正常时期的常规调整，传染事件是负面极端事件，输入是连续的。[②]

---

① ECB, "Financial Market Contagion", Financial Stability Review, Dec. 2005.

② "Vitor Constâncio: Contagion and the European debt crisis", BIS Central Bankers' Speeches 1, Oct. 2011.

从后果倒推传染路径可以发现，实体经济和金融机构之间，金融机构之间，金融机构与金融市场、金融基础设施之间都可能相互传染，一方对另一方单边或相互传染形成直接风险暴露，还可能形成难以觉察的间接风险暴露，直接风险暴露和间接风险暴露都会形成"端对端"的风险扩散。

6. 监管视角

监管理念、监管取向、监管方法、监管能力、监管效率、监管文化存在这样或那样的缺陷是引爆金融危机的重要原因之一。

金融监管与政策选择中的政治经济因素相关，金融能力和政治洞察力呈负相关关系。著名经济学家凯恩斯曾断言，"世俗的智慧使他们懂得，按照传统方法办事导致的失败，比按非常规方法办事取得的成功，名声更好"。英美国家在监管理念上形成了轻触式监管的传统，不愿意介入式监管（Intrusive Supervisory Oversight）。风险为本喊得很凶，但银行内部的风险管理长期坚持以合规为基本目标。即使有能力对重大风险进行早期预警，银行也面临着放弃当期收益的巨大压力，最可能的结果是内部妥协，早期预警信号被忽视、被埋没。

监管取向上，奉行事后反应式监管而非前瞻性监管[①]，奉行单家监管而非整体监管是金融危机的重大教训之一。前瞻性监管需要密切而持续地监控金融机构，及时发现风险，并在必要时抑制过度投机，刺破"资产泡沫"。当金融机构的风险已经反映在财务数据中的时候，神仙也无力回天了。监管机构侧重于单家机构个体财务的安全性与稳健性，确保个体不出风险的做法，遇到了整个银行业过度集中于某一类产业或对某一企业有共同风险暴露的挑战。微观审慎监管希望每家银行实现风险分散化，宏观审慎监管希望银行之间实现风险分散化。如果微观审慎监管造成被监管机构"千人一面"，整个银行体系的风险就不是下降而是上升了。除了对单家金融机构的监管，监管机构应该更加注重发现金融机构普遍性弱点和对系统

---

① 事后反应式监管也称为审计式监管，前瞻性监管也称为分析式监管。

稳定造成威胁的风险领域。随着越来越多非金融机构开展金融活动，金融机构监管与金融行为监管应该并行不悖。历史教训表明，市场信心受损后非金融机构、小型金融机构也能引发金融危机。为避免金融行为监管套利诱发金融危机，在监管范围上应该保持一定的灵活性，无论机构主体是谁，所有的金融行为都应该纳入监管视野之内，而且要在监管机构之间实施信息共享和协同，尽可能在早期消除系统性金融风险隐患。

金融监管与金融风险有某些相似之处，金融风险暴露有一定的时滞，金融监管的效果在当期也很难看出。基于过去的金融机构绩效报告和组织程序进行监管的方法，无法有效前瞻。在巨大的利益诱惑面前，金融机构内生的监管套利动机非常强烈，如果监管人员被"俘获"，任何监管方法和工具都会无效。

爆发金融危机是监管能力不足的直接反映。监管机构需要具有与市场变化相适应的监管能力，监管人员应该对风险高度敏感，把握金融机构的风险信号，具备快速识别新产品、新市场及新服务中的潜在风险，并能采取有效风险缓释措施，甚至及时叫停某项业务的能力。

金融市场的融合和金融机构跨业、跨境发展使金融监管效率面临较大冲击。国际证监会组织认为，投资者保护的关键目标是通过降低信息不对称，对金融稳定间接发挥作用，但是降低系统性金融风险不是主要目标。国际保险监督官协会的核心原则更多强调保单持有人的风险，而非金融体系的风险。① 目标不同使不同监管机构的监管协调难度大大增加。监管机构、投资者对金融市场数据和投资风险所传递的信息存在巨大的认识误差，这是多头监管制度造成的。这种认识误差诱导投资者和金融机构进行了过量的高风险投资，而监管机构受信息不对称制约反应过慢，未对高风险投

---

① BCBS, "Review of the Differentiated Nature and Scope of Financial Regulation", Key Issues and Recommendations, Jan. 2010.

资行为行使审慎监管权力，致使金融危机不断酝酿并最终爆发。[1]

"如果跳舞的人（银行）感到音乐响起时他们必须跳舞，舞会结束时中央银行会保证每一个人安全到家，舞会就会变得越来越疯狂。"[2] 特别是在经济快速增长时，风险意识极易被冲淡，监管机构向市场传递的信号不正确或被误读的话，必定是"火上浇油"。美联储前主席伯南克在 2008 年金融危机的反思中特别提出，要小心管理公众和市场参与者的预期，金融危机不会发生的预期只能制造更多的道德风险，鼓励制造更多金融危机的行为。不能盲目相信政府和市场是万能的，政府失灵和市场失灵都可能制造下一次金融危机。

7. 其他视角

市场参与者的战略互动（Strategic Interaction）是系统性金融风险产生的原因之一。战略互动是每个市场参与者通过猜想其他参与者的反应而追求自己最优战略的过程。"羊群效应"是战略互动的典型案例。"羊群效应"会产生单边市场，从而积聚风险。当面临系统性威胁时，市场上有多少参与者预期坏结果会出现和行动的多样化程度很关键，危机的强度和传染范围取决于市场参与者对系统性威胁的集体反应。只要每个市场参与者逐渐采取必要行动，外部冲击事件的实际影响会减弱，金融危机未必会真的出现。[3] 换句话说，金融市场的稳定性由市场参与者个体的集体行动决定，监管政策需要关注每个个体最优选择产生的"集体谬误"。

也有观点将系统性金融风险的产生归结为道德风险，强调只要市场相信政府对银行提供事实上的隐性担保，就会助长银行过度追求规模和盈利，放松风险管理标准，爆发金融危机是迟早的事。

---

① 刘鹤主编. 两次全球大危机的比较研究［M］. 北京：中国经济出版社，2013.

② Mervyn King, "Banking and the Bank of England", BIS Review 75/2009, 10 Jun. 2008.

③ Yutaka Yamaguchi, "Triangular view of systemic risk and central bank responsibility", speech at the Third Joint Central Bank Research Conference on Risk Measurement and Systemic Risk, 7 – 8 Mar. 2002.

三、 后危机时代防范系统性金融风险的思路和行动

既然无法精准预测何时爆发金融危机，就只能根据以前的教训，为下一次可能爆发的金融危机做好提前准备。提前准备的主导思想是将我们对结果有所控制的领域最大化，而把我们完全不能控制结果和我们弄不清因果联系的领域最小化。出于防范目的，全球性监管组织致力于积极搭建系统性金融风险识别、监测、预警、缓释、处置全流程管理体系。

第一，强化国际金融体系和国家治理结构顶层设计。当今世界经济和金融联系比历史上任何时期都更加紧密，除非整个世界是安全的，没有哪个国家可以独善其身；除非整个金融体系是安全的，没有哪家金融机构可以置身事外。2009年，G20伦敦金融峰会决定将金融稳定理事会成员扩展到20国全部成员，将原金融稳定论坛改为金融稳定理事会。在金融稳定理事会的总体协调和指导下，银行、证券、保险领域的宏观审慎监管政策工具分别由巴塞尔银行监管委员会、国际证监会组织和国际保险监督官协会组织研究。金融稳定理事会希望通过金融体系脆弱性评估、制定统一监管政策，进行国际协调、监控各国金融改革的实施状况，促进全球金融体系稳定，解决金融脆弱性问题。

2010年7月，美国限制系统性金融风险的《多德—弗兰克法案》生效，法案的一项重要内容是成立由美国财政部、美联储和其他监管机构参加的金融稳定监督委员会（Financial Stability Oversight Council），设立金融研究办公室，从单家金融机构收集信息，帮助金融稳定监督委员会监控系统性风险。美联储被赋予更大监管职责，负责开发改善系统重要性金融机构的监管标准，监管系统重要性金融机构。由联邦存款保险委员会（Federal Deposit Insurance Council）负责评估和批准系统重要性金融机构提交的恢复和处置计划。同时期，欧洲实施了监管结构改革，成立了由欧洲银行监管局（European Banking Authority）、欧洲证券和市场监管局（European Securities-

and Markets Authority）、欧洲保险和职业年金监管局（European Insurance and Occupational Pensions Authority）、欧洲系统风险委员会（European Systemic Risk Board）四个主体组成的新监管架构。欧洲系统风险委员会着重监管金融机构整体风险，防止风险监管"只见树木，不见森林"。

第二，建立早期识别和监测预警系统，将对金融稳定状况的评估转化为提高金融体系韧性的具体政策。金融稳定理事会和国际货币基金组织与一些中央银行进行一年两次的全球风险预警工作，分析外生的金融风险和宏观金融系统性风险。

欧洲系统风险委员通过建立宏观审慎数据库，识别系统性金融风险，确定对金融稳定的潜在威胁。它建立的宏观审慎数据分为多个主题，囊括了宏观经济和金融市场、债务和信贷、住房和商业房地产、银行业、非银行业以及相互之间的关联关系。宏观经济和金融市场数据包括经济增长，通货膨胀，失业率，经常账户、资本账户失衡状况，政府、企业、居民债务，股票市场、债券市场、外汇市场；债务和信贷数据包括家庭、非金融企业和私人非金融企业的总融资水平，银行对家庭、非金融企业、私人的贷款水平、增长情况，信贷与 GDP 缺口[①]，家庭信贷/GDP 偏离长期趋势的程度，非金融企业信贷/GDP 偏离长期趋势的程度，银行跨境风险暴露；住房和商业房地产数据包括住宅和商业房地产价格指数 12 个月的增幅、住宅和商业房地产价格指数相对于 2014 年之前高峰的变化幅度、房屋价格相对于收入的比例、家庭购房贷款 12 个月的增幅、家庭购房贷款相对于 2014 年之前高峰的变化幅度、家庭债务占 GDP 的比例、家庭购房贷款的利差、家庭债务占 GDP 的比例、家庭金融资产与债务的比例、家庭债务与收入的比例、银行持有的与商业房地产相关的风险暴露；银行业数据包括银行业结

---

① Iñaki Aldasoro, "Claudio Borio and Mathias Drehmann, Early warning indicators of banking crises: expanding the family", BIS Quarterly Review, Mar. 2018，该成果表明信贷占 GDP 的比例与该比例的长期趋势之间的缺口是银行业陷入危机的早期预警指标。

构、资产负债表的主要构成、盈利和损失主要构成、运营效率指标、流动性和融资指标、贷款和杠杆率指标、资本和资产质量指标；非银行业数据包括保险公司、养老基金、投资基金、信贷机构、其他金融机构总资产的年增长率，将"影子银行"纳入数据体系；相互之间关联关系数据包括银行总资产占 GDP 的比例、银行间负债、衍生产品头寸等。基于以上宏观审慎监管数据，利用系统性金融风险分析工具和模型进行风险预警，提出审慎监管政策建议，跟进各方采取行动的效果。系统性金融风险的来源、识别方法和工具如表 1-3 所示。

表 1-3　　　　　　　系统性金融风险的来源、识别方法和工具

风险来源	识别方法和工具	目的
政府债务	债务可持续性分析、财务压力指标、危机预测模型	预测在基本情境和不利情境下 5 年内公共债务占 GDP 的比例变化；根据公共债务再融资压力和前瞻性财政压力指数，评估中期财政风险；结合资产价格，外部失衡及财政失衡状况，金融体系，企业和家庭债务状况，度量一年内发生财政危机的可能性
银行体系风险	金融稳健指标、银行健康评估工具、单家金融机构违约概率评估、宏观压力测试、宏观金融风险累积程度、金融机构风险外溢程度	判断银行体系资产负债表合理性，识别风险累积程度；类似"骆驼"评级，利用财务指标评估银行体系整体合理性；利用股票价格指标，判断单家上市银行违约概率；极端情况下判断银行的资本和流动性是否足以抵御市场风险、流动性风险和信用风险冲击；利用阈值模型判断信贷占 GDP 的比例变化，以及偏离该比例长期趋势的程度；利用网络模型，评估金融机构相互间风险暴露形成的跨境传染
宏观经济	动态随机一般均衡模型、在险 GDP 模型	量化资产价格修正的系统性影响；根据行业间相互依赖关系，评估系统性经济影响
房地产价格、股票价格	资产市场价值偏离长期均衡趋势、危机预测模型	利用资产价格模型，评估资产市场价格调整的可能性；股票和房地产价格上升与信贷占 GDP 的比例、银行业杠杆相结合，预测国内银行体系危机
跨境关联	跨境网络模型、跨境银行传染模型	计算第一轮冲击下金融体系不同类型相互关联，估计国内金融危机发生的概率；通过金融机构直接形成的风险暴露，评估其在清偿能力和融资方面的传染效果

续表

风险来源	识别方法和工具	目的
网络风险	网络脆弱性识别、网络攻击威胁识别	评估网络资产的脆弱程度；预测核心网络受到攻击的发生频率
气候相关风险	情景分析和压力测试	评估不同的全球碳排放目标对金融机构自然风险和转型风险的影响
危机风险	危机预测模型、系统性或有债权分析＋联合遇险指标＋机制转换模型＋系统性流动性风险指标	评估金融危机爆发的概率；金融市场进入高波动状态或危机的概率；评估资本市场发生流动性压力的概率

资料来源：Nicolas Blancher, Srobona Mitra, Hanan Morsy, Akira Otani, Tiago Severo and Laura Valderrama, "Systemic Risk Monitoring Toolkit – A User Guide, IMF Working Paper", Jul. 2013 及笔者整理。

第三，宏观审慎监管"补短板"和强化微观审慎监管相结合。以防范系统性金融风险为工作目标，以增强监管机构之间信息共享，加强境内与跨境监管协调合作为工作方式，以建立"逆周期"监管机制为工作手段，既重视系统性金融风险累积的周期性因素，也不忽视结构性因素。强调防止金融机构跨境、跨领域监管套利，通过监管机构之间信息共享，实现对机构、市场、产品的有效监管。强调通过同行评估，监督各国境内以及跨境监管标准的一致性。强调建立与宏观经济金融环境和经济周期挂钩的监管制度安排，弱化金融体系与实体经济之间的正反馈效应。强调针对金融系统运行本身存在的顺周期特征，建立不受经济波动影响的特殊指标监管要求，抑制周期波动的放大效应。

为增强银行体系抗风险能力，引入逆周期资本缓冲（Countercyclical Capital Buffer）、资本保守缓冲（Capital Conservation Buffer）、全球系统重要性银行附加资本等全新概念。"逆周期资本缓冲"的目的在于在爆发金融危机时，商业银行有足够资本保证对实体经济的信贷供给，防止信贷紧缩，该要求针对所有的银行，不对单家银行进行区分。实践中使用信贷余额/GDP 对长期趋势值的偏离程度计算银行是否需要计提逆周期资本缓冲及相应的数量。在最低资本要求之上设立"资本保守缓冲"，如果没有达到监管要求，监管机构可以限制银行分红、股票回购和对员工奖金支付。对全球系统重要性银行还有额外的"附加资本"要求；统一资本的定义，强调在银行持续经营条件下权益资本吸收损失的责任，及在破产清算条件下二级资本吸收损失的责任。在资本的数量上，确定核心一级资本、一级资本和总资本的最低充足率水平分别为 4.5%、6% 和 8%①；以杠杆率为资本充足率的补充指标，防止银行计量错误带来的模型风险；提升对银行流动性风险监管要求，确定了全球银行业流动性覆盖率（Liqudity Coverage Ratio，LCR）和净稳定资金比率（Net Stable Funding Ratio，NSFR）两项指标；通过持续改革，在银行内部形成有效的风险制衡机制和责任追究机制。通过构建稳健的薪酬机制，防止高级管理层短期经营行为。通过信息系统功能提升，保证银行有效获取、存储、处理、传输、查询各类信息，增加系统自动加工、汇总、制作监管报表和报告的功能，以便董事会和高级管理层及时掌握信息。通过加强信息披露的基础建设，保证信息披露的真实性、准确性和完整性。

第四，以系统重要性金融机构为重点，建立监管重点金融机构的"新三大支柱"。金融稳定理事会提出全球系统重要性银行"一揽子"监管政策框架，将全球系统重要性银行概念引入日常监管活动之中。根据跨境活动、规模、关联度、可替代性、复杂性五个维度的判断标准，从 2011 年开始每年公布全球系统重要性银行名单。针对全球系统重要性银行，提出了强化资本监管、加强监管强度和有效性、建立有效处置机制的"新三大支柱"。"新三大支柱"立足于事前预防、事中强化、事后处理，保证银行持续安全运营。

遵循这一思路，各国监管机构着手建立和健全预防性的监管体系。

---

① 英格兰银行前行长默文·金恩认为，对潜在损失的预期变化非常快，今天看起来资本充足的银行明天可能资本就不充足了，为银行确定一个最优资本比率是不可能的，对银行约束的是市场，不是监管。参见 BIS, "Ten years after the Great Financial Crisis: what has changed?", BIS Papers, No. 103, Jun. 2019。

1. 提升吸收损失的资本水平, 拓展资本创新工具, 降低银行和其他重要金融机构倒闭的可能性

鉴于全球系统重要性银行对全球金融稳定有重要影响, 设定专为全球系统重要性银行附加的资本要求, 将需要额外增加的资本充足水平下限设定为 1.0% 到 3.5% 不等, 明确只能使用普通股一级资本来满足额外吸收损失的资本。同时给予全球系统重要性银行母国监管机构进一步增加资本要求的自由裁量权。通过增加额外吸收损失的资本, 降低全球系统重要性银行倒闭的可能性。

鼓励商业银行资本结构创新, 保证银行在出现危机时能够自救。这一思路源于自救比政府救助成本更低。自救其实是根据触发条件, 实现银行的某些债务转换成股权, 陷入困境的银行将吸收损失的能力由股权扩展到债权, 尽量避免倒闭。欧洲委员会在金融机构危机管理方面提出全面自救和目标自救两种方案。全面自救方案允许欧洲委员会成员国的银行将所有高级债务注销或转为股权。目标自救方案要求银行发行固定数量的可自救债券, 在法定触发条件下, 这些债券可以被注销或转换成股权。

全球系统重要性银行总损失吸收能力 (Total Loss Absorbency Capacity, TLAC) 建设也属于金融稳定理事会强化资本监管的措施之一。无论正常经营, 还是因危机发生无法持续经营, 全球系统重要性银行都应该拥有充足能力吸收损失、降低经营失败的可能性, 减少倒闭带来的社会成本。TLAC在进一步区分负债风险的基础上, 拓宽了吸收损失的债务工具范围。

2. 提升监管强度和有效性

根据全球系统重要性银行给本国和全球金融体系造成的风险, 提出差别化监管要求, 进行差别化监管。2014 年 9 月, 美国货币监理署颁布《大型银行强化监管标准》, 将大型银行风险管理的框架和最低要求确定为"两个基本点、三道防线、六项必要环境"。"两个基本点"指的是要发挥独立完善的风险管理机制及董事会在风险管理中的作用。"三道防线"要求银行

内部完善三支队伍，提高风险管理整体有效性。由管理业务和运营的部门、人员构成"第一道防线"；具有识别、评估或监控所有交易合规风险的职能部门构成"第二道防线"，在业务条线中内设具有风险管控和合规职能的专员；审计部门是"第三道防线"。"六项必要环境"包括董事会及高级管理层重视合规经营、"三道防线"独立与配合、加强合规风险管理部门建设、将合规风险管理与业务流程优化相结合、培育良好的合规文化、合规与绩效考核相结合等内容。

金融稳定理事会还提出各国监管机构要获得适当授权、保证独立性和足够的资源，审议监管方法，提升监管技术，及早干预。压力测试被提到非常重要的位置。从 2011 年开始，美联储按年开展压力测试，使用压力测试结果评估大型银行及银行业整体的资本充足水平。全美资产规模超过 500 亿美元的银行和非银行金融公司都开展了压力测试工作，压力测试有效地促进了美国银行业资本充足率的大幅度提高，成为银行经营底线思维的直观体现。2014 年，美国发布《对银行控股公司和外国银行机构的强化审慎监管规则》，对资产规模超过 500 亿美元的外国银行也提出了强制性压力测试要求。针对多家监管机构监管全球系统重要性银行及其联营公司的现状，金融稳定理事会要求监管体系充分考虑不同监管机构监管职责的模糊性，以及职责模糊性对信息汇集和评估的损害程度，进行有效的并表监管。

3. 提高恢复和处置能力

即使是尽力预防，仍难以完全消除全球系统重要性银行倒闭。出现系统重要性银行倒闭事件，要做的是使之尽快恢复正常或尽快处置。在倒闭发生前建立好恢复和处置的程序有利于降低银行道德风险。

金融稳定理事会要求全球系统重要性银行母国建立处理危机的法律框架，由有权处置倒闭金融机构的监管机构行使处置权力，避免不必要的资产损失，防止金融危机蔓延。在什么情况下进行处置、可以使用自救和其他处置工具的过程和条件、股东和债权人承担的后果、自救权利覆盖的范围等问题都要求在国家立法中清晰化。美国在定性和定量两方面对处置进行了规定。一旦银行有形股权比例低于 2%，90 天之内银行监管机构可以任命联邦存款保险公司作为接收方；一旦监管机构认为银行违法、不安全或不稳健、管理失效，即使有形股权比例超过 2% 也可以启动处置措施。

全球系统重要性银行必须向监管机构详细地展示其恢复计划，而且要求持续制订。恢复计划由银行事先制订，为陷入困境的银行恢复持续经营提供指导。董事会对制订、定期更新和实施恢复计划承担最终责任，监管机构对银行恢复计划进行审查，评估其是否完整与可行，在必要时要求银行采取纠正措施。处置计划由监管机构负责制订，是在银行无法恢复正常经营时监管机构实施有序处置的指南。事先明确发生危机时商业银行可以采取的恢复措施以及处置机关可以采取的有序处置措施，目的是可以不动用公共资金开展有序处置。

跨境危机管理机制也是处置系统性金融风险的制度安排。针对每家全球系统重要性银行，金融稳定理事会都要求成立危机管理工作组（Crisis Management Group），成员包括母国监管机构、中央银行、财政部门和主要东道国监管机构。危机管理工作组负责评估银行的可处置性、审议恢复和处置计划，并签订针对每家银行的跨境处置合作协议，识别可能影响跨境处置合作的障碍。合作协议不公开披露，由金融稳定理事会同行评估委员会（Peer Review Council）评估不同国家在全球系统重要性银行监管政策上的充分性和一致性。同时自救由母国监管机构发起。母公司和附属公司涉及多头监管时，要求东道国监管机构与母国监管机构充分协调。

第五，多方面推进金融市场监管改革，恢复金融市场功能。金融稳定理事会推动的金融市场结构监管改革是"一揽子"的，金融监管标准一致性、国际会计准则改革和支付清算体系改革、信用评级机构监管、"影子银行"监管和场外衍生产品市场监管都囊括在内。不同金融部门监管执行标准尽可能减少差异，缩小不同金融市场之间监管套利的空间。国际会计准则理事会发布《IFRS9 金融工具》替代《IAS39 金融工具：确认与计量》，包括新金融工具分类与计量、单一具有前瞻性的预期损失减值模型、套期会计以及自身信用风险公允价值变动损益确认等关键内容。国际清算银行支付清算体系委员会和国际证监会组织推动完善支付体系、证券交易和结算体系、中央交易等金融市场核心基础设施，弱化系统重要性银行的关联程度；国际证监会组织修订《信用评级基本行为准则》，要求信用评级机构提高评级的透明度和信用评级质量，减少利益冲突。对新产品评级建立评审机制，对复杂新产品或缺乏有力数据的产品实施审慎评级。金融稳定理事会也对各国央行、银行监管机构及市场参与者降低对信用评级机构的依赖提出了要求；将对冲基金、私人资金池、按揭贷款公司、结构化投资实体、货币市场基金等"影子银行"体系纳入金融监管框架，提出"影子银行"体系执行更高的资产减计标准，货币市场基金和其他具有期限转换功能的投资基金必须设立流动性要求，限制抵押融资和再次抵押业务，对银行向非结构性融资投资基金提供隐性支持设置资本要求；为降低交易对手信用风险，防止风险传染，国际证监会组织、巴塞尔银行监管委员会对场外衍生交易的最低数据报告要求、衍生合约的标准化格式、全球汇总衍生交易数据的方法和机制都做了说明，在全球推动实施场外交易合约标准化，场外衍生交易集中清算机制，鼓励更多地开展与中央交易对手的场内交易。

本章核心观点：

● 几乎没有人能够预测到金融危机爆发的特征和波及范围，在系统性金融风险领域一定存在着已知未知、未知未知的情形；经常项目赤字大小并非引发金融危机的"元凶"；采用固定汇率制的国家在国内高利率环境下难以对抗外部冲击；政府和实体经济融资扩张速度长期快于名义 GDP 增长是金融危机的诱因；金融机构及"影子银行"是内生系统性金融风险的主要来源；金融市场尤其是银行间市场、外汇市场是金融危机的重要传播渠道；银行危机也可能单独发生，也可能和货币危机、债务危机同时发生；金融放松管制进程与本国审慎监管的能力建设不匹配会相当危险；金融行业薪酬与盈利挂钩的强激励为自我扩张提供内生动力，诱发"大则不倒"的道德风险。

● 金融周期、经济理论、外部冲击、内部结构、金融传染、监管体系、战略互动、道德风险等都被用来解释系统性金融风险产生的原因，防范系统性金融风险累积需要借鉴国内外正反两方面的经验，查找薄弱环节。

● 金融周期的谷底是系统性金融风险彻底释放的时期，而金融周期的顶峰是系统性金融风险累积到顶点的时期，从谷底到高峰是系统性金融风险积聚，不断增加的时期。系统性金融风险不断积聚的表现是信贷过剩、货币过剩、金融机构过剩。

● 银行内部的风险管理体系即使有能力对重大风险进行早期预警，也面临着放弃当期收益的巨大压力，最可能的结果是内部妥协，早期预警信号被忽视埋没。如果微观审慎监管造成被监管机构"千人一面"，整个金融体系的风险就不是下降而是上升了。

● 为避免金融行为监管套利诱发金融危机，在监管范围上应该保持一定的灵活性，无论机构主体是谁，所有的金融行为都应该纳入监管视野之内，而且要在监管机构之间实施信息共享和协同，尽可能在早期消除系统性金融风险隐患。

● 既然无法精准预测何时爆发金融危机，就只能根据以前的经验教训，为下一次可能爆发的金融危机做好提前准备。提前准备的主导思想是将对结果有所控制的领域最大化，把完全不能控制结果和弄不清因果联系的领域最小化。

● 当今的世界经济和金融的联系比历史上任何时期都更加紧密，除非整个世界是安全的，没有哪个国家可以独善其身；除非整个金融体系是安全的，没有哪家金融机构可以置身事外。

● 吸取 2008 年国际金融危机的教训，国际社会重塑了以金融稳定理事会为核心的国际金融治理体系，构建了早期识别和监测预警系统，将金融稳定的评估转化为提高金融体系韧性的具体政策，明确了宏观审慎监管政策和微观审慎监管政策相结合的导向，树立了强化系统重要性金融机构资本监管、提高监管强度和有效性、建立有效处置机制的"新三大支柱"，推进了金融市场"一揽子"监管改革。

第二章 化解政府债务压力：治之于未乱

一、 区域金融发展中的金融风险积聚

（一） 决定区域金融发展的基础

区域金融发展取决于该区域是否具备适合金融业发展的环境，这里强调的环境包括三种环境。一是法治环境。立法权主要在中央，区域法治环境是指一个区域内司法的公正程度和执法效率。涉及金融的案件不能秉公执法，必然导致金融机构丧失正当权益的同时，丧失对该区域资金投入的信心。金融机构经营货币的属性决定了其对货币的时间成本更加敏感，货币的时间成本比一般企业更高。区域执法机关效率低下会出现金融机构赢了官司输了时间的状况。把时间对货币价值的影响考虑在内，经济意义上打官司的行为就变得没有任何价值。金融机构为规避执法机关效率低下带来的损失，理性选择就是"少投放甚至不投放"。二是政策环境。包括该区域支持金融业发展的相关政策及政策落地的效果。为吸引更多金融机构落户本地，地方政府尽可能采取了一些优惠招商措施，比如，对在区域内设立分支机构的金融机构给予一次性补贴，对购买或租用办公用房的给予适当补贴；对金融机构高管和员工的工资、奖金、股权收入给予所得税优惠，对其缴纳的住房公积金给予税收优惠；金融机构引进高端人才给予绿色通道安排，在住房及子女入学、出入境简化手续方面给予便利；等等。这些做法会有一定成效，但是区域已经形成的集聚效应短期无法改变，例如，我国东部地区对金融机构和金融人才的吸引力远远高于中西部地区，中西

部地区政策优惠不会起决定性作用。更重要的政策环境是区域监管政策环境。区域内持牌金融机构和民间金融机构经营的规范程度差异极大，在监管政策上应有所侧重。对持牌金融机构，应该创造相对宽松监管政策环境鼓励其在资产端和负债端进行产品创新。对民间金融机构，首要任务是建立起全方位、无死角的规范性监管体系，对民间金融机构负债的适当性进行严格监管，对其资产业务侧重于内控体系和风险管理监管。三是信用环境。在区域内建立和规范企业及个人信用信息的采集、存储、加工、发布、使用各个环节，让金融机构便捷地获取和使用信用信息，降低风险识别成本。政府要坚持不懈地在经济活动中对守信者进行正向激励，建立失信者必受到惩罚的区域信用环境。哪个区域打造的金融环境好，哪个区域就具备了金融业可持续发展条件。各级政府和司法执法部门应不遗余力地消除金融不安全因素，让金融机构贷得出、收得回，让实体经济贷得到、用得好。系统性金融风险有一个累积过程，爆发又具有突然性。良好的信用环境有利于形成防范金融风险的社会氛围，容易排除金融风险隐患，金融风险就不容易累积，处置金融风险的社会成本也更低。营造信用环境更是金融创新的保障。只有在金融安全的区域内开展金融创新，金融机构才可能更高效地服务实体经济，否则，金融创新很容易脱实向虚，在金融体系内形成资金空转，甚至成为金融诈骗的噱头。

区域金融发展必须依赖区域内的经济要素。经济活动产生于社会分工，社会分工越细，交易的需求越旺盛，对金融的需求就越旺盛。历史上金融机构云集之地往往都是交通便利、贸易活跃、生产和消费聚集之地。交通位置、贸易货币化程度以及生产和消费能力决定了区域金融的活跃程度。现代交通和贸易便利程度增加以后，区位对区域金融活跃程度的制约越来越少，区域内产业积聚和消费拉动对金融活动影响越来越大。没有生产就没有消费，区域金融发展还是会回到区域的产业积聚水平上来。一个区域内产业格局形成具有历史继承性，但不是绝对的。通过产业规划有意识地培育先导性产业，通过先导性产业的带动和辐射作用形成产业积聚非常重要。在先导性产业带动传统产业转型过程中，土地、资金、技术、人才缺一不可，具备了土地、技术、人才等生产要素无疑有利于获得资金的支持。区域内各类经济主体经营是否规范、经营风险大小也影响着金融的活跃程度高低。政府融资平台公司是拉动区域经济增长的重要载体，虽然平台公司也存在信息不透明、经营不规范、经营性现金流少等问题，但有地方政府信用的隐性支持，比较容易获取资金。数量众多的中小微企业作坊式经营，财务透明度低，经营随意性较大，信用没有累积，合格抵押质押品少，应对市场变化的能力弱；农业企业面对的自然风险大，投资周期长，见效慢，利润率低；科技型企业轻资产，拥有的知识产权价值不易评估，交易双方信息不对称更明显，投资风险较高。在区域内这几类企业都面临融资难题。在区域经济转型过程中，政府融资平台公司需要着力解决的主要矛盾是合理负债以及优化融资结构、融资成本问题。而中小微企业、农业企业、科技型企业需要解决的主要矛盾是市场上金融供给严重不足，亟待创新金融供给方式的问题。

区域金融发展还受到区域内金融机构竞争程度的影响。很多区域都在加大力度吸引各类金融机构进入，可是金融机构数量增加并未有效克服金融供给结构性失衡。要解决区域金融供给失衡问题，除了继续引入新金融机构进入区域市场外，还必须引导金融机构之间差异化发展。后者比前者更重要。金融机构之间的竞争是产品、服务效率、风险控制、价格等领域全方位竞争，区域市场上金融机构争抢地方政府融资平台公司，中小微企业、农业企业、科技型企业少有问津，恰恰说明在经济下行压力下持牌金融机构风险偏好趋同、授信政策接近、经营没有差异化。对于不良资产的严格考核也是造成持牌金融机构不愿放款的重要原因。持牌金融机构不能有效满足中小微企业、农业企业和科技型企业这些群体的融资需求，给民间金融机构提供了生存空间。持牌金融机构给存款者或投资者提供的回报不能满足部分投资者的需求，部分寻求高收益回报的投资者便把资金投向民间金融机构。部分中小微企业、农业企业、科技型企业在持牌金融机构拿不到贷款，就只能寻求民间金融机构，这样一来，供给和需求相结合催生出一个庞大的民间借贷市场。实践中，对野蛮生长的民间金融机构及其金融行为监管不及时，就难以避免内控严重缺失、关系人控制、虚假宣传、没有投资者适当性评估，自融自用等问题。

（二）区域金融发展的"药方"

地方政府虽对区域金融发展抱有很大决心，却难以突破现实中的六大深层次矛盾。这六大矛盾即资金面总体宽裕与贷款需求萎缩的矛盾、经济结构调整与金融风险积聚的矛盾、金融需求多样化与金融服务单一化的矛盾、金融需求的差异化与金融供给结构性不足的矛盾、持牌金融机构监管严格与民间金融机构监管缺失的矛盾、发展金融的强烈愿望与金融人才不足矛盾。为此，需处理好本和源、疏和堵、刚和柔、补和降的关系。区域金融发展的"药方"可以归纳为"固本培源、疏堵结合、刚柔相济、补降同步"十六个字。

"固本培源"之意在于从根本入手，改善区域金融环境；从源头入手，培育区域先导产业。固本培源的"本"涵盖了净化法治环境，健全政策环境，建设信用环境三个层面。以司法公正、执法高效为目标，要不断创造有利于金融业发展的法治环境。要遵循金融业发展规律，不断完善支持金融业发展的政策，特别是吸引高端金融人才流入所在区域的政策。要通过组建专门的金融信用信息服务机构，实现政府职能部门掌握的信用数据互联互通，持续积累企业和个人的信用数据，筛选出那些在审批人员素质、审批效率、免责政策、降低费用方面满足要求的金融机构，鼓励这些金融机构利用信用数据，提供更高效、更有针对性的金融产品，缓解中小微企业、农业企业和科技型企业金融供给不足。固本培源的"源"在产业，最后落脚到每一个项目和企业上。地方政府不仅要加快推动传统产业转型升级，更要做好先导产业的谋篇布局，满足项目和企业在用地、技术、人才引进等方面的诉求，促进金融机构培育有市场前景的客户，形成银企关系良性互动。

"疏堵结合"要从疏导入手，疏通金融机构和企业之间的融资通道；从堵防入手，构建地方金融机构的全流程监管体系。疏堵结合的"疏"指尽可能消除金融机构和企业之间的信息不对称。政府要搭建金融机构和企业之间融资对接的舞台，使融资对接活动定期化、常态化，让每家金融机构充分利用政府搭建的舞台实现理念传播、信息获取、客户筛选的目标。疏堵结合的"堵"指的是把防控系统性金融风险放到更加重要的位置，构建地方金融机构的监管体系，提高和改进监管能力。各级党委、政府通过设立跨部门的领导小组，协调相关机构，把所有开展金融业务的非金融机构和地方金融机构以及它们的融资行为纳入监管体系当中。要依法开展工商登记，把对民营机构风险治理机制和内控机制的监管放在市场准入阶段；要依托大数据，对其全部业务实施全流程动态监管和风险预警，对处于高风险状态的机构及时叫停。而且要基于定期开展的现场和非现场监管结果，进行综合评价，对问题整改不力的民营机构实施市场退出，牢牢守住不发生系统性金融风险的底线。

"刚柔相济"要从考核入手，建立对持牌金融机构实现政府社会目标的刚性考核机制；从引导入手，健全政府信贷风险补偿机制。刚柔相济的"刚"指政府对持牌金融机构实施刚性考核。这种考核既不同于金融机构内部考核，也不同于金融监管机构的考核。政府对持牌金融机构的考核要强调社会目标，考核金融机构对区域 GDP 和地方税收的贡献，以及金融创新、金融扶贫等工作情况；也要强调对稳增长、促发展目标的考核，考核金融机构在区域内每季度提供资金支持的总量、对经济"补短板"领域的支持力度；还要强调对调结构、惠民生目标的考核，考核金融机构对中小微企业、农业企业、科技型企业的支持力度。防风险目标的考核也是题中应有之义。以季度考核结果作为年度考核的支撑，对于排名优先和进步突出的金融机构在政府性财政存款、补贴和税收等方面进行激励。刚柔相济的"柔"指的是要建立政府统一运作的信贷风险补偿基金，对支持中小微企业、农业企业和科技型企业出现不良贷款的金融机构进行补偿，缓解金融机构资产质量压力，提高金融机构承担风险的意愿。

"补降同步"要从"补短板"入手，实现融资方式由贷款向债券转变；从降成本入手，实现债权向股权转变。补降同步的"补"指规模企业要补债券融资这一课，鼓励企业多通过发行债券融资，利用好政策机遇和时间窗口，发行各种期限的债券，优化负债结构，提高企业流动性管理能力。补降同步的"降"就是要充分发挥股权资金的优势，大力推动符合条件的地方企业上市。要大力发展政府主导、市场化运作的产业基金和创业基金，让产业基金回归股权投资本质，通过股权投入改善企业的治理机制，加强企业自身债务杠杆率约束，降低企业杠杆率及财务成本。改善创业基金的区域发展环境，让创业基金成为支持科技型、创新型企业源源不竭的动力。

（三）实体经济需要更有弹性的融资服务体系

高质量地发展区域内的实体经济是防范系统性金融风险的根本。融资服务是各类社会资金通过金融中介进入实体经济的过程。在这个过程中，政府要考虑如何更好地让金融中介发挥作用。融资服务体系是从融资供给的视角来分析服务质量和水平，更有弹性的融资服务体系才能更好地服务现代化经济体系。一个区域内主要融资服务机构是政策性银行、国有商业银行、股份制商业银行、城市商业银行和农村商业银行，也包括为数不多的融资性担保公司、小贷公司、基金管理公司和互联网金融公司。融资服务内容主要是银行贷款和少量表外业务。与银行贷款规模相比，融资性担保公司、小贷公司、基金及互联网金融公司提供的融资活动基本可以忽略不计。直接发债融资，通过资本市场融资的规模与区域 GDP 相比也很小。在极度不平衡的融资服务体系下，区域的融资服务质量和水平几乎完全取决于银行。

从需求方看，建设好现代化融资服务体系首先要分析现代化经济体系融资主体产生的融资需求。党的十九大提出的现代化经济体系"六大任务"决定了融资需求的广泛性，它包括新兴产业、高端服务业、传统产业结构调整和产业升级发展的需求，基础设施建设和提升的需求；创新型机构研发及成果转化的需求；实施农业产业化、农村现代化、农民市民化过程中的需求；区域融合、中心城市及周边小城镇发展的需求；混合所有制改革进程中，以及国有资本、民营资本发展壮大过程中的需求；开放过程中对内对外投资和贸易产生的需求。这些需求目的不同，可能是生产目的，可能是投资目的，也可能是消费目的或各种目的兼而有之，这些需求层次不同，有的看重产品的可获得性，有的看重服务的灵活性，有的看重时效性，还有的看重价格的适当性。

从供给方看，建设现代化经济体系必然要求融资方式市场化、融资对象多元化、融资需求多样化、融资产品特色化、融资期限合理化。更有弹性的融资服务体系必须让市场主体有更多金融机构可以选择。引进和培育银行以外的金融机构就成为关键，可以和银行融资形成交叉互补效应的股权融资机构更应该是重中之重。更有弹性的融资服务体系必须让银行之间形成差异化竞争。市场上银行数量众多，但在服务上没有明显差异化。中小微企业、高科技企业、"三农"业务一直是融资服务的"弱点"和"盲点"。对于植根于融资服务弱点和盲点的银行，政府应该给予更大的政策支持。更有弹性的融资服务体系必须高效地提供金融机构与市场主体对接服务。金融机构可以迅速便捷地找到想融资的市场主体，想融资的市场主体也可以以较低的搜寻成本找到金融机构。更有弹性的融资服务体系必须坚持价格信号发挥作用，市场主体融资利率高低反映出融资风险水平高低。围绕着基准利率水平，在合理的利率范围内，利率越高反映风险越高。个人投资者通过正规渠道参与对市场主体的融资，根据个人风险偏好投资，盈亏自负、风险自担。更有弹性的融资服务体系还必须配套风险缓释安排。同一金融机构内部合理搭配不同产品，不同金融机构搭配不同产品都可以起到降低总体风险的作用，同一金融机构、不同金融机构与政府担保基金、担保公司合作或通过政府购买，补足差额，以事后风险补偿方式来实现风险分散和共担。

（四） 现代化融资服务体系以风险可控为落脚点

与现代化经济体系相适应的融资服务体系应该以"产品适合、服务周到、快速响应、价格合理、风险可控"为基本特征。

"产品适合"要求不同类型金融机构摸准市场主体的融资需求，在充分了解需求的基础上提供丰富的"产品篮"。根据市场主体的生产周期、投资周期、建设周期、运营周期、贸易周期或者兼并收购、债务重组需求，提供既有基于信用的融资产品，也有基于动产、不动产或权属的融资产品，有短期债务融资产品，也有中长期债务融资和股权融资产品，甚至是"一揽子"产品解决方案。在判断产品是否适销时必须定期关注是否市场主体都有合适的产品，有无误导销售、"搭便车"销售状况，对已有产品的适配性进行定期检查。

"服务周到"要求从融资方角度设计融资方案。单一产品和产品组合满足了特定时点的需求，融资方案更侧重总体解决融资方的难点和痛点。对于基础设施建设融资，针对政府建设目标和债务化解双重目标，方案尽可能通过使用者付费模式实现项目财务平衡，或政府少量补足差额。对于科技创新型企业，初创期轻资产、经营风险高的特点，融资方案应以引进风险偏好更高的股权投资为主。企业发展到一定规模后，再推荐银行债务融资和上市融资方案。对于农业产业化企业，可抵押资产少、抗风险能力弱，融资方案更适宜通过担保机构担保和农业保险覆盖撬动银行贷款进行融资，企业资产达到一定规模后，实现担保逐步退出。对于应收账款多的企业，融资方案可以考虑在确权基础上进行封闭的应收账款融资和少量短期融资结合支持企业恢复流动性。地方政府应该组织覆盖面广的定期回访，让市场主体对融资服务方案进行匿名评价，将评价结果反馈给金融机构，督促其不断优化融资方案。

融资需求的"快速响应"建立在信用风险可迅速识别并可以接受的基础上。实现这一目标必然要求较为完善的金融信用体系。良好的金融信用体系可以帮助金融机构更加高效地识别债务人的信用风险，既有利于金融机构长期稳健经营，也有利于提高金融市场配置金融资源的效率。金融信用体系建设包括金融信用信息的累积、累积基础上的应用、应用效果自反馈，以及金融信用信息的再累积。金融活动从性质上分为"一手交钱一手交货的交易"和"钱货时间分离的交易"，后者就涉及信用信息的累积。融资的时间长，完整记录一次金融信用信息的周期就长。即使融资时间不长，一次守信的交易并不代表可以持续守信，需要时间来观察。金融活动需要的信用信息并非只是金融机构自身或金融机构监管部门累积的信息，还需要政府职能部门、行政执法部门以及司法机构的信息，形成金融信用信息大数据来进行金融信用信息的累积，政府推动这项工作需要足够的时间和耐心。信息应用也是一个由浅入深的长期过程。它既可以应用在不同类型金融机构授信之前的资信调查上，也可以应用在回收前的风险预警、失信后的风险惩戒上。应用效果自反馈是一个循环往复的过程。当金融信用信息累积足够多，累积时间足够长之后，各类金融机构可以对信用记录良好的企业提供更加快捷、更加方便的资金融通服务和更加优惠的价格，对信用记录不佳的企业及时退出。

"价格合理"是从供求双方角度来看待的。债权融资的价格是利率水平，利率是市场资金价格的反映，只要融资方觉得以成交的利率获得资金仍有利可图，出资方觉得利率可以抵补风险成本，利率水平就是合理的。股权融资方觉得引入新股东有利于持续经营，股东资金可以对企业发展形成长期支持，入股的机构觉得与发展前景相比现价入股的成本可以接受，价格就是合理的。无论债权融资，还是股权融资，只有参与者众多，融资价格才是真正市场价格，才是市场主体风险的真实反映，必须让尽可能多的金融机构参与价格形成过程。只要不出现市场失灵，应该严格遵循市场规则，政府尽可能不干预融资行为和融资价格。在广泛参与、自愿互利基础上形成的融资价格也有利于防范政府公职人员的廉政风险。

"风险可控"是底线。在保持宏观经济稳定的前提下，政府在建设现代化经济体系目标和国有金融机构一定比例的坏账风险之间必然要有取有舍。发展新兴产业，实现经济结构转型升级必然要培育新企业，对传统企业进行兼并重组，退出僵尸企业，发展先进制造业集群，不可避免会有投资失败。创新型企业和农业产业化企业融资支持也无法保证百分之百成功。国有金融机构坏账上升会给政府带来一定的化解压力，新兴产业没有培育起来，现代化经济体系发展和转型不力同样也是政府面临的风险。因此，建设与现代化经济体系相适应的融资服务体系需要有良好的风险分散机制。在政府鼓励和引导下，让本区域或区域以外的社会投资主体积极参与传统产业的并购重组，参与培育新兴产业，支持科技创新型企业、外向型企业和新型农业主体，这是保证金融安全、防范系统性金融风险的重要举措，也是融资服务体系永葆活力的源泉。

二、 适度和过度只差一步

政府债务是政府对国内和国外债权人举借所有债务的统称。一国政府在国际金融市场上地位越高、信用状况越好，国内信贷市场和资本市场越发达，政府举债越容易。政府财政收支平衡掌握不好，就会陷入借新债还旧债，规模不断扩大的"债务陷阱"，最后很可能走向金融危机。政府债务引发金融危机之前有征兆吗？政府债务"雪球"会不会有一天滚不动了？如何将政府偿债边界控制在安全范围内？下面尝试回答这些问题。

（一）政府债务风险来源

很多因素都会影响政府债务的可持续性。自然灾害、瘟疫、局部冲突或战争、制裁、索赔都会引起政府偿债困难。自然灾害和瘟疫流行影响了正常的生产生活，必然对一国 GDP 增长产生严重影响，有些国家可能因此陷入财政困境。战争爆发、生产停滞、人民流离失所，对参战国的经济制裁和封锁造成这些国家经济收缩，国内出现供应短缺和严重通货膨胀，政府对外债务很可能违约。战败国经常面临巨额战争赔款要求，在战后一段时间加重还款负担；全球经济周期不同步，主要货币利率变化给一些国家经济增长和财政状况造成外在冲击。美元作为世界货币，美元利率升降直接影响着其他国家货币政策走向，进而影响其他国家举借美元债务的成本。美元利率变化具有明显周期性，在降息周期大量美元流出美国，在升息周期大量美元回流美国。每逢美元利率进入升息周期，资本流出对新兴市场国家经济产出的影响变大，难以达到财政收支平衡目标；国际金融市场情绪变化影响政府滚动债务和再融资成本。在正常市场情况下，政府在国际金融市场上的筹资成本和它的信用水平相关，在市场动荡时期，受市场避险情绪影响，信用良好的政府在市场上筹借资金的难度也可能大大上升，或无法获得外部资金；国内信贷市场和资本市场的发育程度影响着政府借款的可获得性。本币可自由兑换、国内市场发育程度高有利于政府利用国内市场调整债务期限结构，缓解外币借款过于集中的风险，不容易出现违约；全球主要商品和服务价格波动直接影响政府债务偿还能力。俄罗斯、澳大利亚、沙特阿拉伯、巴西这样的大宗商品出口国，其政府财政状况受制于石油、天然气、铁矿石、粮食等大宗商品价格变化，若大宗商品价格暴跌，将直接恶化这些国家的财政状况；政府对公共部门债务和银行债务的隐性担保增加了政府偿债的或有负担。政府对国有企业、准政府部门、PPP（Public – Private Partnership）项目的担保都可能在一些时间段内增加财政支出。紧急情况下政府对公共部门和银行体系的救助造成政府债务负担激增，容易引发偿债风险。银行体系规模大、杠杆高且更依赖外部融资的国家爆发金融危机后，政府为恢复经济和金融正常化付出的财务成本更高。对银行体系实施强力监管，具备覆盖更广的存款保险制度的国家爆发金融危机后，政府为恢复经济和金融正常化付出的成本会低些。没有国际救助，前者更容易违约；本国汇率贬值引起外债规模扩大。政府对汇率的承诺也是政府的隐性债务，在紧急情况下或有债务会变成实有债务。采取固定汇率制或盯住汇率制的国家，在本币汇率贬值时期需要消耗外汇储备维持汇率稳定。在市场贬值预期未改变之前，恰好遇到外汇储备不足，就需要在短期内筹借更多外汇，必然增加政府的偿债负担。发生东南亚金融危机的新兴市场国家汇率贬值就曾是债务大增的主要原因。

（二）政府债务违约预警

是否按时偿还政府债务取决于政府的偿还意愿和偿还能力。主动赖账的政府毕竟是少数，更多的还是偿还能力不足造成的政府债务违约。在早期识别政府债务违约风险这个问题上，大体分为两派：一派以分析政府债务构成和融资能力入手，另一派以分析政府债券、信用违约掉期（Credit Default Swap，CDS）等金融产品市场价格波动入手。[①] 监管机构、金融机构、评级机构、学术界都在这个问题上不断探索，遗憾的是迄今为止并未有太成功的实践。

债务规模和债务结构是判断政府债务违约风险的常用指标。债务规模指标以政府债务占 GDP 的比例为代表。监测这个指标的逻辑是政府债务占 GDP 的比例越高就越容易违约，实践并没有佐证这一点，该指标的预测性没有想象的那么强。1997 年东南亚金融危机之前，泰国、印度尼西亚、马来西亚、菲律宾四国全部政府债务占 GDP 的比例在 60% 上下，韩国这一比

[①] 信用违约掉期是衍生合约，由卖方和买方组成。保护的卖方向买方提供债券资产或债券指数的违约保险，收取相应费用。保护的买方通过购买这种保险，将违约风险转嫁给卖方。

例只有30%左右。① 2001年12月到2002年初，阿根廷政府债务危机全面爆发，当时阿根廷中央政府和地方政府总债务占GDP的比例刚刚超过50%，并不比巴西、智利高。② 中央政府包括地方政府的财政赤字合计占GDP的比例不到6%。土耳其爆发货币和银行危机之前的2000年，政府债务占GDP的比例为57.4%，政府赤字占GDP的11.6%③，政府债务占比也不算太高。让人费解的是日本政府债务占GDP的比例长期都在200%以上，却从未出现过政府债务违约事件。结构指标以短期债务，特别是外债在总债务中的占比为代表。1994年墨西哥政府短期外债过多，美国货币政策收紧触发了墨西哥政府债务危机。1995年金融危机波及阿根廷。1998年俄罗斯政府预算赤字突破目标，贸易条件恶化，财政缺口快速上升。为了化解财政困难，被迫发行大量短期债券对外借款，引发了全球金融市场动荡。1999年的巴西、2000年的土耳其都曾经受到短期外债的极大困扰。美国学者对1970—2008年中等收入国家违约时的外债水平进行过研究，结论是当新兴市场国家外债与GNP的比例超过30%～35%时，发生债务违约的风险开始显著增加。④ 普遍认同的结构性指标还有外债占净出口比例，该指标反映了宏观层面一个国家货币错配的程度，也常用于分析政府债务违约。

　　只要再融资不中断，政府债务占GDP的比例高也可以持续下去。如果出现利率趋势逆转，债务不可持续的风险就陡然上升。历史上一些违约的新兴市场国家，除政府债务占GDP的比例较高、外债比例不合理以外，还有经济结构单一，出口过于依赖农产品、原材料和大宗商品的原因。农产

---

　　①　Glenn Stevens, "The Asia crisis – a retrospective", BIS Review 82/2007.

　　②　Ignazio Visco, "sovereign bankruptcy in the EU – a comparative perspective", BIS Review 144/2010, 26 Oct. 2010.

　　③　Tommaso Padoa – Schioppa, "Reflections on recent financial incidents", luncheon speech at the Third Joint Central Bank Research Conference on Risk Measurement and Systemic Risk, 7 – 8 Mar. 2002.

　　④　卡门·M. 莱因哈特，肯尼斯·S. 罗格夫. 八百年金融危机史——这次不一样 [M]. 北京：机械工业出版社，2020.

品、原材料和大宗商品的价格受地缘政治、供求关系、不可抗力等多重因素影响，价格起伏远比一般的产品大。若价格大幅跳水，这些国家的出口收入就会受到重创，间接影响了外币债务再融资的能力。各国资本市场和债券市场开放程度不一，金融市场规模小而开放程度较高的国家容易受到外部冲击。在直接投资中，跨国公司经营策略变化会带来资本跨境流动，在金融市场上对冲交易策略和复杂衍生金融工具的运用也会改变债务的原始期限，跟踪外债的有效期限对于防范外债流动性风险更有意义。总的来看，不断变化的外币资产负债结构及相互匹配程度对政府偿债能力影响很大，短期对外债务指标结合收入状况一并分析比单纯看总债务指标更有预警意义。

外部评级公司选取的评级指标范围更广，债务规模和债务结构指标是重要评价内容，评级结果变化经常被用于政府债务风险预警。据称，外部评级结果变化指标能提早 3 ~ 6 个月发出预警[①]，这个看法似乎太乐观了。1997 年初东南亚金融危机就露出迹象，在同年 6 月末到 7 月，国际三大评级公司对泰国、印度尼西亚、韩国的外部评级结果都在投资级别以上。根据评级公司对主标尺每个级别信用风险状况的解释，投资级别在未来一年中的违约概率极低。不幸的是，当年秋季负面影响就已经外溢到美国和欧洲的金融市场。外部评级结果变化的滞后性屡屡被诟病，观察外部评级结果变化并不能敏感地捕捉政府违约风险，原因在于主权国家的外部评级本质上同样具有"顺周期"特征。1997 年 7 月至 1998 年 1 月三大评级公司的信用评级结果如表 2 – 1 所示。

---

① Hung Q. Tran, "The role of markets in sovereign debt crisis detection, prevention and resolution", BIS Papers, No. 72, Jul. 2013.

表 2 - 1　　1997 年 7 月至 1998 年 1 月三大评级公司的信用评级结果

国家	惠誉/IBCA		穆迪		标普	
泰国	不适用		1997 - 07 - 01	A3	1997 - 07 - 01	A
			1997 - 10 - 01	Baa1 （-1）	1997 - 09 - 03	A - （-1）
			1997 - 11 - 27	Baa3 （-3）	1997 - 10 - 24	BBB （-3）
			1997 - 12 - 21	Ba1 （-4）	1998 - 01 - 08	BBB - （-4）
印度尼西亚	1997 - 06 - 21	BBB	1997 - 06 - 21	Baa3	1997 - 06 - 21	BBB
	1997 - 12 - 22	BB + （-1）	1997 - 12 - 21	Ba1 （-1）	1997 - 10 - 10	BBB - （-1）
	1998 - 01 - 08	BB - （-3）	1998 - 01 - 09	B2 （-5）	1997 - 12 - 21	BB + （-2）
					1998 - 01 - 09	BB （-3）
					1998 - 01 - 27	B （-6）
韩国	1997 - 06 - 21	AA -	1997 - 06 - 21	A1	1997 - 06 - 21	AA -
	1997 - 11 - 11	A + （-1）	1997 - 11 - 27	A3 （-2）	1997 - 10 - 24	A + （-1）
	1997 - 11 - 26	A （-2）	1997 - 12 - 10	Baa2 （-4）	1997 - 11 - 25	A - （-3）
	1997 - 12 - 11	BBB - （-6）	1997 - 12 - 21	Ba1 （-6）	1997 - 12 - 11	BBB - （-6）
	1997 - 12 - 31	B - （-12）			1997 - 12 - 22	B + （-10）

资料来源：Rudi Bonte，"Supervisory lessons to be drawn from the Asia crisis"，BIS Working Papers，No. 2，Jun. 1999.

市场指标是更直观的预警指标，它的逻辑是市场投资者对风险更敏感，当投资者预测政府债务不可持续，会有很大可能违约时，就会出现利差走宽、债券价格下跌、CDS 价格飙升这些现象，向投资者传递的信息是给这个国家提供主权信用保护的成本大幅度上升。2007 年 12 月之前市场发出的希腊违约信号较为温和，从 2007 年 12 月到 2008 年 3 月，CDS 出现上升。2008 年 10 月后 CDS 信号明显恶化（见图 2 - 1）。希腊债务危机正式爆发后，葡萄牙主权评级被穆迪公司降级，市场上并没有西班牙、意大利经济和财政预算的不利数据，但降级引发了市场对西班牙和意大利政府债券的抛售，政府债券收益率明显上升。

政府债务危机爆发之前市场已显示出政府债务违约的种种迹象，却很少有成功阻止危机发生的先例，这是因为"冰冻三尺，非一日之寒"，政府

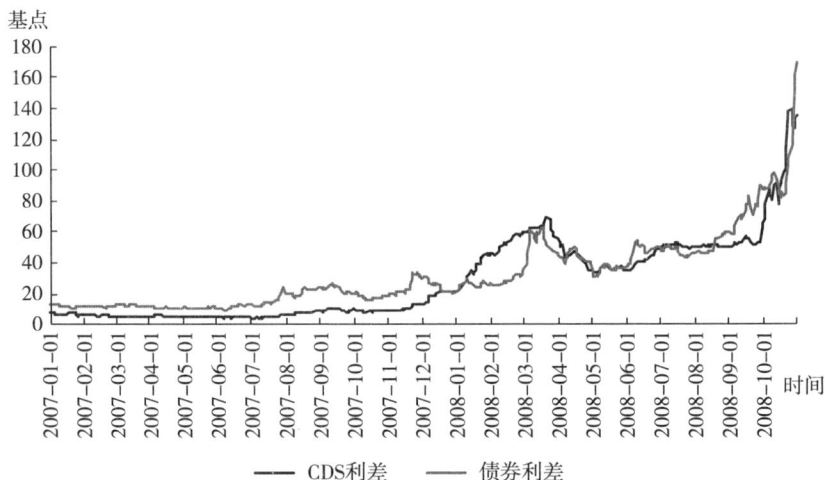

图 2 – 1　2007—2008 年 5 年期希腊主权债券收益率与 CDS 利差

债务涉及各方利益，化解政府债务危机需要各方达成一致，也需要时间。债务违约对债务国和提供资金的国际金融机构都没有好处，主观上都不愿意正视市场发出的信号，于是在违约前就出现了通过临时修改市场规则掩盖风险的做法。欧美国家曾出台规定，在一个时间段内禁止卖空政府债券，禁止购买政府"裸信用违约掉期"合约①，或者对评级机构实施更多的检查，以此来抑制市场上做空力量，压制评级机构降级。更极端的做法是为了避免市场交易进一步恶化，变相禁止信用评级机构对某些政府降级。

预警主权国家系统性金融风险的尝试

20 世纪 90 年代东南亚金融危机以后，国际货币基金组织一直都在尝试根据统一的、量化的危机定义，结合主权国家经济体系脆弱程度和全球外部冲击情况，进行系统性金融风险预警。早期预警方法多采用逻辑回归法或信号提取（Signal Extraction）法。预警范围除了金融

① "裸信用违约掉期"指的是购买者虽然没有该笔贷款，但是通过购买该贷款的 CDS 对贷款的违约状况进行保护，该笔贷款违约，这种行为会放大收益；反之也会遭受损失，属于市场投机行为。

部门、实体部门、对外平衡方面以外，对政府债务预警是不可或缺的重要内容。早期采用的方法在预警精确度和处理大量预测变量方面存在局限，近年来兴起的机器学习方法在处理大量相互独立的变量、确定变量之间关系和阈值、变量相互影响方面的优势明显，逐渐取代了早期的预警方法。国际货币基金组织采用"随机森林"法对1980—2017年发生危机的主权国家政府债务状况进行分析，得出最具有预警能力的指标依次是一国外债占GDP的比例，政府偿债能力（包括政府支出、收入、预算余额等），国内公共债务水平，经济增长、贸易条件和通货膨胀的波动程度，治理能力和选举制度。

（三）　国外关于政府债务风险的理论和实践

19世纪到20世纪对美国、加拿大、德国、阿根廷、巴西等国家财政危机有大量研究成果，"明白无误地或委婉表达没有外部救助条款、宪法约束和由金融市场对政府债务实施全面约束"是确保不发生政府债务危机的三条经验。第一条可以解释为消除出了问题有人兜底的预期，其实就是要消除潜在的道德风险；第二条可以解释为通过立法，让政府的借债和偿债行为受到法律约束和监督；第三条可以解释为借助金融市场的约束机制，让无法再融资的政府债务违约，投资者风险自担，承担投资决策失误造成的损失。

2010年的希腊政府债务危机及随后的欧洲主权债务危机有力地证明了上述三条原则的有效性。在欧洲一体化进程中，欧洲央行负责单一货币政策，欧盟各成员国负责各自的财政政策。欧盟成立之初，已经想到了有的成员国没有那么自觉，假如某成员国只管借钱、不管还债，偿债风险就会外溢到整个欧盟。为防范道德风险，欧盟成立之初规定成员国的财政赤字不能超过该国GDP的3%，把管理好自身财政的责任压到每个成员国身上，违反这一规定将遭受严厉金融制裁。不幸的是，这种制度安排在执行中被抛到了九霄云外。欧盟成员国即使违反了赤字限额，也不会自动受到惩罚，而是由其他成员国投票决定如何惩罚不守规矩的国家。成员国的普遍心态是"今天我放你一马，明天你也会放我一马"，结果赤字限额变成了软约束，市场约束也没有想象的那样完美，不能迷信市场能甄别出"守纪律的好孩子"和"不守纪律的坏孩子"，它没能有效约束欧盟成员国财政政策。政府债券的投资者形成了即便有些国家财政入不敷出，欧盟也不会坐视不管，投资这些国家的政府债券不会有违约风险的预期，突破财政赤字限额的国家发行的债券仍旧受到投资者追捧；情况不断恶化之后，形势倒逼制度突破，助长了道德风险。欧盟成员国原本集体约定不实施外部救助，在希腊政府债务危机愈演愈烈的现实面前，为避免受到传染，被迫实施了救助。这一举动无疑向市场释放了错误信号，等于告知投资者有债务违约风险的国家不管问题多严重都会得到欧盟救助。倒逼出来的救助摧垮了市场信心，危机只能越来越严重，走到了必须彻底改革财政和货币政策的地步。

兜兜转转，欧洲治愈主权债务危机"药方"还是回到了 100 多年前提出的强化赤字和债务刚性约束的老路上。为防止财政风险金融化，控制政府债务风险，必须坚持财政预算硬约束，突破财政赤字的成员国要依法受到惩罚。坚持"谁的债务谁负责"，不能允许代为还债。消除投资者误解，过度举债的政府债券风险溢价高，投资这样的政府债券形成亏损，市场约束就会起作用。坚持需要资金救助的成员国必须实施严格的限制措施，并在利率上反映风险溢价。甚至提出，未来欧盟哪个国家违反事先设定的赤字和债务限额，就丧失财政政策的自主权。欧洲的前车之鉴在我国地方政府债务风险管理上具有突出的借鉴意义。

（四）降低政府债务的方法

回顾世界近代史不难发现，当时主要资本主义国家对政府债务的管理水平不尽如人意，在政府债务达到危险水平之前没有有效的干预措施，到了不可救药的地步，进行政府债务重组、债务转换或者宣布违约是惯例。20 世纪 20 年代意大利曾进行过以降低债务利率为目的的国内债务转换。到 30 年代，英国将大部分"一战"的债务余额变为永久性年金（Perpetual Annuity），没有了偿还期限，债务被无限期延后。澳大利亚和新西兰政府将国内债务转换为部分普通债，部分免税债务。大家的目的都是降低眼前的负债水平，让政府偿债变得可行。第一次世界大战期间和之后向美国政府借款的 17 个国家总债务高达 103.4 亿美元，占当时美国 GDP 的 15.7%。只有芬兰偿还了债务，其他 16 个国家都获得了债务免除，这其实就是变相政府债务违约。① 到 1933 年 4 月，美国政府对国内和国外债权人的债务也统统宣告违约。那么，在政府债务居高不下的情况下，如何才能不违约呢？

第一条思路是增加收入、降低支出，保持收入快于支出就可以慢慢将政府拉出债务泥潭。现实的残酷在于政府债务增长速度远快于经济增长速度，而且人口老龄化加快了政府公共债务增长的趋势，以加快经济增长的方式来消化政府债务负担几乎不可能。源头没有太多的水，就只能靠节约了。为了防止政府过度负债引发债务危机，必须严格控制政府公共债务。采用的方法包括尽可能多拥有外汇储备资产，精打细算地使用；鼓励企业建立流动性缓冲；将外币借款转向本币借款，实施各种各样的资本控制；将短期债务转向长期债务；在危机时允许政府使用期权、信贷额度等金融工具，以事先约定的利率借款；鼓励企业多利用股权融资，少利用债权融资；通过出售远期合约或买入看跌期权，降低重要商品出口的价格风险；发行偿还成本和出口商品价格关联的债券等。饱受违约之痛的阿根廷政府曾有过利用金融工具锁定政府再融资风险的经验。1996 年末，阿根廷政府与一些国际金融机构签订或有回购便利（Contingent Repo Facility）协议，据此阿根廷政府买入认沽期权，该期权允许阿根廷政府以 LIBOR 加 205 个基点筹借 2～5 年期限的 61 亿美元，阿根廷政府每年向卖方支付 33 个基点

---

① 17 个国家包括亚美尼亚、奥地利、比利时、捷克、爱沙尼亚、立陶宛、芬兰、法国、希腊、匈牙利、意大利、拉脱维亚、波兰、罗马尼亚、俄罗斯、英国和南斯拉夫。参见 Carmen M. Reinhart and Kenneth S. Rogoff, "Financial and Sovereign Debt Crises: Some Lessons Learned and Those Forgotten", IMF Working Paper, Dec. 2013。

的费用，以此来保证阿根廷政府在面临流动性危机时可以以事先约定的利率获得美元融资。① 以这种方式，阿根廷政府降低了美元债务再融资风险，金融机构在市场上对冲了出售认沽期权的风险，可以说利用金融工具实现了双赢。

第二条思路是通过本国货币币值缩水，降低对内实际债务水平。在经济本质上通货膨胀是对所有资产持有者隐藏的一种税收，它的后果是财富从债权人向债务人转移和财富的重新分配。1920—1922 年奥地利和 1922—1923 年德国均出现过恶性通货膨胀，1941—1944 年希腊经历了恶性通货膨胀，1944 年意大利的通货膨胀率高达 500%，1945—1947 年日本的通货膨胀水平为 150% ~600%，这些国家经历的恶性通货膨胀让政府实际偿债规模迅速缩水，债务被侵蚀殆尽，极大地减轻了政府偿债负担。通货膨胀的后果是全民财富受损，贫富分化变得更为严重，民众对政府货币政策和央行信用产生了重大怀疑，后续需要以多年的经济紧缩为代价持续治理，但未尝不是一种化解政府债务风险的思路。

第三条思路是采取金融抑制让政府持续借到更便宜的钱，以审慎监管之名行金融抑制之实，缓解政府偿债压力。通过养老基金直接给政府融资或通过监管机构压低投向政府债务的养老基金、保险公司的收益水平，对贷款利率设置显性或隐性的上限，对跨境资本流动实施管制等方法，就可以以更低成本为政府滚动融资。人为压低实际利率，甚至使实际利率降为负数，以损害储蓄者和债务持有人利益为代价，政府的实际债务就可以成功下降。美国、英国、意大利和澳大利亚政府都曾经采用这种方法降低政府债务。

第四条思路是结合上述方法各自的优点，容忍一定程度的通货膨胀，同步实施一定程度的金融抑制来降低政府国内债务。这种方法必须将通货

---

① Financial Stability Forum, "Report of the Working Group on Capital Flows", Meeting of the Fianancial Stability Forum, 25–26 Mar. 2000.

膨胀控制在可以接受的水平范围内，让全民对债务缩水感觉不那么明显，但需要警惕国内通货膨胀造成偿还外债压力增大的危险。

三、 政府违约风险和银行违约风险的关联性

银行所有权由政府完全控制的国度，通过要求银行投资一定比例的政府债券，向指定的贷款人贷款，设定银行在某些特定行业或特定区域的贷款比例，或采取存贷款利率管制等金融抑制措施可以更好地实现政府融资意图，政府融资规模扩张与金融行业规模扩张高度关联，"政府比过去有更多债务都意味着会有更大的金融行业"。政府和银行是"一荣俱荣、一损俱损"的关系，政府违约风险和银行违约风险可以等同看待。银行所有权由私人股东控制的国度，政府通过利率、流动性等渠道间接向银行施加影响，温和地向银行传导风险。从历史数据看，政府债务危机和银行债务危机时常同时发生或前后脚发生，新兴市场国家比发达国家更频繁发生政府债务危机和银行债务危机，全球融资条件收紧阶段比放松阶段更容易发生政府债务危机和银行债务危机。

（一） 政府违约风险向银行体系传导

国债市场是一国宏观经济风险的"晴雨表"，国债市场的稳定性和货币政策传导关系紧密。银行是国债的承销者和投资者，国债市场收益率变化影响着银行的风险状况。政府违约风险通过四个渠道向银行体系传导（见图 2-2）。

其一，利率渠道。国债代表着政府信用，被市场认为是无信用风险、流动性最高的资产。英美国家的货币政策调控机制是央行调整政策利率，通过政策利率变化影响国债收益率曲线。通过国债收益率曲线影响公司债券收益率和银行贷款利率，最终影响实体经济融资成本。逻辑上投资者持有长期国债相对于持有短期国债承担更大的风险，期限越长的国债收益率应该越高，但是受到实际期限风险溢价、通货膨胀风险溢价、市场供求影

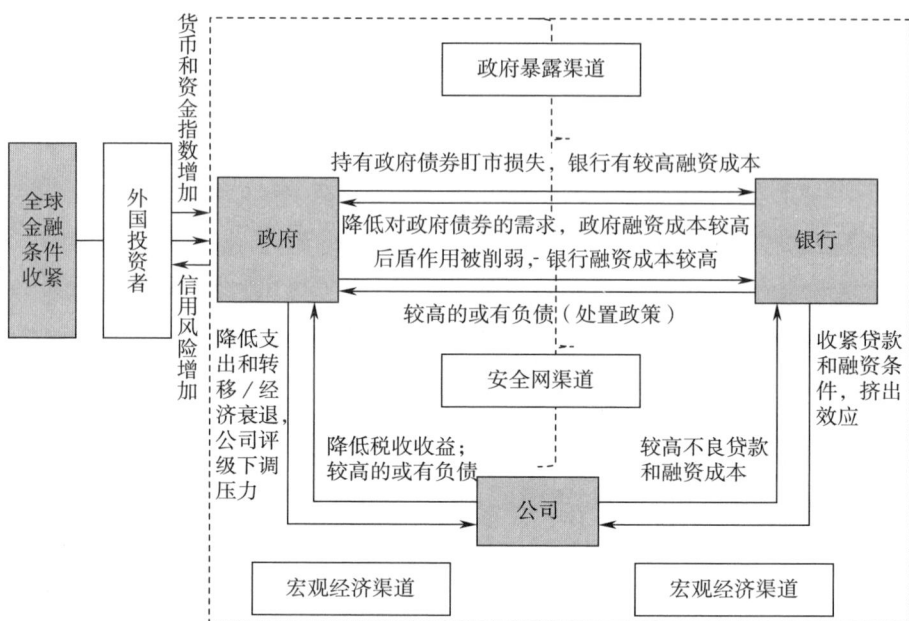

图 2 - 2 政府风险和银行风险传染渠道

响,国债期限溢价经常变动,有时还会频繁变动。国债收益率曲线反转、走平和上升预示着银行面临的风险水平发生变化。正常情况下,10 年期国债收益率高于 2 年期国债收益率,期限溢价为正值且二者差距呈现拉宽趋势,预示着下一阶段经济扩张和股市繁荣;反之,如果出现 2 年期国债收益率高于 10 年期国债收益率,期限溢价变为负值时,说明大量资金买入长期国债,压低长期国债收益率,随后一段时间经济衰退就会不期而至,几乎屡试不爽。美国自 1961 年 7 月以来,历史上出现 9 次 10 年期国债与 2 年期国债期限倒挂现象,其中 8 次在之后的 6~24 个月发生了经济衰退,1 次虽未发生经济衰退,但随后的一年里实际 GDP 增长率也出现大幅下降。在那些股市市值占 GDP 的比例低且私人部门信贷占 GDP 比例低的新兴市场国家,出于流动性、预期收益、投资机会不足等原因,银行持有更多的政府债券,与政府风险更加紧密地捆绑在一起。2018 年以来,巴西和巴基斯坦的银行持有主权债券占银行资产的比例都超过了25%，土耳其、印度、墨西哥这个比例也在20%以上。[①] 受到政策利率变化及不同期限国债收益率变化的影响，银行资产负债表中债券组合（见图2-3中的"政府暴露渠道"）估值和收益水平可能大幅下降，这对银行来说还不至于伤筋动骨。若政府要求银行按照非市场价格将持有的安全资产与高风险资产置换，或政府突然宣布外币债券违约，银行就会遭遇灭顶之灾。

政府债务危机对银行体系的冲击

1950—2010年欧洲主权债务危机发生之前，政府违约一直被认为是新兴市场国家才会有的事。曾经发生过政府债务危机的阿根廷、俄罗斯和土耳其都有一个共同特点，就是本国银行大量持有本国国债，政府债务危机自然就成了银行体系的危机。阿根廷银行体系在20世纪90年代后期被认为是拉丁美洲最稳健的银行体系。从那时开始政府债务稳步增长，银行持有政府债务的比重以更快速度增长。2000年，政府信贷和债券融资占到银行体系总资产的20%。2001年，受商品价格疲软、实际汇率升值，以及劳动力市场难以调整的影响，整个阿根廷经济陷入衰退。阿根廷美元债券利差达到了800个基点。当年6月，迫于流动性压力，政府将300亿美元到期的外债与长期高利率债券进行了置换，将大量债务负担延后。虽然政府也收紧了财政政策，但经济继续收缩，存款开始流出银行体系。到了下半年，政府被迫重组国内债务，停止支付外债，将银行体系美元标价的资产和负债（占银行体系全部总资产负债的70%）按照不同的、非市场化的汇率转换成比索，银行体系遭受了巨额损失，资本受到严重侵蚀，随即陷入了危机。

20世纪90年代中期俄罗斯正处于改革阶段，政府财政赤字规模巨

---

① IMF, "Shockwaves from the War in Ukraine Test the Finanical System's Resilience", Global Financial Stability Report, Apr. 2022.

大，税收收入有限。在 1997 年下半年到 1998 年上半年，俄罗斯经济受到油气价格下跌及实际汇率升值的双重打击，对外借款增加，银行体系持有大量政府外币借款融资票据。到 1998 年中，为保住盯住汇率制，俄罗斯央行提高了利率，反复干预外汇市场。满足持有外币债务的保证金要求对银行体系流动性形成了巨大压力，俄罗斯央行开始为银行体系提供流动性支持。当年 8 月，俄罗斯政府债务违约，放弃了盯住汇率制，同时宣布商业银行对外国债权人延期 90 天支付。政府债务违约使 720 家小银行失去偿付能力，占银行业资产规模 40% 的 18 家大银行也被迫向政府救助。

这一时期土耳其经济正在经历快速增长，也积累了巨额财政赤字。大量外资流入通过银行体系进入公共部门，银行持有的公共债务不断增加。2000 年，短期外债上升至外汇储备的 130%。由于利率波动明显上升，银行持有政府债务的市场价值波动幅度持续扩大，银行资本根本不足以吸纳这种巨大波动。市场预期政府被迫救助银行也给汇率造成了不小的压力。2000 年末到 2001 年初，里拉汇率大幅贬值，土耳其政府接受了国际货币基金组织的救助方案。大型国有银行再次补充资本，一些中型银行被迫出售或关闭。

在俄罗斯和土耳其主权债务危机中，银行对政府债务形成了大量风险暴露，银行外部融资能力受到资产负债表恶化的严重影响，政府融资情况恶化也限制了政府救助银行的能力。在阿根廷主权债务危机中，政府强迫银行将外币资产和负债转换为本币，以牺牲银行为代价实现了财富从银行向政府和其他部门转移。

其二，财富渠道。货币政策的一举一动影响着政府、企业和居民的债务成本。市场流动性宽松，大量资金追逐稀缺的收益机会，国债价格处于下跌趋势之中，给境内外投资者造成损失，也预示着未来存在一定的风险。国内预防性储蓄倾向会随着风险上升而上升，居民金融资产就更愿意配置存款、高信用债券，消费欲望一定程度萎缩。对通过宽松货币政策刺激消费的政策意图产生抵消作用，影响公共债务水平。然而，大量资金流入股市可能驱动股市上涨，为投资者带来盈利机会。股市和债市此消彼长，社会财富聚集和消散，实现了财富重新的分配。政府、企业、居民需求变化，金融市场交易活跃都会作用于银行的资产和负债结构，形成风险在特定行业、产品、客户的积聚。

其三，抵押品渠道。银行利用国债作抵押品可以从央行、回购市场获得资金，也可以以国债抵押发行抵押债券或通过场外衍生产品进行批发融资。在欧元体系的再融资操作中，20%的交易以国债作为抵押品。在英国和日本，60%~80%的公开市场和融资便利操作以国债作为抵押品。在回购市场上，国债价格迅速下跌，其作为抵押品价值明显下降，获得与过去相同数量的融资需要更多的国债，抑制了银行再融资能力。极端市场情况下，国债不再被投资者接受，就会彻底中断银行在市场上融资的能力，出现抵押品冻结（Collateral Squeeze）。2008年国际金融危机期间，希腊国债一度被剔除出合格抵押品名单，造成市场流动性消失。欧债危机肆虐的2010年下半年，回购市场上只有1.5%的交易由希腊、爱尔兰、葡萄牙的国债作为抵押品，不及2008年和2009年的一半，原本欧元区抵押债券总发行量的1/3由各国国债做支撑。到2009年下半年，国债支持的抵押债券发行份额下降到只有20%。每当市场风险来临，债券投资者风险偏好就会趋于保守，更愿意投资抵押债券，银行被迫更多地发行抵押债券筹资。[①] 国债或其他债券作为抵押品价值变化势必对银行负债风险产生影响。

其四，银行资产负债表渠道。政府违约风险上升造成银行直接持有的国债发生损失，削弱银行资产负债表的稳健性，进一步影响银行融资的成本。影响程度取决于银行持有的国债是以市值计价，还是以摊销成本计价。

---

① 抵押债券持有者对发行银行的资产池有追索权，资产池中资产不能用于其他债务的抵押，清算时无抵押债券人也不能有索取权。

以市值计价的国债会因市值下降影响银行利润，巨额亏损还会导致权益和杠杆水平下降。即便是以摊销成本计价，国债重组或违约也会影响银行融资条件。许多政府使用场外衍生产品调整政府债务余额中利率和货币构成，此类交易中政府的主要交易对手是银行。当衍生产品的盯市价值对政府是负值、对银行是正值时，银行就暴露在政府的违约风险之下。银行资产负债表中那些有正的市场价值但又低于面值的衍生产品交易，反映了固有的交易对手风险。[①] 政府违约风险上升产生较高的信用估值调整，银行衍生产品交易市场价值下降，体现为银行损益表中的盯市损失。此外，政府违约风险上升对银行的非息收入也会产生影响。政府违约风险过高促使投资者减少交易，银行交易和投资银行业务条线收入下降，也降低了银行代客管理投资组合的市场价值，影响银行管理费收入。

除政府违约风险向银行传导以外，政府是银行安全网的构建者（见图2-3中的"安全网渠道"），银行违约风险最终的兜底方也是政府。对存款人和债务人的救助，对银行无期限的流动性支持，补充银行资本等措施最终都会变成政府的财政支出。政府救助银行的成本取决于爆发金融危机之前银行体系的脆弱程度和监管措施的效果、处置银行危机的政策、政府债务占银行总资产的份额等因素。[②] 20 世纪 80 年代早期阿根廷、智利、乌拉圭银行危机的成本占本国 GDP 的比例为 30% ~ 55%。韩国政府在 2007 年东南亚金融危机中支出的财政成本占年 GDP 的 20% 以上，泰国政府支出的财政成本占年 GDP 的 35%，印度尼西亚这一数字约是 40%。[③] 2010 年 5 月开始的希腊主权债务危机累计损失超过 GDP 的 25%。2011 年希腊银行业损失

---

① 风险管理的标准用语是"信用估值调整"，信用估值调整是不考虑交易对手信用风险的衍生交易头寸的价值与经交易对手信用风险调整后同样衍生交易头寸价值两者之间的差额。

② 国际货币基金组织的研究表明，银行业杠杆水平的提高、对批发融资依赖程度的提升、银行业规模扩张以及对外国资金依赖程度高都会影响经济衰退的深度和经济复苏的时间。像股权收益率、非利息收入、净利息收入等这样的风险承担指标也和经济收缩的深度、经济复苏时间有关。参见 IMF，"from banking to sovereign stress：implications for public debt"，Mar. 2015。

③ IMF，"Indonesia：Selected Issues"，2004.

了 380 亿欧元，占到当时银行业核心一级资本的 170%。流动性枯竭之后，2009 年 9 月到 2015 年 12 月银行存款下降了 1170 亿欧元，相当于全部存款的 44%。存款和贷款相互影响，2010 年末到 2015 年末银行业对私人部门的贷款下降了 540 亿欧元。[①] 在这轮金融危机中，爱尔兰银行体系 50% 以上的商业房地产贷款遭受损失，爱尔兰政府救助银行的成本占 GDP 的 40%，达到 640 亿欧元。受到严重冲击的银行体系被迫收缩业务，以保持足够的资本应对未预期损失，极大地削弱了对实体经济的支持能力。

（二）政府违约风险与银行违约风险的"边界"

在防范银行违约风险向政府传染方面各国政府实践有所不同，基本共识是建立制度框架，不断加强政府识别、度量、监测、评估、报告银行体系风险的能力，将政府对银行的支持保持在一个合理范围内。从已知的情况看，银行业资产快速扩张与系统性金融风险的关联性非常强，银行贷款占 GDP 的比例越高，银行持有的政府债务越高，银行向政府传染风险越大。银行的资本缓冲和估值越高，波及风险越小。各国不乏银行业曾经历了快速扩张后经济陷入深度衰退的案例。基于这一点，在银行业快速扩张时期需要金融监管部门与财政部门信息共享，及时识别和评估银行违约风险对公共财政和债务可持续性的影响。高负债政府面对银行业危机时举债空间已经很小，在政府形成高负债之前应该特别小心信贷与 GDP 缺口、贷存比、银行资产与 GDP 的比例以及银行对外融资水平指标的变化，这些指标与政府财政风险密切关联，也是度量政府财政风险的"风向标"。欧洲主权债务危机爆发之前，GDP 增长预测和银行资本缓冲状况成为识别银行风险向政府传染的重要决定因素。欧洲主权债务危机期间，财政基础较好而且银行相对安全的国家表现远好于其他国家。事后看来，来自金融部门的公共债务风险在风险爆发之前没有得到充分识别和评估，有些国家对于金融部门

---

① Yannis Stournaras, "The impact of the Greek sovereign crisis on the banking sector – challenges to financial stability and policy responses by the Bank of Greece", BIS Central Bankers' Speeches, 8 Jun. 2016.

形成的隐性或有负债没有进行过评估，更不用说开展压力测试了。直到危机来临，才发现政府公共财政还有一块需要补的窟窿。

为预防政府债务落入不可收拾的陷阱，需要对政府财政或有负债风险开展早期识别，此项工作高度依赖政府财政的透明度。正如国际货币基金组织指出的那样，"财政透明度有助于突出财政前景的潜在风险，由此财政政策可以较早、较为顺畅地对变化的经济状况作出反应，因此降低了危机的发生率和发生后的严重程度"。有了透明度高的数据，对包括银行业杠杆水平、或有负债规模、银行持有国内债务总量、融资结构等在内的政府或有负债进行分析，估计出政府或有负债的预期成本及在一定发生风险概率下政府承担的最大成本，才有可能精准识别政府债务的可持续性。尽管有可能对政府债务进行预警，但政府违约风险与银行违约风险完全隔离是不可能的，只能依赖投资者对政府违约风险进行合理定价，进行风险转移，为此就需要将政府违约风险和银行违约风险之间进行一定程度的分割。外部评级公司对一国的主权评级反映了该国政府对银行的显性或隐性支持能力。政府信用高可以提升本国银行的信用；反之，意味着对本国银行支持能力减弱。在市场正常时期，政府对银行显性担保的作用可以通过观察政府担保的银行债券收益率和无担保的高级债券收益率两者差额得出。在市场动荡时期，政府评级下降是该国银行评级下降的重要驱动因素。1998年2—12月，俄罗斯主权信用下降了7个级别，俄罗斯主要银行存款评级也相应下降。2000年9月到2002年12月，阿根廷主权信用下降影响了主要银行存款评级。2010年，欧洲五个发达国家中2/3的本土银行在其政府信用评级降级后6个月内也遭到降级。银行遭到降级后股权融资成本就会上升，对股权收益率带来负面影响。从银行自身评级和政府支持后的最终评级两个结果对应的借款成本之差，就可以推断出政府隐性担保的价值。政府违约风险增加，隐性担保的价值就会下降。

从预防行动上看，在信贷周期繁荣阶段要采取逆周期的财政规则，建立财政缓冲（Fiscal Buffer），特别是要小心与信贷繁荣相关的房地产税不可持续。税收政策上不宜刻意对政府债务融资进行税收激励，防止在信贷繁荣阶段政府债务融资激进扩张。为减轻公共部门融资对银行体系的依赖程度，避免产生政府债务永远可持续的错觉，监管机构应该监督银行对政府风险暴露的总量，确保银行稳健的资本水平，防止政府违约造成国内传染和跨国传染。从处置行动上看，政府债务危机发生后，投资者对银行持有政府债务的态度会变得非常审慎，会极力规避那些对政府风险暴露大的银行。此时要保证银行充分披露政府风险暴露相关信息，避免市场过度反应。政府违约风险上升会降低国债在回购市场、央行再融资、场外衍生交易和抵押债券方面作为抵押品的能力，监管机构应督促银行体系不断提升在政府违约风险冲击下的流动性水平，也应考虑建立灵活操作的程序，保证在紧急情况下接受各种抵押品，向各类交易对手提供流动性，缓解危机期间银行即刻的流动性压力。为防止信用风险向央行过度集中，需要设立审慎的抵押品折扣，对于不同类别抵押品设定集中性限额。为缓解道德风险，应该考虑实施更严格的监管政策，使银行流动性风险管理恶化程度降到最低。在场外衍生产品市场上为缓解政府违约风险传染，增加使用中央交易对手，降低政府和银行之间的双边暴露，或者在国际掉期与衍生产品总协议下实施双边信用支持附件（Credit Support Annex，CSA），都可以降低交易对手信用风险。

全球金融稳定依赖每个国家的财政健康状况。深化资本市场开放，可以增加投资者对银行经营的约束，减少银行过度承担政府违约风险，降低银行和政府违约风险之间的关联性，缓解政府信用恶化对银行体系的冲击，但要防止银行资产规模且国际业务体量超过本国政府的支持能力。冰岛银行体系在2003—2008年跨境资产扩张速度惊人，资产规模完全超出了冰岛政府支持的能力范围，发生金融危机后冰岛政府爱莫能助，只能恳求欧盟出手救助。银行跨国经营带来的风险传染会放大金融危机冲击波，在强化本国对银行的处置能力，保持跨境运作处置策略和跨境损失吸收能力一致，提升母国和东道国对全球系统重要性金融机构危机管理能力方面，各国只有持续合作才有可能处理好金融危机的跨境冲击。

四、 政府产业投资基金的制度安排

政府直接举债会形成巨大的直接偿债压力，为降低地方政府债务水平，一些地方政府通过发起产业基金推动当地经济建设。政府产业基金以财政资金出资为引导，以产业投资基金形式撬动社会资本投入区域经济发展关键领域，目的是解决企业资金短缺、规范企业治理机制、促进区域经济繁荣。用好政府产业投资基金这个助推区域经济发展的手段，要避免基金陷入"投资风险过高而难以为继"的境地，也要避免走向"投资偏好过于审慎而难以推动发展"的另一个极端，更要防范政府决策过程中的廉政风险。在设立政府产业投资基金之初，必须从平衡好培育市场和防范风险的关系出发，以较为完备的顶层设计来防范基金运行中的风险。

（一） 围绕目标谋划顶层设计

政府设立产业投资基金以支持区域内重大产业和重点企业发展、支持重大招商引资项目落地、支持重大科技成果产业化、支持重大军民融合项目、支持重大重组并购开展为目标，一切顶层设计均应该紧紧围绕目标实现和基金可持续发展来展开。

没有政府产业投资基金，区域内规划和培育的重大产业、重点企业主要依赖银行融资，一些新兴产业暂时不具备融资条件，无法及时获得信贷资金支持，长期而稳定的资金来源受到限制。一些在区域内有重要地位的企业，受制于市场行情影响，也缺乏来自银行体系稳定的资金支持，无法具备可持续竞争力。政府产业投资基金对这样的企业进行投资是向市场发出清晰而强烈的支持信号，有利于解决长期资金来源，培育区域内核心企业和支柱企业。传统招商引资模式下土地价格优惠是吸引企业落户当地的

主要手段，土地一次性价格优惠让地方政府丧失了分享企业成长带来高额回报的机会。政府产业投资基金介入用行动表明了政府对招商引资项目的态度，在投资收获阶段还可以分得更大收益。在一些重大科技成果转化、军民融合项目和并购重组领域，政府产业投资基金投资也可以起到"以股促贷"的作用。

设立政府产业投资基金也有丰富区域金融市场业态的目的，在区域内形成"股权融资＋债权融资"双轮驱动的融资格局。对于市场前景看好但财务成本高的企业，政府产业投资基金介入可以降低企业财务成本，有效促进转型升级。政府产业投资基金作为股权投资者进入企业还可以帮助规范企业公司治理结构，提高企业经营和财务的透明度，经历过政府产业投资基金的培育，企业更容易走向资本市场。

（二）　明确原则划分市场边界

政府产业投资基金是财政投资方式的重大创新，政府将财政资金进行有效整合后，通过集中出资并向社会募集资金，以少量资金撬动更多的社会资本投入，有利于缓解区域财政资金实力不足难以更大规模投入、区域市场融资效率不高、大量资金没有出路，以及间接融资风险过高等矛盾。政府产业投资基金以政府信用为依托，利用财务杠杆进行投资，必须考虑运行效率问题，而运行效率高低折射出处理政府和市场关系的水平高低。为了保证政府产业投资基金目标顺利实现，必须从一开始就坚持政府管投资领域和投资方向，管运行框架设计、管投资评价，由市场化运营的基金管理公司管募集、管投资决策、管投后管理、管投资退出的基本思路。

上述基本思路进一步总结为"政府引导、市场运作、科学决策、风险可控"。政府引导表明政府财政出资是引导性质，不是资金主要供给方。为了达到政府设立基金的初衷，要求社会投资方按照政府制定的方向投资，就要明确哪些领域可以投、在本地投多大比例。最终决定引导能否奏效的还是投资前景，特别是财务可持续性。政府的产业政策、土地政策、财政政策、税收政策应该聚焦于政府产业投资基金投资领域内的企业，形成政府支持的合力，让基金容易发现"投资目标"。

政府不兜底，以财政出资为限承担投资风险，基金的"募、投、管、退"都交给专业基金管理公司是市场运作的要义。基金管理公司根据投资周期内利润最大化原则，进行资金募集、投资决策、投后管理和适时退出。在政府设立的战略目标引导下，基金管理公司负责募集社会资金，在自主评判风险的基础上进行投资，定期跟踪被投资企业的经营状况，自主选择最合适的时机退出，实现股权增值。为保证基金管理公司的效率，要设计"固定费率＋政府收益让利"的激励机制。政府产业投资基金的投资周期相对较长，激励的主要部分在于退出时收益变现。从资金募集开始到未退出之前，应采取按照募集资金规模固定比例支付管理费的模式。

政府产业投资基金运行中科学决策既包括通过科学程序筛选基金管理公司，也包括基金管理公司在投资具体项目或企业上的决策，还包括基金退出时机的决策。选择优秀的基金管理公司是科学决策最重要的一环，代表政府的职能单位必须通过科学的程序设计和专家评判来保证选择的正确性。而具体投资项目决策的科学性需要基金管理公司市场化运行机制来保证。对于市场化运作子基金，政府应坚持投资决策绝不干预的原则。对于定位于政府运用基金实现发展目标的特设子基金，应采取非市场化的决策机制。

政府产业投资基金的风险主要来自政府职能部门公职人员的廉政风险和投资失误风险。要保证风险可控，在党风廉政建设上就要不断加大制度建设力度，以及定期、不定期巡视巡查力度，坚持有腐必反、有贪必肃。在投资失误风险控制上，运用投资周期评价方法对投资经理的投资表现进行持续评价，将激励机制（特别是基金退出时的激励）与评价结果联系起来，让政府产业投资基金"投得下、收得回"，滚动发展不断壮大。

（三）清晰结构提高管理效率

政府产业投资基金以两层结构为宜，采用母子基金的设立方式。其中，母基金由政府财政单独出资或政府财政与政府融资平台公司联合出资，自身没有杠杆。政府出资部分为财政统筹的一般公共财政预算、政府性基金预算、国有资本经营预算、清理盘活的存量资金、政府新增债券和相关专项基金等。母基金下可灵活设立子基金，性质上要区分市场化运作子基金和特设子基金。市场化运作的子基金根据市场募集情况，采用不同的筹资杠杆，完全取决于市场。考虑特设子基金的运作特点，筹资杠杆必须低于市场化运作的子基金。总体上测算，以控制总体风险为目标，政府出资部分与社会资本出资部分的比例保持在1:4以内是较为合适的水平。

（四）理顺机制保证稳健运行

政府产业投资基金能否稳健运行关键取决于四方，即地方政府办公会、基金管理办公室、母基金管理公司和子基金管理公司。地方政府办公会是最高决策单位，所有关于政府产业投资基金运作的顶层设计均由地方政府办公会来决定，包括财政出资金额、设定投资方向和投资领域、基金管理公司的最终审定、批准基金管理公司的投资评价方案和绩效激励方案、确立特设子基金决策机制和风险控制机制等。基金管理办公室为地方政府办公会决策服务，由政府多个部门组成，由财政局牵头，发展改革委、经信委、国资委、金融办公室等作为成员单位。基金办公室对地方政府办公会决策负责，主要负责草拟相关的产业基金管理办法，设定禁止性条款，明确"募、投、管、退"各个阶段的监督责任；负责组织公开招标，选择母子基金的管理机构和托管银行；拟定政府产业基金考核办法，包括年度考核和投资周期考核；代表地方政府出资与其他社会资本方签订子基金公司章程或合伙协议；汇聚产业投资项目信息，为子基金投资提供信息服务等。

激励机制是运行机制中最关键的一环。基金管理公司的激励包括固定费率和绩效奖励两部分。固定费率根据评价年度募集资金金额的固定比例支付，绩效奖励根据退出实现的收益水平进行支付。未实现退出的年度，只进行年度评价，不进行年度奖励。母基金管理公司不进行直接投资，其职责在于协助地方政府选择子基金管理公司，并协助子基金筹资，能否募集到资金及筹资后投资效果是评价母基金管理公司绩效的重要内容。基金投资的动态性和周期性决定了年度评价和最终评价的内容侧重点不同。以三年一个投资周期为例，第一年对母基金的年度评价侧重是否按照目标成功设立子基金、子基金募资是否到位、子基金投资决策和风险控制机制是否健全、子基金投资企业或项目数量以及资金投入强度等。第二年的年度评价除第一年评价内容以外，还应增加对所有设立的子基金投资收益相对水平和绝对水平的评价。根据企业会计估值进行评价，但需要注意会计估值可能的不审慎、高估股权价值的风险。第三年是政府产业投资基金的退出年，最终评价应该以投资收益变现而取得的盈利相对水平和绝对水平作为评价标准。第一年和第二年没有真正实现收益，年度评价不与绩效奖励挂钩。第三年实现投资退出后，进行绩效奖励。

子基金管理公司的职责是募集资金完成子基金组建后，根据子基金投资方向进行具体的投资决策，完成投资价值增值。选择市场化运作子基金的管理公司并开展年度评价应紧紧围绕"募、投、管、退"四个环节的能力开展。仍以三年一个投资周期为例，第一年年度评价侧重"募"和"投"的能力，评价募集能力主要看子基金资金到位时间和资金成本，评价投资能力主要看投资决策效率和投资企业的数量和金额。第二年年度评价增加对管理能力的评价，是对"募、投、管"三种能力的评价，评价管理能力主要看基金管理公司投后对投资企业或项目的风险管理能力。第三年是退出年，最终评价要在前两年评价内容的基础上增加退出能力的评价。评价退出能力主要看退出实现收益率水平和收益的绝对水平。

基金开始运作之前，需要全面考虑各子基金预期收益率水平，设定母基金管理公司的基准收益率水平。实施最终评价时，对于超过基准收益率的部分地方政府应尽可能奖励给母基金管理公司和子基金管理公司，激励其不断提高投资收益水平。为保证基金持续投入能力，根据每支子基金的投资周期，投资周期结束后必须退出，不得延迟。

特设子基金直接体现政府招商引资、并购重组、军民融合、科技成果转化等领域的投资意图，基金管理公司的选择与评价有其特殊性。为便于募资，采取降低杠杆比例、定向募集方式。采取投资决策和退出时机由政府决策为主的运行机制，由政府职能部门专家和社会投资方共同组成投决会进行决策，投决会通过的项目，地方政府办公会具有"否决权"。为了吸引社会投资者参与，可以考虑将投资收益部分全部返还社会投资方。为了降低社会投资方的风险，投资出现损失，由财政资金先行承担，不足部分再由社会投资方按投资比例分摊。根据区域发展需要，特设子基金的投资周期可以长于或短于市场化运作子基金。

本章核心观点：

- 在一个区域内，资金面总体宽裕与贷款需求萎缩的矛盾、经济结构调整与金融风险积聚的矛盾、金融需求多样化与金融服务单一化的矛盾、金融需求的差异化与金融供给结构性不足的矛盾、持牌金融机构监管严格与民间金融机构监管缺失的矛盾、发展金融的强烈愿望与金融人才不足的矛盾困扰着区域金融的可持续发展。

- 长期的区域金融失衡不断累积系统性金融风险，必须从改善区域法治环境、政策环境和信用环境入手，培育区域先导产业，疏通金融机构和企业之间的融资通道，构建地方金融机构的全流程监管体系，建立对持牌金融机构实现政府社会目标的刚性考核机制，健全政府信贷风险补偿机制，逐步实现融资方式由贷款向债券转变，由债权向股权转变。

- 高质量地发展区域内的实体经济是防范系统性金融风险的根本。政府在建设现代化经济体系目标和国有金融机构一定比例的坏账风险之间需要做出取舍。国有的金融机构坏账上升会给政府带来一定的化解压力，新兴产业没有培育起来，现代化经济体系发展和转型不力同样也是政府面临的风险。

● 银行信用与政府信用紧密联系在一起，政府违约风险通过利率渠道、财富渠道、抵押品渠道、银行资产负债表渠道向银行传导。政府违约风险与银行违约风险完全隔离是不可能的，只能依赖投资者对政府违约风险进行合理定价，进行风险转移。

● 政府债务违约可能源于自然灾害、瘟疫、局部冲突或战争、制裁和索赔，全球经济周期不同步以及主要货币利率变化给本国经济增长造成外在冲击，市场情绪变化加大了政府滚动债务和再融资成本，国内信贷市场和资本市场的发育程度影响了政府借款的可获得性，全球主要商品和服务价格波动恶化了政府债务偿还能力，政府对公共部门债务和银行债务的隐性担保增加了政府偿债的或有负担，本国汇率贬值引起外债规模扩大等。在如何早期识别政府债务违约风险这个问题上，目前证明最有效的指标是市场指标。

● 防范政府债务风险必须消除出了问题有人兜底的预期，通过立法让政府的借债和偿债行为受到约束和监督，让无法再融资的政府债务违约，由投资者承担投资决策失误的损失。

● 金融抑制的经济本质是一种税收，通过金融抑制扭曲资源配置，因为它能纠正金融过度，也就降低了金融危机发生的频率。实践中金融抑制和审慎监管的界限很难分清。容忍一定程度的通货膨胀，同时实施一定程度的金融抑制是降低政府债务的可行方法。

● 政府产业投资基金成功运作必须坚持政府管投资领域和投资方向、管运行框架设计、管投资评价，由市场化运营的基金管理公司管募集、管投资决策、管投后管理、管投资退出。

第三章　回归金融机构本源：
本根不摇则枝叶茂荣

一、 银行倒闭面面观

历史上全球各国银行倒闭事件不计其数，银行倒闭引发金融危机的情况也屡见不鲜，连大名鼎鼎的巴塞尔银行监管委员会都是拜德国赫斯塔特银行倒闭所赐。半个世纪以来，银行倒闭几乎没有是单一因素引发的，而是多重因素叠加的结果。

（一） 金融自由化 + 市场风险 + 操作风险

德国的赫斯塔特银行成立于 1956 年，倒闭之前按资产规模计算它是德国第五大银行，也是布雷顿森林体系崩溃后倒闭的第一家银行。1973 年 3 月，布雷顿森林体系崩溃，美元汇率开始浮动。赫斯塔特银行一直高度集中于外贸支付领域的业务，在固定汇率制下风险很小。汇率开始浮动后，赫斯塔特银行先是赌美元贬值。到 1973 年下半年，又赌美元升值，结果事与愿违，方向彻底赌反了，美元贬值给该银行造成了沉重打击。1 年后，该银行未结算的外汇头寸高达 20 亿德国马克，达到了当时监管机构规定银行外汇头寸限额的 8 倍。到 1974 年 6 月，外汇操作造成的损失高达 4.7 亿德国马克。为避免事态进一步发酵，监管机构吊销了赫斯塔特银行从事银行业务的牌照。

赫斯塔特风险

赫斯塔特银行倒闭事件在国际金融史上创造了一个专有名词——

赫斯塔特风险（Herstatt Risk）。这家银行在 1 个工作日的工作时间结束时宣布破产，当天许多银行还有不少与赫斯塔特银行外汇交易的合约没有结算，大部分没有结算的银行最后都承受了重大损失。此后，业界将暴露在赫斯塔特银行违约风险之下，未能及时操作产生的风险称为赫斯塔特风险，其实质是两种货币交割滞后引发的风险。

（二） 实体经济冲击＋资产价格波动＋金融自由化＋监管不力＋信用风险＋操作风险＋风险集中

从 20 世纪 60 年代开始，西班牙依靠劳动力密集投入、低能源价格、房地产行业扩张带来了经济繁荣，当时的西班牙银行业实施严格监管，设定存款利率上限和贷款利率下限。对政府债券和政府确定的一些行业有法定投资要求。对银行设立分行采取严格的配额制，而且一直禁止外国银行在西班牙经营。对专注于短期公司融资、高收入客户服务的商业银行、专注于小型存款人的储蓄、住房融资，没有公司融资业务的储蓄银行采用不同的监管要求。很长一段时间西班牙银行业市场都处于垄断状态，直到 1974 年才允许商业银行在国内自由开设分行。政策放开后，迎来了银行网点扩张浪潮，1976 年商业银行分行数量已经翻倍。出乎预料的是也就两年时间，小型银行倒闭开始向大型银行蔓延，银行业危机爆发。1983 年，控制着 20 家银行和大量非金融公司的控股公司 Rumusa 倒闭，给西班牙金融市场带来了巨大冲击。

20 世纪 80 年代的西班牙银行业危机是经济危机、银行疏于管理以及监管不力多重因素的结果。在经济繁荣阶段，银行信贷快速增长、风险过于集中于银行管理层开办的企业和他们是主要股东的企业，房地产业吸纳了投机性投资，分行数量过度扩张，借款人信用审查不严等问题都是银行体系不良贷款激增的罪魁祸首。1973 年石油危机给西班牙国内带来了高通货膨胀，企业销售下降、成本增加、利润下滑成为普遍现象，银行可疑资产和不能收回的资产损失迅速上升，有些银行的损失远远超过了资本水平，经营难以为继。在银行业危机蔓延下，流动性困难凸显。于是西班牙政府采取了允许突破监管上限吸收存款，允许开设更多分行吸收新存款等维系流动性的短效措施，但始终无法解决贷款损失增加、盈利恶化的问题，银行无力清偿到期债务最终引发了流动性收缩。

这次西班牙银行业危机还有一个显著特点是欺诈风险。贷款流向了银行管理层开办的和作为主要股东的企业，银行高级管理人员以低价购买银行资产，高价卖给银行，一些银行 50% 的贷款都投向管理层自己的企业。许多获得银行经营许可证的企业家都没有银行从业经验，吸收的存款都用来支持自己的企业，这样的银行后来大多都倒闭了。监管机构对于开设银行的企业家在专业能力和职业操守方面没有要求，也没有对银行可疑资产和准备金的监管要求，一些银行将可疑类资产都分为正常类，提取的坏账准备金严重不足。当时，西班牙银行监管机构没有足够的人力实施监管，无法有效评估银行资产质量和准备金水平，更不要说对问题银行进行干预了。

（三）　实体经济冲击 + 资产价格波动 + 金融自由化 + 监管不力 + 信用风险 + 风险集中

1971 年，日本建立了存款保险制度。从 20 世纪 70 年代后期开始，开启了金融放松管制的进程。1986 年修订了《存款保险法》，该法律规定，银行倒闭时存款保险公司提供"存款返还"和"金融救助"两种方案，为减少银行倒闭引起的社会震荡做了初步准备。然而，与此相矛盾的是日本监管机构长期奉行护航体系，即便是最差的银行，也会保驾护航，不会任其倒闭，这种制度安排强化了银行不会倒闭的公众意识，极大地诱发了道德风险。

1979 年推出的存款证以及 1985 年开始的定期存款利率自由化客观上推高了银行资金成本，银行寻求优质贷款的难度大为增加。日本金融放松管制的进程促使原本是银行传统客户的大型企业转向资本市场融资。从 20 世纪 80 年代早期到中期，房价基本处于上扬趋势，银行信贷分析都以房价上涨作为风险判断的基本假设。面对大型企业直接融资，贷款需求下降的大趋势，大型银行开始争抢小型企业和个人客户。小型银行和 20 世纪 70 年代成立的住房贷款公司为了应对竞争，也在持续增加房地产行业贷款。在那个时代，房地产就是优质资产的代名词，日本银行体系对房地产相关贷款的占比节节升高，对房地产市场和股票市场形成了巨大风险暴露。土地价格不会下跌是当时日本国民的普遍心态。当股票市场开始下跌时，全日本仍旧被乐观情绪主导，没有足够的警惕，认为"股市泡沫"消除后将进入更加可持续发展的时代。1992 年，Toho‐Sogo 和 Toyo‐Shinkin 两家银行被迫关闭，动用存款保险基金进行了救助。此时，日本监管机构和银行业开始意识到不良贷款的严重性。

"二战"结束后到 1994 年，日本没有出现过主要银行倒闭事件。1994 年年中拉开了日本银行业危机序幕，到当年年底，管理混乱的 TokyoKyowa 和 Anzen 两家城市信用合作社接连倒闭。监管机构被迫着手解决银行的问题，当时判断问题最严重的是信用合作社和住房贷款公司。果不其然，到 1995 年年中，Cosmo 信用合作社、Hyogo 银行和 Kizu 信用合作社相继倒闭。房地产价格一路下跌，银行体系不良资产开始暴露。1995—1996 年，由银行和其他金融机构出资，在 20 世纪 70 年代建立的住房贷款公司风险陡然上升，7 家住房贷款公司总损失达 64100 亿日元，远远超过银行投入的资本金。为化解风险，日本政府成立了住房贷款管理公司承接其不良贷款。1997 年初，对房地产领域投入大量贷款的日本信贷银行（Nippon Credit Bank）融资出现严重问题，日本央行 2900 亿日元注资只让这家银行支撑了一年。受资产质量不断恶化的拖累，该银行被迫国有化。1997 年 11 月在日本金融史上是无比晦暗的"黑色月份"。城市银行 HTB 倒闭，中等规模的券商三洋证券公司（Sanyo Securities）申请重组，四大证券商之一的 Yamai-chi 证券公司倒闭，Tokuyo 城市银行倒闭，1 个月内 4 家金融机构连续出事，在金融市场上造成了巨大心理影响。转年 3 家长期信贷银行之一的日本长期信贷银行倒闭，创下了日本历史上最大银行倒闭事件的纪录。到 1998 年 3 月，官方公布的不良贷款比率为 3.6%，银行业自己评估问题贷款占比高达 11%。前 20 大银行问题贷款比率高达 50.2%。为了让大型银行在核销大量不良贷款后仍能满足资本充足率标准，日本政府被迫向前 15 大银行注入了约 7.5 万亿日元。①

日本的银行和大企业相互持股制度使日本的银行持有大量大企业股票。房地产市场和股票市场坍塌，价格深度下跌在银行体系内形成了巨额不良贷款。日本实体经济融资主要依赖银行，巨额不良贷款抑制了银行继续放贷的能力。经济收缩进一步影响了资产质量，陷入恶性循环。在金融危机冲击面前，银行体系资本严重不足，银行业自身留存盈利已经无法补充资本，资本市场上银行股票价格持续下跌造成新股发行和再融资彻底中断，只能由政府出面注资解决银行资本缺口。

新英格兰银行倒闭

在 20 世纪 90 年代日本爆发金融危机之前，大西洋彼岸的美国正上演着类似一幕。所幸的只是个案，未引发金融危机。这次栽倒在房地产风险名单上的银行是美国新英格兰银行（Bank of New England），这家银行通过不断兼并扩大规模，在 1989 年成为拥有 480 家分行、资产规模超过 320 亿美元的美国东北部最大银行，也是东北部地区最激进的房地产贷款银行。新英格兰银行 30% 以上的贷款都投在商用房地产领域。20 世纪 80 年代后期房地产价格下跌，该银行逾期率飙升。1989 年末，不良贷款达 5.5 亿美元，不良率为 2.2%。1 年之后，不良贷款激增到 32 亿美元，不良率创纪录地达到了 20%。1991 年 1 月 4 日，该银行宣布 1990 年第四季度损失 4.5 亿美元，彻底了丧失清偿能力。

---

① Kazuo Ueda, "The Japanese banking crisis in the 1990s", BIS Policy Papers, No. 7, Oct. 1999.

因为经济减速、房地产价格大幅下跌造成银行大面积倒闭的还有瑞士。瑞士的银行体系高度分割，由五大类银行组成。大型复杂银行以 UBS 和瑞士信贷集团为代表，在全球经营。州银行（Cantonal Banks）由所在的州部分拥有或全部拥有，专注于国内零售银行业务。一些较大的州银行产品线更广泛。区域银行（Regional Banks）主要从事国内零售银行业务，服务于本区域。信用合作银行（Raiffeisen Banks）主要还是在农村地区开展按揭贷款业务。私人银行、证券经纪商和外资银行主要从事投资。20 世纪 80 年代，瑞士房地产行业进入繁荣阶段，在 1991 年达到价格顶峰。房地产价格一路上升让各类银行看到了业务机会，争抢按揭贷款业务，银行按揭贷款的增长速度很快就超过了房地产价格的增长速度，按揭贷款规模占全部银行资产的 30% 以上。

瑞士的房地产税收政策支持按揭利息支付和其他债务在应税收入中抵扣。在全部税收中，个人收入税不足需要家庭财富税弥补。家庭财富税的计税规则认可总债务从总资产中扣减，这一做法也刺激了按揭比例上升。20 世纪 80 年代，瑞士银行业的按揭贷款抵押率（Loan to Value，LTV）普遍达到了 80%~100%。从 1991 年开始房地产价格进入下跌通道，在银行资产端，房地产价格下跌限制了中小企业和家庭的还款能力，影响了房地产作为抵押品的融资能力，银行被迫大量冲销坏账。在银行负债端，为按揭贷款融资的储蓄存款、中期票据等来源受限，存款客户不断抽取资金转投债券、股票和共同基金。居于五类银行"头部"的大型复杂银行遭到的损失金额最大，好在从其他业务中获取的利润基本可以弥补按揭贷款带来的损失，州银行和区域银行就没有那么幸运了。1991—1996 年，几乎一半的区域银行消失，剩下的区域银行也都被兼并，瑞士银行业的损失超过当时 GDP 的 50%。

（四） 实体经济冲击 + 资产价格变化 + 金融自由化 + 监管不力 + 信用风险

"二战"后挪威一直坚持采取控制信贷、取消贷款利率上限的政策，从

20 世纪 80 年代开始银行市场份额争夺步入白热化。银行业分行的总数从
1983 年的 1983 家增加到 1987 年的 2177 家。许多银行跨地域开展业务，贷
款随之迅速增长，但银行的现场检查和资本要求没有跟上业务的迅速扩张。
1980 年，监管机构现场检查次数为 57 次，1985 年降至 8 次，1986 年和
1987 年只有 1 次和 2 次。储蓄银行在 1988 年之前没有法定资本要求。如果
说监管政策放松、监管不力、银行迅速扩张只是埋下了银行业危机的种子，
而真正促发危机的是经济形势的变化，尤其是利率的变化。20 世纪 80 年代
早期，挪威出现了实际负利率状况，1984—1987 年，经通货膨胀调整后的
房地产价格上升了 24%。商用房地产租金价格在 1988 年达到高峰，上涨了
70%。这一时期银行经营模式是不断从国际市场融资支持国内房地产行业
发展。银行对外债务占总资产的比例从 1983 年的 17% 上涨到 1986 年的
26%。1985 年财政盈余还占 GDP 的 4.8%，从 1986 年初开始，油价下跌改
变了挪威的财政状况，当年财政赤字占 GDP 的比例就达到了 6.2%，彻底
反转。1986 年前 5 个月挪威克朗汇率贬值 9.2%，货币贬值增加了银行业的
债务，也诱发了房地产价格坍塌，沉重打击了房地产行业贷款的资产质量。
1988—1992 年，经 CPI 调整的住房价格指数下降了 1/3。国内总需求实际年
增长率的平均数由 1985—1986 年的 6.5%，下降到 1987—1990 年的 1.5%。
到 20 世纪 90 年代早期，低利率、低通胀、边际税率下降等因素相互交织，
借款人实际借款利率一直处于上升状态，给还款造成巨大压力，金融危机
已无法避免。

　　1988—1993 年是挪威银行业历史上的至暗时期。1991 年秋，挪威银行
业危机达到顶峰，信用风险摧垮了挪威第二大银行 CBK 和第四大银行
Fokus，两家银行原始股本损失殆尽，最大的银行 DnB 资本充足率只剩下
2%。当年挪威银行业的贷款损失达到 GDP 的 3.5%。

　　（五）　实体经济冲击 + 金融自由化 + 信用风险 + 操作风险

　　国际商业信贷银行（Bank of Credit and Commerce International）是 20 世

纪90年代因财务欺诈倒闭的一家银行，它的英文缩写BCCI被戏称为"毒品和犯罪国际银行"。该银行结构复杂，持股公司注册在卢森堡，两家主要附属公司分别在开曼群岛和卢森堡注册，分行遍布70多个国家。按照巴塞尔资本协议的规定，应该由卢森堡监管机构承担主监管职责，履行并表监管责任，但事实上，该银行的运营总部不在卢森堡，而在伦敦，98%的业务都在卢森堡以外，卢森堡监管机构根本无法履行并表监管责任。当时英格兰银行负责监管英国的银行业，却没有监管国际商业信贷银行集团的职责。这家银行从成立之初就在财务上造假，以不记录存款负债、编造虚假贷款、虚增利润等方式，制造业务快速增长的假象，隐藏实际贷款损失。用存款为司库交易融资，用虚假贷款掩盖司库业务交易巨额损失的劣迹也被逐一揭露。财务报表根本不能真实反映财务健康程度，貌似合理的资本充足率严重误导了投资者。从1990年春季开始，监管机构、股东和会计师事务所就国际商业信贷银行集团欺诈的证据进行了讨论。1991年6月末，会计师事务所将发现的欺诈行为向英格兰银行正式报告；7月5日国际商业信贷银行被关闭。为此，欧盟出台了95/26/EC号指令，以加强欧洲范围内的审慎监管。

巴林银行倒闭

巴林银行（Barings Bank）于1762年在伦敦开业，1806年改名为巴林兄弟公司（Barings Brother & Company），是伦敦最古老的银行之一，巴林资产管理和巴林证券有限公司均是巴林集团的成员。巴林证券有限公司下辖的巴林期货新加坡公司是葬送巴林银行的罪魁祸首。交易员尼克·里森个人欺诈行为搞垮了这家百年老店。里森在新加坡和大阪两个衍生品市场之间套利，他通过控制一个重要账户，制造头寸增加的假象。而且他不对这个账户进行每日报告，在月末时将账户余额篡改为零。为了降低在交易所缴纳保证金的数量，里森向新加坡国际货币交易所提供的报告也是假的。巴林期货新加坡公司的管理结构复杂，交易管理存在漏洞，没有人负责监控里森的交易。1995年2

月，当里森试图通过增加风险头寸掩盖之前交易损失时露出了"狐狸尾巴"。2 月 24 日，巴林银行高级管理层向英格兰银行报告，巴林期货新加坡公司在日本政府债券和股票市场遭受巨大损失，在日本股票市场持有大量暴露在高风险之下的期权头寸。里森伪造账务记录让损益表的真实性已经变得不可信，必须逐笔交易进行调查核实，而且期权头寸的市场价值必须等到日本股票市场开市之后才能确定，开市前对实际损失大小一无所知。为避免日本和英国发生金融危机，2 月 26 日，巴林银行宣布失去清偿能力，以 1 英镑的价格出售给荷兰国际集团。尼克·里森的欺诈、巴林银行内部市场风险和内控不足主导了这场悲剧，所幸的是巴林银行倒闭并未引发金融危机。

（六） 实体经济冲击 + 资产价格波动 + 金融自由化 + 监管不力 + 信用风险 + 市场风险 + 风险集中

20 世纪 80 年代早期，美国通货膨胀高达 14.8%，经济陷入滞胀状态。为了遏制失控的通货膨胀，时任美联储主席沃克尔采取了大幅度提高利率的做法。凑巧的是，在这个时间段内美国开启了利率放松管制的进程。1980 年美国颁布了《存款机构放松管制和货币控制法》（*Depository Institutions Deregulation and Monetary Control Act*），在 6 年内逐步取消对存款管制的 Q 条例。1981 年末推出无利率上限、无最低面值的新型账户。1982 年是美国利率放松管制的重要年份，这一年取消了 3 年半以上定期存款的利率上限，先后允许面值高于 7500 美元、超过 91 天存款账户的利率上限浮动，以及面值高于 2 万美元、期限为 7～31 天存款账户的利率上限浮动，准许设立无利率上限、无最短期限、面值高于 2500 美元、每月可转账 6 次的货币市场存款账户。1983 年，除活期存折和可转让支付命令账户以外，所有账户利率上限都被取消。美国储贷协会是专门从事储蓄业务和住房抵押贷款的非银行金融机构，它 3/4 的资产投资于固定利率、低收益按揭贷款和按揭支持的产品，在升息环境下长期限固定利率按揭贷款减值压力倍增。储贷协会是互助型组织，负债来自存款人的存款，无法得到外部资金注入，资产负债错配严重。政策利率提升和取消存款利率上限的做法令存款流向收益率更高、流动性更好的货币市场基金，储贷协会存款严重流失，融资成本迅速上升。1980 年、1982 年储贷协会在开发贷款、商业抵押贷款、商业租赁上的头寸限制先后被放松，竞争迫使其通过扩大高风险房地产项目贷款勉强维持失衡的资产负债表。1985—1986 年油价下跌，经济陷入衰退，储贷机构危机接踵而至。1934—1980 年美国倒闭的银行也才只有 243 家，而整个 20 世纪 80 年代和 90 年代早期，几乎 3000 家商业银行和储贷机构倒闭。1987 年，为储贷机构提供保险的联邦储贷保险公司保险基金完全耗尽。储贷危机是美国现代银行史上第一次金融危机。到 1994 年，1/6 联邦保险的存款机构关闭或需要财务救助，美国银行体系 20% 的资产受到冲击。[①]

1980 年之前瑞典对银行业实施高度管制，银行贷款的利率和金额都受到严格控制，外资银行不允许在瑞典经营，对外汇交易也有严格限制。高度管制之下银行之间几乎没有竞争，整个银行业市场相对分割，由大量小型储蓄银行和商业银行构成。当时瑞典的税收体系也有利于借款而不利于储蓄。进入 20 世纪 80 年代后，瑞典逐步取消了监管限制，新的银行机构开始加速发展，信贷增速很快。银行为了争夺市场份额，将大量贷款投向住宅和商用房地产业，高房地产价格意味着高资产和抵押价值，推动房地产价格继续升高。外汇限制取消后，借外币相对便宜，银行大量借助国际同业市场为本国外币贷款融资，不可避免地形成贷款和外币融资之间期限错配，瑞典的银行暴露在流动性风险和外币信用风险之下。瑞典银行业监管机构的监管人员大多是律师出身，没有足够的专业能力对银行风险状况进行评估。1990 年，经济增长戛然而止，住房市场问题开始显现。1991 年，房地产需求下滑，价格进入下降通道，在 18 个月内，房地产价格下降了

---

① The Financial Crisis Inquiry Report, submitted by the Financial Crisis Inquiry Commission, Jan. 2011.

50%。政府为控制通货膨胀，提高了名义利率，税收改革也朝着更鼓励储蓄方向迈进。在多重因素作用之下，瑞典经济连续 3 年负增长，经济下行和房地产价格迅速贬值引发了金融机构信贷巨大损失，首当其冲的是非银行金融机构。监管政策限制这类机构发行长期资本工具，它们发放的贷款主要靠短期商业票据融资支持，市场对财务状况的担心使商业票据市场陷入停滞，非银行金融机构流动性危机就此爆发。为了规避行业风险限额，银行利用非银行金融机构发放贷款，向其提供部分融资，甚至直接拥有这类机构。非银行金融机构的危机不可避免地传染给了银行。1991 年秋，瑞典两家主要银行都需要注入资本才能满足资本充足率要求。1992 年，欧洲爆发了货币危机，外国贷款机构削减了对瑞典本国银行的贷款限额，银行体系内流动性短缺和外币短缺变得越来越突出。1992 年 11 月，瑞典央行放弃了固定汇率制，随后一个季度内瑞典克朗贬值 20%。许多借款人无法偿还外币贷款，银行信贷损失激增，7 家最大银行中的 6 家都出现了资本短缺，银行业信贷损失占到瑞典 GDP 的 12%，陷入了严重的银行业危机。

（七）信用风险 + 流动性风险

1984 年，当时美国第七大商业银行，总资产超过 400 亿美元的伊利诺伊大陆银行（Continental Illinois National Bank）倒闭。1975—1981 年该银行工商贷款年增长 22%；到 1981 年，它已经成为美国最大的工商贷款银行，也是那个时期增长最快、最盈利的大型银行之一。这家银行位于芝加哥郊区，按照法律规定，它只能吸收芝加哥地区的零售存款。为了支持贷款快速增长，就必须依赖大额存款证、欧洲美元存款、存款以外的短期负债解决资金来源。历史反复证明，以短期负债支持贷款业务的模式取决于市场对银行安全和稳健程度的信心。1982 年，伊利诺伊大陆银行从倒闭的一家银行购买了 10 亿美元能源贷款，引发了市场对两家银行关系的怀疑，股票分析师和评级机构很快下调了银行评级。媒体报道该银行还持有大量欠发达国家的债务，大部分新增不良贷款来自拉丁美洲。1984 年 5 月，机构存款者开始提取存入该银行的存款，在不足两个月的时间，流失存款超过100亿美元，只能寻求美联储贴现窗口应对流动性危机，最后美国联邦存款保险公司将该银行国有化。

德克夏银行集团（Dexia）曾是全球最大的城市银行，1996年由卢森堡国际银行等3家大型银行合并组建。该银行国际化程度非常高，是由比利时金融与保险委员会批准的第一家实施高级内部评级法的银行。2010年末，对希腊的主权风险暴露只占集团风险暴露的1%，金额在54亿欧元左右，当年核心一级资本充足率远远超过《巴塞尔资本协议Ⅲ》的要求。2011年上半年，由希腊引发的主权债务危机愈演愈烈，该银行主动压缩了对希腊的主权风险暴露，余额降至41.62亿欧元。不良率水平虽有上升，但绝对水平仍保持在低位。

该银行几乎没有零售存款，负债主要依赖回购交易、中央银行借款、政府担保获得的银行间存款、非银行存款、信托存款和大额存单等短期资金来源，为市场危机时期流动性枯竭埋下伏笔。国际金融危机爆发后，为了解决流动性不足，2008年9月，比利时、法国政府对该银行增资60亿欧元，帮助其渡过难关。2009年，该银行出售了165亿欧元资产，发行了460亿欧元有政府担保和无政府担保的长期债券，流动性状况却仍未得到实质性缓解。2011年3月，该银行再次向欧洲央行融入175亿欧元，以解燃眉之急。到2011年第二季度，随着欧洲债务危机蔓延开来，该银行已很难在市场上获得短期融资。为避免形势进一步恶化，比利时、法国和卢森堡政府决定对该银行在2011年10月31日之前到期的，2008年10月9日到2009年10月31日之间签约、发行、更新合同的负债、债券和证券进行担保，总金额高达1500亿欧元，政府第三次出手相救。具有讽刺意味的是，2011年上半年该银行顺利通过了欧洲银行业监督管理局、欧洲系统风险委员会、欧洲中央银行和欧盟委员会联合进行的压力测试。在压力情形下，2011年的核心一级资本充足率预计为11.6%，2012年预计下降至9.3%，税后净利润由 2010 年的 7.24 亿欧元盈利变为 2011 年亏损 5.84 亿欧元，监管结论是不需要额外增加资本。结果不到半年，比利时政府就宣布对该银行进行分拆，德克夏银行永远退出了历史舞台。

从 20 世纪 90 年代早期开始，冰岛加快对银行业放松管制，加速融入欧洲单一市场。2000 年前后冰岛央行决定加息以抑制经济过热，也推动形成了国内经济主体借外币，投资冰岛克朗资产的热潮。套利机会引发大量资本流入，冰岛银行跨境经营风险被严重低估。2004 年和 2005 年，Kaupthing、Glitnir 和 Landsbanki 三大银行总资产实现了连续两年翻倍。快速扩张一方面得益于冰岛是欧洲经济区域成员，冰岛金融机构持有的经营牌照在欧洲可以经营，冰岛的银行在其他国家大量开设分行；另一方面，支撑资产翻倍的资金来源是欧元中期票据、外币存款和央行抵押借款，融资主要依赖美国市场和欧盟市场。冰岛的银行债券收益水平高于同样评级的其他债务工具，资本市场一度热捧三大银行发行的债券，冰岛银行业迎来高光时刻。2006 年 3 月，Danske 银行发布报告称 2006—2007 年冰岛经济衰退可能产生金融风险，引发了市场担忧。银行继续发行欧元中期票据融资的计划受阻，只能提高存款利率水平，加大吸纳海外存款和网上吸存的力度。与其他国家不同的是，冰岛的银行之间相互发行债券不受约束，将债券作为抵押品可以向冰岛央行和欧洲央行融资。在冰岛银行业负债持续压力下，债券抵押融资金额突破了冰岛央行设定的融资限额。冰岛央行担心本国银行融资困难，没有采取任何监管措施，直至银行业危机爆发。

冰岛银行业对关联贷款的法律解释口径较窄，监测范围也非常有限。一些较大的银行股东直接或间接控制的公司从银行获得了大量贷款。据事后披露，至少 20% 的贷款贷给了相互关联的六大集团，每个集团至少在冰岛的三大银行中持有 10% 的股权。危机发生后这部分贷款的清偿率仅有 4%～6%。大量未向监管机构报告的关联贷款和以银行自己股票抵押的贷款游离在监管机构视野之外，危机爆发前监管机构根本不清楚冰岛银行业真正的流动性和清偿能力。

冰岛银行业市场高度集中，金融危机爆发前三大银行均经历了资产负债表超速扩张过程，整个银行业资产规模 10 倍于 GDP 规模，其中 2/3 的贷款、3/4 的存款使用的货币都是英镑，85% 的国外贷款都集中在欧洲。快速扩张产生的资产负债错配十分严重。到 2008 年中，银行融资来源日渐枯竭。9 月，Glitnir 银行和 Landsbanki 银行向冰岛央行申请欧元紧急流动性支持，如果同意就相当于大部分冰岛央行外汇储备都要用于支持这两家银行。就在 Glitnir 银行申请紧急流动性支持后的第 10 天，Kaupthing 银行以它在丹麦附属机构 FIH 银行全部股份为抵押向冰岛央行申请 5 亿欧元贷款。冰岛央行认为 Kaupthing 银行的状况好于 Glitnir 银行，挽救 Kaupthing 银行对恢复市场信心十分重要。尽管这笔贷款金额相当于冰岛整个外汇储备的 1/5，还是提供了这笔贷款。遗憾的是，英国财政部将存款从 Kaupthing 银行英国附属机构转移到 ING 银行的决定成为"压垮骆驼的最后一根稻草"，冰岛央行提供的这笔贷款发放几天后就违约了。市场爆出冰岛对 Glitnir 银行实施国有化的消息之后，评级机构下调了对冰岛主权和 Glitnir 银行的评级，引发了连锁反应，零售存款人也开始提款。到 10 月初，冰岛银行业出现了挤兑，银行体系走到了崩溃边缘。

（八） 交易对手风险 + 集中度风险

美国长期资本管理公司是金融市场变化造成公司巨额损失，为防范银行交易对手风险和集中度风险引发金融危机而果断处置的绝佳案例。长期资本管理公司从 1994 年开始经营，公司经营策略是通过统计和数学模型发现类似金融资产之间暂时的价格差异，在不同地区市场之间和不同资产市场之间进行投机套利。1995 年和 1996 年，公司年利润超过 40%。许多银行与该公司建立了信贷关系，还有不少银行对它的基金进行投资。1998 年 8 月，俄罗斯主权债务危机爆发，金融市场动荡加剧，投资者避险情绪升温，资金纷纷流向安全资产。到 9 月中旬，与年中相比，垃圾级公司债券利差上升了 200 ~ 750 个基点。BBB 级利差上升了 25 ~ 60 个基点，AA 级利差也上升了 10 ~ 35 个基点。主要货币掉期利差上升了 25 ~ 50 个基点。长期资本管理公司在利率掉期市场的头寸占全球市场的 5%，它的头寸结构决定了利差收窄公司才会盈利，利差拉宽则产生损失。利差拉宽导致公司在短短 9 个月内损失了资本的 90%。为避免向长期资本公司提供资金支持的 14 家银行陷入困境，引起金融市场瘫痪，9 月 23 日，美联储接管了长期资本管理公司。

融资集中度过高是北岩银行未能逃过 2008 年金融危机最重要的因素，北岩银行倒闭成为金融危机传染的重要渠道。北岩银行是英国六大银行集团之一，但 2006 年末其资产占银行体系总资产的比例不足 2%，总债务占六大银行集团的 2.5%，股票市值只占英国股票市场市值的 0.3%，所以它没有被认为是系统重要性银行。北岩银行运作简单而透明，通过批发市场融资和表外融资发放住房按揭贷款，几乎没有高风险的无抵押消费贷款，具有资本充足率高、期限错配严重的经营特点。1997—2006 年，该银行合并资产负债表增长超过 6 倍，变成了英国第五大按揭银行。与此同时，负债端对批发融资市场依赖日渐增强。2007 年上半年，该银行发行的按揭资产证券占全部英国发行人发行量的 17% 以上，英国证券化市场成为这家银行融资的重要来源。在危机爆发前它的不良率在 2% 以下，资本充足水平高达 16%，资本回报率也达到 20%，但零售存款占全部负债的比例不到 25%，对证券化市场融资依赖程度非常高。危机爆发后，英国住房按揭债务市场信心受到重创。2007 年 9 月，该银行在资产证券化市场上已无法获得资金，由于它在英国资产证券化市场上具有举足轻重的地位，它的倒闭给其他同样依赖批发融资的银行带来了致命一击，形成了系列连锁反应。

（九）　银行倒闭的预警和前兆

全球历史经验显示，股票市场危机和房地产市场危机是银行业危机的先兆，银行业危机是货币危机的先兆，货币危机会进一步加深银行业危机，因此，必须高度警惕银行业可能的危机。银行倒闭前有一个风险逐步累积的过程。引起银行风险累积的因素包括：GDP 增长减速，本币大幅度贬值，短期利率与中长期利率出现倒挂；政府、企业和居民负债率长期处于上扬趋势，偿债能力下滑，流动性不断恶化；房地产价格和股票价格大幅上扬，出现资产"价格泡沫"，相对于长期平均价格而言明显向上偏离；银行信贷增速远远超过 GDP 增速，对房地产和股票相关的融资增长迅速，2 年内实际增长率超过 20%，出现授信高度集中；抵押品非常集中在房地产；银行贷存比超过 1，对短期批发融资甚至是对外币融资形成依赖。除了银行体系的外币债务外，2 年内流入的资金占到 GDP 的 10%[①]；银行同业资产和负债、银行与非银行金融机构之间的资产和负债占比上升等。

2018 年，巴塞尔银行监管委员会对包括信贷与 GDP 缺口、偿债比率、家庭偿债比率、跨境债权等在内的部分国家国内银行业早期预警指标进行研究，从信贷与 GDP 缺口、偿债比率指标看，加拿大银行业风险亮起红灯，房地产价格对银行业风险影响显著；信贷与 GDP 缺口指标显示瑞典银行业处于高风险预警状态，俄罗斯和土耳其银行业的高风险预警来自偿债比率。印度尼西亚、马来西亚和泰国银行业因为房地产价格缺口因素亮起"黄灯"。"红灯"和"黄灯"标识体现的是预警指标值程度上的差异。预警指标可以看作风险提示，在提示后的一段时间里银行没有发生倒闭，过了观察的时间段后发生了倒闭，说明提示早了。过了观察的时间段后也没有发生倒闭，说明提示错了，也会有例外情况。因为采取了纠正行动，所以没有发生倒闭，未必说明提示错了。预警了却未发生倒闭这种情况越普遍，噪声信号比指标（Noise to Signal Ratio）就越高。[②] 从预测角度看，70% 的银行倒闭事件之前都出现过"红灯"预警指标被突破。但这并不能等同于一旦突破"红灯"预警指标，银行发生倒闭事件的概率是 70%，而是说在

---

① 2 年内实际增长率超过 20%，2 年内流入的资金占 GDP 的 10% 是预警信号，参见 Patrick Hono-han，"Banking system failures in developing and transition countries：diagnosis and prediction"，BIS Working Papers，No. 39，Jan. 1997.

② 错误预警与正确预警的比率。

银行发生倒闭事件的样本中70%都出现过红"灯预"警指标被突破的情况。一旦突破"红灯"预警指标，银行发生倒闭事件的概率是70%指的是在突破"红灯预警"指标的样本中，有70%都发生了银行倒闭事件。技术上做到一定精确度的预警是完全可以实现的，但准确预测银行倒闭时间并不现实。

从实践角度看，银行倒闭前一般都会经历四个阶段。[①] 第一阶段，风险敏感的市场参与者和大型存款客户不愿与潜在风险大的银行开展业务。潜在风险大的银行筹资成本（如大额定期存款利率）明显高于其他正常的银行，伴有逐渐升高趋势。这种情况多在银行倒闭前2~3年出现。第二阶段，这类银行的不利信息在市场上开始流传，资金提供方采取规避风险的行为，尽量避免将长期存款存入这些银行，于是这类银行的存款平均期限越来越短。筹资成本上升和存款平均期限越来越短几乎同时出现。第三阶段，这类银行的不利信息广为流传，零售存款人开始丧失信心，提取存款，这类银行只能更多依赖同业货币市场或者通过隔夜拆借获得资金，甚至需要紧急出售资产以缓解流动性压力。这种情况在银行倒闭前半年最为常见。第四阶段，可以出售的流动性资产已全部出售，同业市场融资也难以借到资金，银行放弃继续经营，最终倒闭。相对于批发存款而言，零售存款对银行倒闭风险的反应比较慢。批发存款被大量提取，或批发存款期限变得超短，都是容易观察到的银行倒闭前兆（见图3-1）。

（十）银行危机的传染路径分析

为何有的银行倒闭只造成局部影响，而有的银行倒闭直接引发金融危机？原因在于单家问题银行是否具有系统重要性、处理是否及时、是否及时阻断传染链。特别是识别传染链，及时阻断传染链，就可能降低对实体经济冲击，控制影响的范围。各国在银行危机传染分析方面大致形成了三种方法。

---

① Hiroshi Nakaso, "The financial crisis in Japan during the 1990s: how the Bank of Japan responded and the lessons learnt", BIS Papers, No. 6, Oct. 2001.

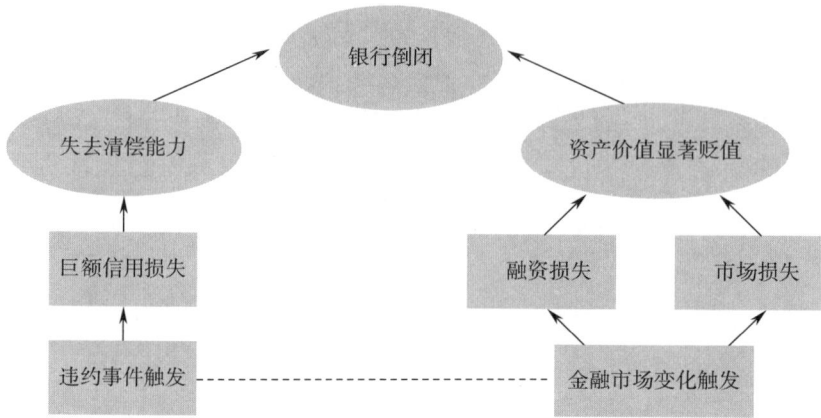

图 3-1 银行倒闭的原因示意

第一种方法是金融网络法。用计算机语言描述，网络是由各个网络节点构成，把许多网络节点用通信线路连接起来，形成的几何关系。网络节点具有度中心性（Degree Centrality）、紧密中心性（Closeness Centrality）和中介中心性（Betweenness Centrality）特征。度中心性表明一个节点与其他节点相比较的重要程度，紧密中心性表明一个节点和其他节点的紧密程度，中介中心性是指一个节点的可替代性。用金融语言描述，金融网络由金融市场、金融机构、金融产品等各个节点构成，通过金融产品、流动性相互支持和依赖、业务操作连接起来，形成相互关联。套用"六度分隔理论"（Six Degrees of Seperation），金融网络中普遍存在的弱纽带发挥着非常强大的作用。弱纽带关系可以使银行与银行之间距离变得"很近"。假设在金融网络中，每家银行平均与 10 家银行开展各类业务，其"六度"就是 10 的 6 次方，是 1000000 家，消除了重复计算的机构后，可以覆盖全球所有银行。换句话说，不超过 5 家银行就可以把任何两个未开展业务的银行间接联系在一起。关联程度在一定范围内有利于风险向网络上各个节点分散，这时网络起到分散冲击的作用。关联程度有一个阈值，超过阈值后网络分散风险的作用就变得不成立，不仅没有增强金融体系稳定性，反而起到冲击扩散的作用，给整个金融体系造成的冲击数倍于初始阶段冲击的规模。而且，冲击和金融网络结构有关，从度中心性上看，一些节点的重要性超过其他节点。如果外部冲击是随机的，对金融网络的整体影响并不一定致命。如果冲击直指全球金融网络重要节点，就可能引发金融危机。

将金融机构之间的关系看作网络，金融机构之间风险传染可以通过相互之间存款、银团贷款、支付、回购、交易等形成风险传染路径。早期研究将银行间存款视为一家银行通过流动性冲击其他银行的主要渠道。[①] 如果流动性冲击分散在所有银行，一家银行的流动性问题不太可能导致另一家银行破产。如果流动性冲击没有分散，一家银行的流动性问题更可能导致其他关联银行的流动性问题。关联密集的金融网络比关联稀疏的金融网络更为复杂、更不透明，业务关系类别增加和金融机构数量增加让网络中的某一成员影响整个网络路径和方式变得更加难以识别。以 CDS 市场为例，如果 A 银行担心实体 C 违约，寻求 B 银行卖出的 CDS（相当于 B 银行提供担保）进行保护，A 银行只需要监控 B 银行信用变化即可，而 B 银行有 N 个交易对手，N 个交易对手自身又有 N 个交易对手，A 银行面临的交易对手风险变得无从知晓，也不可能知晓。网络参与者越多，风险传染波及面越大。奥地利央行作为先行者，使用静态和动态网络模型对金融机构之间抵押和无抵押融资、持有债券、风险共担安排、银行账簿下持股、衍生产品等形成的风险传染链路进行了模拟。

第二种方法以宏观经济冲击作为起点，研究银行清偿能力、流动性风险和银行间风险外溢相互传染效应。加拿大银行的宏观金融风险评估框架是这种思路的代表。它的逻辑是宏观冲击引发银行信贷损失，严重损失造成银行债权人对未来清偿能力非常悲观，决定不再滚动到期债务。与此同时，在不利的市场条件下银行被迫大幅折价出售资产，一旦银行资产的流动性价值无法偿还到期债务，必然诱发融资的流动性风险，进而形成传染。

---

① Allen, Franklin and Douglas Gale, "Financial Contagion", Journal of Political Economy, Vol. 108, Feb. 2000.

在这个逻辑下，银行资产负债表的流动性系数变化对于识别传染风险非常关键。

资产负债表流动性系数 = ［流动性高的资产 + 出售资产折扣 × （流动性差的资产 – 信贷损失）］/到期负债

银行资产负债表中只有流动性高和流动性差两种资产，到期负债是刚性的，但资产价值是波动的。系数大于 1 时，不会出现挤兑；反之，有很大可能出现挤兑。在紧急情况下，高流动性资产的流动性也可能受到冲击，出售资产的折扣更可能发生巨幅变化，此时往往信贷损失也急剧增大，资产负债表流动性系数马上变得很小。单家银行发生风险后通过银行间市场产生外溢效应，通过风险传染，与之关联的银行就可能相继违约。

风险传染路径包括银行之间相互形成的大额风险暴露，在银行之间造成冲击；多家银行对一家企业形成巨额风险暴露，企业倒闭，同时冲击多家银行的资产负债表；多家银行对多家企业形成巨额风险暴露，这些企业之间有控股关系或者担保关系，或实控人为一人，或处于供应链上下游，违约具有强相关性，一家企业违约引发企业间和银行间风险传染；等等。

第三种方法与第二种方法思路接近，只是方法更加细化，逻辑上更加紧凑。荷兰银行和韩国银行的流动性压力测试就采用了这种方法。宏观风险冲击银行体系，单家银行或多家银行清偿能力和流动性出现问题，出现问题后两者相互影响。一方面，清偿能力弱化对流动性产生影响。银行清偿能力变弱后，在市场上该银行发行的金融产品作为抵押品的折扣会增大，不良贷款带来的压力比正常清偿能力时期更大，银行调整投资组合期限的能力降低，这些都会增加现金流出、降低现金流入，最后发展为通过融资市场获得融资的渠道被彻底切断。对银行业定期进行清偿能力评估是金融危机早期诊断的重要参考。① 另一方面，流动性变弱又会对清偿能力施加影

---

① 国际货币基金组织使用"市场调整的资本水平"评估银行业清偿能力，该指标定义为银行有形普通股乘以 min（股票价格与银行账面价值比率，1）。

响。流动性变弱会影响吸收批发和零售存款，也会影响发行新的融资工具。为了保持流动性，被迫大量折价销售资产，产生巨额账面损失，损失进一步影响了清偿能力。一家银行倒闭，与它有业务往来的银行在短时间内受到冲击，受到冲击的银行又会对它的交易对手形成冲击，构成对银行体系一轮次又一轮次的冲击波，这种冲击波还可以通过跨境风险暴露波及本国以外的其他银行。

美元的国际地位决定了非美国的银行美元标价的资产越多，就越需要美元负债，而美元负债来源的稳定性、资产与负债期限错配程度都是单家银行违约风险的来源。历史上每次美联储开始收紧美元流动性时，大型国际银行就抽紧海外附属机构流动性来确保母银行少受影响。美元流动性收紧是那些美元负债来源不稳定、美元资产负债错配比较严重，更依赖货币掉期获得美元的银行的"噩梦"。2008 年国际金融危机爆发之前，大型国际银行的外国债权高达 26 万亿美元，它们在新兴市场国家广泛参与业务是银行危机放大的重要原因。[①] 危机爆发后，外国银行直接发放的跨境贷款收缩，在同业市场上也进行收缩，新兴市场国家融资能力受到冲击，风险开始跨境传染。图 3－2 反映了第一轮冲击来自银行的外国资产，形成了 A 银行的资本损失。第二轮冲击从外国传染到国内资产，形成了一定比例国内资产损失和资本损失，进而对 B 银行融资产生冲击，形成资产出售、资本受损等影响。还有第三轮甚至更多轮次的冲击，冲击强度渐渐减弱。

在如何有效评估银行间风险传染引发国际金融危机方面仍面临着许多制约。全球性金融机构参与批发融资市场，进行衍生交易、证券借贷和回购交易会增加相互之间的关联性，加大风险传染，却很难准确度量本国银行在全球的各类风险暴露以及借款国对外资银行信贷的依赖程度，无法有

---

① Thierry Tressel, "Financial Contagion through Bank Deleveraging: Stylized Facts and Simulations Applied to the Financial Crisis", IMF Working Paper, Oct. 2010.

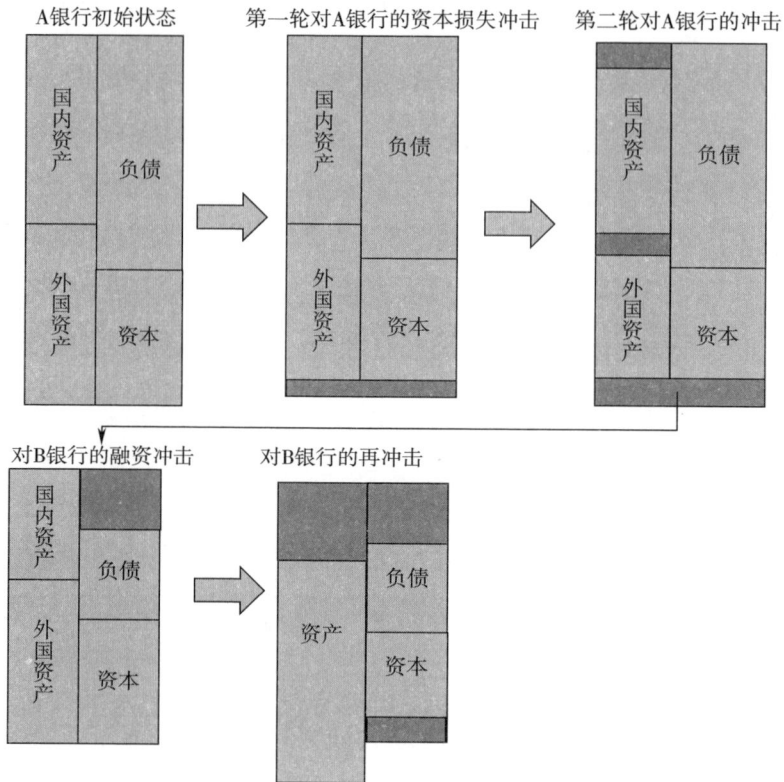

图3-2 从国外资产端冲击开始的风险传染情形

效跟踪银行的跨货币融资和期限转换，更不用说模拟资产和融资头寸之间内在相互作用了。监管机构要有非常详细的，能够按货币、资本工具、剩余期限、交易对手类型、国别区分的资产和负债信息，才可能进行更贴合实际状况的风险冲击模拟，提升早期发现银行风险隐患的能力。如此详细的数据要求，并非每家银行都能及时提供，而不能提供详细数据的银行出了风险，又不可避免地冲击一国的金融体系，向全球传染。

二、 银行公司治理与并表风险管理能力

每次金融危机都是一轮洗牌和市场出清，那些看似平平无奇却存活下

来的银行，在公司战略、经营目标、风险管理、业绩考核、薪酬奖励等方面一定有过人之处，银行抵御金融危机的密码就隐藏在公司治理能力中。

（一）防范银行长期风险的顶层设计——公司治理机制

世界金融体系变迁和国际活跃银行发展史昭示，无论是盎格鲁–撒克逊模式、德日模式，还是东南亚家族模式，银行在历史传统、法律体系、组织结构、信息披露等方面的差别无法掩盖良好公司治理机制的光芒。良好公司治理机制在所有者和经营者之间建立起一套行之有效的检查和平衡机制（Check and Balance）。这套机制既有适当激励，又有合理约束，是银行运行中的内在自我平衡，能够尽可能避免委托—代理关系下的代理人道德风险和利益冲突。

经验一：银行承担的实际风险与董事会确立的风险偏好相匹配。

银行行业特性决定了其经营具有高风险特征，在顶层设计上必须要保证董事会和高级管理层有足够的意愿和能力管好风险。管好风险是具有强烈主观性的表述，从客观性和结果上看，管好风险就是银行承担的实际风险在董事会事先确立的可接受风险水平之内，无论外部环境如何变化，不会出现超预期损失。达到这一目的的关键在机制和人。《巴塞尔有效银行监管核心原则》提出，"银行和银行集团具有适当的提名和任命董事的治理结构和程序。在适当的情况下，董事会成员包括有经验的非执行董事"。董事是股东利益的代表，除了要求董事必须履行忠诚和尽职义务以外，其经验、知识和技能是否胜任是关键因素。加强董事资格审查，通过培训保持董事持续履职能力，保证董事有足够时间和精力履职是加强公司治理机制的具体体现。在重大问题上必须保证董事实施独立且专业的判断，避免从事可能影响其履行职责的事项；注重发挥独立董事作用，避免大股东侵害小股东利益；通过法律、法规对影响董事独立性的主要事项进行明文规定，对独立董事任职期限实施严格要求，独立董事必须每年向银行确认没有从事影响其独立性发挥的行为。这些要求不只是程序要求，更是内容质量要求。

公司治理机制的核心不在于是否全盘履行了董事会履职程序，而在于"银行承担的实际风险与董事会确立的风险偏好相匹配"这一结果。董事会对结果的追求其实就是对整个风险管理体系有效性的追求，公司治理机制重程序而不重结果完全是本末倒置。

管住人的风险是公司治理机制有效发挥作用的重要前提。银行高管人员是代理人角色，高级管理层个人承担的责任对于实现董事会目标举足轻重。划清楚高级管理层个人责任的边界范围是有效治理的基础。在压实责任的程序方面，监管机构批准高级管理层的任职资格之前，银行需要拟定"管理责任图"，清晰落实到个人。除了高级管理层以外，还要对关键员工行为的恰当性逐年确认。在个人责任范围内发生问题，高级管理层必须承担通报批评、罚金、强制性限制个人任职权限、吊销任职资格等后果，严重渎职的须承担刑事责任。压实银行高管个人责任，强化履职监管反映出对人的风险的态度。不从体系上解决高级管理层个人责任、权力、利益对等问题，风险就会像韭菜一样，割了一茬又新生一茬。

经验二：确保风险管理结构和控制环境建设与业务发展相匹配。

国际活跃银行基本都是跨业、跨境经营，为了与产品复杂程度越来越高、内部管理层级拉长的现实情况相适应，按照经营所在的国家和地域划分为若干大区，每个大区内设置国别经理，每个区域的负责人和国别经理负责按照集团设置的标准和程序管理所在国家或区域的业务，集团总部根据业务性质划分为公司金融、零售金融、投资与交易、财富管理与私人银行若干战略单元，实施矩阵式管理，由集团总部风险管理部门统筹全面风险管理是普遍采用的管理模式。全面风险管理的基石来自评估全面风险需要的内部和外部信息，信息需要在集团内部横向和纵向充分流动，以便各级决策者及时获取。风险管理部门基于信息形成的全面风险观点和分析及时向董事会和高级管理层报告，同时向业务部门传递。风险管理与业务之间并非"油门和刹车"的关系，而是"信任但需要证实"的关系。为避免管理结构复杂造成风险隐匿，将独立的风险与合规评判结果纳入对各业务条线和业务单位的考核是一条行之有效的经验。负责风险和合规管理的单位、内部稽核单位保持足够独立性是管理效果的关键，有了独立性，才能保证发挥专业性。在保证机构独立性和人员专业性的基础上，负责风险和合规管理单位的专业意见构成对业务单位考核的重要依据。无论遇到多么困难的经营环境，绝不以牺牲风险合规的独立性和内部稽核的独立性为代价支持业务发展。

业务的复杂性、地理区域和时区差异让集团总部动态掌握全面风险状况面临巨大挑战。根据客观情况，分散或集中开展业务，站在集团并表角度开展风险管理是总结了无数惨痛教训后得出的经验。为了前瞻性判断风险，提高统一管理风险能力，国际活跃银行在全球数据集中的支持下运用风险计量模型进行业务决策和风险管理。与风险量化管理相配套，在机制设计上使用模型的业务单位、模型开发维护单位与模型验证单位保持相互独立，模型开发维护单位与模型验证单位在职能上相互制衡。这些设计都立足于以综合视角管理银行集团的风险，把管理结构合理性和控制环境有效性放在更加突出的位置。即便如此，多层次复杂的公司治理结构仍会产生管理"死角"，在内部转移定价、复杂金融产品估值、快速加总信用风险暴露、开展前瞻性压力测试等方面难以彻底解决信息系统支持力度不足、数据标准不统一等问题，有效进行风险识别与计量仍是银行经营面临的重大考验。"风险管理结构和控制环境建设与业务发展相匹配"没有具体量化标准，什么样的状态达到了二者相匹配并没有公认的意见，风险管理结构和控制环境建设需要持续改善。在全球经济周期步入下行轨道后，与许多机构为应对盈利压力不断裁员形成鲜明对比的是，金融行业在风险管理方面的 IT 和人力资源投入力度持续加大。

经验三：确保激励机制（薪酬政策）与风险承担能力相匹配。

股东利益与高级管理层利益如何保持长期一致一直是委托—代理关系

中的难题。风险的滞后性和复杂性决定了银行必须在顶层设计上保持好激励机制与风险承担能力之间的平衡，否则很容易出现短期内业务发展激进、长期股东利益受损的情况。在历次金融危机中损失较大的金融机构都是一些过度承担风险的机构，过度承担风险的根源在于薪酬激励机制设计。联邦存款保险公司前主席 Sheila Bair 就曾说过，"金融机构标准补偿的做法以贷款发起的数量而非贷款的表现和质量为基础，危机显示大部分金融机构的补偿体系都没有适当地与风险管理相联系。数量驱动的补偿让短期高利润变成大量的奖金，不考虑长期风险"。美国证券交易委员会前主席 Mary Schapiro 认为："许多主要金融机构采用非对称的补偿计划，即使同样的决策导致投资者和纳税人长期损失或经营失败，雇员在短期内仍会获得大量奖励。"为了追求高额盈利，这些机构的高级管理层热衷于收购、支持次级按揭的贷款机构，热衷于创造、包装、再包装、销售按揭支持的证券化产品和复杂衍生产品，短期过度激励是风险累积的"罪魁祸首"。

长期表现稳健的银行都特别注意薪酬与风险承担两者的关系，建立了与长期审慎风险管理相一致的、适当的薪酬政策，保持风险、资本和流动性管理三者之间激励机制符合公司利益和股东利益。为了实现这一目标，把制度设计重点放在考虑所有当前和潜在风险，特别是银行资本的成本和数量、执行业务所承担的流动性风险的成本和数量、当期收益和未来潜在收益上，以此来确定浮动薪酬总水平及分配方案。对高级管理层和其他对本机构风险管理有实质性影响的人员，以浮动薪酬为主，按个人、业务单位及整个金融机构风险水平来充分衡量绩效。绩效必须对风险保持敏感，要能充分反映出各种成本和不确定性，在此基础上支付薪酬。浮动薪酬由股票或与股票挂钩的衍生产品构成，在未来递延支付，保证衍生产品创造的激励与长期价值创造相协调。根据银行年度业绩状况，确定延付薪酬的比例，强制性延付、长期激励计划、薪酬收回等制度对于防范风险延后和隐匿发挥着重要作用。

（二）　并表风险

金融控股集团是放松管制、竞争加剧和技术进步共同作用的结果。1980—1999 年，美国监管机构放松了银行业经营的地理区域限制，拉开了银行业整合大幕，这期间银行数量下降了一半，10 家大银行市场份额增长 2 倍以上。这一时期也是美国金融市场跨业收购的重要时期，如 1998 年花旗公司与旅行者集团合并组建花旗集团，成为 1933 年以后美国第一家集商业银行、投资银行、保险公司、共同基金、证券交易多种金融服务于一体的金融集团。到 1999 年，美国最大的 25 家银行持股公司都拥有了证券公司和保险公司。当年通过的《金融现代化法案》（*The Gramm – Leach – Bliley Act*）将单一金融控股公司提供银行、证券和保险服务合法化，金融控股公司彻底占据了银团贷款、场外衍生产品交易和投资银行业务的主导地位。为了防止金融控股公司与其他金融机构形成不公平竞争，也为了防止混业风险外溢对存款保险制度（保护存款人利益）形成挑战，更是为了隔离银行、证券公司、保险公司之间，金融业务和非金融业务之间风险相互传染可能引发的金融危机，发达国家相继出台了"防火墙"法律制度，对金融控股公司整体风险实施并表监管，对银行附属公司和非银行附属公司内部组织进行穿透监管。

1. "防火墙"制度

金融控股公司是多种金融业态的混合体，在同一法人下银行和非银行附属公司之间风险关联更加紧密，资本计量和流动性管理更加复杂，集中度风险更加难以识别，单家金融机构风险管理体系的"盲点"和"弱点"更加容易隐匿，必须在业务范围、股权投入、人员共享、内部交易、业务和销售等多方面进行风险区隔和阻断。

业务分离。金融控股公司内部实施金融业务和非金融业务严格分离，防止非金融业务风险向金融业务传染。实施银行附属公司和证券附属公司、保险附属公司严格分离，防止风险蔓延后保护银行储户的存款保险制度延伸到非银行附属公司，形成不公平竞争。2008年国际金融危机中苏格兰皇家银行全球市场业务遭受重创，波及零售业务。从2019年1月1日开始，为保护个人客户和小企业高度依赖的核心零售银行服务（包括吸收存款、支付和透支、按揭贷款等）遭受围栏以外业务风险的影响，英国实施围栏（Ring-Fencing）改革，要求英国零售存款超过250亿英镑的银行从投资银行业务和国际银行业务中分离核心零售银行服务。根据英国《金融服务法2013》的规定，英国的银行在英国或欧盟其他地区接受零售客户和小企业客户的存款属于核心业务，必须由专门的围栏实体开展。围栏实体不能进行自营交易，金融控股公司可以自行决定吸收大企业、住宅互助协会和其他围栏实体企业存款，对个人和公司贷款，与央行交易，持有自己的资产证券化产品，开展贸易融资及支付服务，对冲流动性风险、利率风险、货币风险、商品风险、信用风险，向大企业、住宅互助协会和其他围栏实体企业出售简单衍生产品是否交给围栏实体。为满足围栏实体向客户提供核心零售银行服务的法律要求，金融控股公司内部需要结构重组，设立专门的围栏实体，保证围栏实体具有充足的资本及流动性，它和其他法律实体在组织上、财务上和运营上进行彻底分离。美国沃尔克规则（Volcker Rule）干脆禁止银行开展自营业务。欧盟委员会提出禁止最大的零售银行开展自营业务。

持股限制。银行、证券公司和保险公司之间只允许单向持股，不允许相互持股；禁止银行和金融控股公司下其他从事金融业务的附属公司共同控制被投资的企业，银行进行股权投资和创业资本投资合计不能超过被投资企业资本的10%，银行单笔股权投资或创业资本投资不能超过银行资本的2%。银行持有的合格物业净账面价值不能超过银行资本的20%。保险公司股东资金进行的股权投资既不能超过被投资企业资本的10%，也不能超过金融控股公司资本的2%。禁止保险公司管理的保险基金单独或和银行一起拥有或控制被投资企业。

人员隔离。有的国家或地区禁止同时兼任从事金融业务附属公司和非金融业务附属公司的执行董事和高级管理层，还有的国家没有那么严格。英国规定，围栏实体不超过 1/3 的董事会成员可以是金融控股集团内其他实体的董事会成员。独立非执行董事是董事会成员的主体，董事会主席由独立非执行董事担任。

内部交易。内部坚守公平交易原则，限制银行对金融控股公司其他附属公司的交易价值总额。金融控股公司内部各个附属公司之间的交易必须符合公平交易原则，不能以优惠于市场条件进行交易。银行与金控公司下任何附属公司进行交易的总价值不能超过银行资本的 10%，与所有附属公司交易的总价值不能超过银行资本的 20%。某些国家对金融控股公司的内部交易还有限制性规定。如按照英国围栏改革的要求，围栏实体可以外包 IT 处理或司库后台给金融控股公司内部其他围栏实体、指定的服务公司或外部公司，但不能外包给开展投资银行业务的实体，彻底避免了投资银行陷入财务困境或运营中断对围栏实体的业务连续性产生影响。

业务限制。对母银行向下属证券附属公司提供信贷实施限制。禁止证券附属公司利用银行信贷或信用提升方式购买自身承销或做市的公司证券及非政府发行人发行的证券。禁止向证券附属公司之前承销的证券发行人提供信贷，用于偿还其本金或利息。禁止向证券附属公司零售客户提供贷款购买其正在承销的证券。即使客户信用状况良好，也禁止为了帮助证券附属公司获得承销业务，提供低于市场价格的信贷或信用提升。在证券承销期内，禁止证券附属公司向客户提供信贷；要求金融控股公司的风险管理系统和政策必须涵盖全部附属机构，银行与其他附属公司进行交易，必须进行独立而全面的风险判断；除非得到银行董事会中大多数董事批准，而且有权批准的董事不能是银行和证券附属公司的高级管理人员，禁止银行购买金融控股公司下属证券附属公司主承销的证券。银行以受托人方式购买的话，必须有清晰的受托关系，严格遵守相关的法律。对于金融控股公司内特殊实体，有的国家有专门的业务规定。英国围栏改革就要求所有围栏实体（包括金融控股公司内部的围栏实体）必须直接参与它使用的主支付系统，不允许间接参与，禁止使用其他银行的接入服务，这样做是为了确保围栏实体可以持续提供核心支付服务。

销售限制。银行和附属公司可能向同一客户销售类似的产品，特别是附属公司向零售客户销售投资产品必须履行严格的信息披露要求和其他管理规范要求，书面明确该产品是否受到存款保险覆盖以及销售中银行的权利和义务，避免零售客户误认为在银行网点购买的投资产品是银行的产品。不经客户允许，银行和附属公司之间不能共享客户非公开信息。

2. 并表风险管理内容

金融控股公司并表风险是并表管理过程中各类风险的统称，在风险并表基础上实施全面风险管理是监管机构实施并表监管的基础。

（1）股权嵌套风险

资本是银行抵御风险的最后屏障，资本和资产之间需要保持合理的安全界限，防止过度杠杆引发清偿能力危机。巴塞尔资本协议提出在并表基础上计算金融控股公司的资本充足率，确定了全球统一的计算标准。实践中，金融控股公司组织形态复杂，不同国家法律和金融市场监管存在差异，金融控股公司内部机构之间股权相互嵌套，有些法律实体在并表资本充足率计算范围内，有些不在计算范围内，如何防止银行、证券公司、保险公司等不同法律实体开展同类型业务在资本计量方法之间套利[1]，如何防止不受监管的法律实体帮助"美化"受监管法律实体的资本充足率和并表资本充足率，如何防止虚增资本，这些现实问题制约着风险防范效果。

一家金融控股公司拥有多家银行附属公司，银行附属公司之间循环持股和相互持股会产生资本虚增，变相提高杠杆率。如图 3－3 所示，控制公

---

[1] 证券公司和保险公司没有全球统一的最低资本充足率要求标准，不同国家对不同实体开展同类型业务适用的基本规则也不同。

司持有银行 A 的股份，银行 A 持有银行 B 的股份，银行 B 持有银行 C 的股份，银行 C 持有银行 D 的股份，银行 D 持有银行 A 的股份，同时银行 B 还持有银行 D 的股份，形成银行 A、银行 B、银行 C、银行 D 循环持股。控制公司用一笔资金就可以控制银行 A、银行 B、银行 C、银行 D 四家银行，监管机构对各家银行杠杆率的控制无法降低风险。

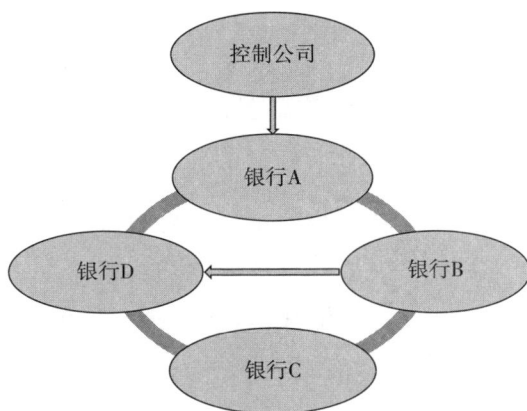

图 3 - 3　循环持股示意图

相互持股也会产生资本虚增问题。如图 3 - 4 所示，AB 控股公司的两个股东分别是 A 持股公司和 B 集团，两家公司注入资本共同持有 AB 控股公司。AB 控股公司持有 D 银行的股份，D 银行又反向持有 A 持股公司和 B 集团的股份。存在 D 银行的资金来源于 A 持股公司和 B 集团的可能。

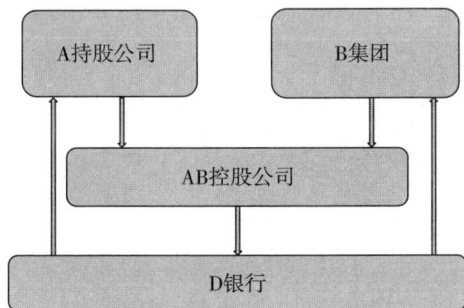

图 3 - 4　相互持股示意图

除复杂股权嵌套可以进行资本套利外，通过发起资产证券化业务将低风险资产出表，保留相对高风险的资产，或者通过银行持有和交易衍生产品，使高风险资产的资本占用低于实际风险，也可以进行资本套利。

为控制金融机构法人对单一客户和关联客户形成大额风险暴露，银行对单一客户和关联客户的风险暴露不得超过自有资金一定比例。监管机构对保险公司有资产分散化要求，或在资本计算规则上体现对资产分散化的激励，对各类交易对手形成的风险暴露提取相对应的技术准备金。有些国家要求保险公司持有的资产必须覆盖技术准备金，持有的资产不得超过一定比例，比例根据交易对手的风险状况变化。对不要求覆盖技术准备金的自由资产运营，有些国家没有限额要求，资产分散化规则也不作为资本计算或自有资金的基础，这样一来，对单一客户投资金额就可能超过保险公司的资本。在金融控股集团内，即使银行满足了对单一客户和关联客户的监管要求，银行和保险公司之间股权嵌套关系也可能造成集团层面对单一客户和关联客户形成的大额暴露超过审慎水平，威胁金融控股集团的安全。

股东在发起设立和持续经营金融控股公司时需要满足适当性标准，金融控股公司内部各附属公司的法律结构和管理结构要特别清晰，这是设立金融控股公司的基本要求。实践中，复杂的法律结构和管理结构极大地增加了内部交易和关联交易的复杂程度。2007 年，花旗集团表内资产达到 2 万亿美元，还有 1.2 万亿美元表外资产，全球有 2000 多家附属公司在经营，危机前高级管理层根本无法完全掌握按揭业务在集团内的全部风险暴露状况，也就无法做到风险识别和预警。

（2）母公司或子公司不受监管的风险

一家不受监管的公司跨境控制了东道国一家银行时，东道国的银行监管机构没有权力获取母公司信息，无法监管母公司。母公司没有资本充足率约束，对银行实施严格监管只控制了银行自身的风险，母公司过度承担风险的高杠杆行为仍有可能危及银行安全。即使没有危及银行安全，母公司要求银行以非市场原则进行内部交易和关联交易也会增大银行合规风险。

一家金融控股公司内有不受监管的非金融公司，这家公司和银行开展证券化、衍生金融交易或采取内部交易净扣时[①]，都可能隐匿风险、低估风险、放大杠杆。出于粉饰报表的目的，在金融控股公司内部受监管的实体之间或受监管实体和不受监管的实体之间进行收入转移，造成不受监管的实体风险被低估。还有些国家允许不受监管的实体开展租赁、再保险、消费信贷、搭桥融资或某些金融衍生业务，这些金融行为隐藏着重大风险隐患。2008年国际金融危机后，美国金融危机调查委员会在提交的正式报告中就承认，监管机构没有发现银行控股公司的非银行附属公司过度承担了风险，做法不合理。[②]

（3）金融控股公司内部风险传染

金融控股公司内部有多条风险传染路径，包括通过相互持股形成的股权关系或者间接股权关系而相互影响。内部由一家或多家附属公司接受其他附属公司委托，提供服务，形成重要的业务依赖。提供服务的附属公司受到严重冲击后迅速波及其他附属公司。附属公司相互之间开展资产转让、委托投资、抵债资产接收处置、融资租赁，或者签署抵质押协议、回购协议、交叉违约协议、流动性支持协议，或者相互之间开展金融市场交易和衍生产品交易，互为交易对手，一方违约造成另一方违约。由银行附属公司向其他非银行附属公司提供贷款、项目融资、贸易融资、贴现、透支、保理、承诺、信用证、担保，开立保函，进行票据承兑，或者由保险附属公司向其他非保险附属公司提供保险，或者保险附属公司之间签订分保协议，将其承保的部分风险和责任进行再转嫁，一方违约造成另一方违约。金融控股公司成员机构各自实施纵向风险管理（Silo Risk Management），在金融控股公司内部形成来自资产、负债、表外项目、交易执行或交易处理的单一风险类别高度集中或

---

① 即使是跨境交易，也采取交易额相互抵扣的做法，这种做法假设了金融控股公司内部交易无风险，事实可能并非如此。

② "The Financial Crisis Inquiry Report", submitted by the Financial Crisis Inquiry Commission, Jan. 2011.

跨风险类别高度集中。如投资、债券发行、贷款、外汇合约、衍生产品合约、利率掉期、交叉货币掉期、抵押掉期、保险等产品高度集中，向特定行业或关联性强的若干行业集中融资或集中提供保险，对风险特征相同的一类交易对手集中融资或集中提供保险，对一个特定国家或地域内的交易对手提供集中融资或集中提供保险，对于特定类型的资产证券化集中提供融资支持等。在市场流动性正常时，抵押品未出现风险暴露高度集中，抵押品流动性变差造成未预期到的风险暴露高度集中。金融控股公司成员机构做市对冲风险暴露时遇到市场交易受阻，基差风险显著增大，会形成未预期到的风险暴露高度集中。金融控股公司的附属公司共享集团名称、名称缩写以及标识，一家附属公司出现风险事件，声誉关联也是内部风险传染渠道。为防止声誉风险扩大，被迫进行的资产回购也会形成风险向金融控股公司母公司传染。

当金融控股公司母公司、银行和其他附属公司之间的管理责任和内部报告线路不清晰或内部信息共享不足时，就容易形成风险事件。例如，金融控股公司内部银行和保险公司共享客户，银行购买了信用保证保险而将客户违约风险转嫁给保险公司，由保险公司承担客户违约的信用风险。从银行角度看，信用风险转移到保险公司。从保险公司角度看，如果自身不具备独立风险判断能力，只能相信银行尽职调查能力，信用风险是否可承受不得而知。从金融控股公司角度看，客户的信用风险仍在内部，未能实现信用风险有效转移。客户违约很可能造成内部风险传染。

（4）内部融资风险

金融控股公司将传统的信贷业务和投资银行、保险业务相结合，创造出更好的客户体验，然而，业务融合让利率风险、信用风险、市场风险之间的关联变得十分复杂[1]，使用金融控股集团层面并表数据容易低估风险。

---

[1] 金融控股公司银行账簿利率风险可以形成自然对冲。银行资产负债表的结构特征是负债期限短而资产期限长，保险公司资产负债表的结构特征正好相反，是负债期限长而资产期限短，两种资产负债表代表不同的资产负债错配方向，无论利率升高还是降低，都会自然形成反向抵消作用，降低金融控股公司层面总的利率风险。

并表数据暗含着集团内部资金可以不受限制使用的假设，忽视了属地法律和内部层级所有权结构存在的制约，难以准确研判对某类特定资产的全部风险暴露。市场摩擦、资产流动性变差、政府干预可能影响集团成员使用集团内部资金，不同司法管辖区之间无法顺畅地转移资金。外资银行母银行从资金富裕机构分配至资金短缺机构受到限制。在并表层面，不同地区资产负债头寸轧差简化了计算，却严重忽略了不同地区机构面临的融资风险。当市场流动性出现巨变时，这些潜在的融资风险容易演变成诱发金融危机的"导火索"。

（5）利益冲突、道德风险和市场约束失灵的风险

金融机构在与客户开展交易的过程中，会面临方案选择问题。从金融机构角度看其中一个解决方案最有利，从客户角度看另一个解决方案更有利，这时就会有利益冲突。如果金融机构面对两个客户群，并且需要在两个客户群各自利益之间进行平衡，也会有利益冲突。金融控股公司整合了性质不同的金融功能，便于共享客户，内部利益冲突、道德风险也由此变得更加复杂。例如，存款人咨询、信托资金管理人和销售证券之间存在利益冲突，如果不加限制，银行可能利用与客户的贷款关系迫使客户购买自己承销的债券，可能以承销方式将陷入困境借款人发行的证券出售给投资者，将借款人风险转移给其他投资者，可能在承销证券过程中将掌握的借款人内部信息披露给竞争对手，这就需要将存在严重利益冲突的金融功能交给不同法律主体，进行相应隔离。再如，银行和非银行金融附属公司内部交易越多，越容易让这些附属公司产生错觉，认为银行受到政府高度保护，而自己与银行同属一个控股公司，银行对自己的经营风险不会坐视不管，一定会兜底。这种与生俱来的道德风险会持续激励金融控股公司过度承担风险。

金融控股公司防止利益冲突的安排

金融控股公司通过制定政策、明确流程、建立控制措施、健全治理体系、实施日常监控、完善薪酬体系和员工评价来管理潜在利益冲

突。集团利益冲突政策规定员工在确定、评估、管理利益冲突方面的责任。集团行为准则规定员工在面对利益冲突时坚守独立、诚信原则，鼓励员工提出不符合行为准则、不满足标准的做法；流程设计以客户为中心，根据员工职责、接触客户和集团信息程度及信息性质采取不同控制措施，员工必须诚实、公平、专业地按照客户最佳利益原则执行，流程优化注重员工不适当行为。比较典型的做法包括实施研究冲突管理，禁止采取不当行为影响研究分析人员的研究工作，禁止在研究成果公布前进行不适当的交易，在研究付费、独立报告线路、发布研究报告之前独立检查、按报告性质进行专门披露等方面采取控制措施。参与重大客户交易的员工需要自我证明无利益冲突，所有需要报告的交易在接收保密信息之前或在代表客户采取行动之前都需要在集团层面进行检查。将工作开展和工作检查嵌入某些流程，保证任何个人不能对重要的业务"一手清"。对具有天然利益冲突的业务领域，进行职责、岗位分离和控制。控制内部信息流动，进行物理和逻辑分离。设立"信息墙"或信息障碍，确定集团重大非公开信息单，跨越"信息墙"行为需要被记录并受到监控。对于员工接受礼物、参与娱乐活动或获得其他增值服务，以及第三方或供应商、交易方提供回扣、费用、佣金，均设立金额要求和批准程序要求。相关员工开展证券交易必须事先获得批准，受到严格限制。集团员工持有外部商业利益，包括在外部组织兼职、开展投资或担任董事，必须接受检查，还需要得到批准。集团成员与顾问、合作伙伴和服务提供商的合作必须坚持公平交易，符合风险管理政策标准；将利益冲突纳入集团董事会及附属公司董事会的操作风险管理体系，设置独立的金融犯罪和合规部门识别、评估、监控、报告利益冲突带来的风险。条线管理部门负责员工日常管理和持续行为准则教育；集团所有利益冲突行为都记录在系统中，进行持续监控。通过交易后监督、电子沟通记录、数据泄露重检、利益冲突被清除的交易定期重检、系统接入状况定期重检、与外包商关系定期重检、组织结构和功能控制审计和测试等评估利益冲突政策、标准、流程和控制措施的作用；董事会薪酬委员会负责薪酬政策与集团控制和行为管理保持一致。员工评价和升职既考虑业务能力，也考虑行为表现。可变薪酬部分鼓励员工在支持业务发展和模范遵守行为准则之间达成平衡。

市场约束要在消除道德风险获得的收益和削弱金融稳定的风险之间进行置换。对金融控股公司实施市场约束离不开证券公司、外部审计公司和评级机构。证券分析人员都是投资银行或金融控股公司内部投资银行附属公司的工作人员，银行将分析人员的推荐作为决定是否与投资银行建立或维系关系的关键因素，分析人员的奖金也与投资银行获得承销、兼并收购业务密切相关。共同基金和养老基金更愿意与分析人员建立良好关系，以便自己持有股票能获得好评。投资银行甚至会解聘那些对大型银行负面评价的分析人员。美国证券交易委员会为防止证券分析人员的利益冲突，要求分析人员披露在他们分析的公司中的财务利益，禁止分析人员直接接受由他们分析的公司支付的、与投资银行费相关的补偿，要求每份研究报告披露在过去 1 年里分析人员的雇主是否收到分析人员分析的公司支付的投资银行费，在未来 3 个月内是否预计会收到此类的投资银行费。外部审计公司对审计客户提供咨询服务将外部审计的独立性和公允性置于脑后，更是利益冲突的典型。安然、世通公司等轰动一时的财务造假丑闻公之于众后，五大会计师事务所之一的安达信彻底出局。此后，外部审计师不得开展审计客户咨询服务成为行业惯例。

3. 并表监管面临的挑战

在"防火墙"法律制度要求之外，发达国家的监管机构提出了并表监管的基本要求，即坚持金融控股公司内部所有银行都必须资本充足，对没有满足资本要求的银行，必须立即采取纠正行动；坚持金融控股公司内部所有金融机构必须具有良好管理水平，根据严格的监管程序来评估大型复杂银行的管理水平；坚持依赖市场约束来保证大型复杂银行稳健经营。现实远没有理想那么丰满，从1999年《金融现代化法案》颁布开始算起，20多年来并表监管在实践中不断遭遇严峻挑战。

首先，资本充足率指标未能及时反映内在风险。以资本充足水平保证银行清偿能力无疑是正确的，现实问题是银行许多资产没有公开交易价格，很难估计其风险状况，只能依赖模型进行估值，估值与真实风险状况相去甚远。当银行越来越多地使用复杂计量模型度量风险，基于模型结果实施内部管理时，对模型风险的有效监管变得日益重要。然而，无论是银行董事会，还是监管机构，都很难及时发现模型存在的风险。从1996年开始，巴塞尔银行监管委员会在全球银行业推出市场风险VaR（Value at Risk，VaR）模型，该模型计量直观，针对交易损失发生的频率进行预测，但对交易损失数量的预测准确性不够，对于发生概率小但可能造成灾难性损失的"黑天鹅"事件没有预测能力。1996年以后，每次金融危机都有一些采用VaR模型的金融机构遭受严重交易损失。单类风险计量尚且如此，金融控股公司内部全面风险计量状况更可想而知。考虑不同机构、不同风险类别之间相关性基础上的风险加总必须依赖经济资本计量模型，由经济资本计量模型得出的额外资本数量是第二支柱监管要求，纳入银行内部的资本充足程度评估管理。而金融控股公司内部不同类别风险之间加总模型差别明显，监管机构掌握信息的程度和能力以及专业化程度都难以支持其开展介入式监管，更遑论提前采取纠正行动，低估资本充足水平是常态。

其次，业务主体的法律分离未能有效隔离风险。为便于融资，也为实施风险转移，金融控股公司内部设立了许多特殊目的实体（Special Purpose Entities）。金融控股公司内部成员作为特殊目的实体的发起人，在会计上出表了，在履约方面却无法摆脱对特殊目的实体的隐性支持义务。特殊目的实体在经营中产生的声誉风险、流动性和融资风险、盯市风险、股权风险、经营权风险（Franchise Risk）、信号效应①，都必然影响发起人的风险承担。特殊目的实体在资产、负债、交易对手、信贷结构、法律文件方面越复杂，风险传染越难以识别，对特殊目的实体整合进入金融股公司全面风险管理体系的要求越高，并表监管难度越大。常见的情况是风险转移目的的行为实质上没有转移风险，而风险形态发生彻底变化（Risk Transformation）；看上去进行了风险保留，实际上没有保留，转移到其他方，风险转移的系统性影响没有及时识别、评估；特殊目的实体的风险状况随着时间推移在不断变化，内部管理没有动态跟上，难以及时发现风险状况变化程度；相同风险状况的交易适用了不同监管要求，形成各种形式的套利，监管机构很难及时评估金融控股公司业务模式的全面风险状况，难免隐匿跨境经营和跨业经营产生的风险。② 英国巴林银行倒闭后，英格兰银行在总结教训时就指出，"监管机构需要较好地理解它们监管的银行集团从事的非银行业务"。③

再次，金融控股公司未能严格执行监管要求。"防火墙"制度未能完全阻止金融机构控股母公司内控管理不足，故意违反"防火墙"制度向附属公司提供额外支持。在美国现代金融历史上，汉密尔顿国民银行（Hamilton National Bank）曾经因为罔顾与附属公司的交易规则，从其附属银行购买了大量低质量按揭贷款而倒闭。大陆银行（Continental Bank）违反法律规定的贷款限额，向进行期权交易的附属公司提供救助。2011 年，美国证券交易委员会指控 UCBH 控股公司前银行高级管理人员在金融危机高峰期间误

① 经营权风险是指发起人和投资者有其他业务关系，特殊目的实体开展的业务活动伤害投资者的信心，影响发起人和投资者的业务关系。信号效应是指特殊目的实体的某种行为被市场引申放大到与特殊目的实体有直接关联的其他实体。例如，特殊目的实体持有的抵押品质量低，引发市场对其发起人资产负债表风险的担心。

② BCBS, "Review of the Differentiated Nature and Scope of Financial Regulation", Key Issues and Recommendationd, Jan. 2010.

③ BCBS, "Bank Failures in Mature Economies", Working Paper, No. 13, Apr. 2004.

导投资者，没有正确认知旧金山联合商业银行逐渐加大的贷款损失。2013年，Fifth Third 银行控股公司和它的首席财务官在金融危机期间对商业房地产贷款采取了不适当的会计方法，掩盖风险被发现。2016 年，美国证券交易委员会发现 2010—2011 年全资控股 Orrstown 银行的 Orrstown 金融服务公司在会计内控方面存在严重缺陷，贷款风险评级不准确，对关系人最大的几笔贷款没有认定为不良贷款，披露不实，贷款损失计算未严格执行新颁布的会计规定，以及受到警告后仍未能及时修改，为此该公司受到严厉处罚。[1]

最后，市场约束未能发挥预期作用。美国和拉美地区经历的银行危机显示，金融危机爆发之前投资者和存款人根本无法有效约束银行高级管理层过度承担风险。金融危机爆发后，持有现金最安全。短时期内市场反应无论好坏，银行都会无差别遭到抛售。直到金融危机最坏的时刻过后，市场情绪稳定下来，投资者和存款人才会区分谁是好银行、谁是坏银行。

三、 资本要求、 杠杆率与银行体系稳定

银行体系如何才能保持稳健，这个问题经过了从认识到实践，再认识再实践的反复，现阶段普遍共识还是银行自身的风险管理与内部控制能力、监管机构的监督检查和市场约束。与监管机构的监督检查和市场约束相比，银行风险管理与内部控制能力是避免发生金融危机最根本的一环。2008 年国际金融危机后，防范银行风险的重心放在提升银行总体资本水平、优化资本构成、降低杠杆率上。针对银行业"顺周期"特征带来的弊端，实施反向"逆周期"调节。在履行国际监管要求的同时，我国银行体系的超额准备金承担了部分资本的功能，在"逆周期"调节过程中发挥了独特作用。

（一） "逆周期" 资本与 TLAC （总损失吸收能力）

"逆周期"调节的思路在我国早已有之，战国时期魏国李悝实施的

---

[1] SEC Enforcement Actions – Addressing Misconduct That Led to or Arose from the Financial Crisis, http：//www. SEC. gov.

《平籴法》是"逆周期"调节的成功实践。在农耕时代，粮食产量制约着国力。在灾荒之年大量人口饿死，对社会生产力造成极大破坏。李悝将丰年和灾年分成大、中、下三等，丰年政府收购粮食，越是丰收，政府从农民手中强制购买越多。灾年政府拿出丰年收购的粮食来卖，受灾越重，政府给农民的粮食越多。通过政府调节，以丰补歉，魏国摆脱了粮食生产"看天吃饭"的制约，获得了大量收入，国力迅速超越了其他国家，成为当时的强国。

对2008年国际金融危机成因的一条基本认识是它来自银行经营的"顺周期"特征。在信贷周期上行期，受乐观预期影响，银行不知不觉过度地承担了风险。在信贷周期下行期风险不断爆发造成银行信贷过于审慎，不利于经济快速恢复。"顺周期"特征拉长了信贷周期的波峰与波谷，加剧了风险爆发时的冲击力，风险爆发后延长了衰退时间，强化了金融机构之间的相互传染。为遏制银行"顺周期"经营，监管机构从强化资本实力入手，实施"逆周期"资本缓冲和资本保守缓冲要求，与李悝"积谷防饥"的道理如出一辙。针对金融机构相互关联性，又进一步增加了系统重要性银行附加资本要求和大额风险暴露要求。"逆周期"监管思路是防范银行累积系统性金融风险最大的成果。

TLAC是对资本结构和资本总量要求之外的新要求，也是监管机构最低资本要求的重要组成部分。在概念体系上，TLAC最低资本要求并非针对所有银行机构，而是针对全球系统重要性银行中的处置实体。无论处置实体是全球系统重要性银行母公司，还是中间控股公司、最终控股公司、运营的子公司都适用。如果一家全球系统重要性银行有多个处置实体，就会有多个层面TLAC最低资本要求。在逻辑体系上，处置计划中需要明确全球系统重要性银行的母公司作为处置实体和母公司下每个处置实体负债在处置时吸收损失的顺序。每家全球系统重要性银行对全球金融系统稳定性的影响、业务模式、风险状况、组织结构都不相同，所以也允许各国监管机构差异化实施。TLAC 最低资本要求与《巴塞尔资本协议Ⅲ》的风险加权资产计量方式、资本构成以及杠杆率计算中的风险暴露计算均有衔接，是在原有资本体系之外对全球系统重要性银行设置的资本要求。

金融稳定理事会将 TLAC 最低资本要求定位为最低监管资本要求基础上的额外要求，在满足一定要求的前提下（如满足 TLAC 资本要求的普通股一级资本不能用于监管资本缓冲），银行发行的资本工具既可以作为监管资本也可以作为 TLAC 资本。全球系统重要性银行发行合格 TLAC 资本时，必须实缴，发行无抵押，处置时不适用可能削弱吸收损失能力的抵销权或者净扣权，合同期限至少 1 年或永久期限，资本工具到期前持有人不能赎回，一般不能由处置实体或其关联方通过直接融资或间接融资来解决。① 禁止收到存款保险保障的存款，活期存款和原始期限 1 年以内的短期存款，由衍生产品产生的负债，与衍生产品连接的债务工具，产生于税务合约的负债，所在国家破产法律体系下优先于高级无抵押债权人的负债，以及在所在国法律体系下不能由处置机构注销或转换成为股权的负债作为合格 TLAC 资本工具。

巴塞尔资本协议Ⅲ的资本监管规定也做出了一定程度的修改，以便体现与 TLAC 相关要求的一致性和差异性。《巴塞尔资本协议Ⅲ》规定持有金融机构股权超过 10% 需要在监管资本中扣减，10% 以内需要计算风险加权资产，这条规定也适用于 TLAC 最低资本要求。全球系统重要性银行持有金融机构普通股 10% 以上的 TLAC 资本工具，必须从其二级资本中全额扣减。持有金融机构发行的 TLAC 资本工具未超过发行机构普通股的 10%，不进行资本扣减。同时，还提出了补充标准，明确银行持有不属于监管资本的 TLAC 资本工具，最多只能持有机构普通股的 5%。为避免资本工具互持增大系统性金融风险，全球系统重要性银行之间互持的 TLAC 资本工具必须从各自的二级资本中全额扣减。为减轻银行资本压力，按《巴塞尔资本协议

---

① 这些规定是为避免形式主义，即资本工具在形式上满足了监管要求，在处置时无法吸收损失。

Ⅲ》规定，不能全额作为监管资本的五年内到期二级资本工具，在 TLAC
资本工具计算口径下可以全额作为二级资本工具。

《巴塞尔资本协议Ⅲ》监管资本最低要求中的资本缓冲是银行在正常经
营并非处于处置阶段时吸收损失时的要求，所以 TLAC 最低资本要求中不包
括《巴塞尔资本协议Ⅲ》资本要求中的资本缓冲部分。

美国、日本和澳大利亚 TLAC 要求

美国对该国的全球系统重要性银行，或持有大于 500 亿美元非分
支机构资产的、中型非美国全球系统重要性银行适用 TLAC 最低资本要
求。美国银行业的 TLAC 资本由两部分构成，一部分是除少数股东权益
以外的普通股一级资本和其他一级资本；另一部分是合格债务证券未
付的本金部分，1 年以内需要支付的不能算作合格 TLAC 资本。合格债
务证券包含一些限制性特征，如由银行持股公司发行和支付，没有任
何抵押，不能由发行的银行控股公司或其子公司担保，不能有其他提
高债务证券偿付优先顺序的法律安排或经济意义上的安排；从发行日
开始算起期限大于或等于 1 年；对于持有人，不能有加速偿还本金或
利息的合约安排；发行条件中不能有类似信用恶化利息加速偿还或根
据信用状况变化要求发行机构赎回这样与发行机构信用挂钩的要求；
不能是结构性票据；不允许在一些条件下债务证券可转换成为发行机
构的股权，或与发行机构的股权实施交换（见图 3－5）。

日本金融厅对三菱 UFJ 金融集团、三井住友金融集团、瑞穗金融
集团、野村控股株式会社四家全球系统重要性银行提出了 TLAC 最低
资本要求，要求这些机构采用单点介入（Single Point of Entry）的破
产处置方法。处置时，由日本当局对破产金融机构的最顶层控股公司
进行破产清算，将该金融集团视同一个整体进行破产处置。满足一定
条件的金融机构事先预缴预存资金可以部分计入外部 TLAC，但限制
一家机构持有另一家机构发行的 TLAC 合格资本工具的规模。对于三

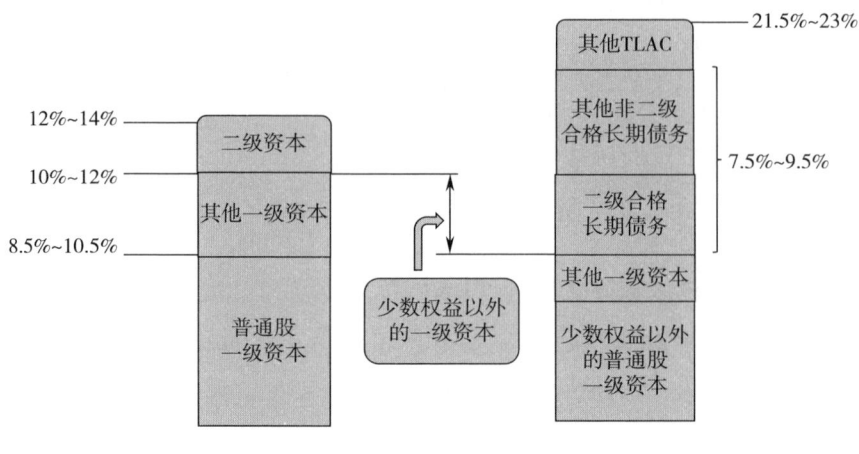

图 3 – 5　美国现行监管资本要求与 TLAC 最低资本要求对比

（资料来源：Davis Polk，"Federal Reserve's Final Rule on
Total Loss Absorbing Capacity and Eligible Long Term Debt"，11 Jan. 2017）

菱 UFJ 金融集团、三井住友金融集团、瑞穗金融集团，持有超过限额部分的 TLAC 资本工具从二级资本中扣除，野村控股株式会社持有的 TLAC 资本工具超过限额部分按 150% 风险权重计量风险加权资产。

澳大利亚审慎监管局计划将四家本土主要银行的最低资本要求提升，提升水平相当于风险加权资产 4% ~ 5%。资本工具方面的要求比较简单，要求本土银行主要通过增加二级资本来满足更高的监管标准（见图 3 – 6）。

（二）杠杆率

2008 年国际金融危机之前，监管机构没有专门针对银行杠杆率的约束要求，银行体系加杠杆行为有恃无恐。2000—2007 年，全球大型银行和储蓄贷款机构杠杆率从 16 倍上升到 22 倍。美国银行的杠杆率在 2000 年只有 18 倍，2007 年已上升到 27 倍。花旗集团从 18 倍上升到 22 倍，在 2007 年

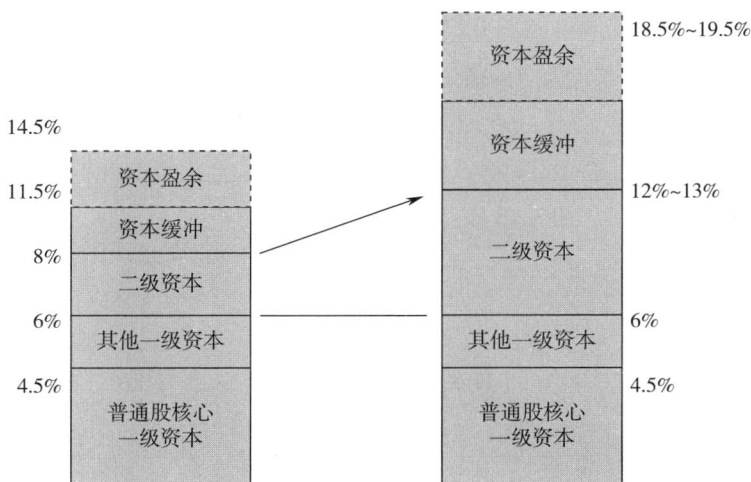

图 3 - 6　澳大利亚审慎监管局提议的 TLAC 最低资本要求

（资料来源："APRA seeks to increase the loss absorbing capacity of
ADIs to support orderly resolution"，APRA，8 Nov. 2018）

末更是达到 32 倍。投资银行杠杆率普遍高于商业银行。高盛杠杆率从 2000
年的 17 倍上升到 2007 年的 32 倍。摩根士丹利和雷曼兄弟公司各自增长
67% 和 22%，2007 年末两家机构的杠杆率都达到了 40 倍。能否运用好高杠
杆赚钱几乎成为判断投资银行能力的标签。杠杆越高，能撬动的资产规模
越大，风险越大。金融危机过后，杠杆率作为补充银行资本充足率的宏观
审慎监管工具隆重登场。

　　杠杆率指标至少涵盖了资产负债表杠杆（Balance Sheet Leverage）、经
济杠杆（Economic Leverage）和嵌套式杠杆（Embedded Leverage）三部分。
银行所有者权益与资产的比例是资产负债表杠杆，也有用资产与所有者权
益的比例来表示，称为杠杆倍数，反映的是财务杠杆，即权益撬动资产的
能力。假如银行没有表外资产，杠杆率就是资产负债表杠杆。经济杠杆是
资产负债表杠杆的延伸，是更加广义的杠杆。对于银行表外资产，资产负
债表杠杆不足以反映杠杆风险的全面性，经济杠杆概念由此而生。金融创

新的复杂性催生了嵌套式杠杆的概念,它是指银行持有金融资产中本身还有杠杆,是在杠杆之中嵌套杠杆,多层次的资产证券化、再次资产证券化或结构性信贷产品都具有此类特征。全球银行业3%的杠杆率监管目标底限是上述三种杠杆率的综合反映。杠杆率在性质上与资本充足率属同类指标,都是为了划定银行资产扩张的边界。

全球银行业杠杆率计算公式相同,都是用一级资本除以调整后的平均资产,平均资产指季度资产价值平均数。然而,会计制度和资产类别上的差异造成全球不同地区银行计算出的杠杆率有很大差别。瑞士的银行一级资本构成项包括上年余额、当年净收入进入资本部分、出于监管目的公平价值收益或损失调整(扣税)、外汇对核心一级资本的影响、一级资本中混合资本工具重新分类,以及一级资本的发行、赎回、产生的红利,股票补偿的影响(在股票计划下购买库存股票),监管扣减项的变化。在计算杠杆率时资产项要扣除以下项目:商誉和其他无形资产;对保险实体的参与,对银行和融资实体的投资,某些证券化暴露;对本银行债务累计的公平价值调整(扣除税收影响),预计但还未宣布的分红,列在交易账户上自己库存股票的净多头,养老金计划会计处理的调整等。英国的银行一级资本包括核心一级资本、优先股、留存资本工具和一级票据,扣减项包括预期损失超过准备金部分的税项、对金融公司重大持股的50%。分母资产项是调整后总的有形资产,即总资产扣减与交易对手叙作的衍生交易中净扣部分和有抵押品部分、投资合约下连接客户负债而持有的资产、净结算余额、现金抵押品、商誉和无形资产。美国的银行一级资本包括一级普通股、优先股、合格的混合证券和非控股权益。分母调整项包括证券未实现的收益或损失、不接受的商誉和其他无形资产、对某些附属公司的投资、一级资本中扣减的非金融实体投资调整后的账面价值。

《巴塞尔资本协议Ⅲ》规定一级资本充足率必须满足最低4.5%的监管

要求，意味着以一级资本充足率计算，商业银行的杠杆被约束在 22 倍之内。杠杆率必须满足 3% 的最低监管要求，意味着以杠杆率计算的商业银行杠杆被约束在 33 倍之内。换句话说，商业银行一级资本放大的杠杆倍数必须小于 22 倍，扣减了一些投资、未实现损益和无形资产以后杠杆倍数必须小于 33 倍。全球银行业以 3% 为监管标准说明只有部分银行同时能够满足资本充足率和杠杆率双重约束要求，还有相当一部分银行只能满足资本充足率要求，杠杆率无法达标。在巴塞尔银行监管委员会的大力推动下，2019 年全球银行的杠杆水平从 28 倍下降到 17 倍，一级资本平均杠杆率达到 5.85%。[①]

杠杆率与一级资本充足率之间存在关联关系，通过下述公式变换，可以将杠杆率与一级资本充足率的关系进一步分解。

杠杆率 =（一级资本/风险加权资产）×（风险加权资产/表内外风险暴露）

一级资本充足率 = 一级资本/风险加权资产；每单位风险暴露的平均风险权重 = 风险加权资产/表内外风险暴露

由此转换，杠杆率 = 一级资本充足率 × 每单位风险暴露的平均风险权重

如果银行每单位风险暴露的平均风险权重能够保持基本稳定，杠杆率和一级资本充足率呈正向关系，杠杆倍数和一级资本充足率呈反向关系。杠杆率越高，一级资本充足率越高，杠杆倍数越低。杠杆率越低；一级资本充足率越低，杠杆倍数越高。

（三）超额贷款损失准备对资本结构和水平的影响

全球银行业的资本监管制度统一在《巴塞尔资本协议》之下，贷款损失准备制度却没有全球统一标准。贷款损失准备制度的差异与风险加权资

---

① Pablo Hernández de Cos, "The future path of the Basel Committee: some guiding principles", BCBS Speech, 17 Oct. 2019.

产计算结果共同对银行资本结构和水平施加影响。

1. 预期损失与监管资本

《巴塞尔资本协议Ⅱ》规定，采用信用风险标准法的银行，如果准备金是为了应对已确定的特定资产或已知负债的恶化，无论是单项评估还是组合评估得出的准备金都不能作为合格二级资本。可以作为二级资本的一般准备金和一般贷款损失储备不能超过标准法下计算出的信用风险加权资产的1.25%。采用信用风险内部评级法的银行，合格准备金总额超过预期损失总额部分（可以纳入合格二级资本的部分）不能超过内评法下计算出的信用风险加权资产的0.6%。我国银保监会颁布的《商业银行资本管理办法（试行）》规定："银行采用权重法计量信用风险加权资产的，超额贷款损失准备可计入二级资本，但不能超过信用风险加权资产的1.25%。超额贷款损失准备被定义为实际计提的贷款损失准备超过贷款损失准备最低要求的部分，而贷款损失准备最低要求指100%拨备覆盖率对应的贷款损失准备和应计提的贷款损失专项准备两者中较大的。对采用内部评级法计量信用风险加权资产的商业银行，超额贷款损失准备计入二级资本的数量不得超过信用风险加权资产的0.6%。超额贷款损失准备是银行实际计提的贷款损失准备超过预期损失的部分。"2013年内部评级法正式获批实施以后，超额贷款损失准备、预期损失绝对变化水平和相对变化水平对于银行资本总量产生着决定性影响。

2. 超额贷款损失准备是银行资本总量的"调节阀"

超额贷款损失准备对银行资本的影响，可以从不良贷款和超额贷款损失准备的关系、预期损失与超额贷款损失准备的关系进行分析。

（1）不良贷款和超额贷款损失准备的关系

动态来看，两者关系存在三种可能。一是不良贷款增速超过贷款减值准备增速，与上年相比，超额贷款损失准备余额出现下降；二是不良贷款增速与贷款减值准备增速基本相同，超额贷款损失准备余额基本稳定；三是不良贷款增速低于超额贷款损失准备增速，超额贷款损失准备余额上升。上述三种情况对采取权重法的银行资本总量有直接影响。

（2）预期损失和超额贷款损失准备的关系

实施内部评级法的银行更关心预期损失和超额贷款损失准备的合理水平。为了更清楚地阐述过高的超额贷款损失准备对资本的不利影响，假设以下两种典型情形。

情形一：在实施起点，超额贷款损失准备计入二级资本的数量未超过信用风险加权资产的0.6%。在这个前提下，如果超额贷款损失准备和预期损失同方向变化，但变化速度不一样，产生结果也不一样。变化之后如果还在信用风险加权资产的0.6%以内，前者增速快于后者对提高资本总额有积极作用；反之，则有消极作用。变化之后如果超过信用风险加权资产的0.6%，会出现部分超额贷款损失准备被剔除出二级资本，反而会降低资本充足水平。如果两者反方向变化，超额贷款损失准备增加，预期损失减少或超额贷款损失准备减少，预期损失增加，无论变化速度是否相同，对资本总量的影响要看超过预期损失部分是否仍在信用风险加权资产的0.6%以内（见图3-7）。

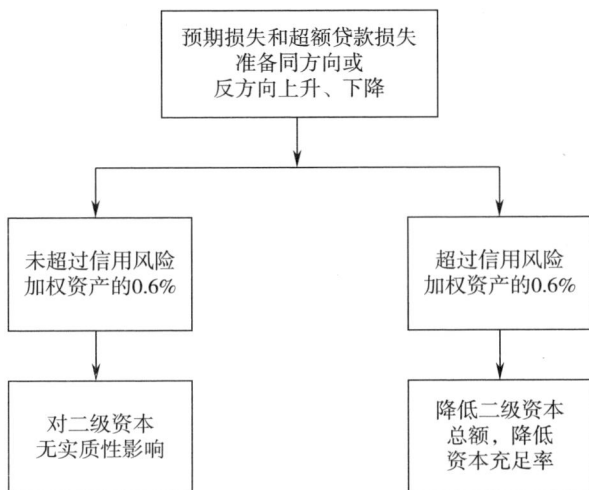

图 3 - 7　预期损失与超额贷款损失变化

情形二：在实施起点时，超额贷款损失准备计入二级资本的数量已超过信用风险加权资产的0.6%。在这个前提下，预期损失减少则会恶化这种状况。当预期损失增加使超额贷款损失准备计入二级资本的数量由"超过"变得"未超过"信用风险加权资产的0.6%，反而有利于银行提高资本充足水平。预期损失虽然增加，但仍未改变"超过"的状况，一部分超额贷款损失准备不能纳入二级资本的现状没有得到改善（见图3-8）。

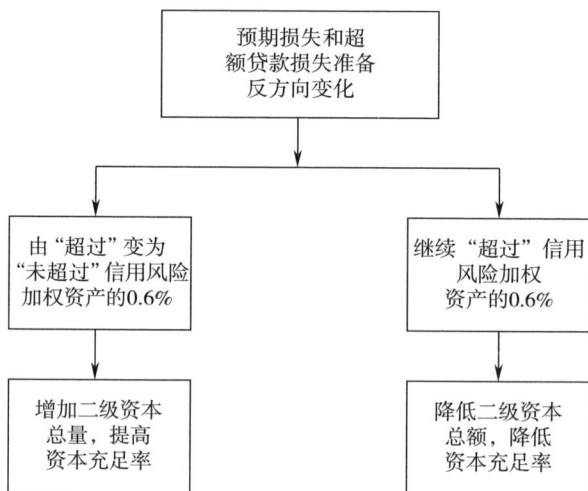

图3-8 预期损失与超额贷款损失变化

（3）内部评级法覆盖资产比率对资本的双重影响

内部评级法覆盖资产的比率对超额贷款损失准备金的分割造成影响，也对资本底线计算造成影响，对资本充足水平则有双重影响。

根据《商业银行资本管理办法（试行）》及相关补充规定，申请实施内部评级法的银行提交申请时内评法的资产覆盖比率不能低于50%，3年内要求达到80%。同时，"商业银行实施内部评级法的，原则上应根据内部评级法和权重法对应的信用风险加权资产比例分配超额贷款损失准备。对不可分割的超额贷款损失准备再按照内部评级法和权重法所对应的信用风险加权资产比例进行分配"。鉴于权重法下超额贷款损失准备和内评法下超额贷款损失准备概念内涵完全不同。随着内部评级法覆盖比率由50%逐渐提升，能纳入的二级资本的超额贷款损失准备情况变得非常复杂。

正常贷款由权重法覆盖变为内评法覆盖时，预期损失金额的变化来源于：①违约概率或违约损失率分别变化；②两者同时变化；③预期损失率不变，但违约暴露金额变化等情况。任何一种情况发生还伴随着信用风险加权资产增加，所以说内部评级法下预期损失金额变化既影响超额贷款损失准备，又影响风险加权资产总额。权重法下根据不良贷款的分类结果计提损失准备。内评法下不良贷款（作为违约贷款处理）的预期损失是内部估计的最佳损失率乘以风险暴露金额。权重法下和内评法下同一债务人同一笔债项计提的损失准备和预期损失孰大孰小必须进行个案分析，商业银行全部的不良贷款中属于权重法覆盖或内部评级法覆盖及其对超额贷款损失准备的影响无法一概而论。

并行期内"资本底线"约束使超额贷款损失准备对资本的影响更为复杂化。在并行期内资本底限对资本充足水平变化有相当程度的约束作用。资本底限是以信用风险权重法、市场风险标准法、操作风险标准法为基准计算出的资本要求。之所以称为资本底限，是考虑到计算出的资本要求高于资本计量高级方法下计算出的资本要求，要把多出的资本部分对应的风险加权资产加回到总风险加权资产中。随着进入并行期不同年份以及内部评级法覆盖比率不断扩大，在高级方法下超额贷款损失准备对资本充足率的影响也会逐步增大。

（4）合理审慎的超额贷款损失准备水平有助于资本充足率目标管理

审慎的不良贷款拨备覆盖率使银行抵抗不良贷款增加的能力大为增强，但过于审慎的不良贷款拨备覆盖率也有可能造成"逆向激励"。不排除有些银行出于资产结构原因或贷款风险分类的原因，在权重法下纳入二级资本的超额贷款损失准备多于在内部评级法下纳入的超额贷款损失准备，这样就会抑制银行主动实施内部评级法的意愿。

预期损失本来是银行出于自身管理信用风险需要对未来1年或若干年

损失的估计，根据资本、风险、利润平衡的目标自主地分散、转嫁、缓释乃至接受风险，并根据预期损失金额大小提取相应的准备金，既是商业银行差异化经营和差异化风险偏好的体现，又是调整资本结构的手段。在保证审慎的前提下让银行提取与预期损失金额相匹配的准备金，让释放出的部分超额贷款损失准备直接进入核心资本，整体上有利于提高资本充足水平，也有利于促进内部评级成果在风险管理中的深入应用。在日益复杂的风险环境下，应该逐步发挥内部评级在客户风险细分、准确预测风险中的核心作用，推动银行内部的风险管理行为由事后不良贷款比率转向事前客户违约风险细分。

（四） 密集补充资本中的风险防范

TLAC 本质上是一个风险分担机制，监管机构在处置过程中可以将 TLAC 债务转换为股权或注销，对其资本结构进行再调整。国际监管机构关注 TLAC 资本工具特征、数量标准和达标时间表，关注 TLAC 最低资本要求与《巴塞尔资本协议Ⅲ》最低资本要求异同，可以说都是监管技术层面的问题。在参与全球金融治理过程中，我国不应该仅仅考虑这些技术层面的问题，而要考虑在金融开放格局下更好地平衡支持经济高质量发展与落实银行业国际监管要求的关系，掌握好落实银行业国际监管要求的进度和节奏。

我国银行业一直是重资产、重资本消耗的业务模式，这是由经济发展现状决定的，短期内不太可能通过大量出售高资本占用的资产来应对资本充足率压力。即使不考虑 TLAC 最低资本要求，我国全球系统重要性银行的资本充足率水平也明显低于国际同业。为满足严苛的监管要求，必须不断增加资本，为增加资本，必须发行更多的资本工具或债务工具，甚至减少分红，将利润变成资本。无论是银行已经发行的二级资本债、无固定期限资本债、次级债、永续债，还是筹划发行的转股型二级资本债、含定期转股条款的非资本债券等债务工具，投资者主要是我国的银行、非银行金融机构和社保基金，我国金融机构之间互持债务工具无助于增加损失吸收能力。只有加快我国资本市场和债务市场开放，引入更多的外国机构投资者参与投资 TLAC 资本工具，才能真正实现我国系统重要性银行的风险分散。

TLAC 最低资本要求与全球系统重要性银行处置策略相关，需要银行破产、清算和处置的相关法律配套，保证一旦进入处置程序，在法律和实践中能够降低对金融体系和社会的冲击。为稳定投资者预期，各类资本工具和债务工具的清偿顺序需要明确，这关系到合格 TLAC 资本工具和债务工具的发行成本。全球有单独为银行破产制定法律的方式，也有采用公司破产法律但结合银行特点进行修改的方式。无论哪种方式，都需要在法律体系中明确金融机构进入处置阶段适应的法律程序，特别是金融合约、未结算的支付和证券交易、金融抵押品的处理方式，待处置金融机构管理人或负责人的任命程序，存款保险的操作等共性问题。应该站在防范系统性金融风险、加强金融基础设施建设的高度，加快推出银行破产法，保证全球系统重要性银行进入处置阶段后有章可循。

四、 银行流动性风险管理变迁

市场流动性和融资流动性突然蒸发，对金融体系和实体经济产生严重后果就是流动性危机。金融市场出现流动性危机，银行一定会出现流动性危机；金融市场未出现流动性危机，银行未必不会出现流动性危机。市场流动性、融资流动性、交易对手信用风险和信用风险之间具有相互强化的反馈效应。金融市场流动性引发系统性金融风险的机理将在第六章进行分析，本节将着重分析如何管好单家银行的流动性风险。

（一） 银行流动性风险的产生及变化

美国储蓄机构监理署将流动性定义为"利用资产融资以清偿到期债务的能力，持有的现金和能够无显著损耗地迅速转化为现金的其他资产总量，以合理或可接受的成本满足负债偿还或承诺兑现所需资金的能力"。巴塞尔银行监管委员会认为流动性是"增加资产并满足到期债务清偿的能力"。商业银行的流动性风险一般是指无法以合理成本及时获取充足资金，偿还到期债务或满足业务需要的风险。银行流动性风险具有内生性和变化性。内生性由银行期限转换的功能所决定，开展业务时资金流入和流出时间不匹配必然带来流动性风险，流动性风险是银行与生俱来的。变化性意味着流动性风险受多种因素影响，即使资金流入和流出时间基本匹配也可能因为监管要求变化或突发事件而导致银行流动性失衡。

银行体系保留多少流动性是安全的并无定论。19世纪中期，英国银行体系流动性危机频发，当时银行需要预留总存款的60%作为流动性资产。1866年以后，确立了英格兰银行"最后贷款人"的角色，银行体系平均流动性比率降至总存款的30%。1947年，英格兰银行和私人银行签署了第一份流动性协议，规定最低流动性资产比率是32%，1963年这一比率降低到28%。1971年《竞争和信贷控制法》（*Competition and Credit Controls Act*）规定最低储备比率为12.5%。1981年，英格兰银行用现金比率规定替代了储备比率规定，不再直接确定银行持有流动性资产的最低水平。20世纪90年代中期，《先令存量流动性规则》（*The Sterling Stock Liquidity Regime*）要求英国的银行必须保持流动性充足，满足严峻情况下现金融资需求，保证银行持有足够多的高流动性资产，在不从市场获得批发融资的前提下必须能抵御流动性危机发生后第一周的资金流出，为有序处置赢得时间。很显然，银行保留过多的流动性会影响盈利能力，作为融资中介的效率会下降，过低的流动性又可能造成单家银行偿付风险。到底银行预留多大规模流动性储备就算充足了，随情而变，取决于银行期限转换的效率，提高期限转换效率可以缩小金融体系流动性储备规模的安全边界。

当存款不再是负债主要来源时，银行被迫转向市场融资，银行流动性管理的时间和空间都发生了明显变化。银行流动性风险可能来自交易技术变化。美国国债市场出现了越来越多高频量化交易之后，流动性风险特征明显改变。电子交易平台让交易参与者快速建立或卖出头寸，降低了交易成本，提高了市场运作效率，改变了市场流动性预期，对于规模较小的交易尤其如此。高频量化交易是自动交易策略广泛运用的结果，自动交易策略趋同加剧了市场单边下挫，造成价格踩踏，让市场流动性变化得更快，彻底改变了市场资金流量。银行流动性风险可能来自市场结构变化。市场流动性主要提供方变化会影响流动性供给。2008 年年中，美国货币市场基金对非美国银行的投资估计在 1 万亿美元左右，占欧洲银行对非银行机构美元负债的 15% 以上。① 欧洲中央银行曾指出，2015 年底欧元区货币市场基金以外的投资基金向区内金融机构提供了 1.2 万亿欧元的信贷，向欧元区内各国政府提供了 9500 亿欧元的信贷，向区内其他非金融机构提供了 3300 亿欧元的信贷，投资基金行业突然赎回对市场流动性产生重大影响，迅速传染到银行。尽管投资基金行业受到严格监管，但大部分现有规则并未考虑金融系统的稳定程度，可能不适合防止整个行业风险的累积。② 银行流动性风险可能来自金融工具交易不活跃，评估其价格和流动性面临挑战。对于一些复杂结构性产品，市场流动性原本不足，银行只能使用一些非市场化方法进行估值。估值过于依赖单一信息来源、无法考虑流动性极端变化情况、估值假设前提不合理、估值模型无法有效验证都会影响市场心理，进而影响流动性供给。银行流动性风险可能来自抵押品管理。在融资中广泛使用抵押品使融资风险和融资方信用风险、市场风险、保险风险交织在一起，如果抵押品价值和获取条件发生变化，银行自身或交易对手不得不在短期内额外提供抵押品，就会增加融资的流动性风险。价格变化导致银行或交易对手信用风险暴露规模变化时，越使用抵押品，风险就越显著。银行流动性风险也可能来自跨境资金流动。跨越不同区域完成资金转移或抵押品转移需要的时间不同，适用的监管要求不同，银行集团内的流动性

---

① "The global financial crisis", BIS 79th Annual Report, 29 Jun. 2009.

② ECB, "Financial Stability Review", May. 2016.

并不能完全跨境转移，部分区域流动性风险凸显。从防范系统性金融风险的角度，银行有更多高质量流动性资产，比依赖短期批发市场获得资金应对市场流动性压力更从容。

（二） 流动性风险监管标准走向 "大一统"

1. 国际活跃银行流动性风险管理模式

国际活跃银行流动性风险管理做法并不统一，大致有集中管理、分散管理和协调管理三种模式，各自特点如表 3-1 所示。

表 3-1　　　　　　　　国际活跃银行流动性风险管理模式

模式	总部	当地附属机构
集中管理模式	确定管理框架、明确集团流动性定义和流动性限额控制措施，制定融资要求	按照融资要求具体实施
	设立指引，发行工具	实施具有一定程度灵活性
	注重批发市场（交易量和定价）	注重客户存款（定价和数量）
分散管理模式	集团资产负债管理委员会确定集团流动性限额和政策，批准附属机构所在地资产负债管理委员会的决定	附属机构所在地资产负债管理委员会在集团资产负债管理委员会确定的边界内实施属地管理
协调管理模式	确定管理框架、指引和限额等	负责实施
	确定融资计划、目标和定价	实施具有灵活性
	注重主要货币、批发和长期融资	注重其他货币、零售和短期融资

资料来源：Committee on the Global Financial System, "Funding patterns and liquidity management of internationally active banks", CGFS Papers, No. 39, May. 2010.

正如上文所述，决定单家银行流动性风险的因素很多，既有资产负债摆布的原因，如资产负债期限结构过度错配、负债及融资来源不稳定、优质流动性资产储备不足、资产负债币种错配或流动性转移受到限制，也有市场原因，如突然遭受市场流动性负面冲击。历史地看，银行流动性风险管理是一个逐步摸索完善的过程。鉴于流动性风险可能由事件驱动、业务和产品驱动，或由市场变化引发，银行需要对来自不同方向的流动性风险实施全面管理。银行被评级公司降级或者出现重大负面新闻属于流动性风险事件，会引发无法从同业获得无抵押融资、交易中保证金或增加抵押品要求提高、同业信贷限额被取消、存款流失等问题，影响银行获得资金的能力。银行表外业务和产品容易产生突然的资金需求，如公司客户贷款承诺突然大量提款，对特殊目的实体或通道提供的备用流动性支持突然转为即刻资金要求，扰乱事先设定的流动性管理计划。

无论采取哪种模式，银行复杂的组织结构都会使流动性风险管理体系出现空档。为防止被流动性风险击垮，巴塞尔银行监管委员会要求银行自上而下完善流动性风险治理架构，强化流动性管理部门监督职责，推进流动性报告能力建设，持续提升业务条线流动性风险管理能力，健全业务条线、管理部门之间沟通机制和向董事会和高级管理层报告机制。近年来，内部转移定价、压力测试和或有融资计划是银行流动性风险管理重要改进领域。内部转移定价机制是传导风险容忍阈值变化、市场融资成本变化的机制，良好的内部转移定价机制具有转移定价规则清晰、自上而下完全理解、通过管理流程固化等特征，其目的是保护业务单位免受无法控制和管理的流动性风险困扰，也有防止利用转移定价机制套利的考虑。危机之前国际活跃银行都有内部转移定价机制，但是部分银行只对融资风险进行定价，不考虑流动性风险，变相地鼓励在交易账簿下持有流动性欠佳的资产，在危机期间形成了大量损失。危机后，相当多的银行拓展了内部转移定价机制覆盖业务范围，将主要业务条线纳入，并深入到交易台层面，更加支持具有稳定资金来源的业务，过于依赖母公司资金和短期资金的业务受到抑制。流动性危机是不同风险因子一起发生作用、相互影响的结果。流动性比率、累积融资缺口、生存时间等工具只能用于日常流动性管理，无法捕捉流动性尾部风险。需要摒弃流动性风险因子之间相互独立、各自发生概率低、同时发生概率更低的模型假设，综合考虑整个市场流动性风险因子和单家银行流动性风险因子，进行流动性压力测试。更贴近实战的流动性压力测试是对风险因子的深入认识和 IT 系统强力支撑的产物。连续更新的压力测试是实施或有融资计划的先决条件。或有融资计划不能看作一个说明书，而是有许多选项的管理工具。不同类型的流动性危机需要不同的融资准备，情景假设不能完全囿于历史经验，制订或有融资计划需要立足于何时发生、因为什么发生、怎样发生三问，要能满足当前和未来各种货币、各个附属机构、各项业务所有的资金支付责任。

2. 流动性风险监管指标升级

2008 年国际金融危机后，为进一步内化银行经营失败的成本，巴塞尔银行监管委员会推出了《流动性风险计量、标准和监测的国际框架》要求。为了确保高质量流动性资产可以转化成现金，应付 30 天内的流动性需要，30 天的流动性保障是监管机构对银行短期流动性监管的底限。流动性覆盖率必须大于 100%。净稳定融资比率要求银行对表内和表外业务可以获得的稳定资金数额和监管机构认为银行需要的稳定资金的数额进行适当评估，也必须大于 100%，以保证 1 年的流动性无虞。这两项指标在透明度和标准化方面比之前有了明显进步。

基于不同类型资产流动性风险不同的客观事实，上述两项监管指标仍然采用了风险折扣、系数的做法，体现了更加审慎的监管规定。在分子项上，流动性覆盖率将高质量流动性资产分为第一层和第二层。第一层是流动性最好的资产，在计算流动性覆盖率时按市值计算，不使用任何折扣；第二层资产流动性弱于第一层资产，在计算时按照市值设定折扣，最低折扣为 15%。还规定使用折扣后，第二层资产占高质量流动性资产的比例不能超过 40%。分母项是"银行在 30 天内总的净现金流出"。净现金流出是总流出减总流入。按照零售存款、各种情况下未抵押的批发资金、有抵押融资、应付衍生产品、资产支持证券、资产担保债券和其他结构性融资工具等类别，分别设定流出率，计算现金总流出。还特别考虑了衍生产品、其他交易的抵押品估值变化对流动性风险的影响。为防止银行高估现金流入水平，对总流入水平设置监管上限，现金总流入最多只能达到预期总现金流出的 75%。换个角度看，银行至少要维持相当于总现金流出 25% 的流动性资产存量。按照逆回购和证券借贷、信贷限额和其他现金流入分别设置现金流入比率，计算现金总流入。净稳定融资比率要求商业银行在 1 年内"可获得的稳定资金数额"必须大于"要求的稳定资金数额"。"可获得的稳定资金数额"包括资本、期限在 1 年以上的优先股、有效期限在 1 年或以上的负债等。用"可获得的稳定资金"账面价值乘以给定监管系数，所有商业银行可获得的稳定资金以不同系数加权后加总得出的总和就是分子项。分母项则分别从表内和表外两方面计算，表内资产要求的稳定资金数额是用银行持有和融资的资产价值，乘以每种资产类别对应的监管系数。表外资产要求的稳定资金数额按照不同表外业务类型的金额乘以监管给定系数，分母项由两者加总后得出。

两项指标出台后，对商业银行成本控制、盈利能力以及全球金融市场流动性都产生了直接影响。为了弥补高质量流动性资产的不足，不少银行被迫增加持有流动性高的资产、延长融资期限、降低期限错配，或减少发放对流动性影响较大的贷款，这些做法都会减少银行盈利。流动性覆盖率的硬性要求还可能减少银行融出 30 天以内资金的意愿，降低银行间市场的流动性。对于资本市场不发达的国家，企业长期资金必须依赖银行，净稳定融资比率的硬性要求对长期资金供给形成了刚性约束。

（三）　流动性转换中的结构性风险

无论商业银行还是投资银行，银行业信用中介的本质是进行流动性转换，流动性转换过程面临来自抵押结构、币种结构和期限结构内生的风险，不经意之间系统性金融风险就可能已经累积起来。

1. 抵押结构

在金融市场承压之时，对银行流动性最大的冲击是存款人信心崩溃以及抵押融资市场崩塌。对流动性风险管理效果真正的检验是在极端市况下抵押品价值大幅下挫对融资的影响、对日间履行国内和跨境支付清算义务的影响、对表外业务的影响、对附属公司流动性的影响。2008 年之前，证券行业主流观点都认为主经纪业务（Prime Brokage）是流动性来源，或是流动性中性业务。在正常市场情况下，主经纪商可以出售或抵押客户的资产，从交易对手那里借款。这种再抵押权是主经纪商融资的主要手段，主经纪商也为客户购买证券提供杠杆融资。给客户的融资是以客户资产再抵押（Rehypothecation）方式实现的，因此这种业务具有自融性质。2008 年，当雷曼兄弟国际（欧洲）公司申请破产时，主经纪商账户内所有客户资产，不管是托管资产还是再抵押资产都遭到冻结。市场恐慌造成再抵押难度增加、抵押品折扣大幅下降，有些金融机构为及时获取流动性，不断抛售资产，流动性进一步收紧。当时即便是投资级公司债券作为抵押品的折扣值也仅有20%，市场上没有机构愿意接受投机级公司债券作为抵押品。雷曼兄弟国际（欧洲）公司持有大量的托管资产，长时间不能返还客户，也不能交易和对冲，流动性压力很快向资产委托方传染，资产托管和再抵押成为这场危机流动性风险传染的主要驱动因素（见表3-2）。

表 3-2 贝尔斯登和雷曼兄弟公司倒闭前投行金融工具融资情况

单位：亿美元

	摩根士丹利（截至2008 年 5 月）	高盛（截至2008 年 5 月）	雷曼兄弟（截至2008 年 5 月）	美林（截至2008 年 6 月）	贝尔斯登（截至2008 年 2 月）
拥有的金融工具	3900	4110	2690	2890	1410
已抵押并且可再次抵押	1400	370	430	270	230
已抵押并且不能再次抵押	540	1210	800	530	540
不能抵押	1960	2530	1460	2080	640
已抵押金融工具占比	50%	39%	46%	28%	55%

资料来源：Darrel Duffle，"The failure mechanics of dealer banks"，BIS Working Papers，No. 301，Mar. 2010.

2. 币种结构

外币风险暴露引发银行流动性风险屡见不鲜，各国金融监管机构就外币的流动性风险都有控制要求。例如，以银行资本的一定比例为限，为银行外币多头或空头设定限额；为保证外币负债流动性，设定外币流动性资产的最低要求；对长期外币借款实施准备金和流动性比率要求；对外币融资实施最低期限要求和准备金要求；要求银行在交易中对冲外币风险暴露，设定借款前提，要求借款人必须对冲其风险暴露；为降低信用风险，限制外币贷款只能在资本的一定比例内，发放外币贷款要求银行留足资本和贷款损失拨备等。这些措施对于防范单家银行外币流动性风险发挥了积极作用，但是还不足够。除关注单家银行外币资产负债错配情况外，还要小心整个银行体系对居民、非居民外币资产和负债的不平衡状态，防止外币流动性在关键时点上诱发金融危机。

外币标价的净未对冲负债率（Foreign Currency Denominated Net Unhedged Liability Ratio）指标可以度量整个银行体系借款人偿还外币债务的能力。外币标价的净未对冲负债率 =（外币国外负债 + 外币国内负债 − 外币国外资产 − 外币国内资产 + 向未对冲货币风险家庭提供的外币贷款 + 向未对冲货币风险的非金融企业提供的外币贷款）/银行总资产。其中，外币国外负债包括国内银行体系对非居民的所有外币债务，如外国银行对国内银行的借款、含外国母行对其国内附属机构的外币借款，以及非居民的外币存款；外币国内负债包括国内银行体系对居民的所有外币债务，如居民的外币存款；外币国外资产包括银行体系对非居民的存款和外币贷款；外币国内资产包括银行体系对居民的所有外币贷款；对家庭的外币贷款是外币国内资产的一部分。许多家庭没有外币收入，无法对冲货币汇率风险，银行可能面临汇率波动引发的信用风险。从银行货币错配的角度分析系统性金融风险需要从银行外币资产中加回对家庭的这部分外币贷款。对非金融企业的外币贷款是银行外币国内资产的一部分，只要非金融企业没有采取对冲货币风险的手段，银行就无法避免汇率波动引发的信用风险，也需要从银行外币国内资产中加回。及时研判外币净未对冲负债水平变化有助于早期识别来自经济体系外币错配累积的系统性金融风险。

3. 期限结构

国际金融机构在表外大量使用特殊投资工具、资产支持商业票据通道进行期限错配，而这类工具和通道的流动性支持都由货币市场共同基金提供。投资者对这类工具或通道持有资产信用状况的担心和这类工具融资难度成正比。货币市场共同基金为防止流动性冲击采取的控制资金流出行动会进一步加剧市场流动性紧张。2008年国际金融危机之前，货币市场共同基金是银行短期负债最大的提供方。作为投资银行翘楚的雷曼兄弟公司总负债中62%是短期负债，由回购融资、主经纪人账户中的客户现金以及1年以内滚动债务构成，负债稳定性很差。资产中主要是房地产贷款、证券以及公司的杠杆贷款，平均的资产期限长于负债期限。为满足市场融资需要，回购融资的交易对手多达110个，总融资金额高达2470亿美元，有6个交易对手提供的融资在10亿美元以上。当年9月，市场预计雷曼兄弟公司票据会有较大幅度损失，诱发了货币市场共同基金赎回浪潮。货币市场共同基金纷纷抛售持有的金融机构商业票据、资产支持商业票据、回购投资、存款证，也不再为金融机构持有的证券提供滚动融资，而且缩短了与金融机构借贷合约期限，只提供隔夜资金。不少金融机构期限错配矛盾因此加剧，流动性迅速恶化。这说明过于依赖短期回购融资的金融机构遇到市场资金面趋紧，或是市场知悉融资机构可能存在清偿能力不足时，资金来源突然中断，会成为致命一击。

五、"灰犀牛" 在身边

"影子银行"概念最早由美国太平洋投资管理公司执行董事麦卡利提出，泛指投资银行、对冲基金、货币市场基金、结构性投资工具等非银行金融机构。金融稳定理事会将"影子银行"描述为"正规银行体系之外的信贷中介实体及其业务活动"。在信用中介链条中，"影子银行"与银行机构既有协作，又有竞争，是对银行体系一部分功能的替代。"影子银行"体系与银行体系平行，形成了另外一套独立体系。

金融稳定理事会在《2020 年全球非银行金融中介监测报告》中披露，广义估算 2019 年末全球非银行金融中介规模达 200.2 万亿美元。狭义估算也达 57.1 万亿美元。"影子银行"进行期限和流动性转换、信用风险转让、生成杠杆或为生成杠杆提供便利，还有可能规避或削弱对银行的监管。期限转换是将短期负债转换成中长期资产的过程，流动性转换是发行流动性负债为不具流动性的资产融资。"影子银行"必须得到银行直接担保或隐性担保才能实现期限转换和流动性转化，于是两者黏在一起，风险无法完全隔离，相互传染风险不可避免。据英格兰银行对对冲基金的调查，2018 年 10 月到 2019 年 4 月，在回购市场上对冲基金从银行的借款增长了 40% 以上，达到 1 万亿美元的规模。[①] 银行投资"影子银行"发行的金融产品，或通过衍生产品使"影子银行"和银行体系形成共同风险暴露，因为没有直接清晰的关联，这在表面上是看不出的。"影子银行"与银行体系相互关联性扩大了杠杆，加剧了"资产泡沫"。市场流动性出现短缺，相互关联性也会放大流动性短缺效应。

"影子银行"干的是信用中介业务，受到的监管弱于银行监管，开展类似的、同样风险性质的业务，"影子银行"的风险成本远低于银行，在与银行竞争中处于有利地位。国际金融危机过后，金融稳定理事会注意到"影子银行"对金融体系安全的威胁，开始加强"影子银行"监管，确定系统重要性非银行金融机构，提出"一揽子"关于货币市场基金、回购协议、证券借贷等监管措施。巴塞尔银行监管委员会针对"影子银行"带来的风

---

① "Committee on the Global Finance System", CGFS Papers, No. 65, US dollar funding: an international perspective, Jun. 2020.

险，提出了介入风险（Step - in Risk）的概念。介入风险指银行出于声誉风险考虑，决定在没有任何合约义务约束的条件下或超过合约义务向未并表受困实体提供金融支持面临的风险。未并表实体包括发行住房按揭抵押证券、商业按揭支持证券、其他资产支持证券的主体，发行抵押证券的主体，发行抵押债务凭证（Collateralised Debt Obligations，CDO）① 和抵押贷款凭证（Collateralised Loan Obligations，CLO）的主体，发行买入期权债券（Tender Option Bonds）的主体，发行资产支持商业票据的主体，证券套利渠道（Securities Arbitrage Conduits），结构化投资中介（Structured Investment Vehicles，SIV），再包装中介（Repackaging Vehicles），房地产投资信托，货币市场基金和交易所交易基金，对冲基金，私募股权基金，融资公司和证券公司。要求银行内部的政策和程序能识别和管理介入风险，定期进行介入风险评估，向监管机构报告。欧洲监管机构强化了对保险公司、银行、养老基金、金融中介的机构监管和行为监管，提高金融市场透明度，增强风险数据获取和监测能力，甚至采用扩张性货币政策提升银行运作能力，压缩"影子银行"业务空间，防止"影子银行"体系再次诱发金融危机。

本章核心观点：

● 美元升值本币贬值、本国经济周期转向、利率趋势逆转、关系人贷款、银行贷款过度集中于房地产业、银行短期负债支持长期资产、非银行金融机构倒闭传染都有过引发金融危机的先例。

● 预警指标可以看作是风险提示，在提示后的一段时间里银行没有发生倒闭，过了观察的时间段后发生了倒闭，说明提示早了。过了观察的时间段后也没有发生倒闭，说明提示错了，但也会有例外情况。因为采取了纠正行动，所以没有发生倒闭，并不说明提示错了。

---

① 抵押债务凭证是证券化产品的一类，这些证券化产品由代表未来现金流债权的债券构成，产生未来现金流的金融资产包括公司债券、按揭支持债券等。

● 有的银行倒闭只是局部影响，有的银行倒闭会造成金融危机，差别在于单家问题银行是否具有系统重要性、处理是否及时、是否及时阻断传染链。

● 由金融网络的特征决定，金融机构、金融市场和金融产品之间一定的关联程度有利于风险向网络上的各个节点分散，关联程度超过阈值后，网络分散风险的作用就变得不成立，反而起到冲击扩散的作用，给整个金融体系造成的冲击数倍于初始阶段冲击的规模。

● 良好的公司治理要求银行以清晰的产权界定为基础，所有者拥有选择和监督代理人的权力，银行的剩余索取权与剩余控制权相对应，根据银行绩效动态确定高级管理人员的收入水平，在清晰的制度框架下给予高级管理人员充分的经营自主权，银行所有权在多元化基础上适度集中，具备对银行经营状况变动的开放性和适应性。

● 银行流动性风险具有内生性和变化性，它可能来自交易技术和市场结构的变化、金融工具交易不活跃、抵押品管理或跨境资金流动。每当市场出现极端情况，流动性枯竭的银行会率先成为"多米诺骨牌"中倒下的第一张牌。

● 在放松管制时期，金融机构容易放大杠杆，累积系统性金融风险。受制于宏观环境变化和市场结构变化，收紧管制时可能已经错过了最佳时机。"逆周期"监管是防范系统性金融风险的重要思路，"逆周期"监管思想与中国传统社会"积谷防饥"思想如出一辙。

● 股权嵌套、母公司或子公司未纳入监管、内部传染、内部融资风险、道德风险、利益冲突、市场约束失灵是金融控股公司面临的主要风险。防范金融控股公司引发金融危机必须立足于资本充足、监管机构有效的监督检查、市场约束加上内部风险隔离，实施效果取决于法律保障、监管机构监管能力和金控公司的风险控制执行能力。

● 银行投资"影子银行"发行的金融产品，或通过衍生产品使"影子银行"和银行体系形成共同的风险暴露，由于表面上没有直接清晰的关联，必须穿透才可以识别。"影子银行"与银行体系的相互关联性扩大了融资杠杆，对"资产泡沫"形成起到推波助澜的作用。

第四章 勒紧房地产行业的缰绳：知其事度其时

一、 房地产行业崩盘镜鉴

房地产作为生活必需品，其价格变化影响居民消费意愿和消费能力。作为生产要素，其价格变化影响企业净资产和抵押融资。房地产行业周期与信贷周期有非常紧密的关联，但两者并不完全同步，房地产行业周期一般滞后于信贷周期。国际货币基金组织的研究表明，经历过房地产和信贷共同繁荣的国家90%以上都发生了金融危机或 GDP 增长率严重下滑，只有极个别逃脱了这个宿命。只经历了房地产繁荣却没有经历信贷繁荣的 7 个国家中只有 2 个出现过相对温和的经济衰退。[①] 房地产行业盛极而衰是经济持续衰退的开始。

（一） 美国

美国房地产行业占金融以外私人部门持有总资产的1/3，而且美国住房体系高度金融化，这是有别于新兴市场国家的典型特征。从 20 世纪开始，逐渐形成了以美国住房按揭贷款、CDO、再次资产证券化产品等为基础资产的证券化市场，资产证券化产品的需求来自美国及其他国家各类不同风险偏好的投资机构。资产证券化产品最底层供给是住房按揭贷款。其他各种花里胡哨的资产证券化产品本质上是不同违约风险按揭贷款的分层组合，

---

① Christopher Crowe, Giovanni Dell'Ariccia, Deniz Igan, and Pau Rabanal, "How to Deal with Real Estate Booms: Lessons from Country Experiences", IMF Working Paper, Apr. 2011.

再次证券化是对不同违约风险的资产证券化产品进行再次分层组合。2000—2006 年，美国房地产行业气势如虹，住房按揭债务规模不断扩大，美国以外的旺盛需求驱动住房按揭证券化债券价格节节攀升。在房地产行业链条上所有机构都通过加杠杆变成了受益者，链条中具有资金优势和信息优势的金融机构更是赚得盆满钵满。祸患常积于忽微，市场恶性竞争迫使放款机构不断推出无风险底线的按揭产品，借款人财务杠杆持续放大，风险越积越高。参与资产证券化和再次资产证券化投资的机构其安全性完全建立在借款人按揭贷款正常还款基础之上。当经济形势逆转直下，借款人普遍无力承担按揭贷款的高杠杆时，资本不足的投资银行率先倒闭，快速形成风险传染，至此金融危机全面爆发。美国房地产行业轮回如同南柯一梦，这场世纪大危机无疑是美联储和其他监管机构错过抑制按揭债务增长和"住房泡沫"最佳时机的败笔。

1. "信贷泡沫"与"房地产泡沫"：缘起低息环境

从 20 世纪 90 年代后期开始，中国和其他发展中国家累积了大量资本盈余，全球高油价也让石油生产国有了输出过剩资本的需求，盈余资本源源不断地流向美国和欧洲。发达国家出现了利率下降、利差收窄的状况，大量信贷涌入房地产领域，催生了美国房地产市场繁荣。以次级按揭贷款证券化为代表的高风险资产被过度追捧，成为后续金融危机的根本原因。1995—2000 年，美国经济持续向好，住房价格每年平均上涨 5.2%。2001年，经济增长出现减速，美联储公开市场委员会在 1 年内多次降息，将联邦基金利率降到 1.75%，创下 40 年新低。这次经济衰退比较温和，只持续了 8 个月，GDP 仅下降了 0.3%。然而，锚定联邦基金利率的所有市场利率均保持低位，住房按揭利率也创出了 40 年新低。受到低息刺激，美国住房价格加速上扬，投资者和投机者蜂拥而入。2000—2005 年 6 年间美国萨克拉门托、贝克斯菲尔德、本土最南端城市基韦斯特、迈阿密的住房价格上升了 2.5 倍。包括凤凰城、大西洋城、波基普西、洛杉矶、巴尔的摩、圣地亚哥、劳德代尔堡、西棕榈滩等在内的 11 个城市住房价格上涨了 2 倍以上。这些房价高涨的地区都是人口增长远快于全美国人口平均增速的地区。除了热点城市外，全美住房价格出现普涨，平均涨幅达到 11.5%。

房屋价格持续上涨触动着人们买房发财的神经，美国家庭债务出现了前所未有的增长。据统计，1993 年家庭债务占个人可支配收入的比例为80%，到 2006 年中，这个比例已攀升到 130%。其中，3/4 都是按揭贷款形成的债务。2001—2007 年，工资停滞不前，家庭按揭债务却从 9.15 万美元攀升到 14.5 万美元，上升了 63%。按揭债务总规模从 2001 年的 5.3 万亿美元升至 2007 年的 10.5 万亿美元，7 年间美国家庭按揭债务的上涨金额相当于美国 200 年来上涨的金额。家庭债务水平持续上涨意味着家庭储蓄水平持续降低，对美国以外的储蓄依赖越来越大。

从 2005 年下半年开始，新泽西州等一些地区房价出现下跌，这一苗头没有引起监管机构的重视。许多投资者预期全美住房价格大幅下挫的可能性很低，不同地区房地产价格相关性不高，内华达州房地产价格下跌不会引起佛罗里达州价格下跌，对新泽西州房价也大可不必紧张，这些乐观预期最终被事实狠狠地打脸。2007 年，全美存量房屋销售出现了 25 年来最大的下滑趋势，当年住房价格下跌 9%。2008 年下跌了 17%。到 2009 年末，住房价格比高峰期已下跌 28%。市场崩盘的一个显著信号是住房贷款逾期率、违约率大幅度增加。2000 年左右，美国住房按揭贷款违约率在 1.5% 上下，2007 年下半年违约率已升至 2.5%，2009 年末达到了 9.7%。像加利福尼亚、亚利桑那、内华达、佛罗里达这样的州住房按揭贷款逾期率高达 15%。到 2010 年秋，每 11 笔存量住房按揭贷款中就有 1 笔至少逾期过 1 次。

2. 政府推动：为低收入人群圆梦

按揭贷款原本只是传统信贷产品，住房借款人根据自身财务状况，选择不同的按揭贷款比例，审慎承担不同倍数的财务杠杆风险。美国传统按揭贷款采用固定利率，期限为 15 年或 30 年，针对的是有工作、有稳定收入和良好信用记录的借款人。20 世纪 90 年代，克林顿政府住房政策发生变化，要求贷款机构、二级市场投资者、按揭保险机构和其他合伙企业一起努力降低购房者的首付比例，让融资更容易获得、负担得起，更加灵活。1992 年，美国国会颁布了《住房和社区开发法案》，目的是通过房利美和房地美向中低收入借款人提供按揭信贷。当时参议院委员会的报告提出："买得起住房的目标是便于房利美和房地美将满足中低收入、少数民族和城中心平民区的按揭融资需要完全融入产品、文化和日常经营中。"这一法案极度偏离了房利美和房地美作为正常按揭二级市场管理机构的定位，改变了按揭市场结构，逐渐放松了按揭授信标准，大量高风险按揭贷款就此而生。到金融危机爆发前的 2007 年年中，高风险按揭贷款已经占美国全部按揭贷款的一半，反映出次级贷款快速增长、按揭授信标准不断降低的现实。为了让更多借款人买得起房，政府规定房利美和房地美向特定区域中低收入借款人发放的按揭贷款和向低收入社区借款人发放的按揭贷款占比要达到 30%，后来逐渐提高。到 2008 年，这一比例的要求已经升到 56%。

1995 年生效的《社区再投资法案》要求被保险的银行和储蓄贷款机构证明自己向低收入社区和低收入借款人提供了贷款。为完成政府确定的按揭贷款目标，房利美、房地美、银行、储蓄贷款机构、金融公司之间展开了向低收入借款人提供按揭贷款的激烈竞争，有些银行被迫补贴那些针对低收入人群的按揭贷款。即便如此，市场上能满足授信标准的借款人也越来越少。为扩大贷款覆盖面，政府又要求房利美和房地美建立首付 5% 及以下的按揭借款人授信标准，允许使用手头现金作为首付来源，只要借款人在申请前至少 12 个月有令人满意的信用记录，即使是有过逾期记录的借款人也可以批准发放按揭贷款，这些要求刷新了风险控制标准，完全突破了按揭授信底线。房利美和房地美在美国按揭市场上具有举足轻重的地位，这两家放松授信标准后，其他竞争者别无选择，只能跟随甚至采取更低标准。金融机构的配合让美国政府"居者有其屋"的住房战略看上去非常有成效，1994—2004 年 11 年间，美国人拥有住房的比例从 64% 左右提高到 69% 以上，赢得了满堂喝彩。仅在几年之后，这一切都随金融危机化为乌有。

　　3. 产品创新：只为买得起

　　美国次级贷款在诞生初期针对的是信贷记录有瑕疵，或无信贷记录，银行不愿意贷款的客户群，发放机构仅是储蓄贷款机构和专门的金融公司，它们通过高利率覆盖此类客户的风险。20 世纪 80 年代美国发生储蓄贷款机构危机后，美国国会在 1989 年建立处置信托公司，专门来处置按揭贷款、房地产和陷入困境的储蓄贷款机构。处置信托公司没有时间和精力一单一单处置资产，采用证券化批量进行处置。处置过程中，将那些没有资格获得房利美和房地美担保的按揭贷款也纳入证券化范围。最初处置信托公司开展的资产证券化只分为两层，风险较小的那层可以率先收到本金、利息，还有保险公司的担保；风险更高的那层偿还顺序靠后，没有担保，由发起按揭贷款的公司持有。后来资产证券化演进的越来越复杂，分层更多，每层风险不同，偿还现金流也不同，可以根据投资者需要定制。20 世纪 90 年代，按揭公司、银行和华尔街的证券公司开始对按揭贷款进行证券化，其中底层资产大部分都是次级贷款。1998 年，俄罗斯爆发债务危机，长期资本管理公司因杠杆过高而破产，投资者对高风险资产需求迅速消失，次级贷款为基础资产的证券化市场深受其害。随后，新一轮房地产市场繁荣极大地刺激了次级按揭贷款市场和资产证券化市场。到 2005 年，次级按揭贷款占按揭资产证券化发起的比例已达 20%。

　　旺盛的住房需求拉动了按揭产品创新，市场上陆续出现了可调整利率按揭（Hybrid Adjusted – rate Mortgages），只付利息按揭（Interest Only），2 –28s 和 3 –27s 贷款[①]、无收入证明要求或低收入证明要求按揭，针对无

---

　　① 2 –28s 和 3 –27s 贷款是混合浮动利率按揭贷款品种，目的是让信用受损的借款人修复信用。2 –28s 指 30 年按揭贷款头两年适用低利率，后面 28 年利率进行调整。3 –27s 指 30 年贷款头 3 年适用低利率，后面 27 年利率进行调整。

收入、无工作、无资产人群的按揭贷款（Ninja），可选择还款按揭（Payment-Option），自己陈述收入状况且要求文件最少的按揭贷款（Liar Loans）等产品。可调整利率按揭这种产品头两到三年利率很低，买方可以以更低首付甚至是零首付购房，刺激了更多买方购入更大的住房。两三年过后，还款金额两倍、三倍地上升。2001年仅有4%的正常借款人在新按揭中选择可调整利率按揭这款产品，2003年这一比例达到了10%，2004年激增到21%。次级贷款借款人选择可调整利率的比例竟高达60%~76%。

2005年，全美25%的借款人选择只付利息按揭，让本金还款延后。在房价高涨的加利福尼亚、佐治亚、佛罗里达等州，房价超出了一般借款人的承受能力，借款人只能选择像2-28s和3-27s这类按揭贷款才能抢到一杯羹。2-28s和3-27s贷款是可调整按揭利率的一种，目的是让信用受损的借款人修复信用。在按揭期前两三年，借款人及时还款比较容易，当利率迅速上升后，如果借款人已经重建了信用，可以在同一家贷款机构选择类似的按揭产品或利率较优惠的按揭产品进行再融资。如果借款人无力再融资，就必须卖掉房子偿还贷款。如果房子卖不出去，又无法还款就只能违约。

还有一款流行产品是等同A级按揭（以下简称Alt-A）贷款，借款人可以选择每月支付，可以选择将无法偿付的利息加到本金上，也可以将可调整利率转为固定利率，增加每月偿还额，非常灵活。Alt-A贷款占比从2003年的2%快速上升到2006年的9%，到2007年年中，美国金融体系按揭贷款的一半都是次级按揭和Alt-A贷款，总价值超过4.5万亿美元。

花样繁多的按揭产品刺激了短期需求，放大了家庭债务杠杆，长期贷款的风险被无限延后。2001—2007年，美国家庭按揭债务增长超过了前200年的增长水平。每个家庭平均按揭债务数额从91500美元增长到149500美元，增长63%以上。美国的按揭债务从2001年的5.3万亿美元升至2007年的10.5万亿美元。从2007年底开始，美国经济陷入衰退，到2009年10月失业率高达 17.4%。购房者失业大潮来临之时就是金融机构资产质量雪崩之际，这些曾经风光无限的按揭贷款产品凄惨落幕。

4. 创造需求：眼花缭乱的金融魔术

在按揭资产支持证券推出的早期阶段，除了 AAA 级外，其他级别的证券尽管收益相对较高也很难卖出去。华尔街根本不相信有卖不出去的金融产品，它的解决方案是"创造投资者"。证券公司买入 A 级或 BBB 级按揭资产支持证券，将按揭资产证券化作为基础资产进行再次证券化，摇身一变成为 CDO，创造出新需求。证券公司和评级公司坚信 BBB 级按揭支持证券打包后能够带来更多风险分散效应。组合中一只证券变坏不要紧，第二只只有很小概率会变坏，除非投资者投资了低评级 CDO，否则不会有损失。2003—2007 年，美国房价上升了 27%，创造了 4 万亿美元按揭支持证券，华尔街发行了将近 7000 亿美元的 CDO。

CDO 的横空出世拉动了投资者对按揭资产证券化的需求，对按揭资产证券化的需求拉动了对住房按揭贷款的需求，对住房按揭贷款的需求拉动了对住房的需求，CDO 变成了金融需求和住房需求增长的"引擎"。CDO 业务涉及证券公司、管理机构、评级机构、投资者和担保机构，每家机构扮演着不同角色。证券公司承销 CDO，选择抵押品，将证券的风险结构化分段，负责销售给投资者；管理机构持续管理持有的组合，选择不同风险段的按揭支持证券作为抵押品。管理机构根据 CDO 资产规模，有些情况下也根据资产表现定期收取费用。对于评级较低的风险段，费率为 0.6% ~ 1%，对于评级较高的风险段，费率为 0.15% ~ 0.3%；评级公司代表投资者对抵押品和 CDO 各个风险段的规模和收益提供基本风险评判；投资者根据自身风险和收益的偏好，投资不同"风险段"，场外衍生产品发行人向 CDO 不同风险段的投资者发行 CDS，对可能的损失提供担保。对投资者的 CDS 保护使投资者风险降为零，风险向 CDS 的发行方转移。

CDO 业务的源头住房按揭贷款有杠杆，按揭支持的证券有杠杆，CDO

以按揭支持证券作为抵押品也有杠杆，CDO 还可以作为抵押品成为新的 CDO，继续放大杠杆。投资者也在使用杠杆。SIV 是 CDO 的投资者，投资 AAA 级按揭支持证券，平均杠杆倍数是 14 倍。对冲基金在回购市场上采用高杠杆投资策略，购买 AAA 级 CDO 几乎没有资本准备。在市场好的时候，利用杠杆博取短期利润。尽管市场下跌损失可能更大，那都是以后的事了，为此，业界甚至发明了一句经典语录 "I'll be gone，you'll be gone"。

从利益链条上看，证券公司、包装和销售 CDO 的管理机构、评级机构和担保人根据销售证券数量收费。数量就等于费用，费用就等于奖金。住房市场进入下行周期后，按揭支持的证券违约相关性非常高，一些地区的次级按揭贷款和 Alt - A 按揭贷款大量违约。曾经认为超级安全的 AAA 级 CDO 崩盘，花旗集团、美林、UBS 等 CDO 的管理机构，以及提供担保的金融机构 AIG、Ambac、MBIA 都遭受了巨额损失。

5. 监管机构：监管竞争的悲剧

20 世纪 90 年代美国次贷市场发展的同时，无论是州一级的监管机构，还是美国货币监理署、储蓄机构监理署都没有对借款人实施有效保护。州一级监管机构负责对按揭经纪人发放牌照，但不监管这些按揭经纪人。国会授权联邦贸易委员会负责非银行贷款机构的消费者权益保护，配备的预算和人员却与赋予的使命不匹配。虽然美联储有权监管各类贷款机构发放的按揭贷款，但在消费者权益保护问题上到底履行何种职责美联储一直心存犹豫，直到"房地产泡沫"破裂。

1994 年，出于对低收入借款人的担心，美国《家庭所有权和权益保护法》禁止某些按揭贷款进行高成本再融资，也禁止贷款机构不考虑消费者偿还能力只根据抵押品价值发放高成本再融资贷款。适用该法案的按揭贷款利息和费用标准太高，大部分次级贷款都不在该法案的适用范围内。次级贷款机构的客群是年长者、少数民族、低收入和教育程度低的借款人，难以获得主流金融机构的支持。20 世纪 90 年代后期，次级贷款快速发展及诱发的风险引起了监管机构注意，美联储、联邦存款保险公司、美国货币监理署、储蓄机构监理署在 1999 年 3 月联合发布了次级贷款指引，对次级贷款业务进行规范。住房和城市发展署和财政部在对次级按揭贷款的调查中发现虚假签名、收入和评估造假、不合法收费等问题，准备对银行、储蓄贷款机构和信贷联盟实施更强的政府监督。说归说、干归干，监管机构并没有采取强力措施遏制风险。为保住市场份额，银行和储蓄贷款机构也开始发放质量较差的次级按揭贷款。次贷按揭市场迅速扩张，很快成了市场主流产品。

2001—2003 年，次级贷款发起金额几乎增加了两倍。次贷发起和证券化业务的主力军是商业银行和储蓄贷款机构、华尔街投资银行以及独立的按揭贷款机构，它们的业务策略很不相同，以雷曼兄弟公司为代表的投资银行侧重于全按揭链条业务，发起和融资后打包为证券，向投资者出售。其他机构侧重于发起按揭后立即销售给其他公司。在发起分销模式下，只要发起机构履行了准确的陈述和保证义务，即为尽职；如果贷款变坏，他们主要面对的是声誉风险。在房地产市场一片繁荣、普遍乐观的情绪感染下，贷款坏掉的可能性大大降低。金融危机前一半以上的按揭贷款都采取发起分销模式。在随后的一两年里，华尔街投行证券化贷款的数量远超过了房利美和房地美。2006 年按揭支持的证券达到 1.15 万亿美元的规模，其中 71% 都是次级贷款或 Alt - A。证券化变成了"流水线"，次级贷款是"原材料"。追求高收益投资者的需求不断扩张，"原材料"质量越来越差，成为彻头彻尾的"有毒资产"。

次级贷款市场蓬勃发展，监管机构之间竞争趋于白热化，竞争的结果是监管尺度不断放松。2002 年，欧盟要求在欧洲开展按揭和按揭证券业务的美国金融公司接受并表监管，美国商业银行并表监管的主体是美联储，但是投资银行并表监管主体缺失，美国证券交易委员会只负责监管投资银行下属的证券分支机构，没有一个监管机构负责对投资银行整体进行并表监管。随着投资银行的交易、投资、证券化业务成为主要盈利来源，投行也拥有了储蓄贷款机构和行业贷款公司，向经纪客户提供联邦保险公司担保的账户服务。储蓄贷款机构的监管机构是美国储蓄贷款机构监管办公室，行业贷款公司的监管机构是联邦存款保险公司和所在州监管机构。以金融危机中失败的 AIG 为例，负责并表监管 AIG 的是美国储蓄贷款机构监管办公室，它把监管精力放在了由美国联邦存款保险公司担保的附属机构上，彻底忽视了未买保险的附属机构对于 AIG 的潜在影响，对 AIG 附属公司开展 CDS 形成的负债听之任之，AIG 为此付出了数十亿美元损失的代价。

为满足欧洲并表监管要求，美国证券交易委员会负责监管投资银行控股公司，但它只监管那些拥有大型美国经纪商和交易商附属公司的投资银行。监管尺度也有放水之嫌，纳入并表监管中的投资银行可以使用自己的 VaR 模型对持有的证券组合计算监管资本，这一规定让投资银行的平均资本要求下降了 40%，客观上鼓励了放大杠杆的冒险举动。2005 年，美国证券交易委员会对贝尔斯登的检查发现，该公司资产集中在按揭证券，且杠杆很高。令人不解的是，它并没有要求贝尔斯登调整资产负债表、降低杠杆、增加现金流动性。在雷曼兄弟公司疯狂扩张按揭相关资产的 2006—2007 年，美国证券交易委员会在月度报告中注意到雷曼兄弟公司不断增加持有按揭债券，而且超过了风险限额，但没有进行限制。在雷曼兄弟公司破产时，美国证券交易委员会才发现在每月提交监管报告前，公司将资产从资产负债表中临时挪出，操纵资产负债表。直到倒闭前 1 个月，纽约联储还在寻找雷曼兄弟公司创造的 90 多万个衍生产品合约的信息。

房利美、房地美的监管机构是联邦住房企业监督办公室，在每次检查中都发现它们不断买入较高风险的贷款和证券，但从未要求两家公司停止购买，对它们的基本判断是这两家准政府信用的企业拥有充足的资本、稳健的资产质量、审慎的信用风险管理和合格的人员。联邦住房企业监督办公室实际上没有足够的权威和能力对房利美和房地美进行有效监管。

从历史视角看，格林斯潘时代正是美国放松金融管制的时代。1999—2008 年，美国金融行业用于游说联邦政府的费用支出高达 27 亿美元，金融行业个人和政治团体在政治活动中的捐款超过 10 亿美元。即使是像房利美、房地美这样有政府背景的公司，用于游说政府放松监管的支出也达到 1.64 亿美元。放松管制造成华盛顿互惠、汇丰金融、美国国家金融服务公司、Ameriquest 这样的机构发起了大量高风险非传统按揭资产，这些"有毒资产"泛滥是后来不可收拾的原因。"有毒资产"完全可以通过加强机构监管、设定审慎按揭贷款发放标准而得以控制，金融控股公司内部银行、证券公司和保险机构业务边界模糊，客观上要求实施全面风险监管，在所有监管机构中美联储是唯一一个具有全面风险监管职责的监管主体，却未能意识到房地产"市场泡沫"给金融体系带来的危险，未能及早干预风险隐患，留下了无法弥补的缺憾。

6. 运行模式：低资本 + 高杠杆

美国监管机构将银行和金融市场的关系理解为"备胎关系"。如果大型商业银行陷入困境，银行主要客户可以从投资银行或资本市场上其他机构借款。如果资本市场流动性冻结，银行还可以提供借贷。经历了一轮又一轮的兼并浪潮后，在证券化、股票和债券承销、银团贷款、场外衍生品交易等领域形成了的花旗、摩根大通、美洲银行为主的金融控股公司和以高盛、摩根士丹利、美林、雷曼兄弟和贝尔斯登为代表的五大投行之间的竞争。

商业银行的优势在于可以获得源源不断的、有保险的存款，投资银行的优势在于监管宽松。投资银行是住房按揭支持证券的重要参与机构，它又不能像商业银行那样获得稳定的存款来源，只能依赖货币市场基金和其他投资者。商业票据市场和回购市场是投资银行资金的主要来源。雷曼兄弟公司和美林公司的回购市场融资占总负债的 15% ～ 20%，摩根士丹利这一比例是 10% ～ 15%，高盛也达到 10%。除高盛外，其他大型投资银行隔夜回购和对方可随时终止的回购占全部回购市场融资的 40% 以上，负债超短期特征十分显著。市场上 2/3 的次级按揭被资产证券化后，大部分风险集中于投资级别的证券，经过再次证券化后被转移到 AAA 级 CDO，CDO 的主要投资者是投资银行，CDO 市场价格出现迅速下跌后，投资银行资本严重不足的问题暴露无遗。投资银行 40 美元的资产才有 1 美元的资本应对损失，杠杆率高达 40 倍，资产价格下跌 3% 就会吞噬全部资本。危机中倒闭的贝尔斯登在 2007 年末股东权益为 118 亿美元，负债高达 3836 亿美元，在隔夜市场上借款金额达 700 亿美元，相当于一家只有 5 万美元资本的小企业借了 160 万美元，财务杠杆极度危险，资产价格小幅下挫都足以致命。

房利美和房地美是美国政府隐性担保的机构，对它们的最低资本要求为资产的 2.5% 加上由它们担保的按揭支持证券的 0.45%，资本要求比银行宽松。2007 年末，房利美和房地美两家机构的资本合计 707 亿美元，拥有或担保的按揭相关资产 5.3 万亿美元，杠杆率高达 75 倍，是所有参与按揭业务机构中最高的。享有美国政府隐性担保的房利美和房地美用极高杠杆支撑着每年 20%~30% 的资本收益率。

2007 年 8 月上旬，美国 A-1 级资产支持商业票据利率达到 5.75% 的水平，创下 2001 年 1 月以来的新高，资产支持的商业票据市场融资金额收缩了 20%。此时美国所有资产支持商业票据的平均期限从 31 天下降为 23 天，而且绝大部分票据发行时间是 1~4 天，反映出融资意愿显著下降，之前持续放大杠杆开展业务的机构遭受到流动性风险冲击，随即出现多家对冲基金、商业银行和投资银行的子公司因流动性枯竭而倒闭。

7. 放任的按揭业务：再无风险控制底线

美国发放按揭贷款的机构五花八门，激烈竞争让按揭业务风险控制标准一降再降。金融危机发生的前 10 年，首付 20% 一直是按揭贷款授信标准条件。随着房价持续上涨，首付 20% 对于借款人来说变得越来越困难，

2000 年后，贷款机构将授信标准放松到首付 20% 以下。虽然首付降低，但贷款机构一般会要求借款人购买私人按揭保险，按月支付保险费用。如果按揭进入丧失抵押品赎回权状态（Foreclosure），按揭保险公司需要全额赔偿贷款机构。担心借款人违约，房利美、房地美不会购买那些未买保险的、首付低于 20% 借款人的按揭贷款，也不会向他们提供担保。其他的一些贷款机构为了争夺客户，对首付低于 20% 的借款人也不要求购买保险。监管机构注意到了由此引发的风险，却没有强制叫停。

为了让更多的人买得起房，贷款机构发明了一种新的"驮押"做法（Piggyback），对于需要融资 80% 以上的房屋，在第一抵押之外还有第二抵押，第一抵押对房价的 80% 进行融资，第二抵押对剩余的 10% 或 20% 进行融资，借款人可以不用首付就获得住房。倘若贷款机构高估房价，一旦房价下跌造成借款人资产变负，抵押品价值不足，借款人又不付首付，风险全部留在了贷款机构。

对于收入波动大或难以证明收入的客户，贷款机构对于收入证明或相关文件原本有要求。房价上涨让文件要求的标准不停地降低。首付 20% 需要提供收入证明文件，首付 25% 以上就可以豁免文件要求。贷款机构的按揭贷款宣传更多地鼓吹快速决策，无须证明，醉翁之意在于对这样的客户收取高利息。2000—2007 年，这类降低文件要求或根本没有提供证明文件的按揭贷款在贷款余额中的占比从 2% 飙升到 9%。在 Alt－A 资产证券化底层资产中，2006 年发放的贷款 80% 是这类降低文件要求或无证明文件的贷款。根据收入证明提供按揭贷款的惯例被戏称为"公开邀请欺诈"，防范风险的唯一指望是房价不停上涨。

放松授信标准和经纪人违法行为还造成了大量按揭欺诈。常见的操作是房屋出售标价是一个价格，从银行融资登记的销售价格高出标价很多，实际销售价格又比标价低。一套房屋出现 3 个价格，实际销售价格与银行融资登记的销售价格之间差额为中饱私囊打开了空间。1996—2005 年，银行及其附属公司按揭欺诈事件增长了20倍；2005—2009年，又增长了2倍以上。2005—2007年，光是按揭贷款欺诈引发的损失就超过1120亿美元。

金融机构经过多轮兼并重组后，机构组织体系越来越复杂，并表风险管理没有落实到位，对与房地产市场相关的各类金融产品风险集中程度缺乏识别和管理，有些机构完全在赌房地产市场持续上扬，还有些机构严重低估了按揭产品相关风险暴露对自身资产负债表的潜在冲击。

8. 评级机构：盛名之下其实难副

按揭支持证券市场正常运转离不开评级机构。发行方需要评级来批准交易的结构，银行需要评级决定持有证券需要的资本数量，回购市场需要评级决定贷款期限，投资者需要评级结果决定购买的级别，评级机构给出的评级结果还是签订抵押合约和其他金融合约的重要参照。评级机构地位如此重要，评级结果却并非想象的那样中立客观。穆迪公司从20世纪90年代中期开始使用3个模型对按揭支持证券的"风险段"进行评级。1996年开发了住房按揭支持证券评级模型，2003年开发了对优质按揭、超过一定金额按揭（Jumbo）、Alt – A进行评级的新模型。2006年秋，房地产市场价格达到峰值时开发了次级按揭评级模型，模型使用抵押率、借款人信用评分、发起人质量、贷款期限和其他信息，在1250种情形下模拟每笔贷款的表现，利率变化、失业率上升、住房价格变化等情景都在模拟中体现了，恰恰没有考虑房价迅速下跌对次级按揭业务风险的影响。即使当时房价已经创出新高，穆迪公司仍坚持认为房价上涨不是全国性"房价泡沫"，没有充分考虑被证券化的贷款质量恶化可能造成的冲击。

不能量化的风险无法进行定价一直是西方金融机构风险管理的圭臬，金融危机恰恰证明风险量化走向了极端。对于证券化底层资产，穆迪公司的模型未能有效反映其内在风险，即使是发现模型已经明显错误，还是过于依赖模型。评级机构的相关性假设决定了CDO如何结构化。假设按揭证券之间相关性低，容易出售的AAA级部分占比就高，而难以出售的BBB级占比就低。事后发现 CDO 模型存在两个重大缺陷，它的基础假设是证券化机构能通过多只按揭支持证券分散风险，从而创造出较为安全的金融产品。评级机构将 CDO 评级建立在它们赋予的抵押品评级基础上，对不同按揭类型之间的相关性过于乐观，评级结果脱离了预测违约的目标。2006 年一年，每个工作日都有 30 只按揭相关的证券被穆迪公司给予 AAA 级别评级，一年多的光景，83% 的 AAA 级证券都被降级。

9. 利益驱动：市场繁荣下的"乱象"

在房地产市场繁荣刺激下，经纪公司迎来了黄金时代。2000—2003 年，美国房地产经纪公司从 3 万家上升到 5 万家。经纪人接触各类贷款机构，和借款人一道完成申请按揭，贷款机构依托经纪人可以不用开设分行就实现业务迅速扩张，无须雇用全职销售人员，降低了业务成本。借款人相信按揭经纪人是在按照他们利益最大化的原则行事，但实际运行规则却并非如此。经纪人的激励是借款人、贷款机构支付的前端费，贷款表现反而没那么重要。贷款利率越高，银行付给经纪人的费用也越高。许多借款人对按揭基本概念一知半解。选择可调整利率按揭的借款人不理解如何重设利率，还有的借款人低估了按揭期内利率上升的影响，正好为经纪人推动借款人签署高利率贷款提供了机会。事后发现，经纪人发起的按揭业务损失远远超过银行自己发起的业务。

房地产市场繁荣也带来了评估价格虚高。在一片看好声中，美联储、美国货币监理署、储蓄机构监理署、联邦存款保险公司放松了贷款机构在房屋价值评估方面的要求，将持证评估师评估房屋价格的起点从 10 万美元提升到 25 万美元。市场上本来缺乏合格的培训师资，在强大需求的推动下，不长时间内持证评估师数量便出现了大幅增加。对于借款人和经纪人来说，评估机构是他们雇佣的，评估价格没达到期望水平，就可能丧失业务。市场上谁也无法摆脱亢奋情绪的感染，房屋价格注水变得越来越"正常"，进一步刺激了房价上涨。

金融机构为了自身利益，有足够的动力推动借款人再次融资购买更大的房产，销售价格高昂的按揭保险。还有的金融机构不对借款人偿还能力进行合理评估，就将已陷入财务困境借款人的无抵押个人贷款转为住房贷款。本来投资银行应该对发起机构的按揭贷款进行独立尽职调查或委托第三方进行尽职调查，但旺盛的按揭资产证券化需求成了尽职调查工作简化的借口，投资银行对拟入池按揭贷款的尽职调查越来越流于形式，以致市场上出现了按揭贷款不满足授信标准，也没有有效的弥补措施，投资机构要求发起机构回购部分已经入池按揭贷款的情况。更可怕的是2008年5月在雷曼兄弟公司高级副总裁提出公司操纵资产的做法失当之后，审计师对这种"故意不披露的行为"既没有质疑，更没有挑战，成了雷曼兄弟公司会计欺诈的帮凶。

（二）日本

1. 土地价格飙升期与贷款增长期高度吻合

房地产从开工建设到形成供给需要较长时间，预期借贷成本持续降低必然刺激商用房地产投资，可以说是前一个阶段的乐观情绪造就了后一个阶段房地产供给过剩。20世纪80年代到90年代，日本土地以外的其他实物资产价格几乎没有变化，而土地价格却一直在增长，1985年以后出现了加速增长的态势。当年日本签订了广场协定，日本政府担心日元持续快速升值将造成经济严重通缩，基础利率从5%开始不断下调，1987年2月降到了2.5%，并保持到1990年左右。1985—1990年，房地产价格加速上涨时间窗口与日本央行降息周期高度重合，更与银行业房地产贷款激增的时间窗口高度重合。日本城市银行、地区银行对房地产行业的贷款占全部贷款的比重分别从5.5%上升到12%、从6%升至11%。消费金融公司和租赁公司这类放款机构也巴不得分房地产行业一杯羹，奈何它们无法在公开市场上融资，只好被迫从银行借款。表面上银行形成了对非银行金融机构的风险暴露，本质上是对房地产行业的风险暴露。据1992年3月《远东经济评论》估计，日本房地产市场 120 万亿日元贷款中有 45% 是非银行发放的。在土地价格上升预期的驱动下，持有大量土地的公司资产价值增加很快，银行除了给房地产企业放款外，也很青睐此类拥有大量土地的公司。日本主要银行以土地为抵押品的贷款占全部抵押贷款的 44%，以金融抵押品抵押的贷款仅占 8%。城市银行以土地为抵押品的贷款占比从 1982 年的 17% 攀升到 1989 年的 24%。地区银行以土地为抵押品的贷款占比也达到 33%。[①]

从 20 世纪 70 年代到 1989 年，总土地价值与名义 GDP 的比率指标平均值约为 2，1989 年已经变为 5。换句话说，1989 年日本全国总土地价值已经是名义 GDP 的 5 倍。[②] 从 20 世纪 70 年代开始，企业就是房地产的主要买家。80 年代有增无减。1985 年日元降息后，日本政府对土地市场预期非常乐观，认为在城市重建计划指引下日本金融市场的国际化举措会极大地激发投资者对办公用房的需求。东京房价增速确实也远超租金增速，东京居民住宅市场的房价和租金比（the Price to Rent Ratio）从 1986 年的 23 倍上升到 1987 年的 40 倍，1990 年秋已达 50 倍。流传最广泛的说法是当时东京城区土地价格相当于全美一半的土地价格。没有信贷助力，房地产价格不可能一飞冲天。1985 年后，信贷成为日本房地产行业繁荣的直接动力。

火爆的房地产行业扭曲了银行贷款结构。虽然日本制造业保持了较高利润水平，但银行对制造业的贷款一路下滑。据日本央行统计，1970 年日本银行业制造业贷款占比 44.6%，接近全部贷款的一半。1980 年占比下降到 32%，占全部贷款的 1/3 左右。1985 年占比已经降至 20%，1989 年进一步降至 16.7%，20 世纪 90 年代初占比已不及 16%。受房地产按揭贷款带动，家庭贷款占比从 1985 年的 9.2% 上升到 1990 年的 16.2%[③]，家庭贷款

①　Serdar Dinc and Patrick M. McGuire, "Did investors regard real estate as 'safe' during the 'Janpanese Bubble' in the 1980s?", BIS Working Papers, No. 164, Nov. 2004.

②　Kazumasa Iwata, "Housing and monetary policy in Japan", BIS Review 96/2007, 1 Sep. 2007.

③　Masahiko Takeda and Philip Turner, "The Liberalisation of Japan's Financial Markets: Some Major Themes", BIS Economic Papers, No. 34, Nov. 1992.

余额第一次超过了制造业贷款余额。这期间制造业贷款占比下降，除了银行将大量信贷投向房地产行业外，制造业企业主动降低银行贷款和其他债务融资，增加股权融资也是一个原因。股票市场繁荣改变了制造业企业投资方向。1980 年上半年，制造业企业 70% 以上的资金用于固定投资。到 1989 年，金融资产投资已占企业投资的 40% 以上，债权融资和股权融资的比例结构发生逆转。

房地产行业吸纳了大量银行资金，金融体系内渐渐出现了房地产行业集中的风险，风险从单一业务、单一机构、单一风险类型、单一市场向多业务、多机构、多风险类型、多市场联动转变，风险相互交织，监管机构和银行业预判和管理风险难度越来越大。为避免房地产价格走高后急速下挫，日本央行一直采取窗口指导的方式，希望银行控制好房地产贷款数量。1987 年，日本大藏省对房地产业贷款提出了警示，日本银行家协会联盟的主席公开表示，必须限制购买土地的融资需求，建议协会成员银行收紧贷款，仔细调查购买土地贷款的使用状况。然而，在强大市场惯性和普遍乐观的情绪感染下，任何警示和告诫都显得苍白无力。从 1990 年 1 月开始的两年半时间，日本股市从 38000 点以上跌落到 16000 点上下。1991—2001 年，工业土地价格下跌了 22%，商业土地价格下降了 54%，住宅土地价格下降了 41%，相当数量的银行消失在这波持续时间长、下跌幅度大的调整过程中。

2. 人口老龄化的长期影响

除了贷款因素外，人口因素是日本"房地产泡沫"破灭的主要因素之一。自 1955 年以来，日本工作人口比例和实际房地产价格指数经历了周期变化，从 1965 年到 20 世纪 70 年代早期、1985 年开始到 20 世纪 90 年代初是逆抚养率处于较高水平的两个时期。与逆抚养率高峰时期相伴的是实际贷款和实际土地价格上涨，从 1965 年到 20 世纪 70 年代早期这个阶段后来没有形成金融危机，而从 1985 年开始到 20 世纪 90 年代初这个阶段最终走向了金融危机，原因在于前一时期是日本人口红利阶段，年轻一代购房需求强烈，而土地供给有限，需求大于供给，房地产实际价格出现上涨。央行通过增加货币供给，新增货币供给被房地产价格上涨充分吸纳，同时还保持着一般物价水平基本稳定的目标。1991 年后日本进入人口老龄化阶段，人口对土地的需求减弱，房地产实际价格下跌，但实际贷款数量远高于人口红利时期的实际贷款，出现长期滞胀。美国也同样出现过两个逆抚养率高峰时期与实际土地价格上涨时期重叠的情况，第一次逆抚养率高峰时期爆发了储贷机构危机，第二次高峰爆发了 2008 年国际金融危机（见图 4 - 1、图 4 - 2）。

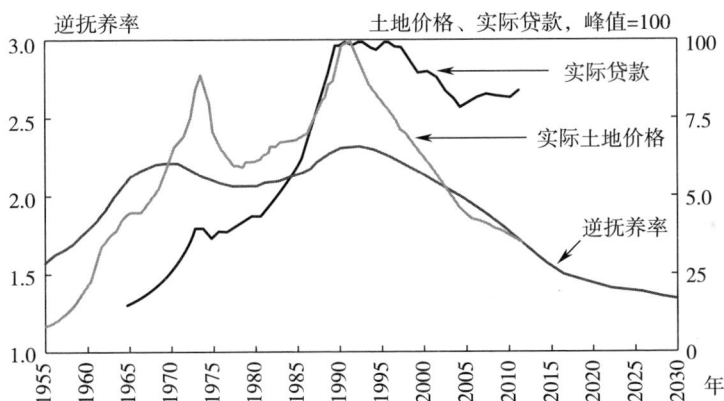

注：逆抚养率是抚养率的倒数，度量口径是工作人口占不工作人口的比例，即 16 ~ 65 岁人口占 0 ~ 15 岁人口和 65 岁以上人口之和的比例。

图 4 - 1　日本人口变化、信贷扩张和资产价格变化

（资料来源：Kiyohiko G. Nishimura，"How to detect and respond to property bubbles - challenge for policy - makers"，BIS Central Bankers'speeches，21 Aug. 2012）

3. 穿越周期的教训

半个世纪以来日本房地产行业经历了两个周期，20 世纪 90 年代房地产价格崩盘代价沉重，教训可谓深刻。事后看来，以下三方面的教训尤其值得借鉴。

在人口红利阶段，人口对房地产需求旺盛，需求推动下监管政策和行

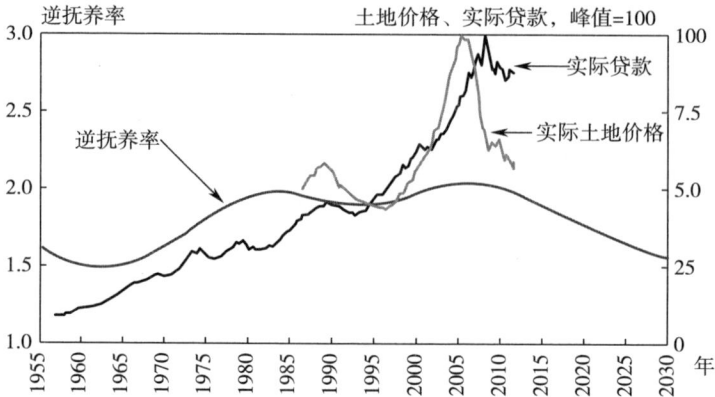

图 4 - 2 美国人口变化、信贷扩张和资产价格变化

（资料来源：Kiyohiko G. Nishimura, "How to detect and respond to
property bubbles – challenge for policy – makers", BIS Central Bankers'speeches, 21 Aug. 2012）

业政策变得宽松。在人口老龄化日益严重阶段，对房地产的需求持续下降，从上轮周期延续下来的防风险紧缩政策就变得过紧了。监管政策和行业政策的"顺周期"特征，在人口红利阶段形成"房地产泡沫"的可能性很大，如果不幸在人口进入老龄化阶段出现"泡沫"破裂，对实体经济的冲击会异常严重。从人口红利阶段走向人口老龄化阶段时间跨越几十年，"逆周期"调节需要几十年的延续性。人口红利阶段房地产行业政策和监管政策不宜过于宽松，在人口老龄化阶段政策不宜过紧，政府和监管机构需要在防范长期风险累积和走出危机的短期目标之间更好地平衡。

20 世纪 80 年代恰好是日本金融自由化重要时期，自由化为大型非金融企业创造了两个无风险套利机会。第一个机会是商业票据利率与大额定期存款利率之间形成的利率差。1985 年 10 月，10 亿日元以上的银行大额定期存款利率被放开。从 1987 年 11 月开始允许非金融企业通过发行 1～6 个月的商业票据进行短期融资，发行商业票据的利率低于大额定期存款的利率。大型非金融机构发行商业票据获得的资金以大额定期存款方式存入银行就可以轻松获取无风险利差。银行由此获得了大量定期存款，同时期资本市场繁荣也为银行筹集资本带来便利。随后商业票据发行期限逐渐放松，刺激了市场快速扩张。到1990年末，日本商业票据市场余额仅次于美国票据市场。第二个机会是银行贷款利率低于金融市场收益率。股市上涨降低了企业股权融资成本，大型非金融企业借款投资金融资产赚取的利润对企业利润和银行利润都形成了重要贡献。1985—1989年短短4年间，日本股权余额占GNP的比例就从60%升至185%。① 在两大套利机会之下，银行乐于放松信贷标准，非金融企业乐于"不务正业"。一些银行将贷款检查职能从总部贷款检查部门下放到贷款发放部门，总部贷款检查人员数量也明显下降。消费信贷机构、租赁公司等放款机构由国际贸易和产业部监管，游离在大藏省和日本央行监管之外，为满足投机性房地产需求大开方便之门。20世纪80年代中后期股市欣欣向荣，金融资产投资成为非金融企业主营业务的"缓冲"；进入20世纪90年代后股市惨淡，企业到期可转债和担保债券赎回面临极大资金压力，为此背上了沉重包袱。由此可见，在推进金融自由化、放松利率管制的进程中，要特别注意监控银行信贷风险变化和资本市场企业股权融资结构变化之间的关系，及时纠正市场套利机会产生的扭曲和偏差。

　　日本是典型的以银行为主体的金融体系，房地产行业风险彻底爆发之前在银行体系经历了长期累积，风险爆发之后对实体经济的不利影响也相当深远。寄希望于监管机构及时识别和彻底纠正银行潜在风险隐患并不现实，受制于政治压力，银行披露的不良贷款数据未必能及时、准确、全面地反映银行体系真实风险状况。寄希望于内部采取有效措施也没有达到期望的效果，各类业务和各类风险交织情况严重挑战银行风险控制体系，银行内部风险识别无法形成统一的风险视图，比较普遍的是"铁路警察各管

---

① Masahiko Takeda and Philip Turner, "The Liberalisation of Japan's Financial Markets: Some Major Themes", BIS Economic Papers, No. 34, Nov. 1992.

一段",因为不能正确认知而错过了及时化解风险的最佳时间窗口。从防范金融危机的角度,一个很重要的教训是银行应该立足于提升及时、准确、完整识别各类风险暴露的能力、风险转移和风险处置的能力,监管机构应该强化银行之间的适度隔离,主动控制相互传染。

(三) 爱尔兰

1. 房地产行业繁荣背后的隐忧

1973 年,爱尔兰加入欧盟,是当时欧盟成员国中较穷的国家之一。在 20 世纪七八十年代,低增长、高通胀、高债务"三座大山"困扰着爱尔兰经济。从 20 世纪 80 年代末到 90 年代,爱尔兰与欧洲经济快速融合,成就了爱尔兰经济发展的"黄金十年"。爱尔兰是高度开放的小型经济体,房地产市场规模不大,住房存量少、价格低。20 世纪 90 年代出口拉动经济快速增长,居民可支配收入增加,就业和劳动生产率大幅提升。大量移民涌入和税收优惠政策扩大了对房地产的需求,住房存量从 120 万套增加到 140 万套,失业率从 1987 年的 17% 下降到 20 世纪 90 年代末的 4% 左右(失业率 4% 是爱尔兰的充分就业水平),实现了财政赤字占 GDP 的 8% 向财政盈余占 GDP 的 2.7% 的华丽转身,公共债务占 GDP 的比例从 110% 下降到 40% 以下。[①] 爱尔兰经济繁荣的"黄金十年"是多种因素综合作用的结果。20 世纪 80 年代后期财政整固效果明显,为经济增长打下了良好基础。宏观政策保持稳定,有效控制了工资水平,对外竞争力得以提升。劳动力供给充裕,教育投资带来的红利发挥了作用,外国直接投资显著增长。向欧盟融资解决了基础设施建设投资不足的困难,在劳动力和产品市场实施了微观改革。

受全球衰退影响,2001—2002 年经济增长开始放慢。在 2003 年以后经济增长重新恢复,但出口竞争力优势不再,已不能支撑经济强力增长,增

---

① Stefan Gerlach,"Ireland's road out of the crisis",BIS Central Speeches,8 Dec. 2011.

长引擎由出口转变为国内住房和商业地产投资。在进入21世纪后的8年间，尽管住房供给不足进一步得到改观，存量增加了50万套，住房投资占GDP比重由20世纪90年代中期接近欧元区平均数，迅速上涨到超过欧元区平均数的两倍，房地产行业产出占GDP的份额也实现了翻倍，但需求更加疯狂，欧洲货币联盟内利率趋同的压力驱动爱尔兰名义短期利率急剧下行，爱尔兰通货膨胀率处于较高水平，两者作用下实际利率走低，极大地刺激了购房对冲通货膨胀的需求。按名义价格计算，1996—2006年住房价格增长300%以上，年平均增长率15%以上，价格上涨水平远超其他发达国家。国际金融危机爆发前，爱尔兰全国1/8的劳动力都在房地产行业上，银行在房地产行业有大量风险暴露，私人债务占GDP的比例高达215%。经济向房地产和建筑业一边倒情况凸显，亢奋的房地产行业当之无愧地成为税收和公共支出的主要来源。2002—2006年住房市场税收贡献占全部税收收入的16%，再加上绝大部分由房地产公司贡献的公司利润税收，两者合计占全部税收收入的30%，税收过于依赖周期性明显的房地产行业为后来财政崩塌埋下伏笔。历史总会开些玩笑，2006年后半年爱尔兰房地产市场转弱，2007年国际货币基金组织仍然对爱尔兰财政状况非常肯定，"爱尔兰财政政策审慎，中期财政目标接近平衡或盈余，与基金的建议相一致。在过去的几年里，地产相关的收益被节省下来，财政状况没有体现顺周期特征，也符合基金的建议"。[①] 后来证明，在经合组织成员国中爱尔兰此次房地产价格下跌深度和时间仅次于20世纪90年代的日本，房地产崩盘拖垮了银行，爱尔兰政府被迫介入。从2008年开始，爱尔兰财政出现大量赤字，财政状况以前所未有的速度恶化。

2. 摆脱不了的宿命

银行在爱尔兰房地产行业融资中发挥着巨大的推动作用。2003年以后房地产价格迅速上扬，贷款需求旺盛，带来了大量业务机会。不像美国的

---

① Andreas Dombret, "As goes Ireland, so goes Europes?", BIS Central Bankers' Speeches, 25 Oct. 2012.

银行那样将房地产贷款分为发起、包装和销售等多环节,爱尔兰的银行只做表内贷款。在金融市场自由化指导思想下,鼓励外资银行进入爱尔兰市场。外资银行同样看好房地产行业的发展机会,银行竞争加剧导致贷款条件不断放松,出现了房地产行业过度投资、房屋价格过度上涨和债务迅速累积。银行、房地产开发企业和居民紧紧裹挟在一起。高峰时期,房地产行业贷款占爱尔兰国内银行业贷款总余额的 2/3 以上,其中最主要的风险暴露是对建筑业和商业房地产形成的,集中度风险非常高。2003—2008 年,爱尔兰规模最大的 6 家银行中 AIB、Anglo 和 BOI 对建筑业和商业房地产贷款增长了近 5 倍。Anglo 和 IL&P 70% 以上的资产是对建筑业和商业房地产贷款。后来商业房地产贷款大多数变成了不良贷款,不良率高达 70%。2008—2012 年,规模最大的 6 家银行合计损失了 678 亿欧元。[①]

爱尔兰国内银行业贷款增速远大于存款增速,不得不依赖国外同业短期批发融资。欧元统一市场也为爱尔兰银行业从欧元区其他国家融资提供了便利。从 2003 年下半年到 2008 年上半年,爱尔兰国内银行业对外债务净额占 GDP 的比例从 10% 上升到 60% 以上,银行体系货币错配十分严重。2000—2008 年,后来陷入困境的第三大银行 Anglo 在爱尔兰的客户贷款份额增加了 800%,前 20 大客户占贷款的一半,贷款增加完全依赖批发融资。其他银行不甘落后,采取了激进赶超策略。2008 年,资产规模最大的 6 家银行中 5 家贷存比为 130%~140%,1 家处于 175%,IL&P 银行存贷比高达280%。几乎就在业务模式和 Anglo 类似的英国北岩银行出现流动性危机时,Anglo 同样无法在市场上获得融资,INBS 冲击爱尔兰银行体系流动性的谣言也不断流传,银行群体立刻遭遇了融资滚续困难。

银行不良贷款率从 2007 年的 0.8% 上升到 2008 年的 2.6%,2009 年飙

---

① Ed Sibley, "Non-performing loans – the Irish perspective on a European problem", BIS Central Bankers' Speeches, 22 Sep. 2017.

升到14.7%，2010年更是达到15.9%。① 为了稳住银行体系，2008年9月30日，爱尔兰政府宣布对所有爱尔兰银行的负债提供两年期限担保，担保金额为3750亿欧元，是当年GDP的两倍。随着经济形势持续恶化，政府履行担保义务的压力越来越大。2009年12月，爱尔兰用新的合格负债担保计划取代了2008年的负债担保，只有2010年1月到2013年3月29日的部分负债可以获得政府担保。同时，银行被迫进行大规模重组，从银行资产负债表上剥离房地产开发贷款。2019年末成立国家资产管理机构（The National Asset Managemnet Agency）接手了银行体系740亿欧元的房地产及相关风险暴露。2010年下半年市场已经不再愿意为爱尔兰政府债券继续融资，依靠爱尔兰政府自己力量无法摆脱困境，只得寻求欧盟和国际货币基金组织救助。

3. 摇摆的家庭财富结构和债务结构

以2007年为分界线，从2002—2012年11年可以分为两个阶段。第一个阶段是前5年时间，爱尔兰总的家庭财富净值增加了3000亿欧元。2007年家庭财富净值、房地产价格、就业都处于峰值，家庭财富净值达到7190亿欧元，比2002年增加了3000亿欧元，房地产价格达到巅峰，失业率仅为4.6%，处于最高水平。在24个欧洲国家中，爱尔兰总家庭债务占可支配收入的比例位居前三。第二个阶段是后5年，总家庭财富净值又重新回到2002年水平，可支配收入严重缩水，失业率飙升至15%。10年间3000亿欧元的家庭财富净值随土地和住房价格变化如同"过山车"般起起落落，家庭总债务一直保持不断上升的趋势，债务余额超过1000亿欧元。

2009年9月末，以贷款数额计算，自住居所（Principal - Dwelling House）按揭贷款90天以上逾期率为4.1%。2011年，住房供给较高峰期下跌90%，房屋平均价格较高峰期下跌45%，引发经济剧烈收缩。2013年9

---

① Stefan Gerlach, "Ireland's road out of the crisis", BIS Central Bankers' Speeches, 8 Dec. 2011.

月末，90 天以上逾期率达到峰值 17.3%[①]，不良贷款余额为 190 亿欧元。按季度统计，2013 年和 2014 年两年逾期超过 720 天的自住居所按揭贷款平均增速为 7%。逾期 720 天贷款占全部逾期 90 天以上贷款的比例超过 60%。2014 年 6 月末到 2015 年 6 月末，逾期超过 720 天的贷款账户继续增长了 2%，余额为 83 亿欧元，占全部自住居所按揭贷款的 8%。1 年转移矩阵数据显示，逾期天数在 361 天到 720 天的账户中有 35.1% 还在继续恶化。

在 2005—2008 年房地产繁荣时期，为了争夺按揭市场份额，银行引入了只付利息的按揭产品和抵押率超过 100% 的按揭产品，同美国的次级贷款一样，这些产品均以降低首付为代价，人为地增加借款人短期还款能力。在逾期超过 360 天的自住居所按揭贷款中，有 63% 是在这一繁荣时期发放的，可变利率占比高的银行按揭贷款逾期率也较高。[②] 金融危机来临，家庭财富净值因危机缩水，债务并未缩水，财富净值高的家庭损失的是收益或部分资产，财富净值低的家庭变成了负资产。在价格高点购入房产的家庭，受冲击最为严重，社会财富分布不平等进一步加剧。

4. 难堪大任的住房租赁市场

同样遭受金融危机，具备足够深度住房租赁市场的国家能够有效缓解经济下行造成的冲击，防止住房市场深度下跌，遭受的损失较少。没有足够深度住房租赁市场的国家，就必须依赖住房市场满足住房需求。在爱尔兰住房市场上，高负债、财务脆弱的家庭和银行形成一个自我强化的循环。房价涨，都受益；房价跌，都受损。2007—2010 年，爱尔兰 GDP 平均每年下降 10%，个人消费下降了 8.6%，投资下降了 52%，失业率从 4.5% 上升到 14%。年轻人、经验欠缺的工人、建筑、零售、旅店、餐饮等行业的从业人员首当其冲，失业、降薪成为常态。虽然部分购房者可能主动或被动

---

① Jean Cassidy, "Understanding long – term mortgage arrears in Ireland: insights from macro and micro data", IFC workshop on "Combining micro and macro statistical data for financial stability analysis. Experience, opportunities and challenges", 14 – 15 Dec. 2015.

② 按揭贷款采用固定利率、标准可变利率或在政策利率之上加固定基点三种定价方法。

弃房，未购房者预期下降，购房需求后移，住房租赁需求有所增加，但受到各种条件制约，爱尔兰住房租赁市场无法发挥好减缓房地产市场震荡的作用。

瑞典租房率在60%以上，加拿大租房率为36%，爱尔兰的租房率只有26%。爱尔兰租房率明显较低有通货膨胀、供给结构、监管能力、税收政策等多方面原因。爱尔兰住房租赁合约绝大多数是1年，缺乏长期住房租赁合同。租约时间短，租客没有安全感，只能转向购买住房，被迫承担了长期看来根本无法承担的还款风险。造成租约时间短的原因是爱尔兰通货膨胀率高，银行贷款采用灵活利率，按揭成本经常发生变化，房东为保护自己利益不受损失情愿采用短期租约。住房租赁市场上以出租单一住房的家庭为主，房东的租金收入不够偿还贷款，买来用作出租的住房按揭贷款逾期率最高，房东退出租赁市场的意愿很强烈。养老基金、保险公司这类的机构投资者财务杠杆低、投资周期长，对出租的整栋建筑进行标准化、专业化管理更经济，相比个人房东，可以提供更多样化的租赁住房，也更愿意选择长期租客。遗憾的是，市场上缺少机构投资者，2013年之前爱尔兰住房租赁市场上没有房地产投资信托。房东和租客的关系天然具有不对等性，租金太高没有租客，租金太低又会影响租赁住房的供给，在掌握好供求平衡方面爱尔兰住房租赁市场监管也需要提高。此外，爱尔兰的税收政策也有利于购买住房，不利于住房租赁。

5. 抱残守缺的监管

2003年，爱尔兰对银行监管体系进行改革，在爱尔兰央行和金融服务局一个法人实体下成立了3个决策实体。面对房地产市场快速发展，负责金融稳定监管的爱尔兰央行对房地产市场虽有担心，但没有充分认识到住房市场价格已经偏离了经济基本面。直到2007年下半年，仍预计住房市场会"软着陆"。正是因为缺乏单家金融机构真实融资信息，爱尔兰央行低估了房地产市场引爆金融危机的可能性。负责审慎监管和消费者权益保护的是金融服务监管局，虽然是独立运作，但资源和服务都依赖爱尔兰央行，审慎监管和爱尔兰央行之间在责任划分和信息共享方面存在模糊地带。金融服务监管局既负责金融体系的安全，又负责促进金融行业发展。双重职责使金融服务监管局的监管效果受到一定影响。爱尔兰央行行长兼金融服务监管局局长 Patrick Honohan 就曾表示，爱尔兰的银行业务模式并不复杂，按照《巴塞尔资产协议Ⅱ》之前的监管方式应该可以实现充分监管，可惜"银行监管落入了陷阱"。

金融服务监管局坚持原则监管方法（Principles – Based Supervisory Approach），对形成一致的监管意见就采纳和遵循，对未达成一致的监管意见就无限期搁置。监管检查完全采信银行提供的信息和输出结果，既没有质疑，也不会挑战银行的做法，根本不清楚银行资产的细节，更没有审查过大型房地产贷款借款人提供的抵押品、担保类别和信用质量。这样做节省了监管机构验证的工作量，不需要投入太多人力资源，或许也是人力资源不足情况下的无奈选择。事后来看，无论是监管机构，还是银行都徜徉在20世纪90年代"凯尔特虎时代"的辉煌中，对2003年以后风险变化后知后觉。银行合规要求一直比较宽松，合规标准是金融服务监管局和银行协调、最终妥协的产物，这就注定了在风险累积早期阶段监管机构不可能对银行强力纠错。对具有"顺周期"特征的银行业和房地产行业，原则监管方法无法体现风险为本，以结果为导向，实施介入式监管，持续评估业务模式长期可持续性何等重要，监管机构对银行"少一点信任、多一点验证"或许可以避免许多无谓的代价。爱尔兰用沉重代价诠释了什么才是新时代银行业需要的监管。

（四）房地产周期对系统性金融风险的影响

2000年"网络泡沫"破裂时，美国家庭财富总损失达2.8万亿美元，占当年家庭总资产的6%。2008年"房地产泡沫"破裂时，美国家庭财富总损失高达10万亿美元，占家庭总资产的13%。"房地产泡沫"破裂带来损失更大是因为房地产行业具有极大的外溢性，衰退外溢到了其他资产市场上。[①]

决定一个国家房地产价格的因素主要包括供求关系、资金、建筑成本、投机程度等。从房地产市场供给端看，供给能力取决于土地供给量、在销售状态的房屋数量、房屋空置数量。土地供应量决定了新增土地的供给能力。在销售状态的房屋数量反映了市场上可以获得的房屋，是供给能力的直接度量。房屋空置数量是存量房屋中没有销售的房屋占比。从房地产市场需求端看，既有国内需求，也有海外需求。国内需求取决于人口增长状况、GDP 增长水平、国内投资情绪以及价格指数。人口增长是房地产需求的直接动力，GDP 增长水平反映了家庭收入和财富状况，对房地产购买能力有直接影响。投资情绪、价格指数变化是房地产作为投资品在需求端的体现。海外需求反映了外国公民和境外公司购买本国房地产，境外投资者通过房地产信托投资基金购买本国房地产也是海外需求的一部分。短期内房地产供给调整慢于需求调整，就业人口变化、人口迁移、可支配收入变化、融资成本变化，房屋租赁市场变化、金融产品创新等都会对需求产生明显影响，进而影响房地产价格。资金因素反映的是国内货币增长状况、利率水平以及市场流动性状况。市场流动性充裕时期资金更容易进入房地产市场。建筑成本体现了房地产建筑需要支出的成本，它随原材料、人工、工厂和机器设备成本变化而变化。市场投机程度可以通过预售指标、房地产交易量与存量之比反映出来。更多的人预期房地产价格上涨，房地产预售就会畅旺，交易量与存量之比越大，说明市场越活跃，投机因素更重。

房地产价格上涨和信贷资金投入形成正反馈关系。房地产价格上涨，吸引信贷资金投入增加，推动房地产价格上涨，提高银行持有的房地产实

---

① Christopher Crowe, Giovanni Dell'Ariccia, Deniz Igan, and Pau Rabanal, "How to Deal with Real Estate Booms: Lessons from Country Experiences", IMF Working Paper, Apr. 2011.

物资产价值和资本实力[①]，激励银行放松房地产行业信贷标准，吸引更多的信贷资金投入；反之，房地产价格下跌，部分信贷资金退出，房地产价格继续下跌，引发更多信贷资金退出。在房地产价格上涨时期，允许本地银行对海外投资者贷款刺激了投机性需求。在房地产价格下跌时期，允许对房地产上市企业沽空，不啻是火上浇油。

商业房地产项目除了直接使用和运营外，还有投资功能。房地产建设有周期，需求和供给变化不同步，供给弹性较低，因此商业房地产市场波动性高于住宅房地产市场。商业房地产市场的投资者包括房地产开发商、运营商和使用者、主权财富基金、高净值个人、房地产投资基金和房地产投资信托基金、保险公司和养老基金等。不进行流动性和期限转换的保险公司、养老基金不会面临融资风险，而银行、房地产股权投资基金、开放式基金和房地产投资信托基金的债务或兑付期限短于资产期限时，融资风险就难以避免。

商业房地产企业融资主要依赖本国贷款和跨境资金流动，国内商业房地产价格、利率和汇率水平对其财务健康状况产生影响。美元融资条件变化是影响跨境资本流动的一个关键变量。历史上，本地货币走强、美元走弱时，商业房地产跨境投融资份额增加；反之，商业房地产跨境投融资份额就会下降。2008 年国际金融危机期间，区域性商业房地产市场跨境投资份额从超过 40% 回落到不足 20%。[②] 跨境资金流动最终会反映在房地产企业的盈利和货币匹配程度上，影响整个商业房地产行业。房地产企业采取不同形式的跨境投融资意味着不同的承担风险主体和不同的风险表现形态，可能表现为金融机构的信用风险、市场风险、流动性风险或企业的流动性风险，也可能表现为各类金融产品的流动性风险。只要存在币种错配，无

---

① 有些国家和地区的会计制度允许银行持有房地产价值增值部分的一定比例计入资本。

② Amanda Liu, Ilhyock Shim, Vladyslav Sushko, "Cross–border commercial real estate investment in Asia–Pacific", BIS Quarterly Review, Sep. 2020.

论是金融机构还是企业，为控制汇率风险就需要通过衍生合约对冲。如果不进行对冲或衍生产品市场流动性出现问题导致对冲效果受损，个体都会面临汇率风险冲击，在汇率风险冲击下大量个体违约、倒闭就可能演变为金融危机。因此，政策上必须考虑平抑跨境投融资对国内商业房地产市场价格和金融市场波动的影响。不少国家实施跨境投融资限额管理，限额内容却有分别，跨境投融资限额往往在总量上进行控制，但对于商业房地产引发金融危机的结构性因素并不一定能起到作用。房地产行业和银行业危机的部分案例如表4－1所示。

表4－1　　　　　　　　　房地产行业和银行业危机的部分案例

金融危机	后果	起作用的因素
1973—1975 年英国	由多家负责清算的银行以 12 亿英镑的成本救助，相当于这些受到冲击银行股东权益的一半，GDP 的 1.5%	对房地产供给实施有计划的限制，信贷极度繁荣，银行累积风险
1984—1991 年美国储贷机构	1400 家储贷机构，1300 家银行经营失败，清算成本估计在 1800 亿美元左右，占 GDP 的 3.2%	对储贷机构放松监管，存款保险引发道德风险
1987—1993 年挪威，银行业危机	政府控制了占银行业总资产 85% 的三大银行，再次注入资本的成本估计占 GDP 的 5%～8%	石油价格繁荣和有问题的房地产贷款
1991 年瑞典银行	6 家主要银行中的两家丧失了清偿能力，占银行业总资产的 22%。房地产贷款巨额不良，3 家银行处于困难经营状态。政府再次注入资本的成本估计占 GDP 的 4%～6%	对国内和国际投资放松监管，信贷繁荣，银行累积风险
1991—1994 年芬兰，储蓄银行危机	政府控制了占全银行业存款 31% 的 3 家银行，房地产贷款巨额不良，国家再次注入资本的成本估计占 GDP 的 11%～15%	与瑞典类似
20 世纪 90 年代日本，银行系统性危机	不良贷款估计占 GDP 的 25%，对银行实施关闭、兼并和国有化的处置策略。20 世纪 90 年代后期清理成本占 GDP 的 12%	土地价格长期上涨，特殊的房地产融资中介过度承担风险，国家对大型银行的支持引发道德风险

续表

金融危机	后果	起作用的因素
20 世纪 90 年代中期法国，银行业危机	几家主要银行几乎没有清偿能力，政府采取支持措施，最终成本估计是 GDP 的 1%	估值不可靠，银行持有开发建设附属公司的股份而对房地产形成风险暴露
1997—2000 年东南亚金融危机，外资流动，资产价格"房地产泡沫"，连带银行系统性危机	马来西亚：两家银行丧失清偿能力，不良贷款占银行体系全部资产的 25% ~ 35%； 泰国：政府对 70 家融资公司和 6 家银行进行干预，不良贷款占全部贷款的 46%，净损失相当于 GDP 的 42%； 韩国：两家主要银行国有化，5 家关闭，7 家处于特别监管状态。不良贷款占全部贷款的 30% ~ 40%，财政成本估计占 GDP 的 34%	土地价格长期上涨，信贷极度繁荣，对国际资本流动放松监管，银行累积风险
2008 年国际金融危机	3 家美国大型金融机构经营失败，10 家大型金融机构经营失败，或处于失败边缘，或进行了结构重组。美国财政成本估计约占 GDP 的 30%	土地价格长期上涨，信贷标准降低，对按揭资产证券化产品监管不力，银行和"影子银行"体系累积风险

资料来源：Rupert Nabarro and Tony Key，"Performance measurement and real estate lending risk"，BIS Papers，No. 21，Apr. 2005 及笔者整理。

二、 房地产价格风向标

识别房地产泡沫"早"是关键，早识别、早预警价格风险的基础是数据，恰恰就是在数据采集方面面临着很大挑战。用于分析的数据应该具备日常可得性、代表性、可比性、描述连续性（没有中断或发生改变），以及足够的时间序列长度和数据频率。统计不连续、定义发生改变、区域之间具有代表性的商用房地产或居民房地产不同、具有可比性的时间长度不足、可获得的数据采集频率差异都会对科学分析研判房地产行业状况形成困扰。

从理论上看，房地产价格等于业主未来能获得所有服务的折现值和业主未来能够卖出价格的折现值两者之和。未来房地产的市场出清价格可能因为获得服务的类型和程度变化而变化，也可能因为融资成本变化或潜在购房者对价格上涨预期变化而变化。从房地产行业供求关系看，房地产需求上涨推动存量房地产价格上涨，开发商就有内生动力投资建设更多的房地产，在新房产进入市场之前，价格就会维持在相对高位，而一旦更多的供给进入市场，价格就会回落。这种行业周期性反映在银行贷款指标上体现为行业高涨期，抵押率较高；在行业衰退期，抵押率回落。房地产市场上没有卖空机制。出现供给过剩时，没有办法通过卖空让市场平衡，只要价格向上趋势继续，价格就不断被推高。受群体思维的影响①，在较长时间内房地产价格持续上升的国家会形成一种错觉，认为房价还可以继续升高，低估房价下跌的可能性。

为防止房地产"市场泡沫"崩盘引发金融危机，应该在"市场泡沫"和有基础因素支撑的合理价格波动之间进行区分。房地产当期市场价格和长期均衡价格，以及当期价格对长期均衡价格的偏离程度是分析和判断房地产价格风险，进而判断是否存在"泡沫"，是否累积系统性金融风险的依据。日本曾使用总土地价值和名义 GDP 之比作为监控指标，通过比较峰值和平均值推断房地产行业是否进入繁荣期或衰退期。明晟公司提出满足"投资持有，既是为了获取收入，也是为了获取资本收益。对投资持有目的的房地产由受益所有人或第三方管理实体进行专业管理；由保险公司、养老基金、主权财富基金、封闭或开放式未上市基金、传统地产和慈善单位、上市基金、资产规模大于 1 亿美元的私人持有。包括租赁的办公室、开发和建设阶段的零售、工业、住宅和投资地产"条件的商业房地产和住宅房地产都属于专业管理的房地产，定期向市场发布专业管理房地产的数据。

---

① 群体思维的表现是"说服效应"，更容易被一个可信的消息来源所说服，而不是可信的论据；自负行为，过高估计自己做出正确决策的能力，因此对各种可能性分析不够全面，不能正确判断风险和不确定性；适应态度，容易形成和我们认识的人相同的态度；社会比较，对某些事情拿不准时，借鉴别人的行为作为自己的信息来源；选择性暴露，只试图接触那些确认自己行为和态度的信息；选择性知觉，总是按照对自己行为和态度有利的方式来解释信息。

也有经济学家使用快乐价格模型（Hedonic – Price Model）估计住宅价格指数，这类模型假设交易价格是交易时间、房屋物理特征、位置以及邻居的函数。房地产销售价格数据、租金数据、按揭交易价格数据、房地产税收数据都可以作为监测风险的数据来源。

考虑到银行的道德风险和监测房地产价格风险的规模效益，政府部门出面构建住宅房地产价格指数更有公信力。住宅价格指数和代表性住宅价格指数是常见的房地产价格指数。住宅价格指数是每个季度每个城市已交易的家庭独立住宅的平均价格或中位数价格，它的缺陷在于不考虑房地产质量变化，住宅质量总体不断提高，对于质量不变的住宅，该指数可能高估价格增长，而且每季度交易的住宅情况不同，成交量密集期或价格高（低）的住宅成交变化对指数都有明显影响。尽管如此，住宅价格指数运用还是比较普遍，反映了行业周期性。以中国香港住宅价格指数为例，在1991—1992年、1994年和1997年四个季度增长率都达到了高峰，而在1995年下跌了10%，1998年东南亚金融危机期间下降了39%，2003年下降了17%。[①] 代表性住宅价格指数选取满足一些特征的代表性住宅每期的交易价格，有些国家的消费者价格指数计算中就选取此类住宅价格。该指数的不足在于如果区域性市场差异比较大就难以比较，不同时间段指数也不好比较，也没法考虑住宅质量变化。在极端情况下，代表性住宅价格未必能代表住宅价格变化趋势。

除价格指数外，购买和租金之差指标也能反映购买住宅成本和租赁住宅成本之间的关系。与基期相比，购买和租金之差上升说明购买住宅相比租赁住宅更贵，指标变化与未来住宅价格上涨的预期有关。房地产价格快速上涨伴随着租金价格也快速上涨，并不意味着"泡沫"。房地产价格的区域特征明显，整体不存在"泡沫"，并不排除区域存在"泡沫"的可能。住宅价格下跌比租金下跌更快会使指标值下降。按揭利率和租金收益率下降

---

① Kelvin Fan and Wensheng Peng, "Real estate indicators in HK SAR", BIS Papers, No. 21, Apr. 2005.

都会影响该指标。① 也可以使用房价和租金比研判住宅的收益率。当期房价租金比高于长期平均值，说明当期房价与历史水平相比处于高估状态。衡量住宅收益率还有一个类似指标——价格收入比（Price to Income Ratio），如果当期住宅价格与收入比超过历史平均值，说明住宅市场价格出现了高估。

日本的实践经验表明，构建房地产价格指数所需数据的四个维度，可靠性、准确性、及时性和便于理解之中，及时性比可靠性和准确性更重要。日本房地产交易双方协商需要 10 周左右时间，从协商到实际交易需要 5.5 周时间，从交易完成到进入政府房地产行业数据库又需要 15.5 周时间，数据收集、整理、汇总也需要数周时间，依据交易数量构建的房地产价格指数时滞在 1 年左右，影响了房地产相关政策的制定效率。

三、 全球控制房地产行业风险的政策实践

房地产行业的周期性决定了在房地产价格处于高峰期发放的贷款会随着房地产价格回落逐渐进入"危险时期"。为了避免房地产行业由盛转衰给经济带来巨大冲击，包括货币政策、税收政策、宏观审慎监管政策在内的各种政策应该多管齐下，立足于早期阶段识别风险，防止房地产繁荣及由此带来的居民杠杆累积产生的风险，增加金融体系承受房地产衰退的韧性。

（一） 货币政策

货币政策在控制房地产行业风险中可以发挥作用，却不是最有效的应对工具。提高利率增加了借款成本，部分借款人被排除在外，抑制了对房地产的需求，也能起到降低银行杠杆的间接作用。利率变化影响整个经济体系，并非只影响房地产行业。如果经济体系中只有房地产行业繁荣，提

---

① 香港住宅市场上购买和租金之差计算公式为：｛［（1－首付比率）×按揭利率］＋（首付比率×1 个月定期存款利率）｝－租金收益率，按揭利率是新批贷款的加权平均利率，1 个月定期存款利率代表首付款的机会成本，租金收益率是出租住宅的平均收益率水平。

高利率势必抬高全社会融资成本，造成潜在产出缺口扩大，失业率增加，而且提高利率不可能完全抑制投机需求。2002年4月到2008年8月，澳大利亚将政策利率水平提高了300个基点，2005年12月到2008年9月，瑞典将政策利率提高了325个基点，两国在2000—2007年实际房地产价格仍然上涨了80%。① 投资者看好房地产行业的预期回报，提高利率增加的成本远低于预期回报水平的话，提高利率不会有实质作用。捷克、匈牙利和波兰都曾出现为抑制房地产行业过热收紧货币政策后，控制了流入房地产行业的国内贷款，房地产行业外币贷款就开始增加，控制了整个贷款，就会有资金绕道流入房地产行业。在本币自由兑换的汇率制度下，货币政策的有效性更会受到限制，难以发挥作用。按揭市场结构也会对货币政策效果产生影响。按揭利率由长期利率决定，货币政策能否发挥预期效果还需要分析短期利率和长期利率的关系。

（二）税收政策

交易税、房产税、按揭利息税抵扣等税收政策调整可以影响住房价格波动幅度，但它不是房地产价格上涨的主要驱动因素。在住房价格明显长涨的国家中，既有税收体系有利于住房的瑞典，也有税收体系不利于住房的法国。直觉上，提高交易税有利于给过热的房地产市场降温，抑制投机需求，减少"房地产泡沫"，实践中并未完全得到验证。20世纪70年代以来，比利时一直采用高达16.5%的房地产交易税。在完整的房地产周期内，价格季度涨幅没有超过2%，下跌阶段跌幅也没有超过2%。日本同样对房地产实施高交易税，但房地产曾经历了最为严重的"泡沫"。英国、美国、中国香港都曾有在房地产市场低迷时暂停收取印花税，在房地产市场高涨时提高印花税的做法。提高或降低交易成本是"短效药"，房地产价格波动最终决定交易数量。根据房地产周期变化实施差异化交易税在控制投资过

---

① Christopher Crowe, Giovanni Dell'Ariccia, Deniz Igan, and Pau Rabanal, "How to Deal withb Real Estate Booms: Lessons from Country Experiences", IMF Working Paper, Apr. 2011.

热方面的作用没有想象的那么大。在过热投资氛围下，投资者会降低申报交易的房地产价格，或将税收成本计入按揭数量中。

拥有住房的水平与房产税是负相关关系，开征房产税会降低居民拥有住房的比例，但房产税会提高还是降低按揭债务占 GDP 的比例这方面缺乏实证研究，房产税和房地产周期两者之间的关系似乎不是那么清晰。

欧洲国家普遍实施按揭利息税抵扣政策，有的国家附带有扣减上限规定。挪威的抵扣政策最彻底，按揭利息税全部扣减；丹麦扣减 32.7%，2018 年对于年按揭利息费用超过 5 万丹麦克朗的扣减降到 26%，2019 年以后降到 25%；瑞典扣减 30%；荷兰对 2013 年以前的按揭贷款全部扣减，2013 年以后对在 30 年内分期支付的按揭贷款实行全部扣减。2019 年以后按揭利息扣减最高税率每年下降 3%，目标是从 2018 年的 50% 左右降到 2025 年的 36.9%；爱尔兰的按揭利息税抵扣政策执行到 2020 年底，在 2004—2012 年根据购房时间和借款人婚姻状况实施阶梯式扣减；西班牙对 2012 年 12 月 31 日以前购买的房产每年扣减 15%，扣减上限是 9040 欧元。该政策掌握的经济原则是与投资其他资产获得的利息税匹配，借款人按揭房屋后不会因为享受按揭利息抵扣而比用按揭房屋的钱投资其他资产经济上更划算，至少在政策意图上并未将按揭利息抵扣政策视为调控房地产市场的工具。

（三）　宏观审慎政策

应对房地产行业繁荣带来的风险，宏观审慎监管政策比货币政策、税收政策更直接，实施成本更低，但需要有各种监控和评估工具来指导政策调整时机和强度。根据房地产行业周期变化设定资本要求或风险权重，在周期的上升阶段采用动态损失准备金，调整抵押率和债务收入比率，周期性收紧或放松房地产行业贷款标准，可以降低房地产行业过热程度，加强金融体系应对房地产行业衰退的能力。

资本监管对于信贷供给有周期性影响，把资本要求或风险权重计算与房地产价格动态变化联系起来，有助于限制房地产行业周期变化产生的后果。在房地产业繁荣期，要求银行对房地产贷款持有更多的资本可以为衰退期发生的损失建立缓冲。这种做法增加了银行信贷成本，有利于控制需求和房地产价格，但也促使借款人转向外资银行、非银行金融机构或银行表外寻求融资。在房地产行业进入衰退期后，出于对借款人还款能力担心，监管机构主动放松风险权重的可能性不大。这种政策的功效还是在防止泡沫积累。各国设定按揭贷款风险权重的普遍做法是与抵押率紧密挂钩。2004—2005 年，保加利亚规定抵押率超过一定比例的按揭贷款风险权重随之增加，克罗地亚规定有货币错配的债务人其房地产贷款适用更高的风险权重，德国根据抵押品价值设定不同风险权重。2004—2007 年印度对住房贷款和商业房地产贷款适用特殊风险权重。2006 年爱尔兰对于房地产价值80% 以上部分的按揭使用惩罚性风险权重。2005 年马来西亚对于住房按揭不良贷款适用特殊风险权重。2008 年波兰对住房外汇贷款适用特殊风险权重，葡萄牙曾对抵押率超过 75% 的贷款适用特殊风险权重。2008 年西班牙对抵押率超过 95% 的住房贷款和抵押率 80% 的其他贷款使用特殊风险权重。2009 年泰国对抵押率 80% 以上的高价值贷款使用特殊风险权重，2011 年又对抵押率超过 90% 的、房屋价值较低的住房贷款使用特殊风险权重。2012年 6 月，为抑制住房按揭贷款过度增长，瑞士对抵押率 80% 以上的住房按揭贷款永久性增加风险权重，对不满足监管要求的、新的按揭贷款一律适用 100% 风险权重。

动态准备金和资本要求性质相同。在资本充足率较高时，提取房地产行业动态准备金可以控制银行房地产信贷增长节奏，也可以根据银行房地产贷款的地区特点，要求有针对性地提取。2000—2007 年，西班牙房地产开发商债务水平上升 6 倍，在 2009 年初达到峰值，占 GDP 的 43%。同期，西班牙家庭按揭贷款也上升了 2.5 倍。[①] 西班牙央行很有先见之明，从 2000

---

① IMF，"Spain：selected issues"，Countory Report，No. 17/24，Jan. 2017.

年开始就要求银行提取净运营收入的 10% 作为动态准备金，到 2007 年末房地产业步入衰退期，西班牙银行业由资本和储备覆盖了银行业合并资产的 5.8%，由全部累积的准备金覆盖了银行业合并资产的 1.3%，按照实际计算的住房存量价值下降了 15%。[①] 国际金融危机发生后，西班牙银行业从 2000 年开始提取的动态准备金规模相当于 2008—2009 年贷款损失的一半，最终贷款损失还是超过了预期损失。提取动态准备金的做法需要税收监管部门和证券监管部门协调一致，否则会诱发房地产信贷需求绕行国外银行或其他监管宽松的金融机构，损害本国银行竞争能力。

对美国、中国、俄罗斯、德国、新加坡、中国香港等 31 个国家和地区住房贷款的研究表明[②]，只有澳大利亚、比利时、希腊、爱尔兰、葡萄牙、西班牙 6 个国家对抵押率没有上限监管要求，其他国家和地区均有抵押率要求。国家、地区之间设定抵押率的规则差异很大，有的将抵押率和贷款金额挂钩，有的与购买房屋套数挂钩，还有的和按揭保险挂钩，绝大部分国家和地区的抵押率上限设在 80%。西班牙要求银行根据房地产贷款抵押率高低计提不同的专项拨备。马来西亚设定抵押率要求不考虑抵押品价值，更多地考虑房地产周期因素，随着违约增加拨备跟着增加。韩国曾报告在 2002 年 9 月引入抵押率限额后，房价月度变化从 3.4% 迅速下降到 0.3%，抵押率下降对房屋价格上升有一定的抑制作用。

新加坡调控房地产市场的经验

新加坡近 80% 都是公共住房，私人住房市场只占 20% 左右。1990—1996 年，新加坡城市重建局的私人住房财产价格指数上升了两倍。上升是收入和储蓄增长、新增家庭等长期基本因素以及低利率环境、外国投资者购买等短期因素共同作用的结果。1996 年 5 月 4 日，

---

① Deniz Igan, "Dealing with real estate booms and busts", BIS Papers, No. 64, Mar. 2012.

② "France: Financial Sector Assessment Program – Technical Note on Housing Prices and Financial Stability", IMF Country Report, No. 13/184, Jun. 2013.

新加坡政府宣布稳定住房市场的三条措施，包括行政管理措施，限制非新加坡的公司和个人购买新加坡房地产；增加土地供应，释放更多国有土地用于开发；增加购买成本，3年内销售房地产都需要缴纳印花税和资本利得税。这些措施很见效，1996年第二季度价格指数从最高峰下跌了16%。1年后东南亚金融危机爆发，新加坡房地产价格和交易出现深度调整。1998年第四季度价格指数降到谷底，比1996年高峰时期下跌了45%。为刺激房地产市场复苏，新加坡政府采取放松买卖双方印花税的措施，允许递延缴纳购买楼花的印花税，允许开发商和购房人递延缴纳印花税，个人在地产完工前缴纳完毕即可。随着新加坡走出危机，房地产状况复苏，1998年末到2000年房地产指数又上涨40%，后来在2001年"网络泡沫"破灭、"9·11"恐怖袭击、2003年"非典"接连冲击下，房地产市场进入下跌"通道"，政府决定取消资本利得税，允许外国投资者申请新元贷款，2003—2005年将印花税下调30%。2005年7月将抵押率限额从1996年以来就坚持的80%上调为90%。2005—2006年市场出现恢复，高端房地产复苏，新移民购房需求和短期投资性需求增加。2006年末到2008年第二季度房地产价格上升了36%。

受2008年国际金融危机影响，新加坡房地产指数从高峰期下跌了25%，交易量出现萎缩。新加坡政府再次出手干预，延迟了向开发商供应土地，允许开发商分阶段建设和销售。2009年第二季度后需求强烈反弹，第三季度房地产指数上升15.8%，创下自1981年以来最大的季度环比增长纪录。2009年9月，新加坡政府宣布增加土地供应，撤销鼓励投机的贷款计划，不再继续允许开发商分阶段建设和销售，以此来抑制投机"泡沫"。这些打压措施作用发挥了一定的作用，私人住宅销售开始减缓。不到一年时间交易再次活跃，于是进一步收紧了抵押率和卖方印花税。2010年2月，要求1年以内销售的住房缴纳印花税，后来要求3年以内销售的住房缴纳印花税，最低现金付款比率从5%增加到10%，对于1年及1年以上的住房贷款抵押率从80%降低到70%；2011年2月继续扩大交纳印花税的住房范围，要求4年以内销售的住房缴纳印花税，并提高了印花税比率，对于1年及1年以上的住房贷款抵押率从70%降到60%。

控制债务收入比率可以限制借款人购买力，控制房地产投机需求。比利时、保加利亚、塞浦路斯、芬兰、德国、印度、爱尔兰、以色列、拉脱维亚、马来西亚、葡萄牙、新加坡、西班牙、瑞典、美国15个国家没有对债务收入比率（Debt Service Ratio）提出监管要求，大多数对债务收入比有要求的国家和地区将该比率设在30%~50%。韩国的经验表明，分区域实施抵押率和债务收入比率限额，对没有触及限额的非投机区域的房地产价格就只会有轻微影响。瑞士银行业的经验表明，为防止居民按揭断供风险和弃房风险，按揭贷款利息、摊销成本和维护成本不能超过借款人总收入的1/3，对于投资目的的居民住房，利息、摊销成本和维护成本不应超过租金收入。

房地产周期下行阶段较短，放松宏观审慎监管政策的时间窗口比收紧的时间窗口要窄。当市场出现温和调整时，监管机构面临的困难是判断它是暂时的，还是会持续较长时间，它决定了宏观审慎监管政策取向。在房地产周期轮回中，实施宏观审慎监管政策的时间并不算长，各国实践普遍带有摸索性质，它具有在不同区域、不同时点灵活实施的特点，与宏观经济政策、对房地产市场供给行政干预措施相结合，直达"病灶"，可以说是控制房地产价格和杠杆最有效的政策工具。

（四）防范房地产行业引发金融危机

客观判断房地产周期所处的阶段，判断是否存在"泡沫"非常困难，既然无法防止房地产行业繁荣阶段的风险积累，莫不如换个思路。2008年国际金融危机之前，国际上对房地产行业风险控制形成了一种"善意忽略"

（Benign Neglect）的代表性思路，^① 这种思路把重心放在清理衰退的后果上，防止繁荣带来的扭曲超过衰退后清理的成本。从防范金融危机的角度看，房地产行业繁荣本身不可怕，要立足于清晰地了解融资对房地产行业繁荣的支持力度，监控家庭杠杆率和银行杠杆率变化，争取更早地抑制融资杠杆不断累积形成的风险，同时要增加金融体系的韧性，做好房价大幅下跌、借款人违约率飙升、房地产行业衰退冲击金融体系的准备。调控房地产行业的政策目标不应该放在价格上涨上，而要放在家庭和银行杠杆攀升带来的风险上。为此，应该抑制过于乐观的市场情绪，避免"泡沫"越吹越大。

诺贝尔经济学奖获得者罗伯特·席勒曾说，"从短期看，住房价格的突然下降确实有可能破坏经济，产生令人讨厌的系统性影响。但从长期看，住房价格的下跌是一件再明白不过的好事"。^② 房地产价格在经历了高涨后进入相对稳定的价格阶段，在政策取向上是小心翼翼地维持房地产价格，还是让房价降下来，这是一个两难抉择。1991 年 7 月，房价还在上升，日本央行决定开启利率宽松周期。事实证明，9 月，日本全国土地价格指数就达到了历史峰值，随后再也没有回来过。2006 年第一季度美国住房按揭投资增长开始转为负值，5 月住房价格达到历史高峰，2007 年 9 月美联储进入降息周期。传统智慧告诉我们，房价经历持续高涨后出现普遍性下跌，就要高度警惕可能的预期改变，引爆金融危机。

模拟房地产市场冲击来研判金融危机发生的路径和影响，采取可能的补救行动。模拟分析难免有各种各样的局限，但量化分析结果为可能的损失提供了一个清晰轮廓。投机是市场的"润滑剂"，只要有价格上涨预期就不能彻底消除投机。政策上要继续坚持财政政策、税收政策、监管政策同

---

① Bernanke, B. S., "Asset Price Bubbles and Monetary Policy", Remarks before the New York Chapter of the National Association for Business Economics, New York 15, Oct. 2002.

② 罗伯特·席勒. 非理性繁荣与金融危机 [M]. 北京：中信出版集团，2014.

向发力，央行货币政策应以满足自住需求为目标，稳定价格预期。局部地区价格跌入低谷也不完全是坏事，可以更直观地看到房地产市场价格下跌对本地居民消费、银行资产质量、区域经济增长带来的影响，从而在更大区域内更早地采取预防措施。

防止房地产风险产生致命影响，快速判断和行动十分关键。必须建立数据完整的房地产行业风险监测体系，对房地产市场交易状况、房地产企业跨境融资状况、居民购买状况、银行房地产集中度风险等进行动态监测，这是确保能早期识别风险的基础。在市场出现过于乐观的情绪和不合理的投资回报预期时，应该设法消除市场上关于长期低利率的预期，为不合理预期降温。"房地产泡沫"在累积阶段和破灭阶段对经济体系的影响是非对称的，步入"泡沫"破裂前的阶段，可选择的政策工具会越来越少，政策空间变得越来越小。此时抑制"泡沫"的政策不过是将泡沫破裂时间推迟，造成的后果可能更严重。

本章核心观点：

● 复杂衍生金融产品并非是美国次贷危机的主要原因，"信贷泡沫"才是，美国货币政策对"信贷泡沫"和"房地产泡沫"形成有不可推卸的责任。美国的资产证券化运作机制出了问题，发起机构、管理证券化机构、评级机构、投资者等各参与主体普遍出现风险控制失灵是这场悲剧最值得反思之处。在房地产市场进入非理性上涨阶段后，监管机构有效监督金融机构房地产业务风险控制标准，及时抑制盲目放大杠杆的投机需求，重拳打击金融市场欺诈行为对于防止"房地产泡沫"快速破裂引发金融危机至关重要。

● 从人口红利阶段走向人口老龄化阶段跨越几十年，人口红利阶段房地产行业政策和监管政策不宜过于宽松，在人口老龄化阶段政策不宜过紧，需要在防范长期风险累积和走出危机的短期目标之间更好地平衡。在推进金融自由化、放松利率管制的进程中，要特别注意监控银行信贷风险变化和资本市场企业股权融资结构变化之间的关系，及时纠正市场套利机会产生的扭曲和偏差。

● 同样遭受金融危机后，具备足够深度住房租赁市场的国家能够有效缓解经济下行造成的冲击，防止住房市场深度下跌，遭受的损失较少。

● 在以银行为主体的金融体系下，房地产行业的风险在彻底爆发之前长期在银行体系累积。银行披露的不良贷款数据未必能及时、准确、全面地反映真实风险状况。与房地产行业相关的各类业务和各类风险交织，严重挑战银行风险管理体系，结果很可能是低估了风险的冲击，错过了及时化解风险的最佳时间窗口。

● 房地产价格上涨和信贷资金投入形成正反馈关系，房地产周期一般会滞后于信贷周期。商业房地产跨境投融资活动极大地影响了国内商业房地产市场的价格，跨境投融资采取不同形式意味着不同的承担风险主体和不同的风险表现形态。政策上必须考虑平抑跨境投融资对国内商业房地产市场价格和金融市场波动的影响。跨境投融资限额往往在总量上进行控制，对于商业房地产引发金融危机的结构性因素不一定能起作用。

● 警惕房地产价格持续上升期累积的系统性金融风险，无论何种原因引发房地产价格迅速下挫，金融危机都会不期而至。

● 货币政策不是控制房地产行业风险最有效的应对工具。交易税、房产税、按揭利息税抵扣等税收政策调整可以影响住房价格的波动幅度，但不是房地产价格上涨的主要驱动因素。宏观审慎监管政策比货币政策、税收政策更直接，实施成本更低，但需要有各种监控和评估工具来指导政策调整的时机和强度。它具有不同区域不同时点上实施的灵活性，是控制房地产价格和杠杆最有效的政策工具。长期实施宏观审慎监管政策会扭曲金融资源的有效配置。一旦"房地产泡沫"变得危险时，应该果断使用货币政策控制"泡沫"。

● 房地产行业繁荣本身不可怕，要立足于清晰地了解融资对房地产行业繁荣的支持力度，监控家庭杠杆率和银行杠杆率变化，争取更早地抑制融资杠杆不断累积形成的风险，更需要做的是增加金融体系的韧性，做好房价大幅下跌、借款人违约率飙升、房地产行业衰退冲击金融体系的准备。

第五章　追随国际监管规则改革：
知其然知其所以然

一、宏观审慎与微观审慎的潜在冲突

2008年国际金融危机后，国际监管机构推动银行改革的基本逻辑是以提升银行资本充足要求为"纲"，迫使银行修正过去为追求股东回报而采取的激进业务模式，朝着更加审慎的方向调整风险加权资产结构，使整个银行体系更加安全。宏观审慎监管与微观审慎监管之间、统一的风险控制标准与各国家、各地区特殊风险因素之间存在的不兼容、不协调扭曲着银行经营管理行为，全球银行业资本充足率水平总体提高并不能简单等同于银行体系更加安全。

（一）银行和政府更紧密关联累积系统性金融风险

从2011年6月到2021年6月10年间，110家国际活跃银行（含30家全球系统重要性银行）一级资本、风险加权资产和总资产变化趋势各不相同。美国的银行一级资本份额从29.6%下降至23.2%，风险加权资产份额从32%下降到24.1%，总资产规模份额出现小幅增加。欧洲的银行一级资本份额从35.2%下降至29.2%，风险加权资产份额从40%下降至25.5%，总资产规模份额从49.1%下降至35.7%。其他地区银行一级资本、风险加权资产和总资产的份额均出现明显上升。一级资本的份额为47.7%，风险加权资产份额为50.4%，总资产份额占比42.6%。新兴市场国家的银行总资产份额占比上升与大量持有主权风险暴露不无关系。从2021年6月这个时点的风险加权资产结构看，110 家国际活跃银行信用风险暴露占比最高的前三类是公司、主权和零售，平均风险权重最低的依次是主权风险暴露 5%，购入应收账款暴露 22.1%，零售风险暴露 26.3%，银行风险暴露 27.3%，公司风险暴露 57.3%。[①]

2008 年国际金融危机过后，发达国家政府实施量化宽松政策，向市场上推出了大量政府债务。市场流动性过剩、信贷需求减弱、银行业流动性监管要求提高成为银行持有更多政府债务的驱动力量。截至 2019 年 3 月，按照承担最终风险的主体（Ultimate Risk Basis）计算，银行并表的外国债权中 26% 都是持有的政府债务和央行债务。其中，日本、英国、美国和法国的银行最大的风险暴露都是对政府和央行形成的。[②] 2020 年春季新冠肺炎疫情暴发之后，新兴市场国家公共债务余额持续攀升，平均公共债务占 GDP 的比例从疫情前的 52% 上升到 2021 年的 67%。[③] 实施新资本协议内部评级法后，相对于其他风险暴露，政府风险暴露资本占用较低，客观上助长了政府融资对银行的依赖不断加深。相当数量的新兴市场国家银行对持有的政府债券采取盯市记账方法，政府债券市值下跌会影响银行资本充足率。还有些国家准政府信用实体极其依赖银行融资，银行对准政府信用实体的风险暴露余额不断增加。全球范围内，政府和银行之间风险关联比历史上任何时期都更加紧密，政府过度负债引发银行资产质量大范围恶化的风险在不断上升。

（二）防范金融机构业务信用风险累积更需要宏观审慎监管

金融体系具有内部交易自我膨胀的动机，如果不加干预，最终结果就是金融密集度和金融体系脆弱性不断增加。为防范不断累积系统性金融风

---

① BCBS, "Basel Ⅲ Monitoring Report", Feb. 2022.

② Pablo García Luna, Bryan Hardy, "Non – bank counterparties in international banking", BIS Quarterly Review, Sep. 2019.

③ IMF, "Shockwaves from the War in Ukraine Test the Financial System's Resilience", Global Financial Stability Report, Apr. 2022.

险，宏观上必须抑制金融机构之间的业务规模，在微观上必须提高金融机构之间业务的资本要求，这是 2008 年国际金融危机得出的惨痛教训。按照《巴塞尔资本协议Ⅲ》资本计算规则，对于银行暴露资本计量只能采用内部评级法初级法或标准法。与《巴塞尔资本协议Ⅱ》相比较，实施内部评级法初级法后，银行风险暴露中风险最低的一般债权风险权重和风险相对较高的次级债风险权重均上升了 36% 左右。最低风险权重如表 5 – 1 所示。

表 5 – 1　　　　　　　　《巴塞尔资本协议Ⅱ》和

《巴塞尔资本协议Ⅲ》对金融机构风险暴露的差异　　　单位：%

最低风险权重		一般债权		次级债	
		巴塞尔资本协议Ⅱ	巴塞尔资本协议Ⅲ	巴塞尔资本协议Ⅱ	巴塞尔资本协议Ⅲ
内部评级法	违约概率	0.03	0.05	0.03	0.05
	违约损失率	45	45	75	75
	风险权重	19.66	26.70	32.76	44.50

按照标准法的资本计量要求，商业银行之间业务形成的风险暴露适用的风险权重取决于评级方法、期限长短、产品类别（如资产抵押债券、次级债、股权以外的其他资本工具、TLAC 负债），划分为 40%、75%、150% 三档权重，期限短的适用优惠权重，最低风险权重也已翻倍。即便如此，40% 和 75% 的风险权重依然有一定的吸引力。同业业务规模越大，支持实体经济的能力越被削弱，累积的系统性金融风险越大。银行间风险暴露规模占银行资本的比率是传染风险的重要驱动因素，对于银行间各种业务形成的网络结构非常敏感。[①] 银行间风险暴露规模越大，传染风险越大。单靠提高银行相互之间风险暴露的监管资本要求无法防止系统性金融风险累积，必须结合对银行间风险暴露的控制措施才可能达到目的。

（三）　微观审慎与宏观扩张可能产生目标冲突

平均风险权重反映了银行对未来 1 年客户信用风险的预测，平均风险

---

① Kumushoy Abduraimova and Paul Nahai – Williamson, "Solvency distress contagion risk: network structure, bank heterogeneity and systemic resilience", Bank of England Staff Working Paper No. 909, Feb. 2021.

权重下降，说明预测未来信用风险情况有所好转；反之，则说明风险恶化。在逻辑上，去年预测的平均风险权重反映的是今年的违约情况，必须使用今年的新增违约数据和截至今年的损失数据验证去年预测的审慎性。从稳健角度出发，巴塞尔银行监管委员会特别强调模型参数估计的审慎性，监管规则上还设定了银行估计违约概率的底线值及风险加权资产底线要求，以此来确保银行计算出的信用风险加权资产具有审慎性。然而，模型预测的客观性是审慎性、准确性的全面体现，有时审慎性、准确性之间会有矛盾，审慎不代表准确，合理审慎有可能达到相对准确的水平。各家银行模型预测水平千差万别，东道国监管能力也不尽相同，不能及时发现统计上以错为对或以对为错这两类错误，都会造成模型预测结果过于偏离实际风险状况，破坏模型的实用性。2021 年汇丰银行集团公司业务风险参数预测值与实际值比较如图 5 - 1 所示。

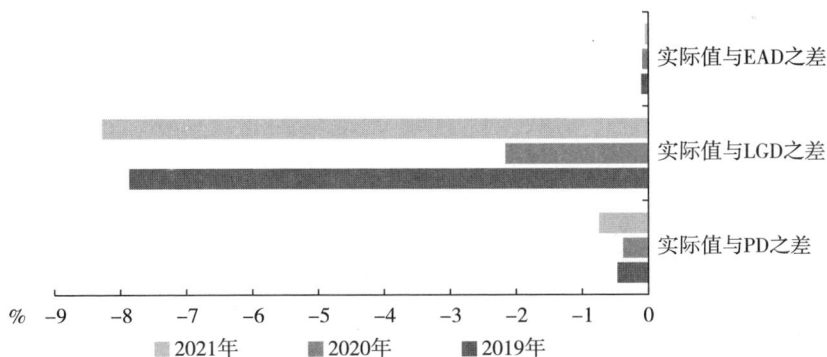

图 5 - 1　2021 年汇丰银行集团公司业务风险参数预测值与实际值比较

（资料来源：HSBC Holdings plc，"Pillar 3 Disclosures"，31 Dec. 2021）

正如前文所述，"逆周期"调节是防范银行"顺周期"特征积累风险的重要思路。基于历史数据建立模型预测风险参数的做法在本质上没有改变"顺周期"特征，在经济上行期预测的参数更加乐观，需要的资本减少。在经济下行期预测的参数更加审慎，需要的资本增多。违约概率底线值及风险加权资产底线在防止过于乐观、抑制资本充足率高估方面可以发挥积极作用，但在防止过于悲观、扩大信贷支持实体经济恢复方面无能为力，需要宏观监管措施干预指导。

（四）"筹集资本—扩大风险加权资产—再筹集资本" 循环可能受阻

为满足巴塞尔资本协议Ⅲ银行资本充足率监管要求，全球银行业主要通过利润留存、分红和筹资资本三种方式补充资本。利润留存和分红是自我积累方式，取决于银行盈利状况。筹集资本方式属于外源融资，取决于市场状况。2011—2020年10年间，欧洲的银行税后利润总体平稳，但2018年后出现明显下降，分红比例也迅速下降。2020年分红比例已降至10%的最低水平。美国的银行税后利润起起伏伏，税后利润和分红比例总体上呈现上升趋势。其他地区的银行税后利润绝对水平几乎是欧洲的银行和美国的银行之和，分红比例2011年最高在40%以上，2020年也已降至20%左右。按照银行来看，2020年，110家国际活跃银行分红比例下降至24%，30家全球系重要性银行分红比例下降至21%，降至2011年以来的最低水平。2019年，103家国际活跃银行中64家进行了筹资活动，占比62.13%。2020年，107家国际活跃银行中81家进行了筹资活动，占比75.7%。[1] 需要筹集资本的国际活跃银行有逐渐增多的趋势。

除非遭遇金融危机被迫强制缩表，否则新兴市场国家银行业资产负债表始终在扩张，增加风险加权资产的需求是刚性的，无法根据资本监管要求变化灵活调整资产负债表。风险加权资产结构分布表明，市场风险加权资产占比较低，风险加权资产增加主要由信用风险加权资产和操作风险加权资产增加所致。只要银行不改变以贷款为主的经营模式，就会陷入"贷款增长必然带来信用风险加权资产增长，收入增长必然带来操作风险加权资产增长"的循环。[2] 未来世界经济陷入衰退的概率大增，利润留存

---

① BCBS, "Basel Ⅲ Monitoring Report", Sep. 2021 and "Basel Ⅲ Monitoring Report", Dec. 2020.

② 操作风险计量和收入线性相关，收入越高对操作风险资本要求越高。

和分红将不可避免地受到影响，银行保持资本充足率平稳上升将比以前更加依赖资本市场筹资。以银行体系为主的新兴市场国家要高度警惕出现日本 20 世纪 90 年代股市下挫、银行股票跌破净值、筹资长期受阻的情况再次发生。

（五）　监管倡导与银行内生动力不足的矛盾

中小微企业数量众多，对于一国经济增长、就业和税收具有举足轻重的影响。各国都高度重视银行的普惠业务，但中小微企业普遍生命周期较短，经营风险高，只有极小比例中小微企业能够顺利成长为大企业。信用风险内部评级法有公司中小企业和零售中小企业之分，考虑到零售业务具有风险分散效应，内部评级法规定借款金额在 100 万欧元以下，符合零售中小企业风险暴露条件的业务在风险权重上具有一定优惠，以此来鼓励银行大力开展中小微企业融资。尽管监管机构煞费苦心，但与其他风险暴露相比，公司中小企业平均风险权重最高，零售中小企业次之，说明银行内部评级模型预测中小企业的风险高于大企业及其他零售业务。公司风险暴露和零售风险暴露平均权重分析如表 5 - 2 所示。

表 5 - 2　　　　　　　　　公司风险暴露和零售风险暴露平均权重分析

银行家数		百分数						
		均值	中位数	最小值	25% 分位点	75% 分位点	最大值	波动范围
内部评级法	30	29.4	28.7	12.5	25.7	33.4	52.6	40.1
公司风险暴露	30	46.2	47.6	25.1	39.0	53.9	62.5	37.3
—大型企业	20	44.8	46.5	25.1	38.2	49.6	61.0	35.9
—中小企业	14	60.9	59.8	46.2	50.8	63.8	91.2	45.0
零售风险暴露	30	25.4	21.0	8.9	17.8	30.3	59.9	51.0
—按揭	29	24.1	16.9	5.2	14.1	30.7	80.1	75.0
—零售中小企业	17	47.5	46.8	23.4	38.2	54.2	90.8	67.4
—合格循环零售	25	34.5	33.2	11.2	23.1	39.8	82.5	71.3

资料来源：BCBS, "Regulatory consistency assessment programme（RCAP）- Analysis of risk - weighted assets for credit risk in the banking book", April 2016.

汇丰银行集团的数据进一步印证了中小微企业债权融资业务综合成本高的分析判断。2017—2021 年，汇丰银行集团零售中小企业的客户数量从 863254 户下降到 2021 年的 736216 户，户均贷款额从 1.1 万美元上升到约 2 万美元。2021 年，零售中小企业平均账面净值达到 5 年来最高水平 150 亿美元，只占当年全部零售暴露平均账面净值的 2% 左右。[①] 汇丰银行集团将零售中小企业信用风险分为七档，每档零售中小企业实际年违约率平均数略有波动，高级别年违约率方差较小，低级别年违约率方差相对较大。很明显，汇丰集团的业务重心并不在零售中小企业上。零售中小企业风险权重优惠还不足以吸引银行大力开展中小企业业务，为实现政府普惠金融目标，必须考虑配套其他宏观审慎监管措施（见图 5 - 2、图 5 - 3）。

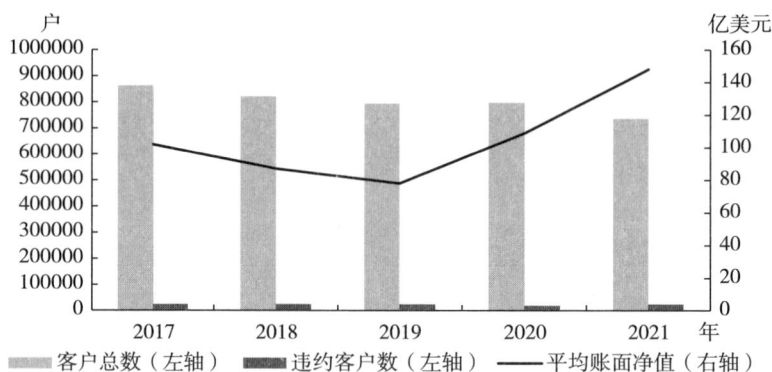

注：根据汇丰银行集团第三支柱信息披露显示，平均账面净值（Average Net Carrying Values）由过去 5 个季度账面净值加总后除以 5 计算得出。

图 5 - 2　汇丰银行集团 2017—2021 年零售中小企业客户及平均账面净值变化

（资料来源：2017—2021 年汇丰银行第三支柱信息披露）

---

① HSBC Holdings plc, Pillar 3 Disclosures at 31 December 2017and Pillar 3 Disclosures at 31 Dec. 2021.

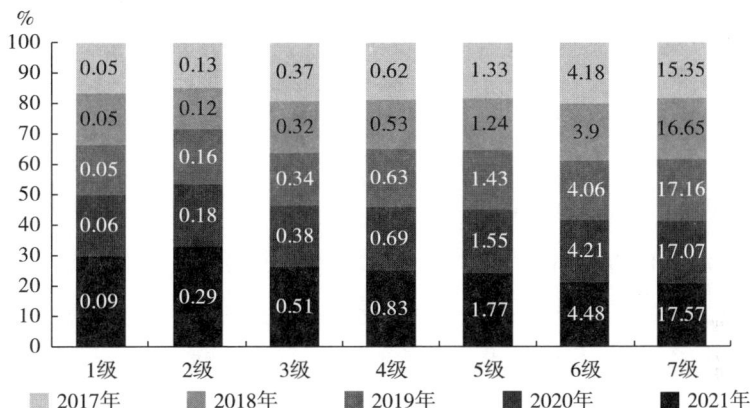

图 5 – 3　汇丰银行集团 2017—2021 年零售中小企业风险分级实际年违约率平均数

（资料来源：2017—2021 年汇丰银行第三支柱信息披露）

二、　基于复杂量化的市场风险管理

LIBOR 曾是全球使用最广泛的利率基准，2005 年以来市场爆出多家国际活跃银行操纵 LIBOR 获取不当利益的丑闻，巴克莱、瑞银、苏格兰皇家银行为此蒙羞。2013 年 2 月，G20 授权金融稳定理事会着手研究和推进全球基准参考利率改革。根据工作安排，LIBOR 报价银行在 2021 年以后就不再受到与英国金融行为监管局合约的约束，不再每日提交计算 LIBOR 的数据。全球有 200 万亿衍生产品和其他证券与美元 LIBOR 挂钩，还有 67 万亿非美元 LIBOR 产品与先令和日元 LIBOR 相关联。[①] 未来全球金融稳定状况面临基准利率改革影响，LIBOR 改革有可能成为全球系统性金融风险重大隐患。

（一）　LIBOR 改革的进展和影响

肇始于 20 世纪 60 年代后期的 LIBOR 利率是当时银团贷款市场蓬勃发

---

① IMF，"Lower for Longer"，Global Financial Stability Report，Oct. 2019.

展的产物。从 1986 年开始，由英国银行家协会负责收集部分银行当地时间 11 点前从其他银行借款的利率，扣除了高低两端的四个报价后，计算 10 种货币的伦敦同业拆借利率，2013 年后只计算美元、欧元、先令、日元和瑞士法郎 5 种货币的伦敦同业拆借利率。随着时间的推移，LIBOR 弊端开始显现，它是由少部分银行提供的非强制性报价得出，非由实际交易得出，这就为少部分银行操作报价提供了机会。伦敦同业拆借市场、同业存款市场实际交易都很稀疏，较长期限的同业拆借交易更少。金融危机后银行流动性风险管理收紧，流动性成本大幅提升，银行需要对无抵押银行间贷款的风险重新定价。LIBOR 本来可以反映银行自身的风险，2007 年后它在识别银行风险方面的标尺作用已大不如前。市场上也出现了银行相互之间无抵押定期融资下降，银行和非银行之间无抵押定期融资上升的趋势，货币市场定价对流动性和信用风险更加敏感，无风险利率与对信用风险和流动性风险敏感的 LIBOR 之间出现偏离。降低交易对手信用风险的金融监管改革推动银行转向较少风险的回购批发融资，衍生产品市场改革强调无信用风险融资的重要性，于是掉期和衍生产品市场利率基准转向了隔夜指数掉期利率。

　　从伦敦银行间同业拆借利率转向无风险隔夜利率是 LIBOR 改革的目标。新参考利率摒弃了多家银行提供利率的做法，以实际交易计算，以抵押或担保的货币市场工具为基础，反映从非银行交易对手批发融资的成本。到 2018 年年中，大约有 4000 亿美元金融合约参考一种主要货币的伦敦同业拆借利率。[①] 20% 的美元 LIBOR 衍生产品合约，20% 以上的美元 LIBOR 现金产品在 2021 年以后到期，面临利率基准转换问题，主要国家都已经选择了替代 LIBOR 的利率。芝加哥商品交易所有担保的隔夜融资利率（Secured Overnight Financing Rate，SOFR）期货未平仓合约已经超过 1 万亿美元，合

---

① Andreas Schrimpf, Vladyslav Sushko, "Beyond LIBOR: a primer on the new reference rates", BIS Quarterly Review, Mar. 2019.

约数量还在继续快速上升。参考先令隔夜指数平均值（Sterling Overnight Index Average，SONIA）的新掉期数量大体上相当于英镑 LIBOR 的数量。市场上新发行的、以英镑标价的浮动利率票据和证券化产品的标准已经转为先令隔夜指数平均值。SONIA 的全部交易中，70% 以上是与货币市场基金和其他投资基金的融资交易，与其他银行和经纪商的融资交易不足 15%。替代 LIBOR 的无风险参考利率如表 5 - 3 所示。

表5 -3　　　　　　　　　　替代 LIBOR 的无风险参考利率

国家和地区	LIBOR 市场规模（万亿美元）	替代利率	管理者	发起替代利率的时间	新的无风险利率产品余额（万亿美元）①
美国	200	有担保的隔夜融资利率	美联储	2018 年 4 月	2.2
英国	30	改革后的先令隔夜指数平均值	英格兰银行	2018 年 4 月	12.5
欧元区	2	欧元短期利率	欧洲中央银行	2019 年 10 月	没有
日本	30	东京隔夜平均利率	日本银行	1997 年	0.65
瑞士	5	瑞士平均隔夜利率	瑞士证券交易所	2009 年	0.16

注：SONIA、ESTER（Euro Short – Term Rate，欧元短期利率）、TONA（Tokyo Overnight Average Rate，东京隔夜平均利率）不采用担保利率，只有 SAROBN（Swiss Average Overnight Rate，瑞士平均隔夜利率）不采用批发的、非银行交易对手的利率，其他四种均采用。

资料来源：笔者整理。

LIBOR 转换过程具有不确定性，银行面临着风险管理内容和方式的变化。

（1）不确定性。美英、欧盟、日本和瑞士将来是否根据无风险参考利率设定调整货币政策操作目标还是未知数。美联储购买资产的节奏和数量

---

① 美国包括期货、掉期、浮动利率的债务；英国包括期货、掉期、浮动利率的债务；日本和瑞士只包括隔夜指数掉期。

影响市场上对安全资产的需求和供给，无风险参考利率因此而波动，对货币传导机制产生影响。美国对新发行的、与 LIBOR 挂钩的现金产品提供备选参考利率，购买这类产品的投资者清晰地知道随着 LIBOR 终止参考利率会发生改变，需要对持有产品重新估值，但是对于没有集中清算的衍生产品在 2021 年 LIBOR 终止前需要重新协商协议。对于本币缺乏深度市场的小型经济体，利率水平一直参考本币与伦敦银行间美元同业拆借利率或欧洲银行间同业拆借利率掉期隐含标准设定，从 LIBOR 转向 SOFR 形成的外溢性可能给这些国家金融市场带来全新的、未知的风险。

（2）市场流动性变化。LIBOR 利率每日生成，包含从隔夜到 1 年的各种期限产品。然而，许多无风险参考利率目前只有隔夜利率。衍生产品期限利率需要在隔夜无风险参考利率基础上计算得出，计算的利率是否稳健依赖市场的流动性。转换初期使用无风险参考利率的衍生产品市场深度和流动性都非常有限，与其挂钩的现金产品增长会受到影响。反过来，没有足够的产品又会制约无风险参考利率衍生产品发展。2019 年 9 月，市场上流动性不足引发美元 SOFR 短时飙升，市场风险、交易对手信用风险都出现过明显增加。

（3）内部管理变化。转换后各币种的利率定价机制存在差异，新利率曲线走势、形态和波动率必然偏离现行曲线，给跨币种业务带来新的风险因子，银行存量 LIBOR 业务切换会造成现有市场风险敞口变动。"新基准利率+期限点差"的方案可能无法反映极端市况下的市值变动。美元 SOFR 较美元 LIBOR 的历史平均点差约为 25 个基点，但在 2008—2009 年极端市况下，该点差最高达到 454 个基点，未来出现极端市况必然会扰动市场风险敞口，银行需要对市场风险限额、资本管理、客户交易估值和保证金要求适时进行调整。此外，新基准利率是几乎消除信用风险溢价的隔夜利率，银行业务定价需要充分覆盖新形势下的风险与期限溢价。

（4）基点风险变化。20 世纪 80 年代后期全球市场参考利率从美国短期国债利率转为欧洲美元利率，就是因为银行发现欧洲美元利率比美国短期国债利率更接近其实际借款成本和贷款利率，可以更有效防范基点风险，实施资产负债管理。LIBOR 改革过程中，美元现金产品以期限利率为后备利率，美元衍生产品以后置复利利率为后备利率，银行资产负债业务与衍生产品之间利率基准不同，风险对冲效果存疑，可能会降低套期保值的有效性。

（5）估值偏离。用新的无风险参考利率替代 LIBOR 会影响现在交易的、2021 年以后到期的产品，像利率类衍生产品、浮息债这类参考利率挂钩 LIBOR 的产品，像利率类期权产品这类采用 LIBOR 波动率作为定价参数的产品，采用 LIBOR 作为贴现利率的产品都会受到影响。[①] 影响程度取决于考虑信用风险变化和期限基础上的利率调整、市场参与者缓解风险的行为等多种因素。对于参考美元 LIBOR 和其他货币 LIBOR 的衍生产品合约，国际掉期和衍生品协会选择了衍生产品合约期限调整和信用风险调整的新方法，新方法对衍生产品估值产生的影响尚需观察。

（6）模型、IT 系统和参数变化。对金融市场业务模型的影响主要体现在对 4 种计息方式细节的调整[②]；对于替代 LIBOR 的产品，需要在现金流计算方式上进行改造，并对模型调整进行重新验证评估。对参考利率、贴现利率、波动率等计量参数进行梳理、验证和重新配置，需要对数据长度缺失和质量欠佳参数制订完善的替代方案。对 IT 系统的改造内容涵盖交易簿记、估值和风险计量等环节，需要同时对系统功能、接口逻辑进行调整和优化。

---

① 对贴现利率的影响，体现在直接和间接两方面，直接影响是新的贴现利率对产品估值的影响，间接影响体现在贴现利率的息票剥离过程中对参考利率的影响。

② 为适应全球时差、给交易双方付息清算预留足够时间，新基准利率发展出回溯（Backward - Shift）、回看（Look back）、锁定（Lockout）和延期支付（Delayed Payment）4 种付息调整的方式，每种方式对现金流影响均不相同。

（二） 市场风险资本监管体系的缺陷

每次银行交易账簿出现巨额损失都是修订巴塞尔资本协议市场风险监管规定的直接原因。巴塞尔银行监管委员会从 1996 年引入市场风险资本计量要求开始，无论是压力风险价值、新增风险和证券化产品的资本要求，还是交易对手信用风险资本计提，均体现了对监管体系的修补。监管规则修补永远在路上，许多问题在《巴塞尔资本协议 Ⅱ》市场风险监管框架实施中并未得到很好的解决。

1. 缺乏客观严密的账簿划分标准

交易账簿和银行账簿划分是风险管理和资本计量差异化的基础，账簿划分裁量标准主观性强的问题仍一定程度存在。现行规则以"交易目的"进行账簿划分，相同工具归入账簿不同，资本计提要求不同，这就为银行在账簿间互转头寸和资本套利提供了可能。在银行账簿下投资一张剩余期限为 2 年的政策性金融债券风险权重为 0，以交易为目的买入同样的一张债券需以 1％ 和 1.75％ 的风险权重分别计提特定市场风险资本和一般市场风险资本。在银行交易目的不明确时，对风险承担和金融工具属性缺乏监管时，相同头寸不同账簿下不同资本要求就可能驱动银行实现账簿之间头寸互转。在"伦敦鲸"事件中，摩根大通银行账簿投资盘以短期套利为目的介入衍生产品，甚至裸卖空信用衍生产品，最终发生数十亿美元的亏损。在 2008 年的国际金融危机中，大量流动性差的资产遭受巨额损失，很多银行将这些资产放在交易账簿下，反映出账簿划分标准中的问题。

2. 风险未得到准确有效计量和控制

VaR 作为现行内部模型法的计量指标，在银行、投资基金、保险公司等金融机构头寸限额设定、保证金要求、市场风险资本计量领域发挥着重要作用。只要有一组头寸数据和预期价格变化的分布假设就可以量化风险，该指标的局限在于无法计量极端情况下可能发生的损失。虽然引入压力风险价值（Stress Value at Risk，SVaR）资本要求作为补充，但 SVaR 与 VaR

有重复计量的问题，对尾部风险计量的缺失并未根本改变。计量 VaR 的历史模拟法具有"顺周期"特征，无法捕捉资产价格极端变化的瞬时情景，在计量方法上也仅提取时间序列的顺序特征，造成数据集信息浪费。

3. 低估流动性风险对市场的冲击

现行市场风险资本监管规则忽略了交易账簿中不同工具的流动性差异，尾部事件以及持续数周、数月的价格不利变动都是交易业务的重要风险源。为此，巴塞尔银行监管委员会要求使用内部模型法的银行对交易账簿计提新增风险资本，但只考虑了利率与股票类产品相关的违约和评级迁移风险，忽略了系统性金融风险导致的交易账簿中其他各类衍生产品的流动性危机。交易账簿 10 天持有期的资本计提要求难以覆盖长期价格不利变动，资本计提很可能不足以应对金融危机。

4. 标准法风险敏感性弱

《巴塞尔资本协议 II》市场风险标准法未考虑产品差异化特征，采用"一刀切"的方式，对同一类风险采用统一的资本计提比率。相对于内部模型法，缺乏风险敏感性，未考虑不同工具之间的对冲效应，也有过度依赖外部评级的问题。在逻辑体系上，标准法和内部模型法未能有效衔接。标准法与内部模型法资本计量结果差异较大，相互之间缺乏联系及可比性。

（三）　国际金融危机后监管规则主要变化

为了建立更加审慎和稳健的市场风险监管体系，2019 年 1 月出台的《市场风险最低资本要求》在交易账簿和银行账簿划分边界、市场流动性风险、标准法与内模法之间联系、完善内部风险转移资本要求等方面提出了改革要求，基于简单性、可比性和风险敏感性对标准法进行了全面修订，内部模型法用预期损失（Expected Shortfall，ES）替代了 VaR，并引入压力资本附加概念。

1. 进一步明确交易账簿和银行账簿边界

原有框架下交易账簿被定义为"以交易为目的而持有的头寸"，改革将

"以交易为目的"划分转向基于证据，要求银行提供充分的客观证据证明交易目的。基于此，关联交易组合中的金融工具、银行账簿中由信用及股票裸卖空头寸产生的金融工具和因承销而持有的头寸必须纳入交易账簿。未上市股票、基金中的股票投资和对冲基金必须纳入银行账簿。还指定"所有的期权产品、会计记账中被视为交易性金融资产或负债的金融工具"均纳入交易账簿。如果银行希望保留此部分头寸的现有账簿划分，必须向监管机构提出申请并获得豁免批准。

新规严格禁止金融工具变更账簿划分属性，未来只在银行重组导致交易台永久关闭，以公允价值计入损益的会计准则变化等特殊情况下，经监管机构许可才有可能变更。市场事件、金融工具流动性发生变化、交易目的改变均不能作为重新划分账簿归属的理由。在程序上，只有银行就相关证据向监管机构报告且获得批准，才可实现不同账簿间变更。为避免账簿变更导致资本下降，还需将差额部分加到附加资本项中。

2. 完善内部风险转移的资本要求

内部风险转移是指银行账簿内、银行账簿与交易账簿之间、交易账簿内不同交易台进行的内部交易。从交易账簿到银行账簿之间的内部风险转移无须计量监管资本，就银行账簿的股票、信用、利率风险向交易账簿转移的交易如何认定为内部风险转移，新规明确了标准，不符合标准的内部交易只能纳入市场风险资本计量范围。

3. 清晰定义交易台

《巴塞尔资本协议Ⅱ》规定以整个交易账簿为基础进行内部模型法审批，新监管规则改为以交易台为基础进行审批。交易台由银行设定，但需具备以下条件，"明确交易员和交易组合，每一个交易员或交易组合必须划归至一个交易台；明确且清晰记录交易策略；具有完备的风险管理架构，包括根据交易策略确定的限额，且该限额需至少每年重检，由银行高管层审批"。模型验证要求也相应提高，相关模型需全部重新验证，验证频率由两年一次提高至每年一次，且需要对逐个交易台进行验证。

4. 标准法计量体系的改进

《巴塞尔资本协议Ⅱ》市场风险标准法主要以市场价值乘以给定系数计提市场风险资本，简单粗略地衡量潜在损失，并未反映银行面临的真实风险因素，计量结果在各银行间也不可比较。在充分平衡简单性、可比性和敏感性的基础上，新监管规则在基于敏感性方法计算的资本要求、违约风险资本要求、剩余风险附加三方面进行了全面修订。

为了使用更敏感的方法计算资本，在一般利率风险、股票风险、商品风险、汇率风险分类基础上，新增非证券化信用利差风险、证券化信用利差风险、相关性交易组合信用利差风险三种类型，形成了七大风险类型。过去以头寸或公允价值为资本计量基础，仅关注线性风险，新规以风险因子为基本计算单元，设置德尔塔、维伽等线性风险敏感度指标及凸度等非线性风险敏感度指标，辅以监管给定的风险权重及相关性系数，敏感性风险资本要求结构得到优化。各类风险的风险权重和相关性针对持有期进行校准，合理覆盖市场流动性风险。设置差异化相关性情境。为捕捉相关性在金融危机时发生剧变的风险，取高、中、低三档相关性情景模式计算资本需求，在风险类型层面取三档情景中的最大值，加总得到总资本需求。

新增违约风险资本来捕捉突发违约风险。对于非证券化和证券化且无相关性的交易组合，违约风险计提等于不同风险权重档次对应的违约风险的简单加总。对于证券化且有相关性的交易组合，违约风险计提需要对正向风险和负向风险有所区分。对于非证券化的交易组合，允许在相同类别内部存在一些有限制的对冲，但不允许不同类别之间相互对冲。

计提剩余风险附加以充实资本覆盖。对于类似奇异期权这样存在特殊潜在风险暴露的工具，其剩余风险等于名义本金乘以1%的风险权重。对于承担其他剩余风险的工具，其剩余风险等于名义本金乘以0.1%的风险权重。对于较为复杂的交易工具，剩余风险附加提供了一种简单且审慎的资本处理方法。

改革后标准法同内部模型法的计量逻辑更为契合，市场工具之间对冲效应及产品差异化特征得以体现，标准法风险敏感性得到强化。在保持足够风险敏感性的同时，标准法对风险对冲和分散化效应的处理方式和内部模型法差异缩小，各国、各行之间计量结果可比。银行不再具备内部模型使用条件时还可以选择退回标准法，标准法成为市场风险监管资本的底线参考。资本计量频率从现行每季度提高至每月，对系统功能、数据时效性等要求也更为严格。资本计量方法兼顾信用风险和流动性风险，将交易账簿与银行账簿的风险资本要求进行校准，能够合理捕捉证券化资产等风险敞口，有效规避了不同账簿间的监管套利。

5. 内部模型法计量体系的改进

市场风险内部模型法修订主要遵循以下三项原则：更加一致和全面地捕捉风险，充分考虑尾部损失和压力情景；将内部模型应用细化到交易台层面，提高模型颗粒度；限制对冲和分散化效应对资本的影响。

为提高风险捕捉的一致性和全面性，新内部模型法使用 ES 计量资本，并通过比例系数对压力时期全量风险因子的 ES 进行校准。ES 值又称为条件 VaR 值，是一种具有次可加性的方法，可以比 VaR 模型更全面、有效地捕捉"尾部风险"。巴塞尔银行监管委员会将 ES 方法的置信水平从 VaR 方法的 99% 下调至 97.5%，降低小概率事件的干扰，使模型结果更加稳定。

新内部模型法规定交易台必须符合内部模型评估标准才能够使用内部模型法，否则需按照标准法进行资本计提。评估标准分为一般、定性和定量三方面，包括政策制度、组织架构、日常识别监控报告体系、损益归因测试、返回检验等。其中，交易台损益归因测试用于检验交易台风险管理模型中刻画损益的风险因子能否捕捉真实损益的实际驱动因子。返回检验作为损益归因测试的补充，用于检验内部模型是否很好地捕捉了风险，以评估模型的稳健性。市场风险资本计量框架如图5-4所示。

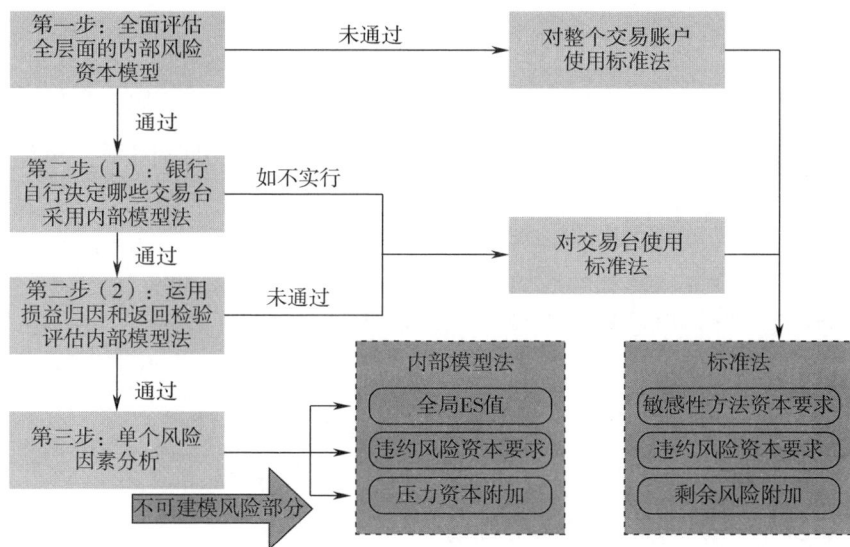

图5-4 市场风险资本计量框架

现行内部模型法下多空头寸可以无限对冲，在新内部模型法下头寸对冲和风险分散化采取了分类处理方式，降低了资本分散化效应。可建模风险因子的 ES 值等于"对所有的风险类别进行对冲和分散化处理后的 ES 资本要求，以及针对利率、股票、汇率、商品和信用利差风险等各类风险未进行对冲和分散化处理后的部分 ES 资本要求"这两部分的平均值。

新内部模型法充分考虑了市场流动性风险。流动性持有期是在压力市场条件下以不明显影响市场价格进行出售或对冲风险头寸所需的时间。根据每类金融工具属性，如买卖价差、交易规模、报价频率和做市商数目、市场参与者性质等情况，新监管规则将流动性持有期分为五档，分别为10个、20个、40个、60个和120个工作日。非特定币种利率风险因子由持有期 10 天调整为 20 天。除能源和贵金属外，其他商品持有期由 10 天调整为 60 天，资本计提大幅提升。对于历史数据无法充分反映其流动性风险的头寸，银行还需计提资本附加，抵御突发的流动性折价风险。

新内部模型法全面改进了压力资本计提要求。在符合内部模型法要求的交易台中，银行需要区分可建模和不可建模风险因子。针对可建模风险因子，要求采用最近 12 个月极端压力情景的观测数据进行修正，以压力 ES 替代 VaR 和 SVaR，有效解决重复计量问题。为降低计算模型各风险因子压力时期的计算困难，新规允许压力校准时仅考虑部分风险因子，风险因子能够解释 ES 模型中 75% 的波动即可。针对不可建模风险因子，使用压力资本附加计提资本。

国际金融危机后修改的巴塞尔资本协议是对市场风险监管体系最彻底、最根本的改革。增加标准法的风险敏感性、改变风险因子权重、调整内部模型法的流动性期限都会大幅提升银行市场风险资本计提水平。全球定量测算结果显示，新标准法市场风险资本占用较原标准法上升约 128%，新内模法风险资本占用较原内模法上升约 54%。

（四） 悬而未决的问题

当金融市场遭遇极度压力时，采用 VaR 模型管理市场风险的金融机构统一反应都是收缩风险头寸，出售高风险资产，选择高质量抵押品，提高保证金，此时市场价格下挫力量出奇的大。巴塞尔银行监管委员会市场风险管理体系改革加强了金融机构应对复杂市况的能力，但极端市况下大规模抛售形成的损失螺旋、保证金螺旋不会因为金融机构对市场风险敏感性增加、管理精细化提升、资本实力增强而烟消云散。从防范市场波动形成金融危机的角度看，要尽早培育更多投资期限、投资策略、风险容忍度有显著差异的市场主体，在机构之间形成差异化市场风险管理体系。要鼓励灵活使用模型，而非严格机械地执行模型结果。要引导金融机构向投资者和交易对手披露更多信息，指导金融机构完善适合自身业务特征和风险特征的风险管理方法。出现市场"黑天鹅"事件后，首要任务是防止金融机构市场风险管理体系相同、方法相同、偏好相同、策略相同，防止市场跌入"螺旋黑洞"无法自拔。

三、　操作风险管理中的 "魔鬼"

20 世纪 90 年代交易员尼克·里森搞垮了巴林银行，此后操作风险得到了极大重视，作为巴塞尔资本协议第一支柱三大风险之一被纳入风险加权资产计算。2003 年，巴塞尔银行监管委员会正式将操作风险定义为 "由于银行不完善的或有问题的内部操作过程、人员、系统或外部事件导致的直接或间接损失"。按照上述定义，操作风险来源可以划分为人的因素和人的因素以外的其他因素。受到相对完善的法律约束和商业道德约束，国际活跃银行将操作风险全流程管理聚焦于人的因素以外的其他因素。出于提高识别能力和节约资本的目的，在操作风险损失模型开发方面投入了大量精力，极大地推动了操作风险量化进程。风险模型本质上都是 VaR 模型，操作风险损失模型不过是用于计量操作风险在险价值（Operational VaR）而已。我国银行业操作风险最大的来源是人的因素，管理重点在人。

（一）　操作风险计量方法的演进

《巴塞尔资本协议 II》提出了操作风险计量的简单指标法、标准法和高级度量法三种方法，前两种方法相对简单，容易实施，弊端是计量过于粗放，对内部管理提升作用不明显。用新标准法取代旧标准法是巴塞尔资本协议 III 的重大变革。在新标准法下，操作风险资本要求是银行业务指标、业务指标调整、根据内部损失历史经验校准调整的综合反映。业务指标包括利息和分红收入、费用、银行账簿及交易账簿下的损益三部分之和。即使银行亏损，也需要取绝对值后纳入计算。业务指标调整采取根据业务指标值分段乘以系数的方法。业务指标在 10 亿欧元以下部分系数为 12%，10 亿 ~300 亿欧元部分系数为 15%，超过 300 亿欧元部分系数为 18%。操作风险资本要求是业务指标调整乘以银行的损失乘数。银行损失乘数需要基于银行前 10 年内部损失金额与业务指标调整两者比例关系进行调整，前 10 年损失金额与业务指标调整的比例越小，乘数越小；反之，乘数越大。损失水平、银行损失数据质量与乘数高低密切相关。银行达不到具有 10 年长度高质量内部损失数据，最少也要用 5 年内部损失数据进行计算。如果 5 年内部损失数据也不具备，就直接使用业务调整指标计算操作风险资本。操作风险资本计算中银行损失乘数如图 5-5 所示。

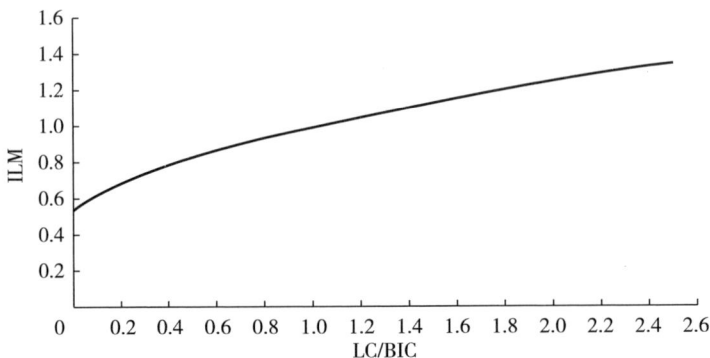

注：图中 ILM 代表银行损失乘数，LC/BIC 代表损失金额与业务指标调整金额的比例。损失金额是 15 乘以前 10 年平均每年的操作风险损失，随着损失金额占业务指标调整金额的比例上升，损失乘数不断上升。

图 5-5　操作风险资本计算中银行损失乘数

操作风险计量是管理结果的反映，没有有效管理的计量毫无意义。为避免操作风险计量与日常管理"两张皮"，必须从基础入手，在内部治理体系、数据和模型三方面满足要求，通过建立完善的操作风险管理体系，将计量结果与日常操作风险管理有机结合。

在内部治理方面，董事会、监事会、高级管理层管理职责清晰，"第一、二、三道防线"协作与制衡是操作风险计量有效的基础。无论什么样的公司治理机制，银行董事会的核心责任是"积极介入对操作风险管理框架的监督"。由董事会负责批准高级度量法相关政策，定期接收来自业务单位、独立的操作风险管理单位和内部审计部门的操作风险报告，每年重检操作风险管理框架的效果。产生操作风险的业务单位承担操作风险管理直接责任，"第二道防线"操作风险管理单位的独立性是制衡机制的关键，必须由"独立的操作风险管理单位负责设计和实施银行操作风险管理框架"。这方面的最佳实践是由独立的操作风险单位向董事会审计委员会报告，或由银行风险总监向审计委员会报告。在业务单位嵌入负责操作风险管理或监督职责的人员，这些人员实行双线报告，既向业务单位管理人员报告，也向操作风险管理单位报告。独立的操作风险管理单位同时负责从业务单位收集损失数据、风险事件数据和关键风险指标，定期向董事会和高级管理层报告。"第三道防线"对操作风险管理的"第一、第二道防线"履职情况及操作风险管理过程、计量框架进行独立评估，独立对操作风险管理体系进行挑战。业务环境和内控因素也是实施高级度量法不可或缺的组成部分。在风险计量中纳入业务环境和内控因素就要前瞻性地考虑业务增长率、新产品引入、内部外部审计结果、人员流失、系统缺陷等影响操作风险的因素，及时发现驱动操作风险的关键因素，使操作风险资本计量结果对整体操作风险更加敏感。

　　鉴于银行内部治理处于不断发展变化中，管理职责和组织架构很难有全球统一的标准，履职过程还存在着这样或那样的不足。最常见的是董事会、监事会、高级管理层职责不清，董事会、监事会简单重复高级管理层的工作；监督以合规为导向，非以风险为导向，操作风险管理效率难以跟上实践步伐；不具备开发操作风险模型的能力，难以估计操作风险暴露大小，董事会无法监督管理效果；操作风险计量模型纯粹为了应对监管需要，银行内部操作风险计量与日常操作风险管理过程脱节，计量是计量，管理是管理；受制于人力资源限制，操作风险管理人员还承担着其他管理任务，独立性受到一定程度挑战；审计人员专业能力不足，操作风险损失数据缺失，计量模型开发、使用还处于早期阶段都对独立评估效果构成直接影响；将业务环境变化和内控因素纳入计量模型没有成熟经验等。

　　在数据和模型方面，内部损失数据、外部损失数据、情景数据以及与业务环境和内控相关数据构成了操作风险损失数据基础，数据是银行实施高级度量法面临的最大挑战之一。在会计准则和准备金计提规则约束下，银行在计量中处理操作损失事件的方法决定了收集内部损失数据的细节，如是否包括险兆数据（Near Miss Data）[①] 和机会成本、信用风险损失和操作风险损失的区分标准、操作风险损失时间确认方法、总损失金额确定以及损失分类标准等。

诉讼往往跨年度，确认操作风险损失时大多数银行采用发生日、发现日，也有的采用会计日。同一诉讼事件采用不同的确认时点，计量出的操作风险损失事件发生概率和大小会有明显差异。实物资产损失金额既可以采用账面价值确定，也可以采用市场价值确定，甚至可以采用重置成本确定。市场价值和重置成本比账面价值更合理，但数据更难以获得，不容易验证客观性，不同方法下会出现总损失金额的差异。银行对操作风险进行计量依赖内部操作风险事件数据库，在收集内部损失数据时会遇到一段时间内和同一操作风险损失事件相关的一系列单个损失不大，但加总后比较大的情况。一段时间内因为相同原因产生了一系列操作风险损失事件，或者单一操作风险事件带来多业务条线损失，单一操作风险事件引发的损失涉及多个操作风险类型，这些都需要独立的操作风险管理单位明确详细的数据收集标准，以避免低估操作风险损失。

（二）操作风险监管再升级

2008 年后国际金融改革彻底改变了银行业的资本结构和流动性结构，信用风险、市场风险和流动性风险的监管被提高到了历史新高度。然而，毫无征兆的疫情和自然灾害、时常爆出的网络安全、技术失败等风险事件也在不断提醒，操作失败和大面积市场中断同样可能造成系统性金融风险。2021 年，操作韧性（Operational Resilience）监管原则横空出世。操作韧性

---

① 险兆事件是指发生即有可能对人造成严重伤害或对财产、环境造成重大损失或破坏，但实际没有产生后果或后果很小的事件。险兆数据是这类事件的数据。

是金融基础设施和银行在遭受破坏情况下的关键运营能力，拥有了这种能力，金融基础设施和银行就可以保护自己免受各种威胁和潜在失败的影响，对破坏事件作出反映，及时适应和恢复，将破坏对交付关键运营的影响最小化。上述定义所指的关键运营能力包括了金融稳定理事会定义的"关键功能"，并扩展到行为、过程、服务及相关的支持资产。[①]

操作韧性明显不同于操作风险。作为一个新概念，操作韧性体现了结果导向，它是有效管理操作风险的最终结果。虽然操作韧性监管原则与巴塞尔银行监管委员会《操作风险稳健管理原则》一脉相承，但是操作韧性监管原则整合了公司治理、外包、业务连续性等各方面风险管理要求，形成了涵盖公司治理、操作风险管理、业务连续性规划与测试、相互关联性和关键运营相互依赖之间映射、第三方管理、事件管理、有韧性的信息通信技术（含网络安全）在内的监管导向。操作韧性监管原则从风险可接受的角度提出了中断容忍度（Disruption Tolerance）或影响容忍度（Impact Tolerance）概念，对金融稳定和银行的安全性、稳健性构成重要影响。

按照关于操作韧性的监管要求，银行董事会应该考虑各种严峻而合理的情形下银行的运营能力，结合客户投诉水平或交易被迫中断的数量，明确对关键运营中断的容忍程度（如关键运营中断可以容忍的最长时间或时点），在政策中明确出现超出容忍程度的情况如何应对，保证操作韧性目标在银行员工、第三方、集团内各实体之间清晰地沟通。英国审慎监管局和金融行为监管局要求接受双重监管的金融机构分别设定影响容忍度，影响容忍度既可以相同，也可以不同。发挥好业务单位管理、独立的操作风险管理单位、独立评估"三道防线"的作用，当关键运营构成要素发生变化

---

① "关键功能"是第三方开展的活动，由于银行规模或市场份额、外部和内部的相互关联、复杂性、跨境经营，活动失败将导致对实体经济发挥作用非常重要的服务和金融稳定受到破坏。支付、托管、商业银行或零售银行某些贷款和吸收存款、清算和结算、某些限制性批发业务，对某些证券做市及高度集中的专业贷款机构都是重要的服务。支持资产是指交付关键运营必需的人员、技术、信息和设施。

或操作风险事件发生后，及时识别和评估关键运营能力的脆弱程度。制订业务连续性计划，前瞻性地评估业务中断的影响，至少每年识别一次哪些属于关键运营，哪些关键运营领域存在严重的内部依赖、外部依赖、内外部相互依赖，将人员、技术、过程、信息、设施、相互关联性、相互依赖性进行完整记录。明确决策过程，定义实施业务连续性计划的触发因素。定期开展针对关键运营、相互关联和相互依赖的业务连续性演练，要将第三方和集团内全部实体都考虑在内。系统重要性银行可以将恢复处置计划与关键运营识别、业务连续性日常演练有机结合起来。定期评估第三方提供服务的可替代性，只有第三方、集团内实体有与银行相同程度的操作韧性，在受到冲击时银行才可能仍然具有关键运营能力。从关键运营中断事件中吸取教训，提高识别、分析、修正、学习能力，避免事件再次发生或减轻损失程度。事件管理应该是事件的全生命周期管理，包括事件严重程度分类、事件的响应和恢复程序、与内外部利益相关者沟通事件教训等，完善银行的事件管理体系。将银行治理和监督要求、风险所有者及责任主体、信息通信技术安全措施、定期评估和监控网络安全控制措施、事件响应、业务连续性、灾难恢复计划等内容纳入信息通信技术（含网络安全）政策之中，识别关键信息资产和依赖的基础设施是管理的基础。定期评估关键信息资产的威胁，测试基础设施薄弱程度，保证足够韧性来应对信息通信技术相关风险。

（三）合规要求落地的思考

操作韧性是在操作风险监管基础上更宽泛的一个监管体系，强化银行公司治理是保证操作具有足够韧性的起点。在复杂的内外部环境下，以目标为导向，强化我国商业银行公司治理机制应以清偿力和流动性安全为底线，明晰全面风险管理要求，提高风险管理的独立性和有效性，强调业务部门、分支机构和附属机构"一把手"承担全面风险管理直接责任，纪检监察部门与风险管理部门形成信息交换机制，风险管理部门定期独立评估各类风险水平和管理能力，为重大风险隐患识别和排查提供依据。以监管机构、内部审计部门发现问题整改和重大风险隐患及时处置为突破口，对于违规违纪问题，严肃问责，形成识别、监测、缓释、报告、处置、问责一体的运行机制。以结果为导向，针对比较普遍的制度执行不力问题，重点抓实关键岗位人员日常监督和事后惩戒两个环节。加大巡视监督、监管监督、股东监督、审计监督、纪检监督、群众监督、舆论监督，构建无死角的立体监督体系，给金融监管机构和金融机构关键岗位人员的日常履职行为装上"探头"，早识别、早发现关键人员异常行为，定期评估关键岗位人员的履职风险。对关键岗位人员选拔过程中的失职行为追究个人责任。在全社会持续形成严惩金融犯罪的社会氛围，加大对金融犯罪分子的惩戒力度，增加犯罪成本，震慑潜在的犯罪分子。"建机制"是当下及今后一段时间我国银行业强化操作风险管理的重中之重。

实现操作风险管理精细化应该从抓数据基础开始。净利息收入增加、生息资产增加、红利增加、非利息费用增加、支出增加、收益增加、亏损增加都会增加《巴塞尔资本协议Ⅲ》新标准法下操作风险资本要求。我国实施资本管理高级方法的银行业务指标远远超过 300 亿欧元，超过部分使用 18% 的系数，极大地提高了银行操作风险资本要求。银行大额损失数据确定往往涉及案件，发生时间和确认损失之间周期较长，损失数据收集难度大，内部损失乘数调整容易大起大落，造成操作风险资本大幅波动。操作风险损失与银行内控环境息息相关，能够收集到的历史数据时间较短，使用的参数和模型假设也需要专家进行判断，这些定性因素在银行之间可能根本无法比较。低频发生但损失巨大的操作风险事件很难预测，必须结合压力事件和情景分析进行评估，评估水平高低对模型预测能力有直接影响，有可能出现依赖历史数据和专家评估结合的操作风险损失预测结果与实际情况大相径庭的尴尬情况。利用颗粒度更细的内部损失数据进行操作风险损失预测在我国银行内部也还是新鲜事物，普遍接受需要一个过程。

巴塞尔银行监管委员会将操作风险事件分为内部欺诈，外部欺诈，员工事件，客户、产品和业务事件，自然灾害事件，技术和基础设施失灵事件，交易和流程事件七类，将业务线分为投行、交易和销售、零售银行、商业银行、清算、代理、资产管理、零售经纪、私人银行九类，这样就形成了风险事件×业务线的7×9矩阵。为进一步推动我国银行业操作风险管理精细化和科学化，可以考虑将季度监管通报台账数据逐步与国际银行业操作风险计量7×9矩阵对应，基于统一分类标准进行操作风险损失计量，为未来使用模型识别和预测操作风险做好数据准备。以上"打基础"工作虽然着眼于操作风险管理的未来，但必须及早开展扎实推进。

除"建机制"和"打基础"以外，操作风险管理还要"抓重点"。我国银行体系规模庞大、业务繁杂，操作风险隐患点多面广。2017年以来，监管机构先后开展了市场乱象整治回头看、风险管理与内控有效性现场检查、综合执法检查等专项行动，银行操作风险损失金额明显增多，尤其是案件引发的账面减值、监管处罚占比较高。其中，外汇管理、信贷管理、监管报送、理财业务、代销保险是监管处罚重点，对外赔偿、追索失败、自然灾害事故造成的资产损失、法律诉讼支出占比相对较低。从公开披露的处罚信息看，银行违法违规领域多集中在违规提供资金方面。2021年，监管机构处罚最多的三大领域是房地产融资、个人贷款、员工行为管理，同业业务、票据和房地产融资领域罚款金额最高。不同历史时期处罚领域和处罚内容可能会发生变化，但完善公司治理机制、堵塞管理流程漏洞不能停歇。应该根据监管机构和巡视、巡查、审计发现的重点领域问题，持续整改，直至问题彻底关闭，形成解决问题的闭环。

四、 生死攸关的 "黑天鹅"

塔勒布曾经说过，"我不知道地震的可能性，但我能想象地震对旧金山会造成怎样的影响。做决策时，你只需要了解事件的影响，这是你能知道的，不需要了解事件的可能性，这是你不可能知道的，这一思想就是不确定性的核心思想"。"黑天鹅"事件在正常预期之外，未能提早预料到，影响广泛或者具有极端影响，只有风险事件发生后才能解释。网络瘫痪、自然灾害、恐怖袭击、突发战争都可能是银行面对的"黑天鹅"事件。2011年，时隔1142年后，日本关东再次发生9级大地震，引发了东部海岸的巨大海啸，失踪和死亡人数达到23000人，受灾地区电力、通信、交通、燃气和水供应彻底中断，对金融机构运营产生了极端冲击。像此类"黑天鹅"事件发生概率极小，损失巨大，是概率密度函数的"厚尾"部分，数据极其稀少以及统计方法的局限性决定了技术上无法预测。面对随时可能翩然而至的"黑天鹅"，最佳的应对策略就是做好最坏的准备，争取更好的结果。

政府、监管机构在应对"黑天鹅"事件上承担着不同的角色。政府应注重收集跨行业数据，挖掘隐藏的风险信息。各类政策保持好相互衔接和配套，形成政策合力，避免实体经济和金融体系快速累积不平衡。加大对"黑天鹅"事件早期识别和预警技术的投入；监管机构应致力于建立有韧性的支付体系，以"黑天鹅"事件发生后全社会支付结算不陷入混乱为目标，做好及时启用大额支付系统备份的准备，降低支付风险。及时而敏感地对金融机构资本水平和流动性状况实施监督检查，确保其资本、流动性、杠杆水平保持在合理范围。万一不幸遭遇了"黑天鹅"事件，央行应该马上会同其他监管机构指导系统重要性银行开展有序自救，对非系统重要性银行进行区别救助，极力防止风险外溢引爆金融危机。

金融机构重在事先防范，事先着眼于尽可能模拟"黑天鹅"事件的损失，布置相应的防范措施。在利用统计方法计量"黑天鹅"事件损失这件事上，存在很大不确定性，识别和计量依旧是横亘在金融机构风险管理面前的难题。不少金融机构采用压力测试方法辅助识别"黑天鹅"事件，问题在于压力测试方法在多大程度上贴近现实事先无从知晓，基于压力测试结果采取的防范行动或许根本就南辕北辙。2008 年国际金融危机给许多金融机构带来灾难性冲击，每家金融机构最终损失多少却与相关各方采取应对冲击的措施，以及央行救市时机息息相关。这些都是单家金融机构事先不可能完全识别和知晓的。

单家金融机构防范"黑天鹅"事件的经验至少包括保持充足资本水平，保持充裕流动性。紧急情况下资本清偿能力和流动性是实施自救的"救命稻草"。避免风险暴露过于集中。紧急情况下集中度风险可能会给金融机构致命一击，要避免信用风险和流动性风险过于集中。金融危机爆发之前，任何机构都没有预料到全美房地产价格普遍下跌，次级贷款和资产证券化产品的基础资产地域分布上相当分散，没有风险集中问题。危机爆发后，全美房产价格暴跌使看上去分散的产品风险变得集中，不少金融机构因此折戟沉沙。金融机构事先要立足紧急情况，做足各种准备工作，建立多层次的运营安全保障措施。为保证极端情况下计算机系统安全运营，除了灾难备份中心外，还需要金融机构自备发电机组和燃油。为保证计算机软件和硬件正常运营，要在主要供应商中断供应时应做好替代方案。通过必要设施和功能的分散化，避免业务运营过于集中。应做好业务连续性计划效果的日常评估，对人员进行充分的培训，确立风险分担机制。为减少"黑天鹅"事件造成无可估量的伤害，事先购买保险，与保险公司和再保险公司签署分散损失协议。

本章核心观点：

● 2008 年国际金融危机后，为解决信贷过剩，监管改革的基本逻辑是以提升银行资本充足要求为"纲"，迫使银行修正过去为追求股东回报而采取的激进业务模式，朝着更加审慎方向调整风险加权资产结构，使整个银行体系更加安全。

● 新兴市场国家的银行经营特点决定了在经济上行期，市场力量拉动贷款投放，风险加权资产增加。在经济下行期，为保证一定幅度的经济增长目标，也需要银行增加贷款投放，增加风险加权资产。这意味着银行增加风险加权资产的需求是刚性的。只要银行不改变以贷款为主的经营模式，就会陷入"贷款增长必然带来信用风险加权资产增长，收入增长必然带来操作风险加权资产增长"的循环。

- LIBOR 改革无法回避银行资产负债业务与对冲衍生产品之间的基差风险，对冲管理难度加大。存量 LIBOR 业务的市场风险敞口发生变动，影响后续限额与资本管理。金融市场业务风险参数和模型需要全面重检与调整。不同币种的利率定价机制不相同，跨币种业务面临新的风险。交易对手信用风险、流动性风险和合规风险方面也都会有不确定性。

- 在极端市况下，大规模抛售形成的损失螺旋和保证金螺旋不会因为金融机构对市场风险敏感性增加、管理精细化提升而彻底消失。出现市场"黑天鹅"事件，首要任务是防止金融机构市场风险管理体系相同、方法相同、偏好相同、策略相同，防止市场跌入"螺旋黑洞"无法自拔。

- 操作风险高级计量法依赖内部治理体系，董事会、监事会、高级管理层管理职责清晰化，"第一、二、三道防线"协作与制衡是计量有效的基础，业务环境和内控因素也是实施高级计量法不可或缺的组成部分。内部损失数据、外部损失数据、情境数据以及与业务环境和内控相关的数据构成了高级度量法的操作风险损失数据基础。

- 在《巴塞尔资本协议Ⅲ》操作风险标准法下，操作风险的资本是银行业务指标、业务指标调整、根据内部损失历史经验校准调整的综合反映，操作风险的资本计量与操作风险实际损失之间已经完全割裂。

- 必须深化金融机构内部改革，重塑全面风险管理机制，推进全面风险管理体系各个环节制度化、规范化发展。以监管机构、内部审计部门发现问题整改和重大风险隐患及时处置为突破口，对于违规违纪问题，严肃问责，形成集识别、监测、缓释、报告、处置、问责为一体的运行机制。

● 防范"黑天鹅"事件需要政府、监管机构和金融机构共同努力。政府应注重收集跨行业数据，挖掘隐藏的风险信息；各类政策之间应保持相互衔接和配套，避免实体经济和金融体系快速累积不平衡；加大对"黑天鹅"事件早期识别和预警技术的投入。监管机构应致力于建立有韧性的支付体系，及时而敏感地对金融机构资本水平和流动性状况实施监督检查。金融机构应注意保持充足的资本水平、充裕的流动性，避免风险暴露过于集中，保障业务连续稳定，确立风险分担机制。

第六章　应对宏观经济波动：
备豫不虞为常道

一、　宏观经济稳定与金融稳定

（一）　对宏观经济稳定与金融稳定的经验认识

通货膨胀和通货紧缩是现代宏观经济运行现象，它们对金融稳定的影响在很长时间内都没有引起足够关注。"二战"以后，英美国家宏观经济调控实践逐渐形成了基本认识，即稳健宏观经济政策是实现金融体系稳定的基础，宏观经济稳定意味着金融体系稳定。当金融体系出现不稳定且不稳定发展到一定程度时，经济产出和通胀水平必然偏离预期目标，参考通胀水平和产出的期望水平就可以评估金融体系不稳定程度。为了保证宏观经济稳定，货币政策要紧紧盯住充分就业和通货膨胀水平。根据充分就业和通货膨胀水平之间的置换关系，在合理的就业水平和通货膨胀水平之内央行不需要改变货币政策基调。只有出现资产价格波动升高、物价上涨、家庭债务比率上升等不稳定状况才需要采取更加平衡的宏观经济政策，以此来保证金融稳定。

上述认识长期占据着理论界主流，实际情况却并非如此。价格风平浪静的背后金融风险暗流涌动，价格稳定未必等于金融稳定。"二战"后日本经历了 20 世纪 50 年代后半期岩户景气时代、田中角荣重建日本列岛繁荣时期及 80 年代后期到 90 年代的平成繁荣阶段。在岩户时代，消费者价格指数上升，批发价格一直保持基本稳定，在田中时代，出现了货币供给超高速增长、油价飙升带动资产价格上升的情形；在平成时代，以股票和土地为代表的资产价格明显上扬，却仍然保持着持续经济增长和比较稳定的通货膨胀水平。资产价格上扬到底是由技术创新带来经济基本面改善决定的，还是由对未来增长预期的亢奋情绪决定的，各执一词、莫衷一是。1985 年广场协议后日元快速升值，石油价格下跌。到 1986 年夏，日本大藏省希望维持紧缩财政政策，避免日元进一步升值。日本央行担心货币供应大量增加，信贷扩张会带来通货膨胀，而当时不计算新鲜食品在内的消费价格指数接近 0，采取紧缩措施抑制通货膨胀的理据不足，日本央行最终没有下定决心收紧货币政策。从 1988 年开始，消费价格指数逐渐上扬，1990 年 4 月达到 2%，当年 11 月就飙升至 3%。当时股市和房地产估值还在上涨，日本央行似乎已经嗅到了危险信号。同年 5 月，在日本央行内部成立了负责金融稳定的部门，着手研究金融机构倒闭后的救助药方。进入 20 世纪 90 年代中期后，资产价格一落千丈，金融机构哀鸿遍野，经济陷入持续衰退。事后看来，1987 年以前各方对房地产行业是否存在泡沫还有争论，1987 年以后争论逐渐消失了。金融放松管制步伐加快，货币政策持续放松，税收和监管政策放松，金融机构贷款尺度放松，"股市泡沫""房地产泡沫"越吹越大。待市场亢奋情绪消退后，"资产泡沫"消散，各种风险开始暴露。假如时间可以回退，1988—1989 年物价上涨起步阶段是最佳升息窗口期，从那时开始收紧货币政策，资产泡沫就不可能落到无法收拾的地步。

从 1992 年开始，美国进入了"大缓和"时期，当时货币政策主要目标是设定预期通货膨胀水平，通过短期利率调整控制通胀目标，以温和通货膨胀为代价，实现预期产出。随后的几年里，美国经常账户赤字在增加，美元汇率走强吸引着资本流入，压制了国内通胀水平，资产"价格泡沫"一直不是很严重。1996 年，道琼斯指数处于 6400 点上下，时任美联储主席格林斯潘宣称股市出现"非理性繁荣"。他的表态只是暂缓了股市势如破竹的节奏，消化了格林斯潘讲话后股指继续上扬，在 1999 年 3 月道琼斯指数越过了 10000 点大关。当时美联储判断全美生产效率持续增长，经济增长比之前预测的没有通货膨胀情况下增长更快。在股票价格极度偏离历史轨迹后，美联储仍坚持不干预的态度得到了广泛赞誉。后来将货币政策不对"资产泡沫"做出反应，等到"泡沫"破灭，再打扫遗留垃圾的做法赋予"清除法"（the Mopping Up Approach）的美誉。2000 年"互联网泡沫"破灭，美联储迅速降息，低息环境延续了几年，为 2008 年国际金融危机埋下隐患。事后看来，美国经济在 1999 年进入了不可持续繁荣阶段。价格稳定不能仅狭义地理解为物价稳定，资产价格稳定也在其中，美联储原本应该对不断上升的股票价格作出及时反应。如果更早地采取更加坚决的货币紧缩政策，缓缓刺破"泡沫"，经济虽有阵痛，或许国际金融危机可以幸免。

与通货膨胀相对应，通货紧缩是经济运行走向了另一个极端。通货紧缩产生的最大问题是现金价值不断增加，企业更愿意囤积现金，不愿意投入再生产，消费者预期商品和服务价格持续下降，受此影响消费不断延后。银行体系出现信贷紧缩（Credit Crunch），表现为存款不断增加，贷款不断下降，持有的国债数量持续增加，盈利空间不断被蚕食。"房地产泡沫"破灭后，日本整个 20 世纪 90 年代被称为"失去的十年"。从 1995 年开始，日本银行业贷款增长率徘徊在零附近，后来出现负增长。价格通缩和资产通缩越来越严重。日本大城市房地产估值从高峰下降了 70% ~ 80%，1997年到 2004 年 CPI 累积下跌了 3%。资产通缩和脆弱的银行体系相互作用是日本 20 世纪 90 年代金融危机后系统性金融风险新的表现形式。[1]经济主体没有借贷意愿，长期低利率政策甚至零利率政策都无法摆脱"流动性陷阱"，货币政策效果不彰。1999 年 4 月至 2000 年 8 月日本实施零利率政策，从 2001 年 3 月开始正式实施量化货币宽松政策（Quantitative Monetary Easing）。量化货币宽松政策的三大核心内容是保证提供充裕的流动性，承诺

---

① Masaaki Shirakawa, "Way out of economic and financial crisis – lessons and policy actions", BIS Review 50/2009.

持续提供流动性，使用包括购买短期政府债券、长期政府债券、商业票据、资产支持商业票据、资产支持证券等在内的各种市场操作，以极低利率产生货币宽松效果，直到实际通货膨胀和预期通货膨胀持续转为正数。从2006年开始，执政的安倍政府将量化货币宽松政策升级为量化和定性货币宽松政策（Quantitative and Qualitative Monetary Easing），期望以最快时间达到2%价格稳定目标。同时通过日本央行购买日本国债，压制短期名义利率和整个收益率曲线，降低长短期实际利率。在货币宽松政策下，短期名义利率一直受压，几乎压到0。2016年1月以后，面对原油价格下跌、新兴市场国家及商品出口国家经济发展前景的不确定，量化和定性货币宽松政策升级为负利率下的量化和定性货币宽松政策。日本央行采用 −0.1% 利率推动收益率曲线短端下行，为了防止银行盈利大幅下降而减少贷款或要求更高贷款利率损害货币宽松的效果，对金融机构在日本央行经常账户中的余额（美国称为"储备余额"）实施0.1%、0 和 −0.1% 三种利率，并且对负利率金额上限进行控制，将负利率下量化和定性货币宽松政策对银行体系盈利的影响降到最小。负利率政策让银行风险和政府风险捆绑得更加紧密，实际利率缓慢下降，是否会引发金融危机仍需要观察。

应对通货膨胀和通货紧缩离不开货币政策发力，要特别警惕利率政策从降转升或由升转降的"关键时点"成为金融体系风险暴露的"拐点"。银行资产久期长于负债久期，利率由下降趋势转为上升趋势时，银行持有的长期证券估值下降，贷款违约增加，信贷增速下降。资产可能受益于利率上升，存款利率上升也可能以更快的速度侵蚀银行盈利，部分银行清偿能力变得危险，甚至倒闭。人寿保险公司和养老基金的资产久期短于负债久期，利率由上升趋势转为下降趋势时，容易出现资产与负债收益水平倒挂，完全暴露在清偿能力严重不足和流动性风险之下，累积系统性金融风险。

系统性金融风险累积不像通胀或通缩问题表现得那么明显，紧急情况出现才显得突出，所以能看到的情况基本都是"事后诸葛亮"，丧失了最佳干预时机后才干预，社会成本奇高。在复杂的经济现象面前，面对各种相互矛盾甚至冲突的经济指标，决策的挑战在于如何准确评估金融和宏观经济将来的风险。过早收紧货币政策会抑制经济增长潜力，犯了不该收紧而收紧的错误；迟迟不收紧货币政策会付出其后高通货膨胀代价，犯了该收紧而不收紧的错误。决策既要考虑犯错误的可能性，还要考虑两类错误的相对成本。在离我们更近的历史中，高通货膨胀的代价更大、成本更高。

（二）　低息环境下系统性金融风险累积

2008 年国际金融危机后，以美国为首的发达国家开启了量化宽松时代，由央行接手大量金融中介或直接购买资产。持续量化宽松政策扭曲了市场信号，发达国家市场上金融产品的短期利率、长期利率以及期限溢价都发生了显著变化。无论短期利率还是长期利率，无论新兴市场国家还是发达国家，全球利率水平持续走低，全球普遍出现了流动性太多、经济主体杠杆太高、金融工程太过复杂、承担风险高而获取收益太少、对风险理解不足等新现象。经济学的解释是经济体存在过度储蓄、投资不足。按照长期形成的对宏观经济稳定与金融稳定两者关系的经验认识，这种情况下金融是稳定的。然而，长期持续超低利率和低通货膨胀率环境下并非不存在系统性金融风险，系统性金融风险正在变得更加复杂、更加具有隐蔽性。主要国家货币政策外溢的影响，以及外溢后受影响国家采取应对政策溢回的影响都会对全球金融系统稳定产生冲击。

从短期利率看，全球大部分短期金融合约均以美元标价，新兴市场国家私人部门外币借款的参照系是美元联邦基金利率。美元超低利率政策迫使新兴市场国家考虑货币政策是否跟随、是否避免过多的资本流入。如果过于偏离美元联邦基金利率，可能会给新兴市场国家的货币带来难以预料的风险。新兴市场国家通过调整短期利率传导货币政策的能力被削弱，美元联邦基金利率成为事实上全球短期利率的"锚"。存在经常账户逆差的新兴市场国家借助于资本流入弥补，流入数量却难以控制，很容易就超过了本国合理吸纳能力。过多外汇流入导致外汇储备增加和本币升值。为避免本币过快升值伤害出口，新兴市场国家央行需要干预外汇市场，吸纳市场过多外币。当外币开始大规模流出时，央行需要动用储备干预本币贬值，回收本币的过程造成基础货币收缩，影响金融市场的流动性。按照美元主导的全球货币循环环流，美国可以轻易通过汇率贬值将经济风险转移到其他国家，其他国家却难以将自己与全球资本流动和美元贬值对本币施加的压力完全隔绝开来。新兴市场国家金融不平衡在不断累积，与2008年国际金融危机前似曾相识的一幕正在上演，很可能成为下一轮危机的"引爆点"。发达国家货币外溢到新兴市场国家的五种渠道如表6-1所示。

表6-1　　　　　　　发达国家货币外溢到新兴市场国家的五种渠道

价格渠道	数量渠道
政策利率设定跟随	资本流动
全球债券市场收益率	向居住在美国和欧元区以外的借款人发放美元和
汇率变化	欧元贷款

从长期利率看，新兴市场国家以本币发行的政府债券更多地向发达国家看齐，采用市场驱动的长期利率。[1] 10年期美国国债收益率成为事实上全球长期利率的"锚"。美国国债长期收益率由预计未来短期利率平均水平和期限溢价构成。结构性因素和周期性因素都会影响期限溢价。每当出现市场恐慌，大量资金为避险涌入美国国债市场，推高美国国债长期收益率，这种影响很快会外溢到新兴市场国家，这就是经常看到的新兴市场国家股市迅速下挫，发达国家与新兴市场国家跨境银行间流动减弱现象。美国国债长期收益率上升也增加了新兴市场国家美元债务的再融资成本，有大量美元债务的新兴市场国家融资明显收缩。

---

[1]　Bank for International Settlement, "The transmission of unconventional monetary policy to the emerging markets", BIS Papers, No. 78, Aug. 2014.

　　新兴市场国家的银行业、保险公司和养老基金正在经受考验。发达国家量化宽松政策降低了新兴市场国家借款人以外币融资的成本，刺激了新兴市场国家外币借款增加。一旦本币贬值或获取外币借款的渠道受到影响，很容易造成新兴市场国家银行的清偿压力。量化宽松政策也会刺激发达国家的银行将业务重心转向新兴市场国家，竞争加剧降低了新兴市场国家银行的盈利能力。在那些利率高于发达国家的新兴市场国家，"利率差"会驱动资金流入，推高这些国家资产价格，而被迫跟随发达国家低利率的新兴市场国家的银行业需要承受更大压力。出于保护存款人目的，新兴市场国家银行存款利率一般都难以下降，不断压低贷款利率和其他资产收益率的后果就是银行净利差下降，清偿能力变弱。低利率环境迫使银行降低风险控制标准，发放更高风险的贷款。在市场流动性充裕情况下，高风险贷款难有合理的风险溢价，风险会在银行体系内不断聚集。

　　与银行相比，保险公司和养老基金公司面临负久期缺口，对于长期低利率环境更加敏感。[①] 评估保险公司和养老基金公司清偿能力的指标是净现金流和融资比率。净现金流衡量评估期内投资收入（含收到的利息、实现的资本利得，扣减管理成本）和向保单持有人支付金额之间的差异。利率变化影响投资收入。由于保单有最低收益担保，利率变化也会影响保单持有人的支付价值，正的净现金流增加了保险公司和养老基金公司的资本缓冲，负的净现金流消耗资本缓冲。融资比率是保险公司金融资产的市场价值与累积到期的保单持有人债券价值之间的比率。利率变化影响了保险公司资产和负债的盯市价值。如果融资比率小于1，说明融资不足。正是因为保险公司和养老基金公司负债（如确定好收益的保险计划、有收益保证的人寿保险产品）具有刚性特点，而且有较大的负久期缺口，低利率环境对其清偿能力和盈利能力影响最大。当然，影响也取决于监管机构对清偿能

---

　　① 久期缺口 = 资产加权平均久期 −（总负债/总资产）× 负债加权平均久期，负久期缺口相当于资产加权平均久期 <（总负债/总资产）× 负债加权平均久期。

力的要求、报告标准和资产负债使用的估值方法。不断下降的利率导致负债现值上升超过资产现值上升,清偿能力随之下降。当利率由降转升时,保险公司和养老基金公司清偿能力得到改善,流动性会因为衍生产品估值损失,保单持有人终止保险合同而恶化。

保险公司和养老基金公司破产会通过风险暴露和市场渠道对金融体系产生巨大冲击。在低利率环境下,保险公司和养老基金公司降低清偿能力风险的主要方式是拉长资产久期、降低负久期缺口。在无法获得足够的长期债券资产时,也会使用利率掉期保持适度的利率敏感性,这样就不得不承担利率掉期交易对手的信用风险。任何一家保险公司、养老基金公司破产会直接影响它们的交易对手和其他利益相关者。市场渠道的冲击是通过资产估值实现的。保险公司和养老基金公司的投资策略要求维持相对固定的战略资产配置,在证券估值较低时买入,估值较高时卖出,定期根据利率变化情况再平衡。长时间低利率扭曲各类资产风险溢价,保险公司和养老基金公司被迫降低战略资产配置标准。在有些国家,保险公司和养老基金公司是资产管理市场的投资主力,它们破产会引发金融市场恐慌,诱发金融危机。

日本人寿保险公司的风险

20 世纪 80 年代中后期,为应对邮政体系人寿保险公司和农村合作机构的强力竞争,日本的人寿保险公司大量销售担保最低收益的产品,最低收益曾达到 9%,资产负债表不断扩张。从 20 世纪 90 年代早期开始利率下跌,投资收益逐渐低于向客户担保的最低收益。公司资产久期较短的特征决定了随着越来越多到期资产被新推出的、收益更低的资产替代,"收益倒挂"问题日益突出。1996 年通过的《保险业务法案》禁止保险公司单方面降低未到期保单已经担保的收益率,1997—2001 年,合计占人寿保险行业总资产 10% 的几家保险公司被迫宣告破产。在保单持有人保护基金的支持下,破产公司的资产被国内外其他保险公司收购。2000 年修订了寿险公司会计处理规则，允许为了匹配负债久期购买的债券和负债使用相同方式估值，可以不用盯市。日本人寿保险公司开始购买更多的日本政府超长期债券，拉长资产久期。2001 年，政策允许人寿保险公司参与医疗保险。由于保护型产品不如储蓄型产品对利率敏感，人寿保险公司从储蓄型产品更多地转向了保护型产品。2003 年修订后的《保险业务法案》规定，如果人寿保险公司面临较高破产概率，允许人寿保险公司与保单持有人再次协商，降低未到期保单已经担保的收益率。在长期低利率环境下，为了盈利，也为了资产和负债更加匹配，更好地对冲利率风险，日本的人寿保险公司极力购买期限 15 年以上的政府长期债券，用于取代给日本公司的部分贷款，将资产的平均久期增加到 12.5 年。直到 2013 年，日本主要的人寿保险公司利差才由负转正。

（三）　宏观金融稳定政策框架

在防范系统性金融风险的实践中，各国逐渐丰富和完善了宏观金融稳定政策框架，这个政策框架在原有的货币政策、财政税收政策、资本流动管理政策和外汇政策基础上，与时俱进地增加了宏观审慎监管政策。

1. 政策工具

货币政策。1967 年，美国货币学派大师弗里德曼在对美国经济学会的致辞中说："就货币政策能做什么这件事，历史告诉我们最重要的教训，在重要性方面也是最深远的教训是货币政策能阻止货币本身成为经济动荡的主要来源。"这一思想在货币政策实践中体现为货币政策目标是培育可持续的经济增长，长期保持能预测到的、稳定的价格。1977 年，《联邦储备系统改革法》明确"充分就业"和"物价稳定"是美联储的双重使命。联邦公开市场委员会在美国国会监督的框架内可以决定采用哪些具体举措，以便更好地实现货币政策目标。对于物价稳定，最普遍的理解是"可度量的价格稳定"，强调在确定的时期内通货膨胀率保持在设定的比率水平，操作上设定 0 ~ 2% 的容忍目标。还有一种解释是"可持续的价格稳定",强调具体通货膨胀率目标容易受到各种临时冲击和度量错误的干扰,公众对能达到的通货膨胀形成稳定的预期就是可持续的价格稳定,格林斯潘将这种价格稳定解释为"经济主体在经济决策时不再考虑一般价格水平预期变化"。在日常宏观经济调控实践中,以美英为代表的发达国家货币当局坚持"泰勒规则"(Taylor Rule),该规则将利率操作目标交由通货膨胀率和产出缺口偏离均衡水平的程度来决定。鉴于资产价格波动效应已经包括在当前产出缺口变化中,把产出缺口作为将来通货膨胀压力的替代,再结合考虑发生概率低但对经济活动和价格稳定造成巨大伤害的"尾部风险"因素,央行就可以对潜在通货膨胀压力作出预防性反应。在"异常和紧急情况下",美联储根据《联邦储备法》授权,为银行以外的任何实体提供贷款,坚持"白芝浩规则"(Bagehot's Dictum)。[①]

动态调整贴现窗口和贴现率、储备要求和储备余额利率是美国实施货币政策的三大工具,在公开市场上美联储通过购买和出售证券控制联邦基金利率水平是货币政策基本操作手法。美联储向存款机构贷款的行为称为"贴现窗口"。在"贴现窗口"下,美联储提供一级信贷、次级信贷和季节性信贷三种贷款,三种贷款均需要完全抵押,贷款利率各不相同。次级信贷利率高于一级信贷,季节性信贷利率根据遴选市场利率的平均值计算。美联储通过收窄一级信贷利率与隔夜利率之间的差额、延长贴现窗口时间、每日滚动进行等方式,帮助存款机构有效管理流动性风险,防止客户集中提款对市场造成冲击。美联储对净交易账户、非个人定期存款、欧洲货币负债实施不同比率的储备要求。根据存款机构净交易账户的数量,实施差别化储备比率要求。有些净交易账户豁免实施储备比率要求,有些实施 3% 的储备要求,还有些实施 10% 的要求。根据货币政策需要,有时储备比率

---

① 在金融危机时,央行应该慷慨放贷,但只放给那些经营稳健、拥有优质抵押品的公司,而且要以足够高、能吓走非急用钱者的利率来放贷。

要求还会调降到 0。储备余额的利率由美联储决定，每个营业日东部时间下午 4 点半更新下一个营业日的储备余额利率水平。美联储日常通过公开市场操作调整储备余额的供给，以保证联邦基金利率保持在目标水平上。①

按照美国联邦公开市场委员会工作程序，在每次正式开会前预测通货膨胀、产出和其他经济变量所处的水平，结合专家判断形成预测结果，预测结果是正式会议政策讨论的基本情形。在基本情形下，金融稳定只是作为"如果"项嵌入宏观政策讨论过程中。假如出现了突然的外部冲击事件，就迅速采取应对措施，满足市场紧急融资需求，稳定金融市场。1998 年 8 月，俄罗斯宣布对债务进行重组并延期支付，引发了市场恐慌。投资者抛售高风险债券，大量购买美国国债。美联储在事件爆发后 7 周内 3 次下调短期利率。商业银行向那些短期商业票据不能继续滚动发行的公司提供贷款，随后的两个月内银行提供的贷款高达 300 亿美元，是平时贷款金额的 2.5 倍。"9·11"事件发生后，联邦基金市场严重受损，美联储在几天内提供了超大规模贴现窗口贷款，向市场注入巨额资金。为了增加银行体系的流动性，美联储豁免了所有白天透支费用和隔夜透支的惩罚性费用，延长了转移大额付款系统（Fedwire）运行时间，也放松了证券贷款便利限额，减轻企业融资压力，助力金融市场恢复正常状态。

传统货币理论认定利率接近零时货币政策就失去了发挥作用的空间。美、英、日等国的量化宽松政策打破了这一理论，当政策利率是零时，央行连续购买资产虽没有降低短期利率，但是增加了流动性，影响了长期利率，对私人部门按揭、公司投资等长期资产的需求产生影响。量化宽松政策取得的效果说明零利率不是货币政策的终结。2008 年末到 2014 年 10 月，美联储进行了公开市场操作创新，通过公开市场大量购买长期证券，压低长期利率支持经济复苏。从 2015 年 12 月开始，美国货币政策开启正常化进程，美联储使用隔夜逆回购协议（Overnight Reverse Repo Agreement）作为

---

① 联邦基金利率是存款机构将储备余额隔夜贷给其他存款机构的利率。

货币政策工具补充，在流动性过剩的情况下帮助货币市场利率摆脱下限约束。为控制联邦基金利率在货币政策设定的目标范围内，美联储还使用定期存款便利（Term Deposit Facility）向参与机构提供定期存款，以此调节存款机构拥有的储备余额总量。2019 年 12 月，储备以外的负债迅速增加，为缓解货币市场压力，美联储又使用定期和隔夜回购协议（Term and Over-night Repurchase Agreement）保证充裕的储备供给，支持短期美元融资市场保持稳定。2020 年 3 月，美联储设立了包括商业票据融资便利（Commercial Paper Funding Facility）、一级交易商信贷便利（Primary Dealer Credit Facili-ty）、货币市场基金流动性便利（Money Market Mutual Fund Liquidity Facili-ty）、一级市场公司信贷便利（Primary Market Corporate Credit Facility）和二级市场公司信贷便利（Secondary Market Corporate Credit Facility）、定期资产支持证券贷款便利（Term Asset – based Securities Loan Facility）在内的一系列新工具。这些工具针对的市场主体不同、抵押品不同、提供融资的期限不同，都是为了支持向美国家庭和企业提供信贷，保持市场充裕的流动性。2021 年下半年，为支撑货币市场顺利运行，又设立了国内常设回购协议便利（Standing Repurchase Agreement Facility），配套建立了最低报价机制。美联储与一级交易商开展隔夜回购时，买入和卖出国债、机构担保的债务证券、按揭支持证券，证券买卖的价差就是美联储在这笔交易上赚的利息。最低报价是在向交易对手提供常设回购便利时美联储愿意接受的最低利率水平。倘若参与报价的证券数量超过了操作限额，交易对手支付的实际利率就由拍卖决定。拍卖决定的利率水平高于最低利率水平时，交易对手放弃就会自动减少参与报价的证券数量，这套市场化机制可以防止隔夜融资市场压力向联邦基金利率市场传导，损害货币政策效果。

财政税收政策。财政税收政策影响投资环境，是缓解风险累积的重要先手工具。财政本身具有"自动稳定器"功能，发挥好"自动稳定器"作用对于平抑经济波动、防止金融体系"顺周期"意义重大。"自动稳定器"

分为本质上具有"顺周期"特征的、财政转移下降和税收收入增加工具，以及根据经济周期不同阶段，修改之前设定的条件进行财政转移，调整税收收入两种。政府刚性支出与社保计划、累进收入税相结合就有周期性自动稳定功能。在扩张性财政政策下收入累进税可以平缓扩大政府支出规模，扩大社保计划支出的扩张效应。在收缩性财政政策下收入累进税又可以平缓政府支出收缩、社保计划支出收缩的紧缩效应。各国使用的传统财政税收工具包括：专项支出，向特定机构、居民提供补贴或拨款，支持基础设施投资和研发支出。调整企业税收和个人税收水平，针对低收入人群实施灵活税收政策，按照纳税人的负债进行扣减，实施企业投资税收贷款。推迟缴纳个人所得税。扩大失业保险范围，实施小企业薪酬保护计划，承担小企业的工资支出或发放失业救济金。发挥杠杆作用，配合信贷支持计划，由财政部为重要金融机构或非银行金融机构债务提供担保等。财政过度负债会引发金融危机，因此，保持财政基本平衡或适度负债一直是实施财政政策的基本出发点。保持稳健财政，结合实施审慎债务管理政策有利于降低对资本流动的依赖，减轻资本流动突然停止形成的风险。历史上遭遇经济危机或金融危机后，财政扩张成为刺激经济复苏的必选项，最猛烈的扩张就是央行在一级市场直接购买国债，增加基础货币供应，将财政赤字货币化，但可能会由此引发严重通货膨胀，反噬央行持有国债的价值。

　　资本流动管理政策和外汇政策。对于外汇工具、资本账户交易实施限制和管制的资本流动管理政策，其目的是降低由资本大规模流动诱发金融危机。相关政策有针对居民和非居民的，有针对资本流入或流出方向的，还有针对税收、限额、批准要求的。对资本流入征税可以控制资本流入激增。对资本流出实施数量限制可以管理资本突然流出对经济体系的冲击。资本流动管理政策针对性强，应对极端情况下的资本流动较为有效。汇率大幅波动影响金融稳定，也会诱发金融危机。外汇政策关注汇率变化对本国通货膨胀的影响、对出口竞争力的影响和对国内融资条件的影响。实施固定汇率制的国家，央行随时在外汇市场上干预，保持汇率固定水平。实施灵活汇率制的国家，只有汇率出现极端波动时，央行才会出手干预市场。央行干预外汇市场方式多种多样，包括在即期市场上出售外汇，干预本币与外汇的汇价，使本币汇率贬值趋势逐渐向理性汇率水平回归。利用外汇掉期为市场融资或提供流动性。央行卖出将来交付美元的外汇掉期，为需要平掉美元空头衍生头寸的企业提供对冲。通过美元贷款便利，向商业银行提供美元或以出口票据质押为企业提供外汇贷款。央行通过卖出或买入外汇现货，买入或卖出外汇远期，对冲市场风险，调整外汇期限错配。匈牙利、印度、韩国、墨西哥、秘鲁、菲律宾、俄罗斯等新兴市场国家都曾使用这种方式干预外汇市场。进行外汇远期（含不交割的、以本币结算的远期）或外汇指数交易，央行通过支付或接受外汇价值变化部分的本币，来抵销外汇估值损失。外汇期权，汇率升值或贬值超过央行可接受的水平，央行通过卖出看跌期权，或买入看涨期权进行外汇交易，哥伦比亚和墨西哥曾使用这种方式；对银行体系外币存款以外的外币负债征税，短期外币负债适用惩罚性税率；对银行外币衍生产品头寸设定上限，减轻短期对外负债；为对外借款或银行存款提供隐性或显性担保；修改监管要求，提高外汇借款利率上限，允许国内出口企业使用外汇贷款进行货币期权交易结算，降低外汇存款准备金要求。允许特定机构以多种储备货币满足储备要求，为外汇借款提供便利。央行干预外汇市场的底气来自外汇储备，运用储备干预外汇市场的效果取决于充分执行、保持和市场适当沟通、与其他宏观政策方向保持一致。外汇干预行为的负作用是扭曲市场、消耗储备，效果持续期也比较短，还需要支付冲销成本，只能是临时救急。

宏观审慎监管政策。它是"一种使用审慎工具限制系统性金融风险的政策，因此就限制了对实体经济造成严重后果的关键金融服务中断的发生"。从时间维度看，旨在解决金融体系的"顺周期"问题，客观上也对家庭和企业股权、债权的结构选择施加了影响。从金融体系内部维度（Cross –

Sectional Dimension）看，目的是降低系统性风险的集中程度。通过分析整个金融体系，以及金融体系和实体经济的相互作用，降低各家金融机构来自资产、负债、依赖共同服务形成的风险暴露，以及各家金融机构相互之间直接的资产负债勾连。宏观审慎政策需要在系统性金融风险累积的早期阶段就识别出金融体系存在的不平衡，进而分析原因是由信贷增长或资产价格膨胀、外币流动性、经济主体杠杆过高，还是资本流动促成的，再采取积极的控制措施。至于什么时间使用什么样的工具，是规则固定还是相机抉择，是使用单一工具还是选择工具组合，每种工具强度保持什么样水平，以及所选择的宏观审慎监管政策工具使用后效果如何都需要结合对金融体系不平衡原因判断进行摸索。短期内就可以看到政策实施的负面影响，如受到抑制的信贷业务短期内需求暴涨，资本要求或融资成本提高压低了银行收益。金融体系不平衡得到改善，有效降低系统性金融风险发生概率等政策实施的收益需要更长时间来检验。十几年来，各国在使用宏观审慎监管政策工具应对系统性金融风险累积方面探索出一些经验。

（1）丰富资本监管工具。增加全球系统重要性银行总损失吸收能力，对全球和国内系统重要性银行实施附加资本和"逆周期"资本缓冲要求，防止风险跨境外溢。将"逆周期"资本缓冲要求与银行业危机早期预警指标相结合，成为审慎原则下激励导向的监管工具。德国央行根据德国银行的规模，对国内支付、私人存款和贷款的重要性，复杂程度和相互关联程度，确定国内系统重要性银行初选名单，同时考虑该银行在欧元区大额支付系统结算银行的地位、处理国内支付交易的数量，采用银行之间大额暴露数据模拟单家银行违约的传染效应，据此确定最终名单。根据系统重要性指标得分对风险相同类型银行进行聚类后，确定四档附加资本水平。从2016年1月1日开始，法国使用狭义银行信贷和 GDP 缺口指标[①]，辅以信贷、宏观、市场和银行风险等一系列指标，每季度决定是否对银行施加

---

① 信贷的口径是法国的银行对法国私人非金融行业发放的贷款及债务证券。

"逆周期"资本缓冲要求。

（2）补充资本监管以外的新工具。提出杠杆率、流动性标准和预期损失准备金新要求。通过杠杆率进一步约束银行资本和风险加权资产。提高流动性监管要求，根据外币风险暴露期限、币种特征实施特殊流动性要求。根据已发生损失确定准备金率具有明显的"顺周期"特征，鼓励银行采用更前瞻的、基于预期损失的方法动态提取准备金，发挥金融周期"自动稳定器"的作用。哥伦比亚和秘鲁要求在经济繁荣期提取动态准备金，经济下行期释放。2007 年秘鲁还对银行短期外汇负债增加准备金要求，拉长外汇负债期限。智利和墨西哥根据债务人分类结果或预期损失状况直接设定准备金率，智利允许银行建立"逆周期"准备金，覆盖未预期损失。印度、俄罗斯、保加利亚、克罗地亚等国引入"逆周期"准备金，根据情况调整"逆周期"准备金比率。

（3）调整风险权重。调整特定业务风险权重要求，对期限长、风险较高业务提高抵押率，设置抵押率限额，对高抵押率、长期限的特定业务贷款提高风险权重。设置随时间变化的风险权重要求，抑制某些行业高增长。2010 年汽车贷款余额已占巴西家庭贷款的 25%，巴西央行通过提高长期限汽车贷款抵押率来抑制汽车贷款继续快速增长。对银行间风险暴露、交易和衍生产品、复杂资产证券化产品、表外风险暴露实施更高的风险权重，降低与中央交易对手开展的衍生产品风险权重要求。

（4）完善各类风险监管指标。为控制房地产贷款过快增长，根据房地产价值设定抵押率，或者对物业贷款设置偿债比率上限，或同时实施。加拿大、土耳其都曾通过抵押率控制本国商业房地产投资，中国香港、马来西亚、新加坡都曾用抵押率控制豪宅价格上涨和房地产投机。2013 年，新加坡引入金融机构统一的偿债比率计算标准，设定上限。为抑制国内银行和国外母公司之间风险传染，限制集团内相互之间大额风险暴露占比。场外衍生产品交易设定保证金的做法，及证券融资交易折扣的设定方法都是金融系统"顺周期"特性的重要来源，为降低周期因素影响，设定保证金和折扣的微观审慎监管规则是校准各类衍生产品最低保证金和各类证券最低折扣的起点，在此基础上确定宏观审慎监管要求的保证金和折扣水平。无论在哪个市场，在哪个司法管辖区，记录交易的是什么样的基础设施，交易对手是谁，对衍生产品交易和证券融资交易实施保证金和折扣下限。对银行外汇贷款总量设定限额，对表外外汇头寸杠杆水平设定上限要求。为了抑制短期海外借款，韩国曾对金融机构外汇衍生产品头寸实施上限要求。还有的国家对金融机构净外汇头寸设定限额。

（5）运用压力测试。假设后果严重的小概率风险事件发生后，监管机构使用压力测试度量某一资产组合、某家金融机构或金融体系的敏感程度。系统性综合压力测试模拟企业之间传染形成的反馈效应，以及金融和实体经济之间的相互影响，是宏观审慎监管政策工具的组成部分。最典型的代表是美国全面资本分析和重检要求（Comprehensive Capital Analysis and Review），用它来评估不利情形下单家银行流动性和清偿能力。2016年，英国第一次将压力的严重程度与系统性金融风险评估联系起来，用于设定银行"逆周期"资本缓冲水平。

（6）配套其他监管要求。还有一些工具是非典型的宏观审慎工具，如对银行融资实行边际准备金要求、对存款以外的其他负债征税、禁止存款保险覆盖的存款机构从事自营交易、加强核心金融市场基础设施建设等。

微观审慎监管政策。针对资本、流动性和风险管理的微观审慎监管要求是为了防范个体风险。针对性极强的微观审慎监管要求，监管措施执行越到位，越是在不经意之间鼓励了银行体系的"顺周期"行为，这是金融危机的重要教训之一。

2. 政策的分工与协调

正如第一章所指出的，从金融周期视角分析，系统性风险的来源是金融周期繁荣累积起来的金融失衡，在经济和金融系统受到强烈外部冲击的情况下，金融市场、金融机构和金融基础设施之间风险相互传染。各类政策需要统筹考虑宏观经济稳定和金融机构的"顺周期"特征，处理好短期增长目标和中长期金融稳定的关系，在金融周期高涨阶段抑制乐观情绪滋生的风险积累，在衰退时期鼓励增加杠杆。

货币政策管理名义需求，盯住价格，抑制通货膨胀和短期产出波动。通货膨胀提高了名义资产价格，侵蚀了债务实际价值，刺激资本存量和劳动力资源错配。为控制通货膨胀而收紧利率，高利率对债务和资本发挥了抑制作用，引发存量资产流动性收紧。紧缩性货币政策有利于减轻整体债务水平，也就有利于减小发生金融危机的概率。从货币政策传导角度看，央行对政策利率的调升或调降，对贷款标准、资产价格和信贷周期都会产生影响。货币政策通过货币、资产负债表和信贷三种渠道影响实体经济。政策利率在金融市场上的传导，使收益率曲线和金融产品之间形成套利空间，进而通过市场主体的套利行为传导货币政策，这是货币渠道的影响。货币政策对抵押品价值形成影响，通过影响抵押信贷的可获得性进行传导，这是资产负债表渠道的影响。对于广大的不能直接进入资本市场的借款人，货币政策通过影响银行贷款的供给来实现传导，这是货币渠道的影响。对于资本市场不发达的国家，信贷渠道最为关键。在应对系统性金融风险累积方面，货币政策的作用被形象地称为"大锤"，而非"手术刀"，[①] 这说明货币政策的影响是全面的，影响经济体系内存量债务偿还、新增融资杠杆水平以及资产流动性，进而对金融体系风险偏好产生影响。金融危机不时爆发证明单独依赖货币政策很难防止金融危机。

财政政策盯住总支出，通过公共财政资源规模增加或减少影响总需求，必然给金融机构和金融市场带来影响。随着时间的推移，风险逐渐体现在金融机构资产负债表上，金融机构风险累积到一定程度最终都会表现为政

---

① Jens Weidmann, "All for one and one for all? The roles of microprudential, macroprudential and monetary policy in safeguarding financial stability", BIS Central Bankers' Speeches, 28 Feb. 2014.

府债务风险和财政危机。认识到这一点，在经济上行期，信贷增长、资产价格上扬，金融不平衡开始累积，政府应该通过提高资产税抑制过热加杠杆的行为，与控制银行杠杆的宏观审慎政策协同发挥作用，将债务比例保持在合理水平，同时建立"财政储备"。在经济下行期提高债务比例，动用这些"财政储备"，消化金融不平衡，保持金融稳定。鉴于高负债不可持续，在税收政策的结构设计方面应该鼓励股权融资而非债权融资，以此来限制各经济主体负债过度增长。货币政策和财政政策各有各的任务，两者需要配合，但不能越界。要防止通货膨胀，央行必须保持足够独立性，防止债务风险转化为通货膨胀，牺牲全社会的价格稳定。国际金融危机前各国都限制央行资产负债表中持有的资产类别。危机后美联储创设针对特定资产类别的信贷便利，直接入市，取代了银行的信贷资源分配角色，模糊了货币政策、信贷政策、财政政策的边界。按照"白芝浩规则"，央行"最后贷款人"的角色是向具有清偿能力但面临暂时流动性困难的企业提供流动性，不是政府的最后贷款人，否则，就会激发政府道德风险，政府债务刚性约束就会失去意义，走向金融危机。

资本流动对全球融资条件的影响会削弱本国货币政策传导效果，货币政策需要结合资本流动管理政策和外汇政策，防范宏观经济过度失衡。在实施汇率管制、资本流动受限的国家，对汇率进行担保的外汇政策与外币债务积累有密切关系。向居民和非居民出售美元指数的政府债券，央行对授权银行的短期借款实行远期保护计划（Forward Cover Scheme），对短期本币票据提供远期汇率担保，采取以远期汇率进行外汇掉期的方式开展冲销操作等汇率显性担保方式都有实践。资本流动管理政策和外汇政策要防止外币债务积累过多诱发违约风险。这样的国家也很容易陷入净出口增加推动外汇储备上升，被迫在市场上释放基础货币，推动央行资产负债表扩张的泥淖。为防止对冲外汇储备上升带来的本币过多增加，后续出现通货膨胀和金融体系风险累积，就需要配套实施抑制资本和贸易项下外汇净流入的资本流动管理政策和外汇政策。

在实施浮动汇率制、资本流动少受限制的国家，资本流动、汇率变化和国内金融周期互相强化的作用非常明显，汇率变化会通过贸易渠道和金融渠道对宏观经济和金融产生影响。一方面，紧缩货币政策带来本币升值，能起到削弱净出口，降低输入性通货膨胀的作用。实践中，出口价格多以美元计价，本币汇率贬值直接冲击进口。在短期内，强势美元刺激银行收紧以本币计价的贸易融资，有可能出现国内需求收缩。本币贬值不仅未能刺激出口，反而造成出口下降也不是没有可能。本币汇率走强对国内通货膨胀水平的影响取决于汇率变化的幅度、本国大宗进口商品的类别以及物价向工资传导的程度。为了与紧缩货币政策目标保持一致，外汇管理政策应该推动形成净进口；反之，与宽松货币政策协调一致的外汇管理政策应该推动货币贬值，刺激更多的净出口。另一方面，紧缩货币政策也会吸引资本流入增多，通过金融渠道对信贷和资产市场造成影响。借款人借外债会因为汇率波动而影响偿债能力，当借款人货币错配不能有效对冲时，本币升值意味着信用风险下降，银行融资条件会放松，对紧缩货币政策起到抵消作用。本币贬值意味着已有的外债偿还负担增加，借款人信用状况恶化。同理，非居民会因为本币升值而获得更多的本币资产收益，激励进一步扩大投资，压低信用风险溢价，推动本币债券收益率下降；反之，信用风险溢价和本币债券收益率都会上升。金融渠道发挥的作用越强，紧缩货币政策的效果就越弱。为此，紧缩货币政策需要与控制资本过度流入政策相配套，而宽松的货币政策与控制资本过度流出相配套。要对贸易渠道和金融渠道的宏观效应抵消后净影响进行定期评估，警惕强烈的信贷扩张和强烈的汇率高估同时出现，这往往是金融危机的前兆。

宏观审慎政策和货币政策都会对市场参与者承担风险的做法产生激励或抑制作用，但宏观审慎政策指向性、目标性更明确，更像"手术刀"。宏观审慎政策有三个维度的目标，即阻碍外部因素和市场失灵导致的风险过度累积，平滑金融周期；增加金融行业韧性，限制传染效应；鼓励监管机构形成一套成体系的、对市场参与者的激励机制。它在针对具体行业方面更有优势，可以有效地控制信贷流量，对存量债务却很难发挥作用。中国香港、挪威、英国、瑞士、西班牙都在提高抵押率要求、提取"逆周期"资本缓冲或动态准备金方面进行了收紧宏观审慎措施的尝试。这些国家和地区的经验表明，关于抵押率、债务收入比率这一类的宏观审慎政策影响经济主体融资成本、杠杆和承担风险的水平，限制金融不均衡，在由繁荣转向衰退时建立保护金融体系的缓冲，有助于增加金融体系韧性。在金融周期繁荣阶段，收紧宏观审慎政策工具可以控制金融体系内生的扩张冲动，但在防范整个金融体系过度承担风险方面，宏观审慎工具并不像利率那样有效，宏观审慎政策工具难以应对过度信贷增长和资产价格上升。采取减少家庭信贷增长的宏观审慎措施，也要考虑家庭债务分布状态、大多数家庭杠杆率所处区间及债务收入比对偿还债务时间的影响，这些因素对未来扩张性货币政策都会产生影响。在家庭债务普遍较高的情况下，货币政策对经济的影响是不对称的。利率上调产生的收缩性大于同样规模利率下调产生的扩张性，债务期限缩短还会加剧这种不对称性，货币政策和宏观审慎政策需要跨时间统筹。现阶段大多数宏观审慎工具的经验都针对银行体系，但是未来的金融危机可能来自金融市场和其他非银行金融机构，宏观审慎工具对消除银行体系以外的风险隐患还谈不上经验可循。

微观审慎监管政策和资本流动管理政策功能相近，有时会难以分清。对银行本币和外币存款实施差异化储备要求，改变了银行本币和外币融资的相对成本，影响了银行本外币流动性结构，对资本流动形成直接影响。改变对银行流动性资产的监管指标要求会影响资本账户下资本构成结构，鼓励或抑制银行体系外汇流入流出。制定政策不仅需要货币政策和宏观审慎政策，也需要财政政策和资本流动管理政策、外汇政策来应对这种不稳定。短时间内，宏观审慎政策和微观审慎政策会对货币政策形成一定程度替代，但在中长期看来，它们之间是补充关系，而不是替代关系。

各种政策的典型特点如表 6-2 所示。

表 6-2　　　　　　　　　　　各种政策的典型特点

政策	目标	影响	时效
货币政策	通货膨胀和充分就业	全局性	根据经济周期阶段决定，中短期
财政政策	经济增长和充分就业	全局性	根据经济周期阶段决定，中短期
资本流动管理政策和外汇政策	减轻汇率压力，保持汇率合理波动	全局性	根据资本流动变化和汇率波动决定，中短期
宏观审慎政策	平滑金融周期，防止风险传染等	结构性	根据金融周期阶段决定，中短期
微观审慎政策	金融机构稳健经营	结构性	短期

3. 系统性金融风险的演进和政策关注的重点

金融危机出现之前一般会经历一段时间的高速经济增长、低通货膨胀，20 世纪 80 年代日本如此，2007 年前美国也是如此。这个阶段出现的供给能力过剩、劳动力过剩、信贷过剩、金融机构过剩、债务过剩，就是经济体系和金融体系风险的累积。资产价格上扬结合强烈的货币总量、信贷总量增加是资产价格不可持续的信号。金融危机出现之前普遍伴有资产价格迅速上涨和信贷强力扩张。信贷扩张得越强，风险爆发之后经济收缩越明显。[①] 因此，央行应该对货币和信贷总量明显上升和负利率进行风险预警，监测风险在金融机构体系内的累积程度，向市场提供指标分析和评估结论，提高政策透明度，为风险释放赢得时间。此时宏观政策的优先目标是努力避免过剩，控制好信贷扩张、杠杆放大和资产价格上升的节奏，尽可能延缓扩张。发现市场有"资产泡沫"时，提高利率刺破"泡沫"，金融危机可能马上就

---

① "Mr Bäcksström looks at the Riksbank and financial system stablility and comments on the LTCM case", BIS Review 23/1999.

会爆发，并伴随严重的经济衰退。只能顺势而为，逐步释放"泡沫"。

发生了金融危机，货币传导机制崩溃，银行体系发放贷款的能力严重受损或彻底丧失，此时宏观政策应优先阻止货币传导机制崩溃，阻止金融体系与经济活动螺旋下降自我强化趋势产生的威胁。应尽早建立央行作为最后贷款人的履职原则，预留政策实施空间，使责任更加清晰化。否则，面对突如其来的金融危机，央行压力陡然上升，履职范围就会失去约束。在不给公共部门带来长期金融成本的前提下解决问题的关键是准确监控和预测受损金融机构的流动性。将流动性危机和清偿能力危机区分开来是危机时政府和央行采取行动的基础。实践中，流动性危机和清偿能力危机很难区分开，给操作带来困难。最初看起来是流动性危机，但很快就会发展为清偿能力危机。金融危机难免产生政治压力，反映在救助政策上很可能有分歧，延误救助时机，也可能出现救助政策"头痛医头、脚痛医脚"，更有可能出现救助力度不够，延缓经济复苏时间，付出更大的社会成本。因此，央行出手要趁早，要果断救助，要强力救助，这样才能避免接连出现金融机构倒闭，降低后续财政处置成本。

日本央行"最后贷款人"角色

20世纪90年代，日本央行将"最后贷款人"角色分为五类：第一类，对于经营失败的存款机构进行紧急流动性救助；第二类，向银行间市场提供流动性；第三类，对经营失败的非银行金融机构提供紧急流动性救助；第四类，向金融机构提供风险资本；第五类，向流动性暂时不足的金融机构提供紧急流动性救助。第一类角色是最常见的角色，央行从银行宣布经营失败那天开始提供资金，保证其继续运营，直到存款保险公司最终处置。这些贷款是无抵押的，利率略高于政策利率。贷款由存款保险公司偿还，在存款保险框架内所有的存款人、债权人、央行都不会遭受损失。按照第二类角色的要求，日本央行通过购买合格票据、回购、向银行提供有合格抵押品的双边贷款，向市场注入流动性。同时，通过发行票据吸纳外资银行手中过剩的日元。这种操作缓解了日元银行间利率向上的压力，而且日本央行成为外资银行的交易对手，通过市场运作将日元资金再循环给融资困难的日本本土银行。在日本的银行普遍信用恶化情况下有利于维护银行间市场的功能。央行履行第三类角色曾面临过很大争议。日本央行认为，相比银行而言证券公司对系统性金融风险影响小，证券公司也不在存款保险公司覆盖范围之内。如果不是证券公司的风险影响到它所在的金融控股集团的安全，对全球金融市场构成了威胁，央行不会救助。央行向经营失败的证券公司提供流动性支持，带来的问题是证券公司及其金融控股集团可能最终都无法偿还，形成央行损失。1998年前都是由日本央行履行第四类角色。央行首先确认系统性金融风险的来源是清偿能力，而不是流动性，然后由承接银行去承接经营失败银行，央行向承接银行提供贷款，但是这样的运作成本高昂。高额损失会反映在日本央行的资产负债表中，损害央行资产健康。第五类角色要求日本央行承担紧急救助职能，性质上央行提供的贷款是危机预防措施，并非危机管理工具。从时间角度看，央行履行"最后贷款人"的角色或在危机之前，或在危机之后。之前，央行相信这家被救助金融机构的清偿能力，生存下去价值更大；之后，央行帮助被救助金融机构逐渐正常运作，维持金融稳定。

资产价格上升与下降对经济体系影响具有不对称性，"泡沫"破裂时期比"泡沫"扩张时期对经济体系和银行体系的影响更大。进入金融危机处置阶段后，宏观政策优先目标是修复资产负债表，奠定经济自我修复基础。超常规的长期货币政策宽松可以为经济自我修复争取时间，但副作用也很明显。无论是调整短期政策利率，还是改变央行资产负债表，通过大规模资产购买，提高流动性来影响融资条件，都会延误经济结构调整。如果经济主体存量债务负担沉重，即使是降低短期利率刺激总需求，货币政策效果也可能大打折扣。在有效需求普遍不足的情况下，只能借助于增加支出、削减税收的扩张性财政政策。扩张公共部门资产负债表要警惕出现扩张性财政政策产生的现金流用于优先还债，没有用于继续扩大支出，甚至出现边际消费倾向趋于零的情况，这样就与扩张性财政政策初衷背道而驰了。宏观政策要支持遇到暂时困难的金融机构修复资产负债表，支持各种债务缓解形式修复居民资产负债表。对于丧失了清偿能力的金融机构，要及时关闭。各国治理金融危机的经验显示，以银行为主的金融体系在平滑经济周期的影响方面更有效，以金融市场为主的金融体系在危机之后恢复得更快。

（四）　国内协调和国际合作

每个国家的宏观金融稳定都涉及该国多个政府职能部门和监管部门，建立一套针对系统性金融风险的监控体系，定期交换信息，明确在不同情景下相关政府职能部门和监管部门必须采取的措施，对于早期防范系统性金融风险意义重大。确定不同情景既需要客观指标支持，又需要专业判断，应尽可能清晰化，避免太多自由裁量。为保证自己国家宏观金融稳定而采取的措施是否会有外溢性、会对全球宏观金融稳定产生什么样的影响短期内很难看得特别清楚。"出于国内政治的考虑，每个国家的政府都只关注本国利益，而不一定关心本国事件的外溢效应，即对世界其余国家的影响。国家越强大，其外溢效应也越大。"① 正是因为本国宏观经济政策及监管政策对其他国家的影响不是本国政策制定的出发点，每个国家最优宏观审慎政策未必就产生全球金融稳定的结果，一国实施的宏观审慎政策有可能造成跨境经营的金融机构、企业和个人在国家之间监管套利，向其他国家转移风险。英格兰银行、瑞士国家银行和其他监管机构出台的"逆周期"资本缓冲要求加大了银行母行、分支机构的资本负担，就影响了南非的经济

---

① 沈联涛. 十年轮回——从亚洲到全球的金融危机［M］. 上海：上海三联书店，2020.

发展。智利的银行为了规避国外监管机构高资本要求，主动增加了国内贷款。2009—2011 年有些国家实施了更严格宏观审慎政策，购房需求转向了新加坡，推动了新加坡房地产价格上扬。而新加坡金融管理局冷却新加坡房地产的措施又刺激了新加坡居民在海外购买房地产，风险向其他国家传播。[①] 每个国家都可能成为风险外溢的受害者。

全球金融稳定是全球公共产品，收益在很长时间内才能看到，还具有不确定性，成本立即就会呈现，能否签署履行全球金融稳定职责方面的多边协定取决于各国在这方面的成本和收益。欧洲监管者曾提议设立欧洲金融监管组织（European Organization for Financial Supervision），由这个组织承担收集跨境经营银行集团在不同国家经营活动的信息，对每家集团实施统一风险评估，监督其经营活动及风险，它与欧洲各国监管机构共同协作，共同监管银行集团在欧洲内部跨境经营的风险。上述提议未能落实，欧洲最终形成了由欧洲系统风险委员会和欧洲金融监管者体系（European System of Financial Supervisors）组成的双支柱监管框架，由欧洲系统风险委员会负责欧洲金融系统宏观审慎监管，欧洲金融监管者体系负责微观审慎监管。这也充分说明市场一体化程度高、全球性银行数量较多、拥有世界金融中心的国家能从国际合作中取得明显收益，在探索多国合作一体化防范跨境风险传染方面的积极态度。

为避免每个国家的最优政策选择产生"合成谬误"，积累全球系统性金融风险，国际多边组织需要继续发挥好维护国际金融秩序和金融稳定的作用，形成全球金融安全网。全球金融安全网是一套包括中央银行之间掉期额度、区域内融资制度安排、国际货币基金组织贷款在内的金融支持机制，有利于各个国家采取措施，防止发生金融危机，缓解危机造成的影响。主要国家央行之间通过签署掉期额度协议，可以从容应对由于国内市场功能受损而出现的短期外币流动性短缺。区域内融资制度安排是一种区域内国

---

① Nikhil Patel, "Macroprudential frameworks: cross - border issues", BIS Papers, No. 94, Dec. 2017.

家的自我保险机制，保险成本由区域内国家分摊。亚洲地区的清迈倡议、欧洲稳定机制和拉美储备基金都属于这种性质的安排。国际货币基金组织贷款用于紧急应对成员国实际的和潜在的支付压力，为中期开展经济结构调整赢得空间。对于那些经济基础较好、政策实施的历史记录较为完善、突然遇到偿付困难的国家，通过不附带条件的、灵活的信贷额度支持可以发挥与外汇储备类似的作用。

二、 全球流动性变化及风险外溢效应

全球流动性变化是货币逐利内在属性对地域限制和空间限制的突破，资本跨境流动影响一个国家的信贷、金融资产和房地产价格，进而对每个国家经济增长、国内金融状况形成实质性影响。各国采取的外汇储备政策、资本管制政策也会对跨境资本流动方式和本国金融市场流动性产生影响。全球流动性变化形成了不同国家、不同货币、不同期限的杠杆水平和资产负债错配，错配动态调整过程就是资金跨境流进流出的过程，伴随这一过程很可能出现金融市场大幅波动，诱发金融危机。说到底，实体经济和金融机构在货币和期限上过度错配是金融危机的真正内因。

（一） 全球流动性的驱动因素及度量

全球流动性是市场总体流动性和单家机构融资流动性相互作用的反映，也是官方流动性和私人流动性融资容易程度的体现。官方提供的流动性是从央行那里无条件获得的融资，也称为公共部门流动性。官方提供流动性的工具包括基础货币、政府外汇储备、央行货币掉期安排、国际货币基金组织融资等。特别提款权也是流动性储备的一部分，由于各国只能动用一定数量的特别提款权，严格意义上它只是一个使用流动性的媒介，不是创造流动性的工具。追根溯源，流动性由各国央行创造。在市场正常情况下，全球流动性供给主要来自私人部门，私人部门提供的流动性由银行和其他金融机构跨境运作产生或由金融市场产生，国家之间经济增长水平差异、

货币政策变化、金融市场开放程度、货币是否自由兑换都决定了私人部门流动性扩张或收缩的外溢效应。在市场紧急时刻，私人部门丧失了提供流动性的意愿，就需要官方提供支持。

全球流动性变化取决于以下几因素相互作用：

1. 宏观因素

宏观经济政策对全球流动性的供给和需求有关键影响。货币政策和利率差异是全球流动性的内因。一国货币政策决定国内短期利率，市场参与者对短期利率将来走势的预期影响无风险收益率曲线。以无风险利率为基础加上风险溢价后形成银行间市场利率和其他金融资产利率。风险溢价反映的是市场特有的流动性、交易对手信用风险和风险偏好，利率水平反过来又影响市场融资增长率，也反映了整个经济的流动性状况。同时，货币政策本身会对实际增长和通货膨胀做出反应，这些宏观经济因素驱动承担风险的行为和全球资金的变化。长期利率，特别是长期实际利率不仅受到货币政策驱动，也受到全球储蓄和投资模式的影响。宽松货币状况使市场充斥着乐观情绪，刺激了套利交易和跨货币投资行为，压低了资产定价，风险容忍度提升放松了贷款标准，也进一步激发了实体经济发行债券的需求，最终反映为私人部门流动性增加。

汇率反映了不同货币之间的比价。无论是采取固定汇率制还是浮动汇率制，增加资本流入都会影响国内信贷和资产价格，增加官方储备，对本国金融周期产生影响。在完全灵活调整的汇率制度下，汇率调整有助于缓解政策外溢的传导，降低由货币币值变化不同步或其他宏观因素诱发的资本流动，但也不能完全与外国宏观经济风险外溢相隔离。跨境资本流动对流入国信贷和流动性影响的强度取决于汇率灵活性，以及流入国的金融结构。

2. 中央银行流动性政策和监管政策

央行货币政策和市场操作影响国内市场流动性总量。在宽松政策下，银行和非银行金融机构流动性都会较为充裕；反之，流动性就会趋紧。在全球经营的银行和非银行金融机构跨境获取流动性的能力取决于进入跨境融资市场，获得融资工具，接入跨境清算、结算基础设施的能力，以及开展国际业务的方式。不同国家对不同市场参与者的监管差异直接影响跨境流动性。

国际金融危机后，《巴塞尔资本协议Ⅲ》实施严格的资本和流动性监管要求，银行短期融资比重降低，高流动性资产增加，资产负债结构因此发生转变。2008年3月到2018年3月10年间，国际活跃银行持有的国际债务证券从占总余额的40%下降至27%，出现回潮。① 2015年之后，全球债务证券融资超过银行贷款，成为全球美元融资的主要方式。养老基金、保险公司和其他非银行金融机构已经成为债务证券的重要发行方，非银行金融机构的流动性风险对全球流动性影响正变得越来越大。2016年以来，美国要求在美资产超过500亿美元的外资金融机构设立中间持股公司（The Intermediate Holding Company），在资本、流动性和风险管理方面接受严格监管，德意志银行、瑞士信贷银行、瑞士银行和巴克莱银行被迫将业务转移出美国，削减了2800亿美元的资产。② 美国货币市场共同基金流动性改革以提高基金美元融资流动性韧性为导向，将货币市场共同基金的加权平均期限上限从90天降到60天，并要求基金至少保留30%的现金、短期美国政府证券或可以在1周内转换为现金的证券，对非美国银行使用外汇掉期市场进行美元融资的模式也产生了实质影响。从2018年7月开始，完全生效的欧盟货币市场基金监管要求将货币市场基金分为固定净资产价值基金、低波动性净资产价值基金、短期可变净资产价值基金、标准可变净资产价值基金四类。固定净资产价值基金投资于短期公共政府债务，采用摊余成

---

① Iñaki Aldasoro and Torsten Ehlers，"Global liquidity：changing instrument and currency patterns"，BIS Quarterly Review，Sep. 2018.
② 每日经济新闻［N］. 2019－11－25.

本法估值，几乎都是美元标价。低波动性净资产价值基金投资于短期私人债务，允许使用摊余成本估值，通常以美元或英镑标价。短期可变净资产价值基金投资于私人债务，采用盯市估值。标准可变净资产价值基金，投资于长期限资产，采用盯市估值。① 金融机构监管政策变化直接或间接地影响着不同类别资产流动性。

3. 金融中介转换及金融开放程度

美国、英国、法国、德国以及新兴市场国家中的捷克、匈牙利、波兰非银行机构提供了私人流动性的一半以上。日本、西班牙及绝大多数新兴市场国家私人流动性都是通过银行提供的。2008 年国际金融危机后，以直接融资替代间接融资对私人流动性供给结构产生了影响，新兴市场国家之间发行和持有债务证券呈现明显增长趋势，发行和持有的股权也略有增长，主权财富基金和养老基金成为私人流动性供给的生力军。跨境银行贷款在债务融资中所占份额已从 2009 年的 34% 下降到 2019 年的 20%。新兴市场国家由资本市场投资形成的债务占总债务的比例自 2008 年以来稳步上升，到 2019 年已接近 40%。2009 年到 2019 年 10 年间，新兴市场国家总资本流入的 38% 和一半以上资本市场投资形成的资本流入都归功于主权财富基金、养老基金这类机构。② 主权财富基金管理的资产规模从 2009 年的 3.2 万亿美元增长到 2018 年的 7.5 万亿美元，增长了 134%。主权财富基金、养老基金在一国之内、不同国家之间风险关联性大大增强，由共同风险暴露形成风险传染的可能性比以往任何时期都高。

金融开放政策对一个国家吸纳全球流动性有重大影响。企业跨境兼并收购、外国直接投资金融化、本地资产纳入国际债券或股票指数都会影响一国的流动性。20 世纪八九十年代企业跨境兼并收购行为大行其道，极大

---

① FSB, "Global Monitioring Report on Non - Bank Financial Intermediation 2021", 16 Dec. 2021.

② Committee on the Global Financial System, "Changing patterns of capital flows, Report prepared by a Working Group co - chaired by Gerardo Garcíal López and Livio Stracca", CGFS Papers, No. 66, May. 2021.

地促进了跨境融资流动，金融机构跨境提供新的金融产品，在金融机构内部形成流动性重新分配，对所在国金融机构和金融市场流动性均会产生影响。近年来，各国对企业跨境兼并收购实施严格审批，跨境兼并收购行为有所减少，跨国公司改为通过内部相互关联实体，或通过知识产权转移，或通过公司总部迁移降低内部运营成本方式在全球实现利润最大化。2010—2020 年巴西、智利、中国、捷克、匈牙利、印度、印度尼西亚、韩国、墨西哥、菲律宾、波兰、俄罗斯、泰国、赞比亚等新兴市场国家债务负债存量占全部对外负债比例从 8% 上升到 11%。[①] 其中相当一部分是跨国公司跨境投融资所致，这还不包括跨国公司利用离岸附属公司借款形成的美元债务。这部分债务既不计入跨国公司母国资本流入，也不算母国外债，成为全球流动性风险的重要隐患。还有一些跨国公司出于生产网络或税务上的考虑，以穿透基金（Pass – Through Funds）方式投向最终目的地。为了与传统的外国直接投资区别，它们被称为"影子外国直接投资"（Phantom FDI）。"影子外国直接投资"已占全球外国直接投资的 40%[②]，对全球流动性影响逐步增大。本地资产纳入国际债券或股票指数，或提高本地资产在指数中的权重是金融市场开放的重要标志，都会降低资本流入国国内因素对资本跨境流动的限制，引导国际机构主动配置纳入国际指数的金融资产，增加本地资本流入，形成"标尺效应"（Benchmark Effects）。相应地，全球流动性变化对本地冲击造成的影响比未纳入国际指数之前更大。

4. 相互作用和动力

全球经济增长状况、国际投资者风险偏好、商品价格、美元强弱等因素是全球流动性的推动力量。全球经济增长对流动性需求增加，会极大地

---

① 这里的债务负债是直接投资的债务工具负债存量，全部对外负债指直接投资的存量、投资组合和其他投资。See "Committee on the Global Financial System, "Changing patterns of capital flows, Report prepared by a Working Group co – chaired by Gerardo Garcíal López and Livio Stracca", CGFS Papers, No. 66, May. 2021.

② Damgaard, J., T. Elkjaer and N. Johannesen, "What is real and what is not in the global FDI network?", IMF Working Papers, No. 19/274, 2019.

推动流动性增量。对那些新兴市场出口国家，商品价格也是本国资本流动不可忽视的助推力量。本国经济增长、财政赤字、外债比率、国内资产收益率等周期性因素，以及制度质量、本地金融市场发展状况、主权债务水平、贸易开放程度、汇率机制、外汇储备等结构性因素构成全球流动性的拉动力量。结构性因素对于拉动长期资本流动发挥更大作用。除了推力和拉力外，渠道也影响全球流动性。银行、机构投资者、投资基金等金融中介及其适用的规则都是流动性渠道。评级机构评估借款人信用，也是全球流动性渠道的组成部分。风险和流动性之间相互作用，私人部门提供的流动性和官方提供的流动性之间相互作用，在相互作用下全球流动性冲击在各个经济体和金融体系之间迅速传导。

（1）风险偏好和流动性。全球流动性周期特征反映了风险偏好和流动性之间自我强化的相互作用。风险偏好是一个抽象名词，它受到强势美元、减少风险承担、跨境资本流动收缩、美元国债需求上升等多方面因素影响，流动性取决于投资者承担风险的能力和倾向。风险偏好和流动性之间的关系是相互的。流动性对承担风险的行为有强烈影响，投资者风险偏好不仅取决于宏观经济环境的不确定性和投资者对风险的厌恶情绪，也取决于投资者能觉察到的对流动性的限制。市场上流动性过剩，其实是鼓励投资者使用更高杠杆，承担更大风险。资产和抵押品价值高也可以获得更多的流动性。反过来看，风险偏好也影响流动性。当风险偏好增大时，可获得的流动性也提升了；反之，觉察到交易对手风险上升，市场参与者出售资产及时退出的行为促使资产价格不断下降，使其融资能力受到限制。在市场流动性过剩情况下，风险偏好收紧和流动性减弱之间自我强化的恶性循环不太可能发生，这也成为量化宽松政策的理论基础。

融资流动性和市场流动性之间相互作用体现出自我强化的特征。私人流动性恶化对金融和经济体系有明显不利影响。如果以跨境信贷变化作为私人流动性度量，以芝加哥委员会期权交易市场波动指数（Chicago Board

Options Exchange Market Volatility Index，VIX）作为对风险偏好的度量。在
2003—2007 年，银行跨境信贷迅速增长、风险偏好上升非常明显，周期性
非常显著。2008 年金融危机开始时，VIX 大幅飙升，跨境信贷迅速下降。
跨境信贷增长期与风险偏好上升、风险溢价下降期一致，跨境信贷收缩期
与风险偏好下降期一致。2008 年大型美国基金 Reserve Primary 注销了持有
的 7.8 亿美元雷曼债券后，成为第一家跌破面值的大型基金，引发了美国
货币市场基金赎回潮。货币市场基金是商业票据市场和银行存款证的主要
投资者，它的风险偏好收紧又造成流动性压力向商业票据市场和银行存款
证市场转移。2010 年前，欧洲银行的美元来源主要来自美国货币市场基金。
当市场出现对欧洲主权债务违约的担心后，美国货币市场基金为规避欧洲
银行的信用风险，开始降低对欧洲地区的风险暴露，欧洲地区风险暴露占
美国货币市场基金总资产的比例从 2009 年下半年的 55% 骤降到 2012 年的
33%。[①] 美国货币市场基金不愿意再融出美元，由此欧元和美元之间进行掉
期的成本大幅上升，美元来源受限会直接压降非美国银行在全球的美元
贷款。

　　2020 年，突如其来的新冠肺炎疫情严重影响了短期美元融资市场功能。
受疫情冲击，投资于短期银行和商业票据的优质货币市场基金面临大量赎
回，资金流向投资政府债券的货币市场基金，以寻求避险。3 月末，美国优
质货币市场基金大规模赎回给金融行业和融资市场带来了巨大压力。许多
投资者同时赎回基金份额时，其余投资者基金份额的市场价值面临极为不
利的情况。市场上"先退出者占优"，都想在其他投资者赎回前赎回，赎回
的风险越高，投资者越希望在其他投资者之前退出。基金投资者赎回不断
增多造成一些基金每周的流动性资产大幅低于监管机构设定的下限，货币
市场基金自身流动性紧张，不能给银行提供资金又直接造成美元阶段性供

---

① Ivashina，V.，D. Scharfstein and J. Stein，"Dollar funding and the lending behavior of global banks"，*The Quarterly Journal of Economics*，Vol. 130，No. 3，2015.

给紧张。

（2）官方流动性和私人流动性。外汇储备是官方流动性的重要组成部分。使用外汇储备提供市场流动性可能面临各种转换成本。外汇储备构成极少部分是存在央行或其他银行的存款，主要由美国国债、一些国家的政府债券等金融资产构成，全球流动性趋紧时出售这些资产会遭遇价值缩水的风险。历次金融危机教训表明，投资者和评级机构高度关注那些身处旋涡中心国家的外汇储备水平，动用外汇储备的国家本币贬值，国家违约风险上升，外汇储备消耗会加剧市场担心，引起更大幅度本币贬值，使用外汇储备就会形成数量约束。即便是外汇储备较多的国家也不敢贸然动用外汇储备，或只是有限度地动用外汇储备，更多地寻求国际货币基金组织贷款、央行掉期工具的支持。提取存在商业银行的外汇储备会降低银行融资能力，受影响银行的融资行为难免影响国际金融市场流动性和其他金融机构流动性。

官方流动性和私人流动性不是割裂的。在市场正常时期，私人部门风险承担行为取决于能否获得官方流动性的预期。央行抵押品政策也会影响私人市场上抵押融资的条件。全球主要国家宽松货币和金融状况促使跨境资本流动，跨境资本流入国在跨境资本流动过程中累积外汇储备，用这些外汇储备再投资于发达国家流动性资产，又进一步形成了全球宽松的融资条件，导致本国资本流出和外汇储备形式发生变化。这种循环是货币内在动力的扩张，其存在取决于两个条件：第一，货币政策差异或预期收益率差异促使资本富裕国家流动到资本接受国家，这当然也受汇率制度的约束。私人资本流入或央行干预外汇市场都会带来资本流入国官方储备累积。第二，外汇储备管理机构和私人部门投资者有不同投资偏好，外汇储备再投资对储备货币利率有重要影响，这种影响的重要性到底如何，理论界并未形成一致观点。有观点认为，额外需求足够大可以拉低长期利率；也有观点认为这样的需求不能影响长期收益率均衡水平，但承认资本流入国的外汇储备再投资对全球流动性确实有扩张性影响。

（3）金融体系动力的差异。全球流动性传导主要依赖金融市场、银行和非银行金融机构。金融市场的发展增加了对融资流动性的需求。市场流动性蒸发，接着就会出现融资流动性危机，在应对融资流动性危机方面，金融市场为主的金融体系比银行为主的金融体系更加脆弱。

全球信贷流动取决于多种因素。不同的金融体系内在动力有所不同，不同国家和不同时点上对信贷流动也有不同"乘数"。每个国家的周期性和结构性特征差异体现为本国金融体系融入全球金融体系程度的差异。而且，全球经营的银行和其他非银行金融机构扩张杠杆，进行期限转换的能力差异很大。理论上，期限转换能力是各国结构性因素和周期性因素的函数。结构性因素与流入国金融发展程度以及监管环境相关，周期性因素包括金融行业健康程度以及受经济不确定性影响程度。周期性因素对流动性的影响取决于国家和流动的形式。发达国家的总流入比新兴市场国家的总流入更加波动。银行贷款一直是各种资金流动形式中最波动的。

全球流动性及私人流动性状况到底如何可以从价格和数量两方面进行评估。价格指标反映了提供流动性的条件，数量指标反映了这样的条件多大程度变为潜在风险累积。金融机构通过做市向证券市场提供流动性，或通过银行间市场贷款提供流动性。金融机构自身融资又取决于私人部门参与提供资金和市场流动性的意愿。这种相互依赖强化了私人流动性的内驱力。在宏观经济层面，私人流动性与货币流动性或融资条件紧密相关，通过各种货币和信贷总量或融资成本反映出来。

私人流动性变化可能引发全球外溢，国内流动性可以外溢到全球市场，国内流动性状况也受全球流动性状况的影响。私人流动性周期性特征明显，其增长和消退与私人机构加杠杆和去杠杆行为密切联系，取决于承担风险，增强期限和货币转换服务的能力和愿望。融资变得容易就会出现信贷加速增长、流动性充裕、风险溢价受压、资产价格上扬的情况。不断上升的资产价格缓解了信贷约束，刺激承担更多风险。同样，金融部门去杠杆降低了全球流动性。流动性的国际构成，如向非居民贷款、以外币向居民贷款，对于流入国家的市场和宏观经济来说也很重要。研判全球流动性应该既考虑流动性起源，又考虑国内推动力的传导。它和总的全球资本流动、跨境银行或投资组合变化紧密关联。2008 年以前，对全球资本流动的分析主要看净资本流动，不太重视总资本流动。① 金融危机得出一个重要的教训是即使在平衡甚至资本净盈余情况下，总资本流入迅速收缩也会造成严重经济后果。净资本流动只是一个结果，无法看到本国投资者和外国投资者行为上的差异。非居民投资力度加大会增加净资本流入，居民大量赎回基金也会增加净资本流入，两者相同结果，需要采取的政策却可能完全不同。而且，净资本流动也看不出期限错配的严重程度，不能作为衡量和监测金融体系脆弱程度的指标。净资本流动相同的两个国家，总资本流动形成的风险不可同日而语。外国资本流入和本国居民资本流出的相对规模和绝对规模都非常大的国家，尤其要重视总资本流动的作用，毕竟总资本流动决定了金融机构资产负债表规模，影响资产负债表错配程度，是一国风险向全球外溢和传染的渠道，是潜在系统性金融风险的来源。

资本流动突然停止

美国货币政策转向和区域经济增长状况预期改变可能造成资本流动突然停止，资本流动突然停止对经济体系的冲击以资本流动形式及渠道差异来体现。美元加息周期开启，国外投资者参与程度高、本国汇率波动大，主权债券利差高的国家可能面临资本流动突然停止的风险。以外币进行债券发行、投资和依赖国外批发融资来源的银行贷款形成的资本流动有可能演化为金融危机。外国直接投资和股权投资形

---

① 总资本流入是指非居民购买国内资产减去出售的国内资产，总资本流出是指居民购买外国资产减去出售的外国资产。净资本流出是两者轧差。

成的资本流动多以本币方式进行，不会有货币错配风险，也不会造成债务风险，对系统性金融风险影响不大。

国际金融危机后，监管措施不断强化，给银行绑上了多条"安全绳"，依赖国外批发融资发放贷款造成的资本流动突然停止的可能性在下降。全球主权财富基金、公共部门养老基金、资产管理公司、保险公司等非银行金融机构、评级机构的行为具有"顺周期"特征，它们深度介入以债券投资形式进行的资本流动更容易突然停止。以投资基金为渠道形成的资本流动比其他金融机构为渠道形成的资本流动对冲击更敏感，交易所内交易的基金形成的资本流动比传统的共同基金形成的资本流动更加波动。基金经理投资策略趋同、投资者高度集中容易引发一国股票和债券被迅速抛售，一个区域内某个国家资本快速流出也很容易引起区域内其他国家资本流出，并向全球其他区域传染。

5. 全球流动性度量

鉴于全球流动性的复杂性，不太可能使用单一指标评估或度量全球流动性。

（1）货币因素和金融稳定性考虑。在单个货币区域内，可以使用货币状况或流动性总量从货币政策外溢风险及其对总需求影响的角度分析流动性。对货币状况的分析可以以价格为基础，在实际短期利率和自然均衡利率之间进行比较，也可以以数量为基础，分析货币基础、广义货币或信贷总量，作为对流动性总量的判断。

研判资产价格膨胀和金融脆弱程度的累积状况，可以一并考虑全球层面一些脆弱程度指标，如融资流动性指标、市场流动性指标、金融总量指标等。信贷指标，尤其是私人部门的信贷增量指标较好地反映了"融资宽松"状况，私人部门信贷与资产价格相结合可以作为系统性金融风险的早期预警指标。信贷总量指标较好地考虑了金融体系创造的流动性。当全球流动性影响国内金融稳定时，研判流动性风险就需要掌握跨境头寸变化情况。

（2）价格因素和数量因素。利率、汇率、股票、商品、贵金属是金融市场的主要交易品种，主要交易品种可获得融资的价格和数量直观地反映了流动性状况。政策利率水平来自银行间市场和其他批发融资市场、来自长期资本市场的利率水平都是融资流动性的度量，买卖价差是对市场流动性的度量。短期的安全资产（如高评级政府债券）交易数量、总信贷增长比率或特殊类别借款人（低收入家庭或低利率业务）信贷增长比率都可以反映融资数量，融资数量多少也是风险累积程度的反映。除此以外，对抵押品规定的松紧程度、风险利差和隐含波动率也反映了市场上提供资金的意愿。监测不同金融市场价格和数量指标有助于推断系统性金融风险累积程度。反映全球流动性的部分指标如表 6－3 所示。

表 6－3　　　　　　　　反映全球流动性的部分指标

类型	数量指标	价格指标
货币流动性	基础货币和广义货币总量；外汇储备	政策利率、货币市场利率；反映货币状况的指数
融资流动性	银行流动性指标；期限错配度量；商业票据市场交易量	Libor－OIS 利差；外汇掉期基点；债券—信用违约掉期基点；对融资状况的调查结果
市场流动性	交易量	全球重要资产买卖价差；基金经理的调查结果
风险承担和估值	银行杠杆率	VIX 指数和其他风险偏好度量；夏普比率；利差交易风险比率；金融资产价格和利差；市盈率

资料来源：Dietrich Domanski, Ingo Fender, Patrick McGuire, "Assessing global liquidity", BIS Quarterly Review, Dec. 2011.

流动性正常的金融市场买卖价差较小，交易规模不会对交易价格产生重大影响，而且执行交易速度很快，即使在短期出现买卖不均衡后，交易价格也可以很快恢复正常。一旦出现报价价差拉宽，市场上买卖双方难以进行交易，买卖力量不均衡对交易价格产生了较大程度的持续性影响，就可以认定该市场的流动性存在一定风险。以下四个维度指标可以用于判断金融市场的流动性情况。

紧张程度（Tightness）、深度（Depth）是静态概念。市场紧张程度反映在最后交易价格附近是否有足够的委托盘，以便新买单和卖单能够基本顺利执行，没有明显的不连续。紧张程度也是以较低成本满足供求双方的能力，一般使用买卖价差衡量。市场深度反映的是在不对市场价格施加重大影响的情况下市场交易能力，可以用交易数量、交易规模、交易价格和总金额、买单限额、卖单限额、价格日波动性和价格日间波动性①作为基础指标，一个单位价格日波动成交的数量和金额，或一个单位价格日间波动成交的数量和金额可以衡量市场深度。参与市场交易各方在对价格趋势差异判断基础上形成了市场深度，如果市场深度足够，大规模交易只会产生较小价格变化。如果判断趋同，市场价格就会出现"一边倒"，市场深度便不复存在，这种情况往往在金融市场处于极度压力时发生。然而，冰冻三尺非一日之寒，市场流动性消失之前一定已经积累了一些问题，如市场价格长时间过度偏离经济基本面，金融市场情绪持续亢奋，市场上累积了大量获利盘等。

除静态地看待市场外，市场韧性和及时性是动态概念。市场韧性描述的是买单卖单价格不均衡引发的价格变化速度，韧性强的市场在一个买单或卖单执行完后，很快就可以返回到最初合理的价格水平。及时性是市场下单和执行之间的时间，时间越长，不确定性越大。1987年10月美国发生股灾时，纽约证券交易所曾出现过等待75分钟才能成交的状况，证券市场流动性短缺非常明显。

金融市场流动性风险与市场结构和市场透明度也有关联。在一个交易高度集中的市场和一个交易非常分散的市场，金融危机爆发的概率完全不同。交易集中意味着风险集中，少数交易商的信用风险就可以击垮整个市场信心。而交易分散意味着风险分散，即使是存在交易的"羊群效应"，也

---

① 价格日波动性是以市值加权的每日收盘价变化的平方，价格日间波动性是日内最高价格和最低价格的价差与日内最高价格和最低价格的平均数两者之比。

会因为风险迅速向个体分散，不会对市场构成明显威胁。交易前和交易后价格变化、成交量变化是市场透明度的反映。在金融市场发展历史上，也曾有过关于市场透明度的争论。有观点认为，透明度低有利于隐藏做市商交易行为，有利于买卖价差保持在较低水平上，提高市场流动性。反对的观点支持提高市场透明度，透明度提高会激励更多投资者参与，有利于发现真正的市场价格。总体上看，技术水平提升了交易透明度，金融市场发现价格的能力和参与者重新配置风险的能力都会得到提高。

（3）局限性。虽说评估全球流动性对早期识别系统性金融风险意义重大，但技术上的障碍却没有完全解决。主要融资货币央行的流动性和外汇储备可以作为支付国际债权人的流动性资源，但在受到流动性冲击之前，一国央行提供流动性的能力未必就是央行的流动性数量。不能保证一国央行提供的流动性通过银行间跨境信贷流向外国公司。全球流动性加总是一个概念，在操作上需要许多国家提供数据，加总是货币简单相加，还是取加权平均数也是问题。汇率因素导致跨货币加总不能反映真实情况，需要考虑国际市场和金融工具的相对规模，其中还有货币风险对冲因素，如何考虑才更加客观也存在争议。即使是找到一个普遍接受的、较为客观地反映全球流动性的方法，如何判断全球流动性实际情况是否偏离了均衡水平还是难题。现阶段形成共识的做法是把信贷总量当作全球流动性流量的度量，用信贷总量与名义 GDP 之比结合信贷利差和信贷标准变化来判断流动性是否偏离均衡水平。信贷总量与名义 GDP 之比的长期趋势出现重大的正向偏离就说明流动性已经超过了 GDP 增长需要的合理水平。

全球流动性度量方法

全球信贷曾是全球流动性的主流，在度量全球信贷整体状况方面大致形成了三种方法。第一种方法是考虑主要货币提供的全球信贷，着重研究货币发行国以外的、对非金融机构的证券发行和银行贷款。第二种方法是估计银行资产负债表上主要货币资产负债的期限错配状况。第三种方法是考虑向特殊国家或地区非银行借款人提供跨境信贷和外币信贷的状况。进一步细分的话，直接的跨境信贷具有典型"顺周期"特征，反映了全球流动性如何影响一国国内周期，以及国内金融不平衡的情况。非银行金融机构国内和外币信贷也反映了流动性状况。

巴塞尔委员会区分政府、非金融企业、银行和非银行金融机构四类借款人，定期统计外资银行对成员国美元贷款、其他外币贷款和本币贷款情况，同时也将新兴市场国家四类借款人发行的美元债券、其他外币债券和本币债券情况纳入统计分析范围。国际货币基金组织在国际收支平衡和国际投资头寸表中定期统计股权投资、债权投资总额及其他投资形成的负债。从全球流动性风险整体度量情况来看，新兴市场国家政府和非金融企业发行的美元债务、其他外币债务和本币债务，其他投资形成的美元债务、其他外币债务和本币债务，以及非银行金融机构和其他机构作为投资者进行的股权投资都没有定期统计，存在很大缺漏。

6. 防范全球流动性风险的政策导向

技术上难以精准识别全球流动性风险并不妨碍防范全球流动性变化引发金融危机成为共识，各国流动性政策需要统筹考虑全球流动性周期变化、金融基础设施建设和国内宏观经济状况。

首先，要强化对全球金融机构流动性监管，平抑全球私人流动性周期震荡的波幅，尽量避免私人流动性对一国信贷供给和资产价格的负面影响。全球流动性的主要通道是银行体系和"影子银行"体系，在强化全球流动性监管方面银行和非银行金融机构一个也不能少。《巴塞尔资本协议Ⅲ》提升了金融机构的资本和流动性要求，抑制了金融机构的"顺周期"特征。对银行在美元或其他外币融资形成的币种错配设定上限也体现在一些国家的宏观审慎监管政策中。非美国的保险公司和养老基金持有大量长期限美元资产，更多地使用短期工具对冲汇率风险，容易受到冲击。英国审慎监管局对保险公司提出的流动性风险管理要求将外币流动性纳入。欧洲偿二代监管要求也明确了保险公司未对冲的外币风险暴露计提资本的方法。2016 年，美国出台货币市场基金流动性风险监管要求更有"亡羊补牢"的意味，充分反映了对货币市场基金稳健性的重视，需要时刻警惕"影子银行"体系再次成为私人流动性震荡的源头。

存款保险作用弱化

存款保险制度是银行倒闭情况下保护零售存款人的机制设计，一直被认为是防止银行业挤兑的安全网。2008 年国际金融危机表明金融市场和功能已发生显著变化，以货币市场基金和对冲基金为代表的批发金融市场和批发融资对金融体系影响越来越大，机构投资者融资流动性崩塌引发金融危机的威胁更甚，稳定零售存款人预期并不能防止来自批发融资的系统性风险及流动性风险累积，存款保险制度在应对系统性流动性风险方面的重要性下降。存款保险制度需要重新定位为保护小额存款人利益，在紧急情况下保证快速支付，减缓央行流动性支持的操作压力，增加银行关闭和处置程序的可信度，降低道德风险。

其次，要及时调整国内宏观审慎政策和资本流动管理政策。美国货币政策收紧是全球流动性最大的不确定性，可能会使流入新兴市场国家的资金突然停滞，一国或该区域内其他国家由资本流入变为资本流出可能产生预料之外的冲击。这就要求监控和管理本币和外币期限错配水平，需要清楚地了解整个行业资产负债表中货币和期限构成，以便整体评估潜在的错配情况。外汇掉期使用状况、净扣以后总的外汇掉期市值、出口商外汇远期销售等表外外汇业务对于形成完整判断十分重要。除了要定期模拟流动性冲击的规模和特征外，还要在创造流动性和分配流动性的工具上进行区分。在应对本币流动性冲击方面，货币政策操作、做市、直接提供流动性是缓解本币流动性压力的主要方式。面对外币流动性冲击，既可以通过预防性持有外币或外汇储备进行自我保险，也可以向全球金融安全网求助，并妥善应对外汇储备增加带来的负外部性和操作上的挑战。

智利、土耳其控制资本流动的做法

智利在 20 世纪 90 年代初曾采取措施对资本流动实施控制。当时智利通货膨胀水平较高，为抑制通胀提高利率刺激了外国资本流入，净流入水平远远超过了经常账户赤字。1991 年，智利面临降低利率或让比索升值的两难境地。降低利率虽然可以赶走一部分热钱，但不利于控制通货膨胀。智利最终采取了"组合拳"来控制外资流入的规模和波动性。这套"组合拳"包括实施无利息强制准备金要求（Unremu-nerated Reserve Requirement），对所有以美元标价，并与外债相关的或是与外国证券投资相关的外国资本流入强制要求存入银行 1 年，提高短期对外融资成本；对外国直接投资或证券投资实施最低持有期要求；在国际市场上发行证券需要严格满足各种条件；对即期外汇交易和资本流出取消限制，取消所有对外国投资利润出境限制，简化居民海外投资程序，废除当地居民获得外汇的限制；唯一保留了对机构投资者海外投资的限制，限制养老基金和保险公司持有外国资产，控制商业银行净外汇头寸。

20 世纪 80 年代早期土耳其放开了贸易账户，随后又放开了资本账户。1994 年、2001 年由于国内财政不可持续和银行体系的问题爆发了两次危机。2008 年国际金融危机前，大量经常账户赤字需要外国直接投资和长期资本流入来弥补。危机后，发达国家量化宽松政策驱动大量追逐较高名义收益率的短期资本流入土耳其，推动里拉快速升值。为了避免资金快速流进流出给土耳其经济带来冲击，土耳其实施了两项重要的审慎监管政策——利率走廊（Interest Corridor）和储备选择机制（Reserve Option Mechanism）。2010 年末，为遏制短期资本流入带来的里拉升值压力，在保持贷款利率基本稳定的同时，大幅降低央行隔夜拆借利率，允许隔夜回购利率在非对称的利率走廊内波动，迫使短期利率向下。外国投资者经风险调整收益明显下降，里拉很快进入贬值通道。2011 年第三季度爆发了欧债危机，里拉进一步走贬。为防止大量短期资本流出，土耳其央行提高贷款利率，推动利率走廊非对称性向上偏离，外国投资者经风险调整后收益提升，扭转了快速贬值的势头。由于信贷仍处于高增长态势，这一政策也让土耳其国内银行付出了融资成本升高的代价。从 2011 年末开始，土耳其央行实施了储备选择机制。根据这一机制，银行可以选择持有外汇或黄金作为央行里拉储备的一部分。央行给出的一系列储备选择系数明确了每一单位里拉储备可以持有的外汇或黄金数量。银行可以自由选择系数，但必须要持有与这个系数规定的里拉相对应的外汇。在外汇成本低于里拉时，银行会选择大于 1 的系数。随着系数越来越大，银行最终会选择一个最有利的外汇储备水平。根据市场上获得外汇融资的难易程度和融资成本变化，银行可以灵活调节存在央行的外汇储备水平。市场上外汇资金成本下降，银行就在央行留下更多储备；反之，就降低在央行的储备。储备选择机制实现了自我调节、自我稳定的功能。2012 年下半年到 2013 年上半年，短期资本加速流入土耳其，储备选择机制保证了相当比例的短期外汇进入土耳其央行储备账户，对于平抑里拉汇率波动发挥了积极作用。

再次，要持续完善金融市场支付和清算基础设施。在 2008 年国际金融危机期间外汇市场没有像其他市场那样出现流动性干涸是因为两个基础设施发挥了中流砥柱的作用。一个是广泛使用的全球外汇交易 CLS（Continuous Linked Settlement）系统，它要求成员银行在规定时间内完成结清，如果未能完成，美国的 CLS 银行自动以现金或货币市场外汇掉期方式代其平仓。不足之处在于它并未覆盖所有货币、地区、产品。金融危机期间因为有些银行不是 CLS 参与者，以及交易的货币不是合格的 CLS 货币，被排除在外汇掉期交易之外。另一个是使用 ISDA 中信用支持附件。CSA 是一个法律文件，明确了在 ISDA 主合约下场外衍生交易双方达成一致的抵押品条款，包括阈值、最低转让数量、合格的证券和货币、折扣和衍生产品头寸估值争议处理规则等。存在的不足是 CSA 不是强制的，有时交易双方不签署，也不能覆盖所有类型风险。采用更加安全便捷的清算和结算，采用更加透明、标准化的金融工具，更加稳健地管理市场参与者的行为都可以提升外汇融资市场韧性，有助于但还不足以防范流动性危机，还需要金融机构"逆周期"资本缓冲、流动性缓冲、存款保险、财政和货币政策补位。

最后，要寻求全球央行合作提供流动性。监控和管理金融机构的融资需求、货币和久期的错配程度，加强外汇和核心融资市场基础设施建设，可以降低单家机构风险，但不能完全消除系统性金融风险。在市场危机情况下，还需要全球央行合作解决资金短缺、币值错配带来的风险。在 2008 年国际金融危机最为严重时期，美联储与澳大利亚、巴西、丹麦、韩国、墨西哥、新西兰、挪威、新加坡、瑞典 9 国央行建立了美元流动性掉期限额，在平抑美元融资市场波动方面发挥了"定海神针"作用。掉期和回购限额是交付货币给其他国家的机制，接收的央行与提供资金的央行就操作频率、规模、期限、格式、定价、抵押品协商达成一致。在危机期间提供较长期限（24 天或 84 天）资金，或平行提供短期资金（隔夜或一周）以满足不同融资需求。央行在定价时应灵活考虑市场状况，避免过度申购或申购不足。许多央行提供的流动性工具只有在市场流动性存在压力的情况下价格才有吸引力，市场恢复正常后就要考虑退出机制。央行也要考虑与拍卖的定价相协调。金融危机期间以回购或贷款拍卖方式进行离岸美元操作的央行吸纳了合格抵押品，没有对其本国国内货币流动性造成直接影响。跨境抵押安排也是一种央行跨境融资合作解决方案，一国的央行向合格金融机构提供国内货币流动性，抵押品放在另一国央行账户上。这种做法可以看作央行提供的跨境搭桥贷款，支持在另一国的融资需求，操作起来需要考虑两国监管机构对流动性的要求，对跨境货币暴露实施限制，防止跨境货币暴露过大埋下隐患。

（二）　全球美元融资市场的风险特征

美元是世界上最主要的货币，美元流动性是全球系统性金融风险的重要来源之一。在全球金融体系内，美国以外的投资者和金融机构需要利用美元批发融资市场进行融资，融资涉及跨区域、跨行业的各种实体，这些实体必须承担美元融资中的货币风险、利率风险、流动性风险和再融资风险。从国家层面看，那些由贸易或金融形成的美元负债净额占 GDP 较高的国家，汇率风险对冲不彻底，就会直接暴露在美元汇率波动之下。美元进入加息周期后，偿还存量美元债务压力不断增加，更可能发生金融危机。从金融机构层面看，美国以外的非银行金融机构正在成为美元融资市场上的重要力量，但几乎没有人了解这些金融机构美元融资的信息，由此引发的各类风险如同悬在全球金融体系头上的"达摩克利斯之剑"，时刻威胁着全球金融体系安全。美元融资主体结构变化和日益紧密的相互关联意味着一旦出现重大外部冲击事件，机构之间单向、双向和多向风险暴露马上成为金融危机扩散渠道。从实体机构层面看，美元走弱意味着以美元标价的资产贬值，未采取有效对冲手段就无法避免资产贬值对其资产负债表的冲击，最终波及清偿能力。由银行、非银行金融机构、非金融公司构成的美元跨境融资网络隐匿着未知未知风险，可能成为全球金融危机"导火索"。

风险特征一：跨区域和跨行业的美元融资活动增加了全球金融系统复杂程度，无法掌握美元融资链条中各个机构关联程度全貌。大部分非美国机构没有稳定的美元融资来源，也无法通过美国银行间市场或美联储提供的工具融资。只能利用一些不稳定的美元融资方式获取美元，自身承受更多的汇率风险不说，全球美元融资链条复杂性由此大为增加。美元供给方和需求方高度分散，呈现出日益复杂的特征，识别和评估美元融资的系统性金融风险需要积累美元资产、负债、单个行业的表内表外头寸数据，而且要进一步细分出剩余期限和交易对手，这几乎不可能做到，美元融资过程中的相互关联关系只有在风险爆发受到损失时才会知晓。全球美元融资市场特征如表6-4所示。

表6-4　　　　　　　　　　全球美元融资市场特征

市场	借款方	借款方目的	贷款方	贷款方目的	典型的期限	市场规模
外汇远期和掉期	美国以外的银行、公司、保险和养老基金、超主权机构	融资、对冲	银行、对冲基金、超主权机构、中央银行	做市、投资	一般小于6个月	每天3.8万亿美元
回购	美国交易商、美国和非美国的银行、对冲基金	为高质量证券组合融资	广泛参与	获得短期收益	一般是隔夜	非美国实体每天1万亿美元；美国实体每天2万亿美元
商业票据	银行、公司	短期融资、发行容易	银行、主权财富基金、外国央行、货币市场基金、养老基金、对冲基金、保险公司和资产管理公司	向短期流动性证券投资	一般小于3个月	非美国金融机构发行3000亿美元，美国实体发行5000亿美元，2000亿美元资产支持的商业票据
欧洲美元	美国以外的银行	在更广范围吸收或提供存款服务	货币市场基金、主权财富基金、外国央行、公司、对冲基金和其他资产管理公司	短期投资	隔夜	1100亿美元

续表

市场	借款方	借款方目的	贷款方	贷款方目的	典型的期限	市场规模
存款证	美国以外的银行	中期固定利率融资	广泛的参与者	在相对长的期限内锁定收益	小于1年	非美国银行发行6000亿美元
批发存款	银行	获得大范围融资来支持业务；在规模方面，不能吸引零售存款	银行、投资、共同和养老基金	较高收益（信用和流动性风险高）	小于1年	总规模未知；来自非美国居民的跨境存款8.8万亿美元，来自美国居民的2.5万亿美元
零售和公司存款	银行	安全、低成本、较小的美元融资形式	零售和公司	安全和流动性	根据需求确定	—
私募债券	银行、公司和超主权机构	为了投资和多元化筹集长期债务，降低对短期融资的依赖，与资产的期限匹配	银行	长期投资收益	2~10年	非美国实体发行5万亿美元，美国实体发行9万亿美元
公共债券	（外国和国内）政府实体	为财政支出融资，融资方式多元化	广泛参与者	高质量投资以及保持流动性、收益	2年以上	外国政府发行1.2万亿美元，美国政府发行22万亿美元
跨境贷款	银行、公司	简化的贷款结构，使借款能力最大化	银行、公司	收益	3个月到5年	贷给非美国实体7.6万亿美元，其中，4.5万亿美元是银行间的。贷给美国实体2.6万亿美元

续表

市场	借款方	借款方目的	贷款方	贷款方目的	典型的期限	市场规模
其中：跨境银行间贷款	银行	满足监管要求，管理流动性	银行	流动性过剩，赚取较高利息	一般是短期	1.8 万亿美元（不包括国际办公室贷款）
其中：银团贷款	银行、公司、养老和保险基金	几个贷款者之间分散风险，相对于债券降低成本，融资来源多元化，与期限错配	银行	开展业务、进行收费、分散风险，获取收益	3 个月到 5 年	对非美国借款人每年新贷款 4600 亿美元，对美国借款人发放新贷款 5400 亿美元
跨货币掉期	银行和其他金融机构	对冲外汇敞口	银行和其他金融机构	收益	1 年以上	每天 1020 亿美元
即期外汇	广泛的参与者	购买美元资产，投资或经营	广泛的参与者	做市、投资	即期	每天 1.7 万亿美元

资料来源：Committee on the Global Financial System，"US dollar funding：an international perspective"，Report prepared by a Working Group chaired by Sally Davies and Christopher Kent，CGFS Papers，No. 65，Jun. 2020.

在全球美元融资市场上，美国货币市场基金是最终美元供给方，非美国实体是美元最终需求方，非美国的回购交易商、固定收入清算公司（Fixed Income Clearing Corporation）、央行外汇储备经理和国际性银行是融资中介。美国货币市场基金通过回购市场或通过固定收入清算公司清算市场上的发起银行对非美国的回购交易商提供现金。非美国回购交易商采取与最终用户、央行回购抵销的方式借现金，或使用来自证券借贷市场的抵押品进行融资。资产管理公司和非美国的回购交易商开展证券贷款，以非美元资产作为抵押品贷出美国国债。央行外汇储备经理在国债回购市场上借美元，在外汇掉期市场上再贷给国际性银行。国际性银行在外汇掉期市场上做市，与其他银行、保险公司、养老基金进行外汇掉期交易，其他银行、保险公司和养老基金作为投资者通过回购市场融资购买美国国债，也通过外汇掉期市场对冲货币风险。以上就是大致的美元融资市场循环体系。

商业票据市场、三方回购市场和外汇掉期市场都曾经是系统性金融风险积累和金融危机传播的重要渠道。企业在商业票据市场上获得相对低成本的短期融资。非美国的银行也在美国发行短期商业票据，以外汇掉期或交叉货币掉期形式贷给其他非美国银行，这些银行拿到美元后再购买美元信贷资产。商业票据市场崩盘，融资链条中断，非美国的银行难以在商业票据市场上再融资，造成外汇掉期市场上美元供给下降，美元供给严重不足时非美国的银行需要被迫出售美元资产来偿还到期债务。美元融资链示意如图 6 – 1 所示。

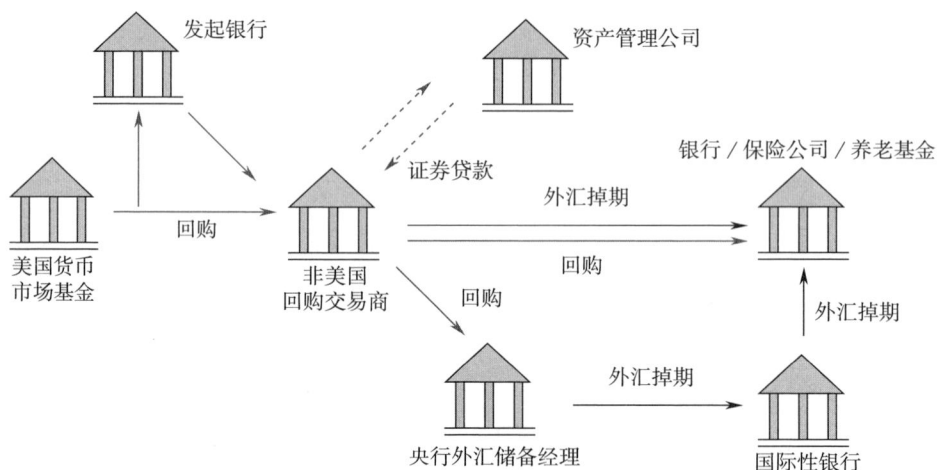

图 6 – 1　美元融资链示意

三方回购市场是非美国实体短期美元的重要来源之一，也是 2008 年国际金融危机重灾区，证券经纪公司融资非常依赖这个市场。三方参与者包括清算银行、借款机构和贷款机构。作为三方回购协议中的第三方，承担清算任务的银行为证券结算提供每日结算处理服务和日间融资。日间融资使用的抵押品与前一日回购交易中证券标的相同，清算银行根据市场情况提供日间融资。市场动荡时，三方回购交易的抵押品流动性降低，风险不断升高。如果清算银行担心借款人无力清偿抵押品，就会拒绝融资。在此情况下，借款人可能迅速违约，而贷款机构变现抵押品面临抵押品市值不断损失的风险。在完善三方回购市场机制方面，清算银行设定了证券集中度管理指标，对信用质量差、流动性差的证券，估计其潜在风险暴露，考虑融资折扣率合理性，实时监控借款机构信用变化、交易行为及抵押品价值变化趋势，及时报告并完善抵押品清算程序和过程。贷款机构完善了在保证金、证券集中度限额、流动性差的抵押品限额、整个抵押品规模限额方面的管理。借款机构尽可能地减少了依赖三方回购为长期流动性差的资产融资，寻求更广泛的融资渠道，控制了以流动性差的证券作为抵押品进行三方回购融资的规模。

外汇掉期是用一种货币为另一种货币融资，同时对冲汇率风险。有了发达的外汇掉期市场，外币资金不用在现汇市场上转换为本币，也不用持有外汇风险暴露，参与一国国内资本市场运作可以便捷地获得外币。外汇掉期市场是全球美国以外的银行获得美元最重要的渠道。外汇掉期市场涉及同时的即期和远期外汇交易。新兴市场国家投资者以即期汇率卖出外币交换本币，同时以远期价格买入外币，融资背后的风险处于动态变化之中。首先，在交割执行前汇率变化会改变外汇掉期合约价格。如果用外汇掉期对冲本币债券投资，外汇贬值，外汇掉期价格上升，投资就会获得部分保护。其次，外汇掉期面临相当的交易对手风险。即期市场上外汇的出售方面临交易对手交割外汇远期时的违约风险。交易中约定的抵押品也面临外汇风险。当新兴市场国家汇率贬值，且押品价值下降时尤其如此。接受外汇的一方可能会要求额外抵押品，来保证外汇交割安全。与利率掉期相比，外汇掉期交换的是名义金额，但一定程度上押品价值会随着货币贬值和交易对手风险增加而改变。合约受到主权风险变化的影响。2008年9月，全球美元需求上扬，新兴市场国家利率掉期价格普遍大幅增加，外汇掉期隐含的美元利率和 LIBOR 之间利差加宽。印度和韩国外汇掉期隐含的利差超过 1000 个基点,智利和土耳其在 500～600 个基点,美国政府货币市场基金以短期回购方式贷款给一级交易商,回购利率飙升会外溢到短期外汇掉期市场,造成美国以外市场参与者美元融资成本上升。跨境信贷总量和结构变化与新兴国家外汇掉期市场息息相关,外汇掉期市场成为新兴市场国家金融市场与全球银行间市场之间重要的风险转移渠道。

风险特征二:非美国银行过度依赖美元短期融资,美元资产负债之间期限错配造成美元融资脆弱程度增加,冲击美元的融资成本和全球信贷供给。市场上只要出现美元收益高于其他货币,非美国银行美元资产就会持续增加。除美国附属机构美元存款提供资金来源外,非美国银行在美国以外稳定的美元存款不足以支持其全球美元贷款。美国监管机构严格限制非美国银行在美国获得的存款在全球调拨使用,只有通过在美国的分行和国际市场融资获得的美元才可以在美国以外地区使用,批发融资期限短、波动性大,非美国银行面临相当的再融资风险。

外汇掉期比其他美元来源成本高,还是拾遗补缺的角色,不是主要美元融资来源。2008 年国际金融危机期间,美国的银行囤积流动性,不愿贷款给其他金融机构。非美国的银行被迫使用衍生产品在外汇掉期市场为美元资产融资,被迫承受资金期限短、高波动性带来的风险。之后监管改革影响了美元融资市场,从 2015 年 1 月开始,欧洲监管机构要求银行报告季度末杠杆率,3 个月掉期需要反映在季末资产负债表上。非美国银行在监管报告日前为粉饰资产负债表,在季度末减少了匹配的回购行为。资产负债表扩张的季节性成本上升外溢到全球美元融资市场,季度末跨货币基点因此而跳升,一些机构只能通过特殊工具或交易对手获得美元融资。通过以下四个指标可以看出非美国银行的美元融资风险。

(1)跨币种融资比率。美元资产负债之间的差额与美元资产的比率就是跨币种融资比率。2008 年中,非美国银行美元资产和负债差距是 1

万亿美元，占美元资产的10%，2018年两者差距超过1.4万亿美元，跨币种融资比率13%。未来美元融资的压力将主要取决于美国和其他地区利率路径差异、主要央行货币政策正常化进程、美国财政状况和美国国债供给。如果美元融资市场再次受到冲击的话，会比2008年金融危机时影响更大。

（2）非美国银行美元资产负债的流动性和期限。美元流动性比率强调银行将部分美元资产变现，应对快速提取美元的能力。稳健的银行应该能在压力情形下及时变现高质量流动性资产，应对资金流出。非美国银行美元流动性处于稳步增加状态，但仍低于所有货币度量的流动性比率。

（3）美元稳定融资比率。除跨货币融资缺口、跨货币融资比率、流动性比率以外，稳定融资比率类似净稳定融资比率，反映了较长时间内为美元资产融资的能力，也反映了银行美元融资冲击的脆弱程度。非美国银行得到美元资产，需要匹配美元负债，以避免汇率风险。非美国银行资产负债表上资产超过负债的缺口只能通过外汇掉期去弥补，很大程度上受制于掉期市场风险变化，掉期获得美元的融资成本也必然影响银行盈利、资本要求和提供美元信贷的能力。

（4）美元跨货币基点。直接从现金市场获得美元融资的成本与通过不同货币掉期成美元的利率之间的差额就是跨货币基点。基点为正，说明直接融资美元成本高于掉期成美元的成本；基点为负，说明低于掉期成美元的成本。2008年国际金融危机之前，许多货币与美元的跨货币基点都接近零。国际金融危机和欧债危机期间，同业市场受损，套利活动受到影响，美元兑其他货币的跨货币基点变大，变为负值。同业融资市场风险上升、买卖报价差拉宽、交易成本上升等供给方因素和母国银行业违约风险、母国相对于美国的利差等需求方因素都影响着美元跨货币基点。美国的市场情绪也在发挥作用，规避风险情绪上升会削弱美元标价的高风险投资需求，缓解跨货币基点的压力。

当美元融资需求特别强烈时，跨货币融资比率就很大，非美国银行对外汇市场和外汇掉期提供方的融资条件就更加敏感。母国利差相对于美国利差收窄会刺激通过美元融资持有美元资产，增加了通过掉期获得美元的融资需求，拉宽了跨货币基点。如果汇率隐含波动率增加，具有较高跨货币融资比率的经济体就会面临基点加宽的市况。美国和世界宏观经济状况变化对非美国银行的母国经济产生的影响也都会传导到跨货币基点上。美元贬值削弱了美元净借款人的资产负债表，间接增加了全球非美国银行的信用风险。美国国债供应增加 LIBOR 和隔夜指数掉期之间利差的压力，进一步收紧了美元融资条件。全球不确定性增加反映在母国隐含的外汇波动性上，也会拉宽跨货币基点。国内实际经济活动衰退对银行体系形成的压力也会表现为跨货币基点的压力。

风险特征三：由各类非银行金融机构、各种金融活动、各类实体、各金融基础设施组成的非银行金融机构生态系统虽然未能取代银行在全球美元融资中的核心地位，但非银行金融机构持有的金融资产几乎占据了全球金融资产额的一半，对全球美元流动性影响越来越大，成为累积系统性金融风险的重要领域。

按照经济功能的差异，金融稳定理事会将非银行金融机构分为五类。第一类是共同投资中介，对于资金流失非常敏感，包括货币市场基金、固定收入基金、混合基金、信用对冲基金、房地产基金；第二类是依赖短期融资提供贷款，包括金融公司、租赁公司、保理公司、消费信贷公司；第三类是融资中介，业务依赖短期融资或客户资产抵押融资，包括经纪商和交易商、托管账户、证券融资公司；第四类是为信用创造提供便利的机构，包括信用保险公司、金融担保机构、单一险种保险机构；第五类是证券化信用中介，且具有金融实体融资功能，包括证券化中介、结构化融资中介、资产支持证券。各类非银行金融机构利用回购市场、备用信贷额度向银行融资，购买银行发行的金融产品，相互之间互相持股，开展美元跨境投融资，形成了更紧密的关联。2020 年末，南非、智利、卢森堡、韩国、澳大利亚银行体系从非银行金融机构融资超过了银行资产的 15%。在全球范围内，第一类非银行金融机构形成资产规模最大，其中，美国货币市场基金持有的资产占全球货币市场基金持有资产的 57%，位居第一，在一些国家货币市场基金和固定收入基金形成一定程度垄断。美国前五大货币市场基金份额占 20.9%，阿根廷前五大货币市场基金份额占比高达 51%。比利时和芬兰固定收入基金市场份额的集中度超过 40%。[①] 从风险跨境关联角度看，银行与非银行金融机构之间形成的跨境资产规模高达 7.5 万亿美元，跨境负债达 6 万亿美元。[②] 过去信用风险主要在银行资产负债表内，2008 年以后非银行金融机构飞速发展降低了银行对金融体系韧性的影响，非银行金融机构（特别是货币市场基金）有效管理信用风险、市场风险和流动性风险能力对金融体系稳定越来越重要，需要更加关注市场流动性、管理资产组合及相关风险的价格信号对非银行金融机构的影响。

非银行金融机构触发美元融资市场流动性危机可能来自多方面：某些投资中介流动性错配被迫抛售，有同样投资组合的基金受到抛售压力，加入抛售行列。市场压力下，杠杆投资机构快速变现，加剧市场波动。衍生产品和资产证券化业务保证金要求超过了对市场波动的预期水平，保证金要求突然发生变化，流动性在金融体系内重新分配。投资者担心货币市场基金周限额突破后，基金费用会提高，接近突破水平时大量赎回。一些被动投资的债券基金有指数再平衡要求，外部评级下调会引发抛售，进一步鼓励了"顺周期"行为。美国以外的公司过于依赖市场化美元融资加大了负债脆弱程度。每当市场风险偏好逆转，非美国的公司无法再以合理成本融资，只能被迫出售持有的美国国债，放大"羊群效应"。

---

① FSB，"Global Monitoring Report on Non‐Bank Financial Intermediation 2021"，16 Dec. 2021.

② FSB，"Enhancing the Resilience of Non‐Bank Financial Intermediation"，Progress Report，1 Nov. 2021.

新兴市场国家美元融资链条中的银行和非银行金融机构如图 6 - 2
所示。

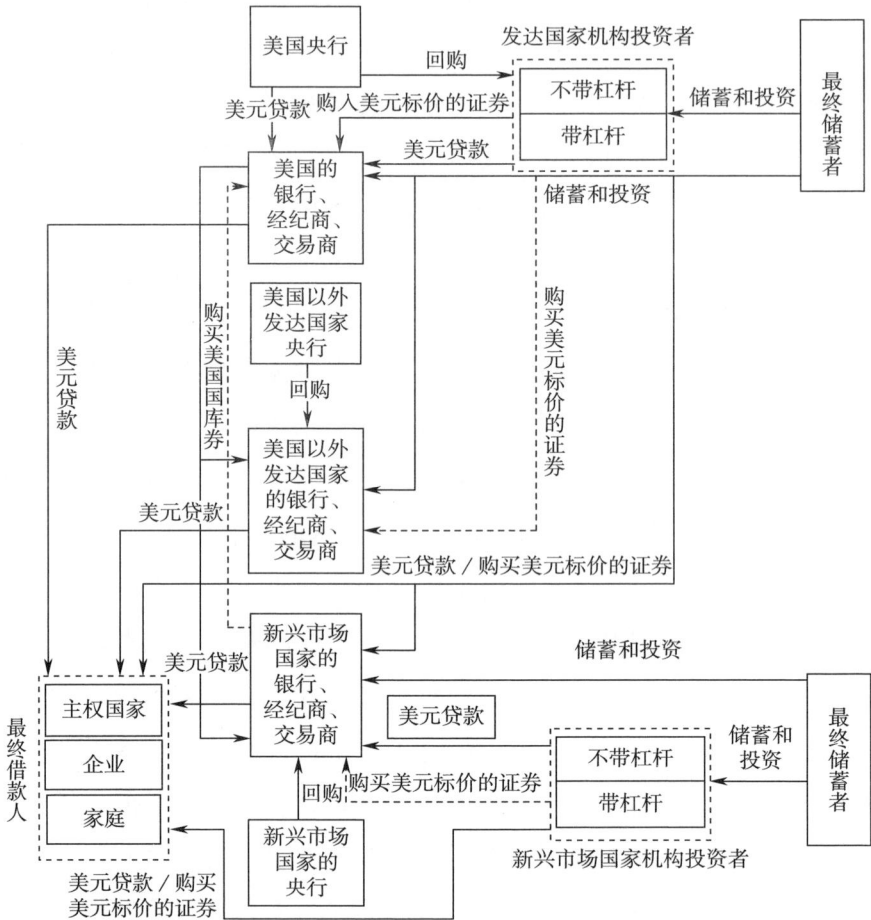

注：最终储蓄者和最终借款人包括主权国家、企业、家庭。

图 6 - 2　新兴市场国家美元融资链条中的银行和非银行金融机构

（资料来源：FSB，"US Dollar Funding and Emerging Market Economy Vulnerablilities"，

26 Apr. 2022）

非银行金融机构中货币市场基金和开放式基金是美元流动性的薄弱环
节。货币市场基金在短期市场工具上有大量投资，采取持有到期再投资的

模式。交易商没有动力对商业票据、协议存款证这类短期市场工具做市，二级市场不活跃，流动性供给受限。突然赎回需求大增，赎回过程中断，难以出售资产都会使货币市场基金面临流动性风险。一些开放式基金流动性错配较为严重是因为基金净值有滞后，未能及时按照隐含的市场价值进行调整。当新流入的资金不能满足开放式基金赎回要求时，一部分开放式基金先出售流动性最好的资产，同时使用手中现金来应对短期内赎回，这种做法会使开放式基金的现金越来越少，流动性较差的资产占比越来越高，市场压力出现时进一步恶化其流动性。开放式基金风险外溢大小取决于其规模、脆弱程度以及在资产市场上的相对重要性。基金内部相互借贷、基金和基金附属公司之间的融资也都会产生风险外溢。

（三）金融市场风险识别与传染

任何由金融市场引爆的危机都有其必然性，都会经历催化、触发、传染过程。从金融市场维度看，2008 年国际金融危机的催化过程是次级房贷借款人违约不断增加，达到临界点，对次级贷款有直接风险暴露的银行最先受到冲击。触发金融市场危机的是银行间市场和商业票据市场流动性，以流动性短缺、信贷市场冻结、股票价格下挫和各国汇率波动等方式向其他国家传染。金融市场受到冲击引发各类投资者调整资产结构，市场风险、流动性风险和信用风险都发生了急剧变化。在雷曼兄弟公司破产后，市场对流动性的担心变成了对金融机构清偿能力的担心。以高杠杆对冲基金为代表的金融机构遭受了巨额损失，被迫快速去杠杆，更多金融机构陷入被迫出售资产的旋涡中，资产价格崩塌、市场信心消失、金融机构清偿能力严重受损。银行和非银行金融机构去杠杆行为借助金融市场成为风险传染源。金融市场风险传染路径如图 6 - 3 所示。

金融危机来临前判断市场风险，要注意观察主要金融资产的历史波动性和隐含波动性。历史波动性反映的是过去一个时间段内可以观察到的金融市场上资产实际收益分布的波动程度，也称为统计波动性。隐含波动性

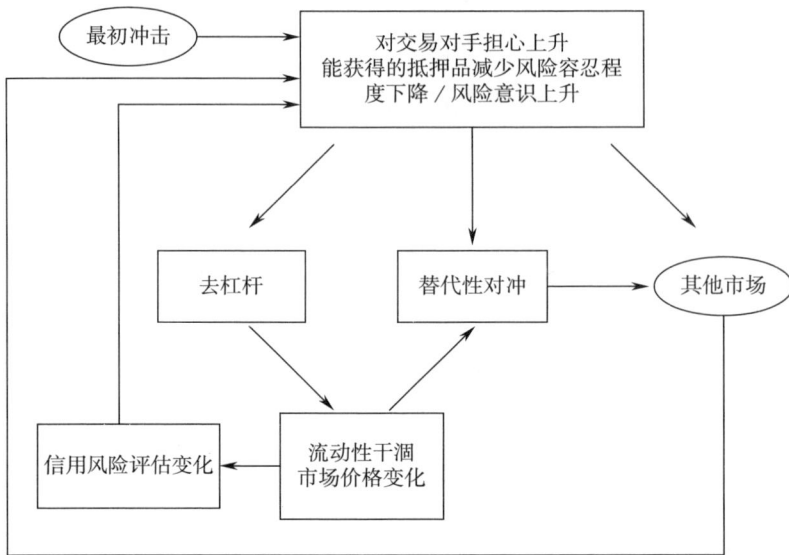

图6-3 金融市场风险传染路径

度量市场参与者预期将来资产价格可能的波动性,通过期权价格推断,具有前瞻性。计算历史波动性方法既可以采用比较直接的简单法,计算一个时间窗口内特定资产实际收益的标准差,也可以采用相当复杂的模型法,根据时间序列模型计算收益波动的方差。度量隐含波动性最常用的两个指标是VIX指数和偏度(Skew)。VIX指数根据30天内一系列买入和卖出期权行权价格,用期权溢价得出。投资者担心美国股票市场下挫,就会购买VIX指数防范投资组合损失。偏度度量的是标普500指数价外期权隐含波动性,反映股票市场的尾部风险。一般将市场价格下挫低于均值两个标准差作为尾部风险,偏度越高,意味着尾部风险越大。历史波动性和隐含波动性两者相比较可以推断出波动性风险溢价(Volatility Risk Premium),这个溢价是投资者承担与市场波动迅速变化相关风险的补偿,是投资者对待风险的态度。资产价格下跌时期比上涨时期波动性更高,说明波动性与当前和过去的资产收益是负相关关系。市场波动性低,波动性风险溢价就低,投资者更愿意承担风险，资产估值更可能上升。特定时期市场大幅波动和机构投资者跨市场对冲策略也有关系。东南亚金融危机期间一些机构投资者认为泰国、印度尼西亚和马来西亚这些国家的金融市场流动性欠佳，中国香港、新加坡、澳大利亚的金融市场流动性较好，在流动性较好的市场上创建空头进行跨市场风险对冲是资产价格下挫的原因之一。

　　判断流动性风险看流动性溢价、买卖利差和单边市。美国的联邦基金利率和 10 年期国债收益率、美国期限利差、其他主要国家的利率、各国利率对长期趋势偏离、各国期限利差对长期趋势的偏离都是观察全球流动性状况的重要指标。最权威的流动性溢价指标是"泰德利差"（Treasury Euro Dollar Spread），即欧洲美元 3 个月利率与美国国债 3 个月利率之间的差额，是衡量市场流动性松紧和投资者风险偏好变化的重要指标。市场流动性干涸时，买家和卖家报出的价格区间拉宽，反映了买卖双方降低风险偏好的心理。在极端情况下，金融市场出现单边市，都愿意做金融资产卖方，资金涌入流动性最好的政府债券。许多金融产品做市商撤出交易，不再保证报价。美国国债收益率偏离程度和高收益公司债券持有量变化是衡量美元总体流动性的重要指标。美国国债市场流动性恶化反映为实际收益率偏离经验数据预测的国债收益率，偏离度越高，说明通过市场套利消除两者差异的成本越高。2008 年国际金融危机期间，美元流动性迅速恶化，美国国债收益率偏离程度曾高达危机前的十几倍。高收益公司债券多为评级较低的债券，市场流动性正常状态下寻求较高收益的投资者会主动持有高收益债券，市场流动性紧张时投资安全更加重要，资金就会追逐低信用风险的债券。高收益公司债券持有量下滑水平可以反映出市场流动性紧张程度。长短期国债期限溢价扭曲也是美元流动性的重要反映指标。正常市场情况下，期限溢价体现为时间越长政府债券溢价越高，在压力情形下资金涌入长期限政府债券，压低收益率，形成与短期政府债券收益率的"倒挂"。阿根廷、匈牙利、南非在 2008 年国际金融危机期间都出现过倒挂情况。2008

年国际金融危机前后欧、美、日、英银行间市场利差变化如图6-4所示。

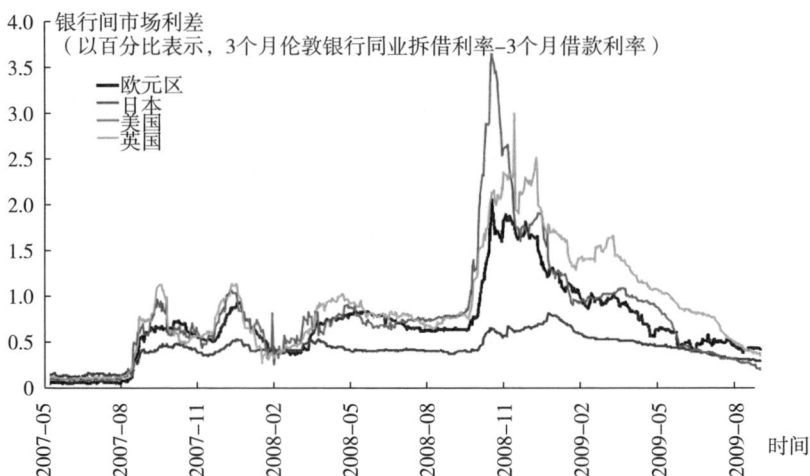

图6-4 2008年国际金融危机前后欧、美、日、英银行间市场利差变化

（资料来源：Stijn Claessens, Giovanni Dell' Ariccia, Deniz Igan and Luc Laeven, "Lessons and Policy Implications from the Global Financial Crisis", IMF Working Paper, WP/10/44, Feb. 2010）

判断信用风险看市场资金取向、期限利差和信用利差。市场投资者涌向最安全的国债或持有现金，反映出市场情绪悲观、不愿意承担信用风险。金融机构的信用风险反映为同期限金融机构债券收益率和政府债券收益率之间的利差，公司的信用风险就是同期限公司债券收益率和政府债券收益率之间的利差。市场流动性紧张反映为金融机构和公司信用利差扩大，选择利率掉期对冲公司债券利率风险，而不选择政府债券对冲公司债券利率风险也会导致信用利差扩大。金融机构削减对其他金融机构的信贷限额也是信用风险升高的信号。

在金融危机早期阶段，对市场风险、流动性风险和信用风险进行区分，使用统计工具和方法对单类风险进行测量和对冲是有可能的。危机爆发后，这些风险交织在一起，形成你中有我、我中有你的态势，也就无法再做区分了。

三、 货币国际化会遭遇金融危机吗？

本币从部分国际化到全部国际化是一个较为漫长的过程，在这个过程中货币国际化绕不开金融市场开放，政府必须注意发挥好经济规律的"指挥棒"作用，只有货币发行国以外的非居民能从使用该货币中获利，才有源源不断的动力使用这种货币，该货币才越有可能成为国际化货币。

（一） 货币国际化的利弊

货币国际化至少有三方面收益。第一，有利于扩大货币发行国的资产、负债规模，经济体系和金融体系的风险能更好地被分散。发行国不仅获得了发行铸币税，扩大了外汇市场规模，促进了外汇市场价格发现功能和风险分散功能提升，降低了货币发行国在对外贸易中本外币兑换成本、进出口双方的货币风险及银行对冲外汇风险的成本。而且，货币发行国政府由此受到了更强的外部约束，倒逼改变内部政策，采用更加适应货币国际化的相关政策。第二，有利于降低货币发行国货币错配给经济体系带来的信用风险和流动性风险。让本国货币部分国际化意味着本国居民能在国际上借贷，本国能以自己的货币在世界金融市场上发行债务。这样一来，外国居民可以在其投资组合中纳入以该国货币标价的资产，增加对该国货币标价资产的总需求。大量投资者在本国二级证券市场交易，促进本国证券市场更具流动性，有利于降低需求冲击对价格的影响。能以本币在国际上借款还降低了国内公司的货币错配。本国负债的利率可以在国际资本市场上更为直接地确定。即使是不能以本币在国际市场上融资，以国际货币标价的负债可以较为容易地在远期和掉期市场上对冲，避免货币错配。不能以本币在国际市场上融资就不可能有高流动性的远期市场和掉期市场，货币国际化会倒逼本国加快完善市场的进度。第三，有利于降低货币发行国的外汇储备。一国外汇储备中持有资产的规模和本币国际化程度有关。虽然货币发行国以外的使用需求使本币汇率更加波动，发行国确定政策利率难度增大，却可以有效降低外汇储备需求。对于那些货币还没有国际化的国家，为维持本币币值稳定，必须持有大量外汇储备应对可能的外部冲击。本币国际化后，即使面对外部冲击，市场也可以自发地纠正汇率失衡。从经济学视角看，一个国家私人部门外汇借款成本和储备资产收益之间的差额是自我保险的社会成本，货币国际化的国家持有外汇储备占 GDP 的比例低于没有实现货币国际化的国家，这也是一种成本节约。

货币国际化至少要付出两方面成本。最大的成本是限制了国内货币政策运用空间。本币国际化后，外国居民和非居民大量持有本币，一旦它们预期货币发行国资产价格下跌，本币就可能被抛售，加剧外汇市场波动；本币国际化后拓宽了居民、非居民购买和出售国内货币工具的范围，限制了本国央行影响国内利率和通过公开市场影响国内货币供应的能力。外国居民或非居民持有的货币发行国债务规模越大，对货币发行国国内投资者和国内经济的潜在损害越大，小型经济体尤其如此。新加坡保持独立货币政策，代价是配套灵活的汇率变化调控本地经济，被迫承受国际资本大进大出带来的冲击。虽然外国居民和非居民也大量持有美国和欧洲政府债券，但因为其政府债务市场规模巨大，局限性得到一定程度控制。本国货币国际化后，也方便了该国居民发行外币债务，当发行实体不再能满足偿债义务，甚至发行的债务工具不再被市场投资者看好时，对本国金融体系就会造成严重冲击。另一个重要的成本是国际资本流动冲击明显加大。为了实现货币国际化，进行外汇和资本账户自由化是先决条件。在从金融抑制走向金融开放的过程中，货币发行国资产的高预期收益率会诱发资本过度流入，带来实际汇率高估、"股票泡沫"和利率快速下降。货币发行国经济条件恶化，资本加速流出又会带来汇率贬值、股市下挫，从而被迫提高利率。受到全球经济周期性因素和结构性因素变化影响，即使货币发行国宏观经济基础比较稳定，仍可能面临国际资本流动突然停止的冲击。

（二）日本、韩国经验

1. 日元国际化与资本市场国际化相向而行

1984 年，日本政府将日元国际化作为政策，"扩张日元在国际货币体系中的角色，增加日元在经常账户交易、资本账户交易和外汇储备中的比重"。为了达到这一目标，努力减少对跨境资本流动的限制，积极发展日元标价的市场和金融工具。

特点一：法律先行，由全面管制转为最小必要性控制。

在 1980 年前，《外汇和外贸控制法》（1949 年）和《外国投资法》（1950 年）是日本实施资本管制的法律依据。对所有外部交易进行管制，非居民收购国内股权、技术转让、期限在 1 年以上的资本流入都要批准。《外汇和外贸控制法》规定除非获得允许，否则禁止所有资本流动。《外国投资法》的目的是保证批准的投资，其本金和收益都要回到日本国内，以此促进资本和技术进口。1980 年 12 月，日本废弃了《外国投资法》，修改后的《外汇和外贸控制法》开始生效。《新外汇和外贸控制法》对国际收支和汇率管理实施最小必要性控制，将资本交易分为四类：要求批准的交易；不需要政府检查，但要求之前通知的交易；要求之前通知，也需要政府检查的交易；既不需要批准也不需要通知的交易。第一类交易是之前要控制的行为，如居民之间外汇交易、居民和非居民之间存款和信托合同、非居民在外国发行欧洲日元债券等。大部分交易都在第二类和第三类，第二类包括外商对日本直接投资，要求事先通知财政部和相关负责部门。正常情况下，这类交易不需要政府检查，如果判断投资有极大的负面影响，政府可以改变或终止投资。第三类包括日本对外直接投资、对外贷款、居民对外国非居民发行的证券进行债务担保、非居民在日本收购房地产。这样的交易除了事先通知外，还需要政府检查。既不需要批准也不需要通知的第四类交易主要指授权的外汇银行开展的跨境交易、指定证券公司开展的证券投资。财政部有权限制外汇银行的外汇头寸，提出外汇业务要求，禁止对非居民持有的日元存款付息。

特点二：培育市场，促进日本以外国家和地区使用日元。

日元国际化政策可以追溯到 1983 年后期日本大藏省和美国财政部建立的日元美元工作组。当时两国之间贸易不平衡，美国认为日元被低估，希望日元走国际化道路，潜台词就是希望日元升值，开放日本资本市场，让美国的金融公司能有更多获利机会。1983 年 10 月，大藏省提议将"日元国际化、金融和资本市场的自由化"作为政策目标。1984 年，日本政府宣布和实施了许多市场开放和自由化措施，取消了"真实需求规则"①，放松了居民和非居民发行欧洲日元的条件，废除了银行通过外国借款掉期成日元贷给国内实体的比例要求。② 1985 年，日本大藏省下的咨询机构外汇委员会提出，应该采取国内金融自由化向非居民提供有吸引力的日元，实施欧洲日元交易自由化，培育东京成为主要国际金融中心，积极推动日元国际化。建议采取如下措施实施欧洲日元交易自由化，"放松欧洲日元债券的发行条件，废除非居民预扣税。允许日本的银行进行中长期欧洲日元贷款。延长欧洲日元存款证从不足 6 个月到 1 年，再到两年"。这些措施从 1985 年开始陆续得以实施。

为了推动东京股票市场国际化进程，1985 年 12 月东京股票交易所将外国证券公司纳入成员单位。当时影响东京股票交易所成为国际证券交易市场的一个重要因素是，东京证券交易所采用大藏省批准的固定佣金制度，当时主要竞争对手是伦敦证券交易所和纽约证券交易所，它们对证券交易实行更加灵活的佣金制度。固定佣金制度保护了日本证券行业利益，也对东京股票市场与同业竞争产生了冲击。1986 年，日本允许建立离岸账户，12 月发起建立离岸市场。为提升日元在国际交易中的使用比例，建立了日

---

① 按照该规则，远期汇率必须有真实交易背景。

② 1984 年 6 月前，日本的银行在海外市场借外汇，在外汇现货交易市场上卖出外汇获得日元，为了限制这种方式获得日元的数量，实施净外汇负债头寸限制。6 月后取消。

元标价的银行承兑汇票市场和各种金融期货和期权市场。除世界银行、亚洲开发银行以外，非居民发行日元标价的债券积极性不高，欧洲日元市场规模更大，很多机构更愿意利用欧洲日元市场筹资。为吸引国际资本，美国、德国、法国、加拿大普遍取消了非居民利息收入和股票分红预扣税。迫于竞争压力，日本对一些外国机构投资者和政府短期债券、欧洲日元债券也实施了一些零敲碎打的优惠措施。日本央行和财政部在预扣税改革方面终究没能达成统一，20% 预扣税一直保留，间接影响了日元资产的吸引力。到 1990 年，日本本土以外交易日本股票最多的是伦敦，占伦敦外国公司股票交易量的 1/4。

20 世纪 80 年代末，日本的银行大量通过欧洲日元市场向日本企业贷款，而不采用国内直接贷款的方式，跨境贷款由此出现了迅速增长，其中很重要的原因是在国内直接进行日元贷款必须接受日本央行严格的窗口指导，日本银行外国办公室对居民的欧洲日元贷款和国内机构发放外币贷款可以不受窗口指导约束。跨境贷款增长很容易让人误解为境外企业对日元需求增加，其实很大程度上是监管套利的结果。

特点三：循序渐进，实现跨境交易彻底自由化。

面对 20 世纪 90 年代经济滞胀，为激发日本经济的活力，日本在 1996 年放松了对金融市场的管制，实施了包括金融行业改革在内的结构性改革。金融"大爆炸"是这个时代的印记，"大爆炸"时期着力消除各种障碍，让日本金融市场和金融机构变得更有竞争力和效率。外汇市场改革成为日本全面金融改革的先行者。

1997 年，外汇委员会向财政部提议不再提前批准或通知，对跨境金融交易彻底自由化；为增加市场深度，废除外汇银行授权参与制度和证券公司指定参与制度，允许自由进出市场；废除对外直接投资的要求。1998 年 4 月 1 日，新颁布的《外汇和外贸法》原则上废除了事先批准和通知的要求。出于统计目的，规定对于超过一定数额的交易要事后报告。不再对外汇银行授权，也不再指定证券公司参与跨境交易，允许非金融机构在外汇交易中直接交易，允许日本居民在外国金融机构开立和保有外汇账户。

1998 年 7 月至 2003 年 1 月是日本政府强化日元国际化时期。尽管跨境交易已经完全自由化，但在提供无风险、高流动性金融产品和标准方面，提升日元使用仍有空间，这个时期也更重视培育日本政府债券市场。日本的回购市场建立在有现金抵押的借贷债券基础上，而美国和欧洲回购市场建立在有再次销售协议的证券销售基础上。长期政府债券市场跨期没有流动性，没有有效形成收益率曲线，限制了它在风险对冲中的作用。利息预扣税和资本利得预扣税影响了现金流和定价，让非居民不愿意进入这个市场，结算体系有效性不足，这些问题的普遍存在极大地制约了日本政府债券市场发展。为了解决这些问题，日本从 1999 年 4 月开始公开拍卖融资票据，期限是 13 周，拍卖每周进行，1 年后过渡期结束，融资票据不再由日本央行承销。同年 12 月，日本正式免除了非居民和外国公司的利息收入预扣税，证券交易税也被废除，还引入了 30 年日本政府债券和 1 年期国债，丰富了国债种类，使国债期限更加多样化。这些举措提高了日本的政府债务市场运作能力。

在增加日元使用便利性方面，外汇委员会提出发展回购市场，引入 5 年期日本政府债券作为创建政府债务收益率曲线的参照物，日本政府债券类别多样化，到 2000 年末引入实时全额结算，延长运行时间，存款证和商业票据结算尽可能早地采用钱货两讫方式。为了增加非居民持有日元，采取进口中增加日元作为计价货币等多项措施，希望通过资本交易向非居民提供日元资金。2001 年 6 月，提升日元国际化专门工作组指出，日元国际化进步未达预期是因为对日本经济缺乏信心，日元需求比较有限。提升日元国际化必须恢复日本经济和金融体系，进一步开放日本市场，创造方便使用日元的条件。1 年后，该小组对跨境交易中计价货币选择的各种因素进行了总结，市场力量、产品出口和重要进口的匹配程度、能源产品国际价格设定方法、进口商和出口商偏好等因素都影响日元跨境交易使用。此外，日本企业公司治理机制中少数股东权益不受保护，将欧洲日元转换为日元银行费用高，日本市场上缺乏数量充足的风险投资者，需要采纳国际会计准则，需要将文件制成英文等因素也妨碍了日元跨境交易。2003 年初，该小组进一步提出消除在特定交易中以日元计价的障碍；在亚洲建设法律基础设施，提供技术支持，将日本的出口应收账款变为证券，允许建立以出口应收账款抵押的商业票据市场；建立一套流程，通过技术援助向亚洲出口商提供日元信贷；进一步扩大非居民持有的国债和融资票据的预扣税豁免范围；允许离岸市场交易衍生产品和日本政府债券，这些举措针对性和可操作性都很强，极大地推动了日元国际化进程。

特点四：夯实基础，资本跨境国际化需要配套的基础设施。

在日元国际化的同时大部分资本市场国际化措施都已经实施了，尽管如此，就非居民发行债券、外国股票新上市及离岸交易这些指标来看，日本资本市场作为国际金融中心地位还是出现了下降，日元在全球外汇交易中的份额也在下降。为此，日本政府瞄准法律、会计、结算和税收系统作为提升领域。在日本由非居民发行、以日元标价的武士债券管理成本较高，于是通过东京离岸市场发行武士债券。还通过简化报告要求，促进日本以外的投资者在日本资本市场上投资。对跨境债券交收使用记账系统，与亚洲其他资本市场合作，建立外汇和证券交收系统，亚洲货币之间开始互相交易，通过这些举措，提升日元债券和外汇市场能力。

日元国际化的经验表明，一国在世界出口中份额越大，该国货币被用于国际贸易交易的可能性越大，在国际产出、贸易和融资中占较大份额的国家，其货币成为国际货币具有天然优势，但先天优势不是决定因素，货币国际化不取决于政策推动，而取决于满足一定的先决条件。最重要的先决条件是对于跨境资金转移，第三方在合约、商品和资产的贸易结算中使用的货币，以及在私人和官方投资组合中标价的资产都不实施限制，由经济主体自由选择。即使满足了这些先决条件，也不意味着货币一定能国际化。日本政府强力推进日元国际化的政策遇到了许多现实困难，日本进口的大部分原材料都以美元计价，亚洲的货币对日元波动比对美元的波动更大，大部分贸易不是以日元标价，对日元贷款需求不足，日元汇率自身波动较大，日元标价的金融资产利率水平吸引力有限都是客观事实，也是制约条件，推动货币国际化的政策很长时间内都没能奏效。不可否认的是，日元国际化政策确实加速了日本与西方发达国家的金融融合。1998—2003年跨境资产和负债余额显著增加，甚至超过了 GDP 规模，日本成为金融高度开放的经济体。用了 20 多年的时间，日元离岸使用才有了与在岸使用平起平坐的地位，日元成为高度国际化的货币。

2. 资本账户放开未必导致货币国际化

韩元国际化进程晚于日元，与日元国际化的初始条件也不相同。自20 世纪 80 年代末期 90 年代早期开始，韩国开始实施经常账户和资本账户自由化措施。20 世纪 90 年代韩国金融市场开放和成熟程度远超过其他新兴市场国家，如韩国股票和债券市场规模相对于 GDP 的比例高于巴西、俄罗斯、印度、中国，外国投资占韩国股票市场份额超过 25%，也明显高于其他金砖国家。在 G20 新兴经济体中，韩国是唯一一个股票市场包含在发达市场指数中的国家。韩国有大量贸易和资本流动，金融市场也发展很快，但 80% 的进出口都以美元标价，韩元很少被用于出口和计价。韩元汇率无序波动和货币错配问题一直存在，韩国经济面临汇率高度波动带来的冲击。

韩国政府认识到韩元在韩国以外广泛使用的前提是在法律或政策上不对外汇交易进行限制后，允许境内外非居民在国际金融市场上发行韩元债券，鼓励韩国以外的银行更多地发放韩元贷款。为了实现这些目标，韩国境内银行和证券清算支付系统必须接入韩国以外的银行和非银行金融机构，自由韩元账户（Free Won Accounts）应运而生。配套自由韩元账户政策，要求国外汇入或非居民带入的外汇资金与韩元交换、对非居民从居民获得的经常账户交易中的收益都要国内支付，非居民向居民支付韩元标价的交易都必须存入自由韩元账户。在韩国以外的居民和非居民都可以发行以韩元标价的债券，非居民发行以韩元标价的债券及使用韩元支付都涉及韩元外债规模，必须事先通知韩国财政部。对非居民韩元贷款的上限也不断提高。尽管政策上鼓励，但外国实体在韩国发行的以韩元标价的债券量一直很小，不足韩国公司债券发行量的0.1％。韩元欧洲债券市场是海外居民发行韩元债券的交易市场，规模小到可以忽略不计。韩元国际化的制度改革如表6-5所示。

表6-5　　　　　　　　　　　　　韩元国际化的制度改革

定义	自由化程度
账户单位	以韩元标价的经常账户交易：自由化（1988—1991年） 以韩元标价的资本账户交易：自由化（1992年）
交换中介	经常账户交易：通过自由韩元账户实现自由化（1996年） 资本账户交易：部分允许（国内证券投资的支付和结算，以及通过仅为投资目的的非居民韩元账户开展远期交易；海外贸易办公室的国内交易结算）
价值储藏	存款：通过自由韩元账户实现自由化（1999—2001年） 借款：允许上限200亿韩元（2001—2007年） 非居民发行韩元标价的债券：允许（2001—2006年）

1997年东南亚金融危机爆发后，韩国开始放松资本账户，并采用浮动汇率制，自此以后资本流入流出规模有所增加。受到偿还海外贷款的压力，韩国资本账户一直是赤字状态。2002—2005年，经济开始恢复，企业重组、金融机构重组都取得了一定成效，总资本流入年平均值为235亿美元，外国投资者对韩国股票和债券的投资占总资本流入的54.2％，外国直接投资占22.8％。企业贸易融资也保持上升态势。总资本流出年平均值137亿美元，主要是韩国居民投资海外股票和债券，开展海外直接投资所致，分别占总资本流出的46.3％和27.3％。2006年和2007年总资本流入为600亿美元和850亿美元，分别是2002—2005年年平均流入的2.6倍和3.6倍。总

资本流出为 384 亿美元和 761 亿美元，分别是 2002—2005 年年平均流出的
2.8 倍和 5.6 倍。^① 2007 年，国际投资银行和对冲基金为了弥补次贷危机损
失而抛售韩国股票，当年外国股票投资形成的总流入下降。尽管如此，外
国投资者在韩国股票市场上持有韩国股票占比仍高于新兴市场国家平均
水平。

2005 年韩国股票市场交易量、价格指数、上市公司市值分别达到 1997
年的 22 倍、3.7 倍和 15.6 倍。韩国股市投资者不断增加，外国投资者和机
构投资者持有股票份额显著上升。韩国股票价格指数的期货和期权市场也
得到长足发展，股票价格指数期货交易合约数量增长了 16 倍，期权交易合
约数量猛增了 318 倍。^②

2003 年以后，韩国对外投资开放速度明显加快，当年 1 月，居民在海
外直接投资金融和保险公司的金额从 1 亿美元上调到 3 亿美元，3 月，拓宽
了居民可以投资的外国证券范围。2005 年 5 月，投资者可以投资 100 万美
元的海外房地产，后来限额调升至 300 万美元。2005 年下半年到 2006 年
初，将个人海外直接投资限额从 100 万美元上调至 300 万美元，再上调到
1000 万美元。2006 年 3 月，彻底取消了个人投资者投资外国证券的限制。
从 2007 年 6 月开始，进一步豁免了韩国资产管理公司通过海外投资基金购
买海外股票的资本利得税。在 2003—2007 年 5 年间，韩国居民对外股票投
资和债券投资增长了 10 倍以上，资产管理公司存款迅速上升，韩国的银行
存款出现下降，只能通过提高发行存款证和银行债券的利率来筹资。

韩国政府和金融监管机构对于企业直接在国际资本市场融资持审慎态
度，采取事先批准制度来控制企业外币直接融资，具有外汇资格的银行只
要获得授权就可以在国外借款。从 1994 年开始，韩国取消了商业银行外汇

① Byung Chan Ahn，"Capital flows and effects on financial markets in Korea：developments and policy responses"，BIS Papers，No. 44，30 Jan. 2009.
② Byung Chan Ahn，"Capital flows and effects on financial markets in Korea：developments and policy responses"，BIS Papers，No. 44，30 Jan. 2009.

借贷上限，对商业银行在国际市场上进行中长期外汇借款实施"窗口指导"，用银行体系外币借款支持国内本币长期贷款的导向间接鼓励了短期资本流入。2008 年以前，韩国的造船公司出售大量的美元应收账款远期给银行，银行通过借相对短期的美元，在即期市场上兑换成韩元，投资债券获得韩元收益，远期到期时与造船公司进行交割。短期美元来源主要是外国银行的当地分行，它们不受韩国外汇流动性指引约束，能从母行得到低成本融资支持。同时，政府鼓励海外投资的政策激发了居民投资外国证券的热情，银行出于调整外汇头寸目的，也被迫增加了外汇借款，由此累积了大量短期跨境银行间美元负债。从个体角度来看，这种做法并无不妥，但给整个经济带来了负外部性。为应对远期外汇市场极度失衡，韩国央行被迫发行货币稳定债券，吸收外汇储备持续增长释放的国内韩元流动性。2001 年韩国货币稳定债券余额仅 602 亿美元，到 2006 年货币稳定债券余额已达 1703 亿美元，占 M2 的比例从 10.3% 增加到 13.8% 以上。央行资产和负债结构在外国资产和货币稳定债券上过于集中，极易受到国内和国外利差、汇率波动冲击。为此，韩国央行被迫提高了隔夜拆借利率和银行准备金要求。随着金融危机的发酵，韩国金融机构在国际金融市场上难以获得外币融资，韩国国内货币掉期市场出现外币荒，韩国央行被迫下场参与货币掉期市场交易。

韩国经验表明，国际贸易中对货币波动进行保险的成本由进口企业或出口企业承担，不管计价货币是什么，保险成本已经包含在报价中，报价水平取决于双方在交易中讨价还价的力量。当贸易以美元计价时，因为美元有更有效率的外汇市场，使用美元对冲汇率风险的交易成本较低，本币不是美元的交易方面临更大的汇率风险。风险可以对冲，但是代价不菲。货币国际化的核心问题不是政府推动在国际贸易中使用本币，如果本国外汇市场没有得到充分发展，政府大力推动只会徒增交易成本。政府支持本地外汇市场发展可以促使出口商、进口商改变贸易计价货币、标价和结算方式，形成广泛接受本币的条件。处于资本自由化和货币国际化早期阶段的国家对外部金融冲击非常敏感，本币国际化进程很容易因为偶发的或蓄意的外部冲击而夭折。待货币国际化进入成熟阶段后，国际投机资本冲击本币的行动会显著下降。2003 年以后，韩国资本账户开放步伐明显加快，韩元汇率波动也由此增加。韩国阶段性地采取鼓励居民在海外进行直接投资或间接投资的措施，缓解了韩元升值压力。与此同时，韩国金融机构和金融市场受到国际金融市场变化的冲击加大，银行经营稳健性明显下降。韩国及时出台了外汇稳健性指导比率和外汇风险管理标准①，对银行体系外币资产和负债强化审慎监管，强制降低外币资产负债错配，算是安然渡过了一劫。历经了 30 多年探索，韩元仍在国际化道路上艰难行进。货币国际化并非金融自由化的必然结果，政府无法保证本国资本账户放开必然带来货币国际化。

（三）货币国际化与资本市场开放关系的再认识

1. 资本市场开放必须先于货币国际化

货币完全国际化的前提是使用该货币的国际交易不受限制，这要求有高流动性市场，随时可以低成本进行交易，投资者随时可以对冲持有金融工具的货币和信用风险。本币发行债券其实是将汇率风险转移到外国债权人身上。除非有对冲货币风险的市场，否则不太可能大规模发行本币标价的债券。对资本账户交易货币可兑换的限制提高了交易成本，有可能让以该货币标价的资产交易无利可图，对投资者失去吸引力。即使货币不完全国际化，只是部分国际化，资本账户交易也需要有相当程度的自由。使用

---

① 韩国外汇稳健性指导比率包括剩余期限在 3 个月以内的外币资产和外币负债的比率必须保持在 85% 以上，剩余期限在 7 天以内外币资产超过外币负债部分与外币总资产的比率必须保持在 0 以上，剩余期限在 1 个月以内外币资产超过外币负债部分与外币总资产的比率必须保持在 10% 以上，银行批准的期限在 1 年或以上的外币贷款，金额的 80% 以上必须由期限 1 年或以上的外币借款覆盖。韩国外汇风险管理标准用于应对金融机构的外汇风险，包括国别风险、大额信用风险、金融衍生产品交易风险和市场风险。

货币交易代价高昂，必定限制其使用范围。

资本跨境自由流动更有赖于国内金融市场功能完善。虽然利用国际借款和贷款可以帮助贷款机构在国际市场上分散风险，能有效利用不同国家资产价格变动不同步的特点进行资产交易，本国金融机构和外国金融机构竞争也有利于促进国内金融机构效率改善，但是取消资本流动控制容易引起汇率、利率和国内金融状况变化，增加国内产出和实际收入波动，各国在推进过程中无不是小心翼翼、如履薄冰。资本跨境自由流动还受到一国国内金融体系的健康和效率、法律和监管制度的复杂程度、经济规模等特有因素的影响。资本自由流动不同于货币国际化，必须先于货币国际化进行。在资本账户交易限制没有取消之前急于推动货币国际化的政策难以奏效。

2. 汇率制度与资本控制程度相关

固定汇率制与控制资本流动相配合，浮动汇率制与开放资本账户相配合都有成功实践。采用浮动汇率制不意味着不干预外汇市场，也不意味着资本账户彻底放开，而是强调不承诺保护汇率在哪个具体位置。汇率贬值和升值对一国央行的压力是不对称的。在汇率贬值压力下，市场对外汇的需求大于对本币的需求，央行外汇供给能力就很关键，弄不好就是金融危机。

2008 年国际金融危机后美国量化宽松政策透支了美元信用，美元进入了长期贬值"通道"。由于其他国际货币尚无法挑战美元的国际地位，只能寻求币值之间的相对平衡。欧盟、日本这样的区域联盟和国家可以加大欧元、日元发行，对冲美元过多给汇率造成的压力。人民币国际需求有限，很难主动加大人民币的发行向全球分散风险，只能被动升值。在人民币汇率升值压力下，央行需要在持有额外储备的净成本和防止过度升值所能获得的收益之间保持平衡。更看重经常账户盈余时，持有外汇储备量应该能支撑一定月份的进口。更看重资本账户平衡时，外汇储备量应该至少能支付未来 1 年到期的短期外债。资本流动对国家之间利率差异非常敏感，人民币和美元的利差驱动汇率成为调节通货膨胀水平和刺激总需求的工具，结合国内财政政策、金融监管政策，必要时控制资本流入流出，才能保持汇率稳定。

墨西哥汇率改革成功经验

1994—1995 年比索贬值造成墨西哥金融危机，金融危机后，墨西哥采取了一系列改革举措增强汇率弹性，防范汇率风险，取得了明显成效。第一步，实施浮动汇率制度，宏观审慎监管引导建立期货合约对冲汇率风险。为了方便全球投资者持有和对冲比索头寸风险，促进比索现汇交易和衍生产品交易，在美国芝加哥商品交易所建立比索汇率离岸期货合约。为了促进资本自由流动，对国内银行因汇率变化形成的风险暴露进行限制。促进外汇市场发展的措施让比索成功变身为交易最多的新兴市场国家货币之一。第二步，从 21 世纪早期开始持续建设货币和债券市场，实施做市制度，提升本币债券市场债务发行的组织能力，提高市场透明度和可预测性，促进以比索投资的外国投资者群体不断扩大。2008 年将比索纳入全球外汇交易 CLS 系统，降低投资者结算风险。2010 年，墨西哥政府债券被纳入世界政府债券指数，主权债务市场得到投资者广泛认可，由此墨西哥政府债务融资实现了从国外融资向国内融资转移，从美元融资向美元以外多币种融资转移，拉长了政府债务期限，形成了具有足够流动性的国内收益率曲线。第三步，2010 年后，允许非金融企业发行国际债券进行债务融资，融资企业主要限于出口企业或有附属公司在海外的企业，自身能产生外币现金流。国内银行加大了外币贷款力度，并配套实施严格货币错配限额。这些措施缓解了企业和金融机构的货币错配程度，大大减轻了比索贬值的冲击。

2020 年上半年，在按年计算经济增长下降 18.8%、失业率达

4.6%、政府债券利差拉宽、CDS 上升、比索出现剧烈贬值、主权信用降级等多重冲击下，墨西哥金融体系没有出现流动性危机，金融机构保持了良好韧性，应对汇率危机的能力显著增强，这一系列改革功不可没。

3. 推动货币国际化的政策不起决定性作用

经济规模、国内金融市场复杂程度、稳定的宏观经济政策、保持低通胀环境是货币国际化重要的决定因素。推进货币国际化的政策有助于降低国内债务人货币错配，对国内金融稳定有正面影响。本币标价债券的离岸市场，或外国借款人发行本币债券的在岸市场都可能遇到高交易成本及市场流动性不足的障碍，可以通过创建交易平台或允许外国以本币标价的金融工具作为央行贴现操作的抵押品来增加其流动性，降低双方交易成本。

货币国际化与资本市场开放两个概念内涵不同，资本市场开放最终走向资本账户可自由兑换。在国际贸易或非居民发行债券广泛使用本币的前提是没有对资本账户交易实施重大控制。货币国际化意味着投资者增多而获得投资分散化效应，在国际市场上以本币发行债券而获得风险管理的机会，因为具有了更大规模本币市场而降低了交易成本，因此，一国货币国际化可获得的收益超过资本账户自由化可获得的收益。尽管如此，具备深度、活跃的国内金融市场和便于保护合约实施的法律体系，具有稳定的、可预测的宏观和微观经济政策等货币国际化先决条件是货币国际化的"拦路虎"。欧元、日元、澳大利亚元、新西兰元的国际化进程充分显示，货币国际化不依赖政府特别推动，阻碍货币完全国际化的是一国经济规模、金融市场规模及开放程度。推进货币国际化政策设计的出发点应该考虑公共利益和私人利益保持一致，而非强行推动本币在国际交易中使用，这样只能增加国内经济主体在国际交易中的成本，适得其反。上述先决条件得到满足后，国际经济主体愿意主动采用本币进行贸易、投资和交易活动，货币国际化自然水到渠成。

本章核心观点：

● 稳健的宏观经济政策是实现金融体系稳定的基础，宏观经济稳定意味着金融体系稳定。当金融体系出现不稳定并且这种不稳定发展到一定程度时，经济产出和通胀水平会偏离预期目标。参考通胀和产出的期望水平，就可以从一个侧面评估金融体系不稳定的程度。上述认识在指导实践中形成了价格稳定即金融稳定，高通货膨胀带来金融不稳定的观念，对金融市场和金融机构在防范金融危机中的作用明显认识不足。

● 2008 年之后美联储量化宽松政策彻底改变了对金融稳定的认识，量化宽松政策的外溢效果通过价格和数量两方面影响全球金融稳定，新兴市场国家通过调整短期利率传导货币政策的能力被削弱。长期持续超低利率和低通胀率环境下并非不存在系统性金融风险，系统性金融风险正在变得更加复杂，更加具有隐蔽性。

● 从周期视角看，要特别警惕利率政策从降转升或由升转降的"关键时点"成为金融体系风险暴露的"拐点"。发达国家低利率政策外溢可能重创新兴市场国家的银行业、保险公司和养老基金。与银行相比，保险公司和养老基金公司面临负久期缺口，对于长期低利率环境更加敏感。

● 货币政策的影响是全面的，影响到经济体系内存量债务偿还和新增所有融资的杠杆水平，进而对金融体系风险偏好产生影响。宏观审慎政策工具在针对具体行业方面更有优势，但归根结底它影响的是信贷的流量，对存量债务很难发挥作用。金融体系稳定或不稳定不是单一政策决定的，而是各种政策结合的结果。针对性极强的微观审慎监管措施执行越到位，越是在不经意之间鼓励了银行体系"顺周期"行为，这是金融危机的重要教训之一。

● 危机前宏观政策的优先目标是努力避免过剩，控制好信贷扩张、杠杆放大和资产价格上升的节奏，尽可能延缓扩张。若发生了金融危机，宏观政策应优先阻止货币传输机制崩溃，阻止金融体系与经济活动螺旋下降自我强化趋势产生的威胁。进入金融危机处置阶段后，宏观政策优先目标是修复资产负债表，奠定经济自我修复的基础。

● 宏观审慎政策需要在系统性金融风险积累早期阶段就识别出金融体系存在的不平衡，确定是由于信贷增长或资产价格膨胀、外币流动性、经济主体杠杆过高，还是资本流动促成的，再采取积极的控制工具。至于什么时间使用什么样工具、是规则固定还是相机抉择、是使用单一工具还是选择工具组合、每种工具的强度保持什么样水平，以及所选择的宏观审慎监管政策工具使用后效果如何都需要根据对金融体系不平衡原因的判断进行探索。政策实施的负面影响短期内就可以看到，政策实施的收益需要更长时间检验。

● 正是因为本国宏观经济政策及监管政策对其他国家的影响不是本国政策制定的出发点，每个国家最优的宏观审慎政策未必就产生全球金融稳定的结果，一国实施的宏观审慎政策有可能造成跨境经营的金融机构、企业和个人在国家之家进行监管套利，向其他国家转移风险。

● 全球流动性变化形成了不同国家、不同货币、不同期限的杠杆水平和资产负债错配，错配动态调整过程就是资金跨境流进流出的过程，伴随这一过程很可能出现金融市场大幅波动，诱发金融危机。说到底，实体经济和金融机构货币和期限过度错配是金融危机的真正内因。

● 即使在平衡甚至资本净盈余的情况下，总资本流入迅速收缩会造成严重经济后果。总资本流动决定了金融机构资产负债表规模，影响资产负债表错配程度，是一国风险向全球外溢和传染的渠道，是潜在系统性金融风险的来源。

● 跨区域和跨行业的美元融资活动增加了全球金融系统的复杂程度，无法掌握美元融资链条中各个机构关联程度全貌。非美国银行过度依赖美元短期融资，美元资产负债之间期限错配造成美元融资脆弱程度增加，冲击美元融资成本和全球信贷供给。新兴市场国家对美元有强烈的内在需求，无法摆脱全球美元融资风险外溢的冲击。由银行、非银行金融机构、非金融公司构成的美元跨境融资网络隐匿着未知未知的风险，可能成为全球金融危机的"导火索"。

● 货币国际化扩大了货币发行国资产和负债规模，经济和金融风险分散带来了巨大潜在收益，有利于降低货币发行国货币错配给经济体系带来的信用风险和流动性风险，也有利于降低货币发行国外汇储备的保有水平。同时，货币国际化限制了国内货币政策运用空间，国际资本流动冲击明显加大。

● 货币国际化的核心问题不是政府推动在国际贸易中使用本币，如果本国外汇市场没有得到充分发展，政府大力推动只会徒增交易成本。处于资本自由化和货币国际化早期阶段的国家对外部金融冲击非常敏感，本币国际化进程很容易因为偶发或蓄意的外部冲击而夭折。货币国际化达到成熟阶段后，国际投机资本冲击本币的行动会显著下降。货币国际化并非金融自由化的必然结果，政府无法保证本国资本账户放开必然带来货币国际化。

● 资本自由流动不同于货币国际化，必须先于货币国际化进行。在资本账户交易限制没有取消之前急于推动货币国际化的政策难以奏效。

第七章 警惕复杂金融产品：
"见树木更要见森林"

一、 资产证券化的风险及扩散

资产证券化就是"以未来产生应收账款的金融资产或非金融资产向资本市场投资者发行结构化的债权，实现再融资的过程"，通俗地说就是把未来有现金流的资产在当下变现。很长一段时间商业银行债权类资产除了持有到期以外，没有其他选择，资产证券化在资产到期之前打开了腾挪资产的"通道"，发起资产证券化的商业银行实现了流动性转换和资产分散化，彻底终结了持有到期的经营模式。在 20 世纪 70 年代早期，美国在住房按揭领域率先进行资产证券化。80 年代中期，证券化资产范围扩宽到信用卡应收账款、消费贷款、汽车贷款。为了在市场上更容易出售，降低投资者承担的信用风险，在结构设计上采用了超额抵押担保、第三方保险、由发起人提供保险等增信措施。到 90 年代，出于投资者风险转移需要，CDS、总收益掉期和信用违约关联票据（Credit Default Linked Notes）被广泛应用。[①]资产证券化业务与信用衍生产品有机结合成为商业银行管理信用风险的有效工具。据美国证券产业和金融市场协会披露，2000—2007 年，尚未清偿的 CDO 名义价值从不足 3000 亿美元增加到 1.4 万亿美元以上。[②] 2008 年，

---

① 信用衍生产品的卖方相当于为买方提供了保证保险，一旦借款人出现违约，卖方全部承担信用风险。

② Janet L. Yellen, "Interconnectedness and systemic risk: lessons from the financial crisis and policy implications", at ther American Economic Association/American Finance Association Joint Luncheon, Jan. 4, 2013.

美国次级按揭贷款资产证券化市场崩塌，国际金融危机彻底爆发。[①]

（一） 资产证券化过程的参与者及各自的角色

商业银行开展资产证券化的动机主要是将不流动资产的债权变为流动资产，提高资产流动性，并通过资产真实销售，将债权类资产的信用风险与银行彻底隔离，信用风险出表，实现资产结构调整的目的。风险分层是开展资产证券化的前提，通过结构化技术将基础资产的信用风险分层后出售给不同风险偏好的投资者，将发起人承担的风险进行分散。

资产证券化过程中有多个关键角色，这些角色承担的风险类别完全不同，角色定位是资产证券化风险管理的重要考虑因素。如图 7 – 1 所示。

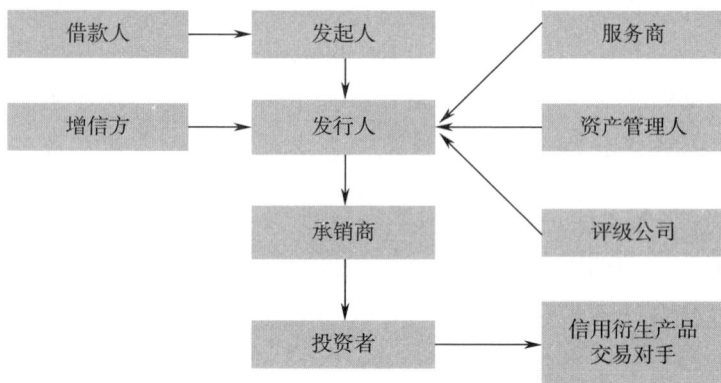

图 7 – 1　资产证券化过程中的角色示意

以住房按揭贷款作为证券化的基础资产，借款人是商业银行提供住房按揭贷款的对象，发起人是提供贷款的商业银行，服务商是提供客户服务，履行付款、清收责任的机构，往往与发起人是同一家银行。发行人是发起人真实销售债权资产的接受方，通常是特殊目的实体（Special Purpose Vehi-

---

① 也有观点认为，次级按揭贷款证券化并非引发系统性金融风险的主因，但它为过度杠杆和风险集中提供了便利，成为放大系统性金融风险众多的渠道之一。参见 Miguel Segoviano，Bradley Jones，Peter Lindner and Johannes Blankenheim，"Securitization：Lessons learned and the Road Ahead"，IMF Working Paper，Nov. 2013。

cle，SPV)、结构化投资中介或者是资产支持的商业票据的通道（the Con-duits of Asset–Backed Commercial Paper)、发行 CLO 和 CDO 的机构，出于税务和现金流管理考虑多采用信托结构。资产管理人是为发行人管理债权资产的机构，信托结构下也称为受托人，也负责证券实务交割；增信方是为发行人提供信用保证或流动性支持的金融机构，广义增信方还包括内部增信安排；基础资产转换为证券，进行风险分层后，由承销商完成不同风险层级证券定价和销售；投资者是购买并持有证券的机构或个人；评级公司对基础资产的质量、发行人/服务商能力、交易结构合理程度以及增信质量进行评估后，对发行人发行证券的本息偿付可能性进行公开评价。出于转移信用风险考虑，市场上开始引入信用衍生产品交易对手。商业银行可以是信用衍生产品的买方或卖方，买卖角色对其承担的风险产生实质性影响。

（二）从经济学视角分析资产证券化的风险

资产证券化过程将简单而直接的借贷关系结构化为复杂的多方委托—代理关系和投资关系，下面从上述关键角色之间五对关系入手来分析其中的逆向选择和道德风险。

第一对关系在证券化源头上，是借款人和发起人之间的关系。发起人出于自利目的，有动机向借款人多收取费用，或者阶段性地降低授信标准发放信贷，而借款人和发起人在专业能力方面不对等，借款人难以准确比较、评估不同贷款方案的差异和合理性，发起人可能向借款人提供过于复杂的产品，引起借款人误解，甚至误导销售，造成借款人借款超过合理水平，出现了过度借贷，这种情况也被称为"掠夺性借贷"（Predatory Lend-ing)。不进行资产证券化，这种情况也可能发生，它并非完全由资产证券化引致。过度借贷增大了借款人违约风险，给资产证券化正常运作埋下隐患。

第二对关系是发起人与投资者之间的关系。发起人要实现信用风险彻底转移，必须将风险完全转移到发行人，只有如此，借款人违约才和发起人没有关系。在转移过程中，发起人比发行人更了解借款人真实的风险状况。必须要解决发起人利用信息优势"套利"问题，否则道德风险和逆向选择会非常突出，资产证券化就无法持续开展。实践中，发行人在法律上独立于发起人，由发起人专为资产证券化而设立，通过内部信息共享解决了发起人和发行人信息不对称，但无法解决发起人与投资者之间信息不对称。全球资产证券化市场上很少有以中型企业贷款作为基础资产进行的资产证券化，这是因为中型企业贷款的发起人和投资者双方信息不对称矛盾更为突出，市场上缺乏中型企业的公开信息。商业银行与中型企业建立信贷关系后，通过控制借款企业现金流、提供特定和有针对性的信贷产品、双方协商信贷条款、建立长期信贷关系缓解双方信息不对称，商业银行对中型企业客户具有信息垄断，投资者很难了解其风险的真实情况，因而无法在高质量和低质量贷款之间做出区分，逆向选择不可避免，最终结果是只有最低质量的贷款进行交易。而且，发起人出售贷款后不再有动力对企业的风险进行持续管理，这种道德风险也使贷款质量更容易恶化。

第三对关系是服务商和借款人之间的关系。资产证券化过程中，服务商提供贷款利息偿付、垫付未付利息、代为持有支付税收和保险的资金、联络逾期借款人、处置抵债资产、代表资产管理者管理存款等服务事项。相比正常贷款，借款人逾期后更需要服务商有效管理逾期贷款，减少损失。能否以投资者利益最大化原则提供服务取决于对服务商的有效激励，在服务费设计上必须体现对逾期和违约贷款管理的要求，否则就会出现疏于管理逾期贷款，给投资者带来更大损失。由于借款人并不知悉银行已经出售对自己的贷款，发起人和服务商合二为一，由同一家商业银行承担优于由两家银行分别承担。

第四对关系是服务商和资产管理者之间的关系。对于逾期借款人，服务商必须先向发行人垫付未付利息及其他费用，直到财产清算结束。在账户上贷款时间越长，服务商收费越多，服务商就越有动机隐藏逾期贷款情况，延长其在账户上的时间，以收取更多费用。资产管理者受发行人委托进行管理，不仅需要通过合约限制服务商隐瞒贷款真实信息，还需要监督服务商费用的变化。通过对服务商质量评价来降低服务商的道德风险，必要时通过撤换服务商实行风险控制。监督和被监督角色要求服务商和资产管理者必须完全独立。如果发行人和服务商由同一家商业银行担任，资产管理者就不宜再由发行人的控股机构或附属公司来承担。否则，很可能影响投资者利益。

第五对关系是发行人和投资者的关系。两者存在信息不对称，投资者需要通过更多的、更透明的发行信息披露和评级结果来了解风险，进行投资决策。毕竟发行人只是空壳公司或信托机构，资产管理者受发行人之托，负责对发行人资产进行管理。必须依赖评级机构对基础资产信用风险进行尽职调查，评估风险增信措施和风险分层的适当性。评级机构对资产池进行结构分层必须便于投资者评估池中基础资产加总后的信用风险，必须对池中所有贷款现金流结构进行计算。遇到由异质性很强的贷款构成的资产池，每笔贷款期限、抵押品、利率、分期还款金额都不同，难以较为精确地计量风险。除了要应对这些技术上的挑战外，评级收费模式也会影响评级结果的客观公正。评级用途决定了评级机构对投资者负责，只有在投资者付费模式下激励相容才发挥作用。在发行人付费模式下，评级公司代表投资者进行评级的目标与评级结果之间会有无法避免的利益冲突。

资产证券化过程中委托—代理关系链条较长，为防范逆向选择和道德风险，风险管理顶层设计要考虑：①通过强化监管机构监督检查，在宏观层面抑制过度贷款造成的借款人杠杆率过高问题，为资产证券化微观运行提供保障。②通过强化发起责任，对借款人信用质量和发起标准进行明确。违反相关责任，发起人必须进行资产回购。同时实施风险保留机制，要求发起人保留部分基础资产。风险保留比例需要合理平衡。比例过低，很容易被风险耗尽，就不能保证发起人有足够的动力甄别借款人风险；比例过高又会抑制发起人发起资产证券化的动机。欧盟规定，按发起时计算发起人或原始贷款人风险保留比例不低于5%，存续期内不允许出售，也不能采取信用风险缓释措施，进行风险出售和风险对冲。美国规定发起人（包括需要风险并表的全资拥有附属机构）至少要保留信用风险交易的5%。极少数情况下可以允许第三方而不是发起人保留部分信用风险。即便如此，发起人仍需要对风险保留合规性负责。③防止发行人、服务商和资产管理者合谋损害投资人利益，制度安排上由没有实际控制关系的三家金融机构分别担任发行人、服务商和资产管理者，或者发行人和服务商由有实际控制关系的金融机构或同一金融机构担任，资产管理者必须与发行人、服务商保持独立。④通过强制提高评级机构透明度，督促评级公司提升评级方法，防止评级公司评级结果客观公正性受损。欧美的监管机构要求评级公司详细评估发起贷款的过程、存量贷款的信用风险管理、借款人选择标准、风险池结构化设计和证券化过程中参与方特征等关键要素，尤其需要审查数据质量和风险池结构化过程的计算方法，并对入池贷款进行随机抽样，抽样程序和结果接受监督检查。⑤发行人付费模式转变为投资者付费模式，避免评级结果公正性屈从于金钱。

上述制度安排发挥作用的前提是资本市场处于正常状态，参与资产支持证券的投资机构众多，发行人通过出售资产获得源源不断融资，资本市场风险分散机制持续发挥作用。如果资本市场出现极端情况，发行人的资产无法继续出售，发行人的流动性无法通过市场融资解决，被迫寻求发起人提供流动性支持或者要求发起人回购出售的资产来保证流动性，资产证券化转移信用风险的功能就会彻底丧失。如果发起人的流动性也受到严重冲击，最终只能寻求中央银行提供流动性支持。如果央行也不能及时提供流动性，就会引发发起人、发行人及关联方等一系列机构破产，甚至引发严重金融危机。

（三）　从尽职调查视角分析资产证券化的风险

从严把"准入"的角度看，为防止后续风险，商业银行发起或投资资产支持的证券，或作为增信方，必须进行详细的尽职调查。发起资产证券化要特别关注基础资产风险、结构风险、受托和服务商风险。投资资产证券化除上述三类风险以外，还要关注评级机构风险。还有一些风险，无论商业银行在资产证券化中承担什么角色都不可避免，是一些共性风险。

1. 基础资产风险

适合发起的资产需要具有以下一些特征，资产数量足够多，就资产类别、经营地、法律体系和货币等维度看风险同质，便于风险统计分析；在区域和产业方面具有多样性；信用质量便于评级机构和增信方评估；资产可转让、容易变现。按照与债务人的合约约定，定期支付租金或利息和本金；资产表现的历史数据足够反映其历史损失状况，历史数据显示的逾期率、违约率、提前偿付率等风险特征较为稳定；入池资产中不能有违约、逾期和有重大预期损失的资产；入池资产的授信标准透明度足够高，可以验证，基础资产的授信标准与资产证券化中风险保留部分的授信标准相同。授信标准如有变化，需要及时分析变化情形；基础资产应该完全满足事先定义的合格标准，在封闭日后不能随意调整资产构成。发起人将资产转让给发行人必须是真实销售；在定价之前，信息披露程度可以满足投资者获得足够的贷款数据、风险分层数据以及其相关风险特征数据。存续周期内，投资者按季获得资产的风险特征数据。由独立第三方对初始数据的合格程度进行检查和确认。

2. 结构风险

结构设计由承销商负责，如果发起人与承销商完全独立，就需要对资产证券化的结构设计进行更为详细的尽职调查，包括赎回现金流结构完整性、调查现金流有效保障程度和错配状况、掉期合约保护等。偿还依赖债务人还款，而不是依赖基础资产销售或再融资是判断信用风险的基本原则；要充分了解入池资产的利率和汇率风险是否有缓解措施，或采取了对冲手段，有无剩余风险；支付的优先顺序是否明晰，触发支付因素是否在证券发售时全面清晰地披露；带有循环特征的资产证券化还要考虑是否对早期摊销事件和循环终止触发事件进行了规定；投资者是否充分了解定价、现金流及预测模型的信息；基础资产逾期、违约、重组的政策、程序、定义及补救措施、增信措施的有效性（如不同级别证券抵押品覆盖率、流动性账户及额度、现金流超额部分、第三方担保等）在合约中是否清楚界定；关注不同风险层级证券在投票权和行权方面的法律规定；在定价前，投资者是否有足够充分合理的时间了解合约及文件内容；律师对证券化条款和文件审查后的结论；调查发起人保留风险的形式和比例。如果涉及信用风险转移，应对转移方式合规性和交易对手信用风险进行评估。

3. 受托和服务商风险

尽职调查也要重点关注受托和服务内容。如服务商是否在服务基础资产方面具备充分的专业能力、按照合理和审慎标准操作的能力；政策、程序和风险管理控制是否有详细文档记录；有受托责任的各方是否能按照最符合证券持有人利益的原则及时履行受托责任，是否能具有履行职责的资源和能力；发起人和服务商违约与发行人之间法律责任是否完全隔离；资产证券化中所有各方的责任和法律义务是否在发售和承销文件中清晰列明；在替换服务商、基础资产信用质量恶化情况下，信用衍生产品交易对手及流动性提供方是否有清晰规定；服务商业绩业绩报告中是否区分出证券化收入和支出、按期偿还的本金和利息、赎回的本金、事先偿付的本金、逾期利息和费用、逾期和违约、重组账户数量等细节信息。

4. 评级机构风险

受制于获取信息的完整性和专业能力，资产支持证券的外部评级结果曾经是投资者风险判断的主要依据，甚至是唯一依据。2006 年 4 月，国际货币基金组织在《全球金融稳定报告》中指出，"随着越来越多掌握先进金融工程技术的人员参与，结构化信贷市场的发展并不令人称奇。事实上这些技术运用的重要性已经超过了基础的信用分析。是否所有的投资者都能完全理解这些金融工具的风险状况，它们和类似评级的公司债券有什么区别，这些都是问题。尤其是公司债券评级的下滑通常比较平滑，而结构性信贷工具的评级可能会遭受更加剧烈的、多个级别下调"。2007 年美国住房市场崩塌时，穆迪下调了 8690 亿美元在 2006 年评级为 A 级的住房按揭证券，助长了市场恐慌情绪。评级公司对结构性产品的风险评估都采用复杂模型，依据正常市场环境下住房价格的历史样本作为模型输入变量极大地低估了违约相关性。市场上也曾爆出穆迪 AAA 级结构性债券评级存在程序错误的问题，一些发起机构持有的安全级别档次（Tranch）遭受了最严重的估值损失。①

评级机构评级业务和咨询业务存在利益冲突，评级模型假设和证券化产品各个级别的含义披露不足影响着评级结果的客观性。商业银行对评级机构评级结果的运用只能是内部风险判断的参考标准，不能过于依赖。对评级机构的风险判断，如评级内容是否涵盖了风险保留机制、证券化风险整体情况、历史上发起人在同类型资产证券化中的声誉和损失状况、发起人对证券化风险暴露以及抵押品支持方面尽职调查的陈述和披露质量、现金流、触发现金流变化的因素、增信和流动性改善措施、交易层面违约定义等是尽职调查不可或缺的内容。

5. 其他风险

商业银行开展资产证券化业务还要面对声誉风险、战略风险、交易风险、流动性风险、合规风险等一些共性风险。声誉风险体现为基础资产的信用质量，作为服务商提供服务的效率、作为服务商或资产管理人受托责任表现不佳引发的市场接受程度降低，新发行证券定价受影响，对银行长期运营、盈利和资产负债管理产生负面影响。资产证券化引发的战略风险表现为人力资源、IT 系统、软件等内部资源投入难以满足运营和交易要求，

①　Ingo Fender，"Janet Mitchell，The future of securitization：how to align incentives？"，BIS Quarterly Review，Sep. 2009.

发起证券化决策失误，市场竞争带来融资成本上升。交易风险主要来自作为服务商没有完全理解并履行分池和服务协议中规定职责带来的损失。有时服务商被迫对资产管理人提供现金垫付，以此来保证发行人有充裕资金按计划支付给投资者，最后垫付形成了实际损失。流动性风险是基础资产出售在期限和融资方面对单笔交易及整体资金摆布产生的负面影响。合规风险来自未能全面准确理解资产证券化业务适用的法律、规章、监管要求而遭致监管处罚。

（四） 从银行资本计量角度分析资产证券化存在的风险

商业银行在资产证券化过程中的角色、资产证券化交易结构、基础资产特征是信用风险资本计量的出发点。[①] 银行控股集团几乎可以包揽资产证券化过程中绝大部分角色，既可以是发起人、服务商、增信方、承销商，也可以是信用衍生产品的交易对手、资产管理人、投资者，不同角色决定了风险类型和风险承担水平。从转移信用风险的角度，商业银行作为发起人，集团内其他金融机构就不宜再担任增信方、投资者和信用衍生产品的交易对手（信用风险买入方），否则，信用风险仍保留在集团内部，无法实质出表。如果集团以外的其他金融机构作为发起人，则可以考虑成为增信方、投资者、信用衍生产品的交易对手，通过买入或主动接受信用风险，进行信贷结构调整，或实施流动性管理。银行或银行控股集团的成员作为服务商、资产管理人、承销商（不承担包销责任），不承担信用风险，也就不计算信用风险加权资产。

1. 发起人的资本计量

发起人只有真正在经济意义上、法律意义上、操作意义上实现"风险出表"，才能实现主动风险管理，达到调整资产组合风险的目的。特别是操作要求以交易结构的经济本质为基础。为此，监管机构提出了一些风险出

---

① 决定资产证券化资本计量的交易结构因素包括风险保留比例、每个风险层次增信的水平、每个风险层次的"厚度"、贷款在资产池中的数量、参考的违约损失水平等。

表的关键特征，如资产销售后，转让的资产和转让方在法律上彻底隔离。即使是破产或被接管，转让方也和资产没有关系。接收方有权力对受让的资产权益进行抵押和交易。转让方对转让出的资产不能有有效的或者间接的控制权。满足上述条件，发起人就可以不计算基础资产的信用风险加权资产。基础资产出表后，发起人不做增信方就彻底释放了基础资产对应的资本和准备金。如果发起人同时是增信方，通过表外信用风险转换系数影响风险加权资产计算，对资本和准备金产生影响。发起人对基础资产的风险保留部分仍需要计算资本。

为了更好地管理资本充足率，发起人选择基础资产时应该坚持信用风险适中、资产信息透明，地区和行业分散，以长期资产为主、适当搭配短期资产，本币标价资产为主、选择强势外币等一些基本原则。信用风险适中就是要从违约风险和资本节约角度进行选择。选择违约风险低的资产作为基础资产，容易销售，但影响发起人整体资产质量，对提升资本充足率的作用也不明显。反之，选择风险权重高的资产作为基础资产，尤其是违约概率高的借款人，需要增信方提供足够增信，才可能顺利销售。信息相对透明便于投资者更好地了解基础资产的质量，便于以合理价格在市场上销售。地区和行业分散的目的在于避免地区和行业集中带来的违约集中，选择集中度相对高的贷款作为基础资产有利于降低整体资产组合集中度风险。期限相对长的资产不确定因素增加，基础资产以长期资产为主有利于发起人资产期限结构调整。外币资产选择强势货币标价有利于市场接受。从风险管理角度看，发起人对基础资产的选择就是对信用风险、集中度风险、利率和汇率风险的取舍。

通过发起资产证券化可以释放基础资产对应的资本和准备金，达到增加资金、降低风险加权资产、节约资本多重目的。资产证券化的结构化设计和增信措施一般都会提升基础资产对应证券的评级结果，具体提升多少很难一概而论。监管规则对资产证券化风险暴露次级档和高级档的资本要求存在显著差别，资产证券化发起人可以最大化地利用杠杆。假设 A 银行将一部分内部评级为 BBB 级的基础资产进行资产证券化，风险分层后部分证券的外部评级达到 AA 级，A 银行又在市场上买回了 AA 级的资产支持证券。在《巴塞尔资本协议Ⅲ》资产证券化暴露标准法下，除了资本扣减的资产以外，风险权重分为 20%、50%、100% 三档。如果商业银行根据内部评级法计算的风险权重低于 20%，这类资产作为证券化的基础资产对提升资本充足率没有意义。此例中该行 BBB 级资产对应的风险权重约 40%，AA 级资产支持证券对应 20% 的风险权重，发起人将风险权重 40% 的资产置换为风险权重 20% 的资产，对提升资本充足率有正面意义。问题在于风险权重越高违约风险越大，尽管基础资产已经出表，一旦债务人违约，发起人仍面临声誉风险。

2. 投资方和增信方的资本计量

作为投资方，商业银行投资资产证券化后必须计算信用风险加权资产。证券化风险暴露的风险权重取决于外部评级结果，根据证券化产品的长期评级结果决定或直接扣减资本。投资标的是未评级的证券化资产，穿透计算监管资本。如果未评级证券化资产中也分高级和次级，高级部分至少采用是已有外部评级部分的平均风险权重，如果是次级部分，采用 100% 风险权重。有无评级结果、评级结果是投资级还是投机级，直接决定了商业银行投资此类证券化暴露的资本水平。

有些情况下商业银行作为增信方对发行人提供信用支持或流动性支持，属于表外承诺，根据短期流动性承诺和长期流动性承诺采用不同的风险转换系数，计算风险加权资产。计算规则上就信用支持和流动性支持进行了区分。流动性支持的特征包括向特殊目的实体而非向投资者提供的、有固定时间和期限的流动性支持工具；特殊目的实体有权自主选择寻求其他信贷支持；合约中必须清晰地明确流动性支持工具在什么情况下可以提用，不包括用于信用支持、永久性循环资金来源、覆盖信贷资产损失；合约中约定信贷资产质量恶化或违约情况下不能提用，资产质量下降时终止或降低流动性支持；流动性支持工具的费用支付不能豁免或延期，在提用顺序上不能从属于票据持有人的利息等。不管期限多长，所有流动性承诺均采用50%的信用转换系数。

3. 改进资本计量基础

针对资产证券化在国际金融危机中暴露的问题，监管资本改革以简单、透明、可比较为原则，推动资产证券化业务降低复杂性，提高披露程度。"简单"原则要求从强化基础资产类别同质性入手，必须来源于租金、本金利息偿付明确的债权，要求发起资产证券化的流程和商业银行业务发起流程保持一致。对债务人还款及任何第三方，在法律层面、可执行层面保留有效的强制约束。对债务人有完全的追索权，债务偿还不依赖基础资产再融资。基础资产不应处于违约或有争议的状态，借款人不能处于信用受损状态。严格执行风险保留机制。明确服务商违约不能导致基础资产的服务终止，即便特殊事件发生，衍生产品交易对手、流动性提供方和账户银行也都可以被替代。代表投资者利益的受托责任人有清晰的投票权。"透明"原则要求披露更多信息。发起人声誉曾被作为风险控制机制对发起人行为进行约束，事实证明并不奏效。因此，欧盟要求证券化满足监管机构招股说明书指引、资本和信用评级机构监管要求，投资者在投资前必须得到包括单个风险暴露信用质量、现金流、抵押品、进行现金流和抵押品价值压力测试的信息。欧洲要求披露的法律文件包括发售文件、资产销售合约、服务和现金管理合约、信托协议、抵押协议、代理协议、账户银行协议、担保投资合约、掉期文件、流动性支持协议，披露要求还涵盖交易结构、资产特征、现金流、信用提升、流动性支持、投资者投票权、证券持有人和其他债权人的关系、交易中对证券表现有重大影响的触发因素及事件等关键信息。坚持"可比较"原则在于促进同一资产类别内证券化产品之间可比较，帮助投资方理解投资风险。在商业银行内部，可比较的含义还涉及在逻辑体系上，考虑基础资产内部评级法的风险权重与证券化后资产的风险权重之间保持合理关系。

金融危机中暴露出评级公司并未履行好代表投资者审查证券化产品风险的责任，资产证券化产品复杂、透明度有限，银行在资本计算中无法摆脱外部评级结果，这些因素都决定了需要改进外部评级。巴塞尔银行监管委员会也明确了一些控制风险的原则性做法，如限制仅依赖外部评级的资产类别及其在资产中的占比，要求商业银行在内部尽职调查和投资指引中就如何使用外部评级进行公开信息披露，明确在衍生产品交易、证券融资中外部评级结果变化不作为增加保证金的必然促发因素。

（五） 从银行全面风险管理角度分析资产证券化的风险

交易结构不同、承担角色不同都会使资产证券化业务面临的风险类别有明显差异。实施全面风险管理要求坚持遵循四条基本原则：根据银行控股集团所有机构在资产证券化过程中承担的角色，以管理信用风险和流动性风险为主，对所有风险实施管理全覆盖，不留死角；坚持"三道防线"分工负责制，"第一道防线"承担各类风险管理的直接责任，"第二道防线"承担监测和独立评估责任，"第三道防线"承担审计责任；坚持银行账簿和交易账簿严格分设，两个账簿风险性质完全不同，实施严格分开管理，严禁在银行账簿和交易账簿之间来回调整；坚持单一风险类别管理和机构管理结合，横向管风险类别、纵向管机构，形成横纵交织的管理体系。

发行人通过发行资产支持证券获得的融资可以看作发起人表外融资。发行人既承担基础资产违约的风险，也承担基础资产偿还本金利息的时间和证券偿还票息时间错配产生的流动性风险。然而，发行人并非经营实体，发起人才是发行人风险的最终"兜底方"，发起人的全面风险管理必须将发行人面临的信用风险和流动性风险全部纳入。

在银行账簿上，商业银行作为发起人，发起资产证券化除了要面对发行人面临的信用风险、流动性风险以外，发起人自身还要面对集中度风险、声誉风险、合规风险。在信用风险和流动性风险定性管理方面，银行控股集团需要对发起机构实施限额管理和分级授权。董事会和高级管理层分别有不同的审批限额。"第一道防线"发起分行、附属机构或总部业务部门根据发起权限，负责业务发起和风险初步审核，"第二道防线"风险管理部门进行各类风险评价和审查，由信用风险或流动性风险的管理部门负责汇总"第二道防线"意见后报送高管层审批，超过一定信用风险暴露金额或对流动性指标产生较大影响的业务报董事会或其下设风险管理专业委员会审批。在定量管理方面，风险管理部门要对基础资产的外部评级和内部评级分布、各级别风险暴露金额、加权后平均风险权重、基础资产合计的风险加权资产总额及准备金总额、集中度风险指标（Herfindahl – Hirschman Index，HHI）、流动性覆盖率、净稳定融资比率、流动性缺口、杠杆率、资本充足率等指标在证券化之前和之后进行对比和评估，作为董事会或高级管理层审批依据。在并表风险管理方面，要特别关注信用风险是否实质转移，防止出现商业银行将信贷资产支持的证券出售后，附属机构通过理财资金购买集团外发行人发行的信托或资产管理计划，又将信用风险购回的情况发生。

与发起人不同，投资方只能通过公开信息对资产支持的证券进行风险判断，或者依赖评级机构获取基础资产信息，依赖间接信息渠道进行投资决策受到的局限更大。银行控股集团或附属机构作为投资方，投资资产支持的证券不仅面临信用风险、市场风险和流动性风险，也同样有集中度风险、交易对手信用风险和银行账簿利率风险。如果商业银行通过 CDS、总收益掉期等避险工具将投资证券化资产形成的信用风险转移到交易对手方，就面临交易对手信用风险，其实质是用交易对手信用风险置换信用风险和集中度风险。在定性管理方面，银行控股集团必须进行投资方向管理、投资级别管理、评级机构管理、限额管理和投资授权管理。投资方向管理是

从集团资产组合摆布的角度，以风险分散原则确定买入资产类别。投资级
别管理要求对可投资资产支持证券的外部评级做出规定。进行资产支持证
券的投资决策时，很难对每笔基础资产的信用风险进行穿透，于是就形成
了对外部评级的严重依赖。为此，必须对评级机构实施清单式管理和动态
调整机制。限额管理明确年度内对资产支持证券的总投资金额、总部及附
属机构各自投资金额。投资授权管理要求根据"第一道防线"投资能力设
定投资权限，根据投资后评价结果动态调整授权。在投资期内，还要定期
对信用风险状况和银行账簿利率风险的情况进行评估，建立风险排查和及
时退出机制。并且至少按年度开展绩效评价。在定量管理方面，除了要考
虑上述发起人需要考虑的指标外，还要从资产证券化产品维度测算集团在
全部资产证券化业务方面的流动性缺口及压力测试结果、对流动性覆盖率、
净稳定融资比率的边际影响。附属法人机构要测算投资后对其资产负债表
的影响，以及对集团负债依存度的影响。如果银行控股集团既是资产证券
化发起人，又是投资方，就要根据资金流入、流出的时点和金额，在集团
和附属法人机构两个层面测算对流动性的影响，以便更好地平衡各自的流
动性缺口。

在交易账簿下，银行控股集团或附属机构买卖资产支持的证券需要取
得授权，在授权基础上设定总部和法人机构投资风险限额、止损限额，对
外部评级机构的资格、可投资的外部评级级别及内部级别进行限定，还需
要每日盯市。表 7 - 1 展示了银行控股集团资产证券化业务的风险管理
指标。

表 7 - 1　　　　　　　银行控股集团资产证券化业务的风险管理指标

风险	商业银行（发起人）	非银行附属机构（投资方）
信用风险	基础资产逾期率、违约率、损失率、基础资产抵质押品覆盖率	投资资产的逾期率、违约率、损失率
市场风险	—	VaR 限额、SVaR 限额、止损限额、市场风险加权资产变化

续表

风险	商业银行（发起人）	非银行附属机构（投资方）
流动性风险	流动性覆盖率、净稳定融资比率边际增量，流动性缺口、期限错配指标、流动性压力情景下各流动性指标	投资前后流动性覆盖率、净稳定融资比率变化、流动性缺口、期限错配指标、流动性压力情景下各流动性指标
集中度风险	发起前后集团客户和单一客户单笔贷款金额及占比变化，发起前后客户、区域、行业维度的 HHI 变化	投资前后单只资产支持证券最大投资限额及投资比例变化，投资前后客户、区域、行业维度的 HHI 变化
交易对手信用风险	发起前后交易限额、保证金变化	—
银行账簿利率风险	—	投资期内资产支持证券的经济价值变化（Present Value of Basis Point）
杠杆率	发起前后杠杆率变化	投资前后杠杆率变化
资本充足率	发起前后资本充足率变化	投资前后资本充足率变化

（六）　反思与借鉴

金融机构发起资产证券化的动力来自融资多样化、风险转移、增加收益、监管资本和账务方面的受益。从发起机构看，资产证券化分散且转移了风险，但从金融系统看，风险并未降低，只是风险表现形式发生了变化。资产证券化产品发行机构、特殊目的实体及发起银行、为特殊目的实体提供增信和流动性的机构、再次资产证券化产品和资产证券化产品的承销商、评级公司、投资机构等都是资产证券化链条上的"节点"，都可能成为资产证券化对金融体系的风险传染源。资产证券化通过打包、分层、增信措施，降低了风险加权资产，变相增加了杠杆，同时，通过重复抵押进一步推高了金融机构的杠杆率。[①] 资产证券化成为系统性金融风险的"导火索"不是偶然的，偶然之中的必然在于资产证券化市场上外部信用评级存在明显缺

---

① 重复抵押是资金融出方将资金融入方抵押的证券再次用作抵押品向其他机构进行融资。参见邹晓梅，张明，高蓓. 美国资产证券化的实践：起因、类型、问题与启示［J］. 国际金融研究，2014（12）.

陷，错误激励的机制（发起人和交易商不关心信用质量，只希望在问题出现之前卖出），基础资产信息披露不足，产品过于复杂，银行进行资产证券化交易需要预留的资本水平低等。① 这些问题对于我国资产证券化市场发展具有十足的借鉴意义。

二、 衍生产品是"导火索"还是"避雷针"

威廉·戈兹曼在《千年金融史》中说，人类文明依靠金融工具来实现价值传承，并化解无数的经济风险。金融工具是风险的始作俑者，也是风险化解的重要武器，衍生产品是诠释这一理念的最好注解。它是一种金融合约，它的价值取决于一种或多种基础资产或指数。除常见的期权、掉期、期货等标准衍生产品之外，由一系列基础产品或者各种类型衍生产品组合而成的复杂衍生产品是防范系统性金融风险的重点。

（一） 衍生产品的两面性

衍生产品历史非常悠久，最早可以追溯到 12 世纪的威尼斯。16 世纪后期出现了商品衍生交易。1929 年全球经济危机来临，股票市场崩溃，经济萧条在欧洲大陆上点燃了愤怒情绪，结果欧洲大陆金融体系进一步萎缩。同时代的美国没有抛弃资本市场，以 1936 年《商品交易法案》为标志，积极推动农业衍生产品发展。该法案将衍生产品交易分为保值协议和纯粹投机协议。只要交易双方中有一方是为了减少风险而进行衍生产品交易，就认为是保值协议。保值协议受法律保护，可以通过法院强制执行。纯粹投机协议是交易双方通过投机寻求盈利。纯粹投机协议不受法律保护，也不可以通过法院强制执行。1974 年，美国国会修改该法案，要求所有商品期货和期权合约都必须在受到监管的交易所里交易，并建立了商品期货交易委员会监督衍生产品市场。到 20 世纪 80 年代，确立了场外利率掉期投机交

---

① IMF. 全球金融稳定报告［N］. 2008 – 10.

易的合法地位，场外衍生产品交易市场迎来了黄金发展时期，可惜黄金时期并不是很长。1987年，美国爆发股灾，发明二项式期权定价的马克·鲁宾斯坦和"程序化"交易为千夫所指。20世纪90年代后，衍生产品市场风险事件层出不穷。1994年，宝洁公司开展场外汇率和利率衍生产品交易，遭受了1.57亿美元损失。紧接着，加利福尼亚州橙县在单边利率衍生产品交易中亏损16亿美元，日本住友公司在伦敦交易所铜衍生产品上损失26亿美元，巴林银行在股票指数衍生产品交易中损失14亿美元。1998年，由诺贝尔经济学奖获得者罗伯特·莫顿和迈伦·斯科尔斯担纲的长期资本公司因为利率和股票衍生产品交易亏损彻底丧失了清偿能力。一系列风险事件促成场外衍生产品迎来市场新的发展机会。2000年，《商品期货现代化法案》放松了对场外衍生产品的管制，将所有场外金融衍生产品投机交易合法化，允许交易所和场外衍生产品市场健康竞争。1年后，美国能源巨头安然公司参与油气、电力衍生产品交易形成巨额亏损，申请破产。2008年国际金融危机爆发前夜，衍生产品市场名义金额比2000年已经增长了7倍多，规模达到672.6万亿美元。即使遭受国际金融危机剧烈冲击，2008年年末各类场外衍生产品交易的名义价值金额仍然高达592万亿美元。①

"衍生产品就像是一把剃刀，你可以用它来刮胡子，也可以用它来自杀"这句名言是衍生产品两面性的真实写照。衍生产品交易采用保证金制度，只需要少量资金即可进行以小博大交易，参与者并非只是面对数倍亏损机会，同样有数倍盈利机会；基于利率、汇率、股票和商品基础金融工具而衍生出来的衍生金融产品结构复杂，涉及多类风险因子，更容易受投资者情绪变化影响，更加难以预料走势；衍生产品参与者需要面对市场风险、信用风险、流动性风险、交易对手信用风险，风险之间交织融合、互相转化，还会迅速传播。遇到巨额亏损，失败者难免极度渲染衍生产品高

---

① Stephen G. Cecchetti, Jacob Gyntelberg, Marc Hollanders, "Central counterparties for over - the - counter derivatives", BIS Quarterly Review, Sep. 2009.

杠杆、复杂性、传染性的一面。事实上，衍生产品还有被忽略、容易被遗忘的另一面。当参与者对头寸的风险状况不满意时，可以利用衍生产品在不改变头寸情况下重新配置风险。远期和期货可以用于管理价格风险、利率风险和货币风险，掉期可以用于调整资产和负债的货币和利率结构。衍生产品市场上买方、卖方在看涨或看跌趋势下选择合适产品，实现风险对冲、转移，进行利润锁定，是非常灵活的风险管理工具。2003 年，时任美联储主席格林斯潘指出，东南亚金融危机后美国经济经历了股权价值坍塌、恐怖袭击、地缘政治紧张一系列严重冲击而仍然有韧性，与以前经济周期衰退显著不同的是大部分银行和非银行金融机构充满活力。当时经济衰退没有明显侵蚀大部分金融机构的资本，信贷条件和信贷可获得性也没有出现明显收紧。在他看来，衍生产品快速发展，使用复杂度量和管理风险的方法是大型金融机构面对经济冲击时韧性提高的关键因素，衍生产品带来的收益远远超过它的成本。

（二）正确看待场外衍生产品交易的各类风险

场外衍生产品交易是交易双方私下协商的、交换未来现金流的合约，未来现金流取决于基础资产或参照物指数的表现。未来现金流具有不确定性，交易双方均面临着交易对手信用风险、流动性风险、市场风险、法律风险、操作风险和托管风险。交易对手信用风险又分为重置成本风险和结算风险。重置成本风险也称为结算前风险，是指交易中一方违约，另一方需要对违约交易对手没有执行的合约进行替代，由此造成损失。结算风险也称为本金风险（Principal Risk），主要针对实物结算合约，指违约的交易对手支付、交割损失的风险。存在结算风险时，交易对手违约的潜在损失等于合约全部本金价值，所以又称为本金风险。流动性风险是合约到期后，交易对手无法满足资金或抵押品要求，本质上与其他债权的流动性风险不同。衍生产品价值明显下降要求抵押品价值大幅增加，就会产生相当的流动性压力。市场风险是衍生产品合约市场价格不利变动产生的损失。管理市场风险需要考虑持有的衍生产品组合风险因子抵消作用和风险因子之间的相关性。法律风险是衍生产品交易中使用了未预料的法律、监管规定或合约不能执行导致损失的风险。操作风险是由于信息系统或内部控制不足使衍生产品交易形成损失。托管风险是衍生产品交易中由于托管人疏忽、欺诈或丧失清偿能力导致托管的抵押品发生损失。

在运作正常的场外衍生产品交易市场上，市场参与者和多家交易对手形成部分或全部风险抵消。从个体角度看，单家金融机构对一个交易对手的交易头寸价值变化产生的亏损不能与另外一个交易对手交易头寸价值变化产生的收益抵消。

AIG 集团倒闭

2008 年倒闭的 AIG 集团是美国最大的保险公司，在资产管理和资本市场上是重要的金融服务机构。2003—2005 年，它是 CDS 保护的净卖方，它单边押注美国住房市场，金额巨大。AIG 旗下的银行附属公司提供的 CDS、衍生产品和期货名义金额高达 2.7 万亿美元，其中包括信用衍生掉期 4400 亿美元，占比超过衍生产品市场名义金额的 10%。AIG 对欧洲银行的大部分风险暴露没有任何风险缓释。AIG 的金融产品完全依赖它的 AAA 评级支持。在 CDS 合约中规定，如果 AIG 评级遭到下调，需要额外增加风险缓释措施。美国次贷按揭市场风险爆发后，AIG 集团在 2007 年第四季度和 2008 年第一季度总共损失了 130 亿美元。2008 年第二季度，CDS 合约未实现损失达到 150 亿美元。2008 年 9 月 15 日，标普将 AIG 长期债务评级降低了三级，穆迪和惠誉也都降了两级。降级给 AIG 带来了融资压力，额外增加抵押品和交易中止支付都需要进一步融资。

证券借贷业务带来的流动性压力是 AIG 面临的更大挑战。AIG 将美国公司和非美国公司分为两个证券借贷资金池。美国证券借贷资金池主要投资高评级按揭支持证券。2008 年 9 月 12—30 日，借款人返还借贷的证券给 AIG，要求赎回现金 240 亿美元。AIG 用借款人的现金购买了高评级按揭支持证券，在市场压力情形下根本无法出售，难以获得及时流动性。债务降级更加剧了 AIG 的流动性危机。在降级后 15 天内，AIG 金融产品的融资就达到 320 亿美元。为避免突然被迫抛售形成巨大损失，美国联邦政府对证券借贷提供流动性支持，由纽约联邦储备银行设立基金购买了 AIG 手中的抵押品。事后，AIG 的监管机构——储蓄机构监理署承认未能事先看到 AIG 的集中度风险，忽视了流动性不足的 CDS 对评级下降的敏感性，低估了为满足召回抵押品需要融资的金额。

AIG 在金融市场上的地位决定了它的利益相关方都会受到影响，这些相关方包括 AIG 保单持有者、贷款给 AIG 的州政府和地方政府实体、投资 AIG 产品的养老金计划、衍生产品市场上作为 AIG 交易对手方的银行和投资银行、持有 AIG 商业票据的货币市场基金等。涉足衍生产品的金融机构倒闭之所以引发金融危机，关键在于衍生产品市场的风险因素。

市场结构。衍生产品交易除了银行参与以外，对冲基金、担保机构、信用衍生产品公司、从事 CDO 业务的机构、特殊目的机构都有涉足，市场交易集中在少数巨头，交易集中程度非常高。对衍生产品市场集中度是不是高这一点，在金融危机爆发之前，时任美联储主席格林斯潘认为，场外衍生产品市场是全球性市场，超过 6 个国家的主要银行和证券公司在这个市场角逐，场外衍生产品市场的集中度被高估了。当然他也承认，美元利率期权、CDS 等一些重要场外衍生产品存在集中度高的问题。并提醒市场参与者考虑一个或多个主流交易商退出市场的影响。他寄希望于市场参与者自主觉察到交易商集中带来的流动性风险，而采取缓解风险行动，达成市场集中度下降的效果。[1] 事实证明，他的研判一对一错。一对是统计数据

---

[1]　Alan Greenspan, "Corporate governance", BIS Review 21/2003.

证明了 CDS 市场交易商高度集中的状况。截至 2008 年末，5 家最大的信用衍生产品交易商分别是摩根大通、高盛、摩根士丹利、德意志银行和巴克莱集团。[①] 一错是他高估了市场参与者理性。信用衍生产品交易集中意味着交易商和信用衍生产品最终用户之间信用风险集中，以及交易商之间信用风险集中。密如蛛网的业务关联使 AIG 遭遇的流动性风险反映为无法执行到期的衍生产品交易，进而变成 AIG 的交易对手风险，形成"多米诺骨牌"效应，放大了冲击强度。信用违约掉期市场网络分布如图 7－2 所示。

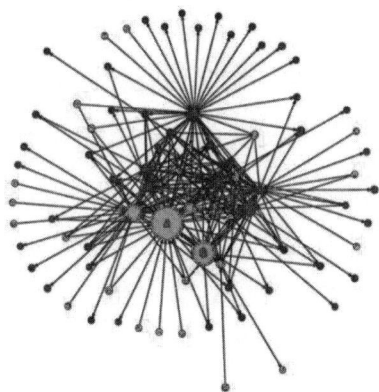

注：此图显示了信用违约掉期市场网络，不同合约之间 CDS 暴露相互轧差以便任意一个圆都代表市场参与机构买入或卖出的净保护。浅色圈表示 CDS 保护的净卖方，深色圈代表 CDS 保护的净买方。圈的大小代表买入或卖出保护的金额大小。为便于展示将小型参与机构排除在外。

图 7－2　信用违约掉期市场网络分布

（资料来源：美国存款信托和清算公司，参见 Janet L. Yellen，"Interconnectedness and systemic risk－lessons from the financial crisis and policy implications"，BIS Central Bankers' Speeches, 4 Jan. 2013）

　　重置交易。在信用衍生产品市场上，CDS 利差变化非常快，交易对手违约后的重置交易可能迅速恶化自身财务状况。雷曼兄弟公司违约后，其交易对手都需要重置交易，投资级别 CDS 利差拉宽了 40BP，非投资级别 CDS 利差拉宽了 100BP。雷曼兄弟公司申请破产之前和之后的几天，重置成

---

① European Central Bank，"Credit default swaps and counterparty risk"，Aug. 2009.

本过高。据摩根士丹利 2008 年第三季度披露，由于与雷曼兄弟公司交易的重置成本高于预期水平，遭受了 20 亿美元税前交易损失。[①] 交易重置成为金融危机间接传染的渠道。

产品内在冲突。在正常情况下，银行提供的主权国家 CDS 有一定的市场需求。欧债危机爆发之前，欧元区银行一直是主权 CDS 的净卖方，为投资者提供主权信用风险保护。危机发生后，银行信用风险上升导致其所在的主权国家信用风险上升，主权信用风险上升反过来进一步增加了银行信用风险，两者同方向变化互为因果，银行无法规避错向风险（Wrong – Way Risk）。市场处于非理性状态时，错向风险加剧了市场混乱。

流动性。金融危机引发市场流动性降低，交易对手集中度高与市场流动性低相结合不仅提高了交易重置成本，而且拉大了交易买卖报价利差，无法形成交易。1998 年 8 月，俄罗斯主权债务违约引起市场流动性恐慌，通过高杠杆运作的长期资本管理公司被击倒，当时该公司持有的利率和股票衍生产品名义金额超过 1 万亿美元。长期资本管理公司和它的交易对手"低估了流动性、信用和波动性利差在全球市场上同时以同样方式变动的可能性"。[②] 这种悲剧在 2008 年国际金融市场上再次重演。衍生产品市场流动性剧烈变化直接影响了衍生产品价格，继而引发金融机构巨额亏损。

杠杆。衍生产品是杠杆交易，可以不用全额出资，交易双方通过设定抵押品、保证金及签署净扣协议方式进行风险缓释，抵押品折扣率、变动保证金（Variation Margin）和初始保证金（Initial Margin）大小，净扣协议覆盖范围决定了杠杆高低。当市场价格波动比较大时，从事高杠杆衍生产品交易的一方面临更大亏损，容易违约。在倒闭之前，贝尔斯登和雷曼兄弟公司的杠杆率均超过了 30 倍。衍生产品交易的买方或卖方违约，另一方

[①] European Central Bank, "Credit default swaps and counterparty risk", Aug. 2009.

[②] Hedge Funds, "Leverage and the Lessons of Long – Term capital Management", Report of the President's Working Group on Financial Markets, Apr. 1999.

就需要重置合约。当重置合约成本巨大，难以找到"接盘侠"或市场上举足轻重的交易商违约时，就非常可能出现市场崩溃，瘫痪市场功能。

（三）引入中央交易对手

衍生产品市场大体有三种交易模式，第一种是双边场外交易模式，这种模式下衍生产品市场是完全分散的，参与者直接交易和清算，交易需要签订双边净扣协议或提供抵押品，或进行现金交易；第二种是分散交易集中清算模式，这种模式下衍生产品市场仍然是分散交易，通过中央交易对手集中清算；第三种是交易所模式，交易和清算都集中在交易所，交易所也是中央交易对手。三种模式中绝大多数是场外交易，只有很少的衍生产品在交易所交易（见表 7-2）。

表 7-2　　　　　　　　　三种模式下衍生产品市场结构特性

要素	双边场外交易	分散交易集中清算	交易所
交易形式	双边	双边	集中
清算形式	双边	集中	集中
交易对手	原始买方或卖方	中央交易对手	中央交易对手
产品特性	所有产品	标准化产品且有流动性	标准化产品且有流动性
典型产品	外汇掉期、利率掉期、信用违约掉期	普通利率掉期（Plain Vanilla Interest Rate Swap）	商品、汇率期货、政府债券期货
做市商的重要程度	重要	重要	有限
抵押品	双边都可以持有抵押品	对所有交易有统一的保证金要求	对所有交易有统一的保证金要求
保证金变动	分散收取、可以协商、容易产生争议	中央交易对手集中实施	中央交易对手集中实施
风险缓冲	监管资本	股权和保证金	股权和保证金
净扣	有些总风险暴露采取双边净扣，有些采取一次性多边净扣	风险暴露可以多边净扣，头寸转换成对中央交易对手的交易	风险暴露可以多边净扣，头寸转换成对中央交易对手的交易
监管	自我监管，依赖市场做法	自我监管，依赖市场做法，对中央交易对手实施监管	自我监管，依赖市场做法，对中央交易对手实施监管

续表

要素	双边场外交易	分散交易集中清算	交易所
风险暴露和业务的透明度	透明度有限或没有透明度	可以获得详细信息但不发布	可以获得详细信息但不发布
价格透明度	交易前的价格是没有约束力的报价，实际交易价格不公布	交易前的价格是没有约束力的报价，实际交易价格不会自动公布	交易前的价格是没有约束力的报价，公布实际交易价格

资料来源：BIS Quarterly Review，Sep. 2009.

1995 年 2 月，10 国中央银行的工作小组曾发布一份《衍生产品市场规模和宏观审慎风险度量的问题》报告，在经济主体交易和转让风险过程中，建议中央银行监控衍生产品市场，以便评估其对货币政策的影响。衍生产品市场的集中度、流动性、价格变化、与其他市场的关联都是需要监控的内容。[①] 通过场外交易转到场内交易，采用标准化合约，与中央交易对手结算有利于降低相互关联性。金融危机后，强化场内与中央交易对手交易也是监管改革的重要组成部分。2009 年 7 月，欧洲中央银行重申证券清算和结算体系的重要性，鼓励欧元区引进场外信用衍生产品的中央交易对手清算设施。[②]

中央交易对手也面临信用风险、流动性风险、托管风险、结算银行风险、投资风险等多种风险，它的信用风险在于参与交易的一方违约，中央交易对手终止违约方的合约。购买或出售与违约一方相同的合约就可能形成损失，损失大小取决于合约价格波动程度、交易日和违约日之间的时长、重置头寸规模。信用风险的另一种形式是结算风险，当整个交易本金价值处于风险状态时，在结算日会引发巨大的信用风险暴露。即使是出现了违约，中央交易对手也必须按时支付正常状态的交易者。

---

① 衍生产品可以通过多种方式影响货币政策制定和实施。衍生产品通过改变市场运行的速度影响货币政策运行环境；衍生产品可以改变经济主体对利率、汇率调整作出的反应，影响货币传输机制；衍生产品可以影响货币政策指标中蕴含的信息内容，也可以影响货币政策工具的使用。

② European Central Bank，"credit default swaps and counterparty risk"，Aug. 2009.

中央交易对手的流动性来源包括违约方存放在它那里的资产、自有资本、未违约方存放的资产，这些资产需要变为现金，变现过程可能面临流动性不足，所以需要央行提供备用流动性支持。中央交易对手用自有资本投资托管方持有的证券，也面临托管风险。中央交易对手还面临着结算银行风险，如果为货币结算提供现金账户的银行倒闭，中央交易对手马上就会面临信用风险和流动性风险压力，倒闭银行的结算规模、倒闭的时间和结算协议具体约定决定了压力大小。中央交易对手会将资金投入短期存款或证券，这样也会面临存款银行、证券发行人的信用风险和流动性风险，统称为投资风险。

引入中央交易对手将分散的双边交易变成集中的、与中央交易对手的单一交易，在交易对手信用风险、操作风险集中管理，提升抵押品管理，改善数据收集效率及市场透明度，降低顺周期效应方面有利于降低系统性金融风险。中央交易对手管理风险的能力与它是否具备对金融合约实时准确估值的能力，以及清算会员违约时迅速以接近的价格对未结清头寸进行替代的能力相关。不仅要建设会员准入机制、保证金机制、拍卖和对冲机制、损失“瀑布”机制，提升自身风险管理能力，而且需要提高市场参与者的信息披露要求，降低自身风险。此外，还需要各国央行和监管机构进行监管合作。紧急情况下，对陷入困境的中央交易对手提供流动性支持。

中央交易对手面临的风险

发达国家 40 年间中央交易对手破产及濒临破产的危机中有太多值得吸取的教训。应预留足够资源，防范市场上最主要的参与机构违约；应尽最大可能控制操作风险；应当定期重新计量并及时计算和收取变动保证金。自动化程度更高的支付系统可帮助防止流动性不足发生。跨市场保证金联动机制可以缓解在不同中央交易对手之间执行对冲交易带来的流动性问题。在市场动荡时期，中央交易对手之间不可干预保证金周转；确定初始保证金及违约基金应当考虑资产价格波动、动

荡的市场环境以及市场极端情况下资产的相关性；中央交易对手应当
谨慎地监控市场头寸，管理集中头寸的行为，并迅速处理过大的头寸；
中央交易对手应当具有获取外部流动性的渠道，防止在具有偿付能力
的情况下因流动性不足而违约。

2008 年国际金融危机后，全球大约 3/4 的美元利率衍生产品都转向了
中央集中清算，但汇率衍生产品转向中央集中清算的比率只有 4%[1]，主要
产品是外汇期权和跨货币掉期，不同货币本金的交换不适合中央集中清算，
仍需要双边进行。绝大部分汇率衍生产品场外交易风险没有降低，为防止
其成为下次金融危机的"导火索"，对这部分非中央清算衍生产品全球统一
了保证金要求。保证金分为变动保证金和初始保证金。变动保证金以现金
形式每日交收，衍生产品市值损失的一方必须立刻缴纳，保证金不足时还
需要在日内进行追加，以保证市场参与者知晓它的交易对手不会因为存在
大额无抵押的风险暴露影响日后偿还能力。初始保证金以现金和证券混合
形式缴纳，是为了减少交易对手将来违约形成的损失。提高初始保证金要
求相当于预留了流动性资源，增加了市场参与者对冲风险的成本。2020 年
3 月，市场出现动荡，中央清算的变动保证金要求达到 1400 亿美元，是之
前市况下变动保证金要求平均数的 5~6 倍，中央清算的初始保证金要求是
之前市况下初始保证金要求的 20 倍。[2]

不同国家、不同中央交易对手在保持初始保证金变化透明度方面程度
不一，不同资产类别和同一资产内部初始保证金要求变化很离散，给预测
初始保证金变化增加了难度，需要持续提升初始保证金变化透明度和建模
信息披露水平。可以预见，全球市场动荡，市场流动性普遍稀缺，各中央

---

[1] Committee on the Global Finance System，"US dollar funding: an international perspective"，CGFS Papers，No. 65，Jun. 2020.

[2] FSB，"Enhancing the Resilience of Non – Bank Financial Intermediation"，Progress Report，1 Nov. 2021.

交易对手同时增加保证金要求必然迅速拉升市场流动性成本，销售流动性资产筹措现金的集体行为必然加剧市场间流动性压力传染。

（四）　提高衍生产品市场交易透明度

市场参与者可以通过协商提前终止合约，寻求第三方转让，或与交易对手对冲，调整自己的风险暴露水平。理论上可以将衍生产品分为交易目的和对冲目的，但在实践中却难以逐笔交易进行区分。只有对衍生产品市场一些重要风险指标进行日常监控，总结风险指标变化规律，及早开展风险识别和预警，才可能有效防范衍生产品引发金融危机。

1. 确立重要风险监控指标

根据全球衍生产品市场监控经验，一些重要的风险指标包括：

（1）名义价值。以名义未付清金额（Notional Amount Outstanding）为代表，反映已签订但在报告日期尚未结算的所有衍生合约总名义价值，是参与者之间价格风险总体情况的近似估计。除名义未付金额外，衍生产品实际价格风险与许多因素相关，如期限、衍生合约约定的价格、多头还是空头、价内（In The Money）程度等。与此类似，还有未平仓权益（Open Interest）指标，它指"在某个给定日期持有仓位，但尚未结清的交易所交易合约总数量"。

（2）市场价值。以总市值（Gross Market Value）为代表。总市值是衍生合约价格变动程度导致的参与者未实现损益，是判断金融市场转移总财富的近似度量。巴塞尔银行监管委员会给出的定义是，"按报告日期流行的市场价格评估具有正重置价值或负重置价值的所有未行使衍生品合约的绝对值总和。交易商未行使合约的总的正市场价值是相对于报告方处于获利地位的所有合约重置价值以目前市场价格计算的总和，因此，如果立即结算，会形成对对手方的债权。总的负市场价值是在报告日期为负值的所有合约的价值总和，即目前处于损失地位的合约，因此，如果立即结算，将使交易商向其交易对手负债。术语'总'表示拥有同一对手方的具有正重置价值和负重置价值的合约尚未进行净额结算。某个市场风险类别，如外汇合约、利率合约、股票和商品合约内的正、负合同价值的总和不彼此抵销。总市场价值提供关于衍生品交易市场风险潜在规模的信息以及关于正在发生的关联金融风险转移的信息，是容易比较的、经济意义上对跨市场和跨产品风险的衡量"。交易双方可以采用双边净额结算、担保、抵押协议来降低自身风险，该指标不是一个衡量总体风险非常准确的指标。

（3）信用风险。以总信贷风险暴露（Gross Credit Exposure）为代表，意即"总市场价值减去与所有风险相同对手方根据可依法强制执行的双边净额结算协议结算的数量。总信贷风险暴露是在抵押之前对对手方信贷风险的度量"。双边净额结算协议一般在净额结算主协议之下，主协议采取不同形式，可以允许相同当事方在多种主协议或其他交易协议下进行净额支付。

（4）集中度风险。包括从衍生产品类别、期限（以合同期限和剩余期限为代表，剩余期限反映的是"从基准日起到最终按合同如期付款的期限"）、货币种类、交易对手类别等维度透视衍生产品市场是否过于集中。

上述风险指标变化反映了衍生产品风险变化。衍生产品市场上参与者多是国际活跃金融机构，危机之前大多金融机构只观察净风险暴露变化，金融危机彻底颠覆了这种看法，对于净风险暴露小但总风险暴露大的做市商，危机时刻也难以从市场上融资，无法正常履行做市商义务。

2. 完善衍生产品市场监管

防范衍生产品引发金融危机可以从多方面入手，归纳起来是"四个坚持"。

坚持提高衍生产品市场透明度。衍生产品跨越了国家边界，跨越了银行、保险、证券功能的界限，实现风险转移。衍生产品在分散风险方面的作用无与伦比，银行和银行之间、不同类型金融机构之间、私人和公司之间都可以利用衍生产品分散风险，由此产生的问题是集中度风险累积，难以识别和发现。一些新的市场参与者可能根本不知道信息。对于能集中清算的、标准化的衍生产品，中央交易对手、交易所需要承担更多的数据提供功能，便于监管机构掌握市场风险变化状况，降低金融危机发生的可能性。对于非标准化的场外衍生产品交易合约，金融机构和具有系统重要性的非金融机构每天收集变动保证金数据，让市场参与者更清晰地了解自己交易对手持有的未抵押风险头寸情况。必须留足初始保证金，以便交易保持合理流动性。美国《多德—弗兰克法案》要求美国掉期交易数据必须实时向商品期货交易委员会报告，与证券相关的掉期数据实时向证券交易委员会报告。欧洲的监管规定也明确了在欧洲进行的掉期交易履行交易报告要求。除监管机构加强协作、数据共享以外，为防止衍生产品市场上双边抵押产生的系统性金融风险累积，应该披露大型交易对手和最大的衍生产品风险暴露，以帮助市场参与者更好地评估交易对手风险和系统性金融风险外溢的可能性。

坚持抑制衍生产品的顺周期特征。利用合格抵押品开展衍生产品业务是市场普遍做法，但抵押品价值具有顺周期特性。金融市场处于周期上升阶段，金融抵押品价值高，同样金额的抵押品可以开展更多业务，金融市场进入周期下降阶段后，金融抵押品价值下降，为开展同样规模的业务需要更多数量抵押品，参与者拿不出更多抵押品，业务规模被迫缩减，就会造成信用收缩。通过鼓励场外交易转入场内交易，都与中央交易对手交易，双边交易中参与者面临的交易对手风险就大大降低。更多利用双边净扣协议，减少对抵押品估值的依赖，就可以更好地防范危机时刻抵押品持续贬值的螺旋效应。

坚持机构监管与行为监管并行。无论是银行还是非银行金融机构，只要开展衍生产品业务就要统一监管规则，不留死角。对冲基金和一些不受监管的机构使用衍生产品创建了许多隐蔽的风险暴露，这些风险暴露游离于监管之外。监管机构应该明晰监管分工边界，将衍生产品行为纳入监管，不允许有衍生产品的"法外之地"。2008 年下半年，巴西、墨西哥、韩国货币急剧贬值，这些国家的企业之前与不受监管机构开展衍生产品交易，产生了许多母国监管机构根本不掌握的外汇风险暴露，给企业造成重创。

坚持控制衍生产品销售风险。美国在对复杂产品投资者的测试中发现，提高信息披露水平不是问题焦点，大多数投资者不具备理解和评估复杂产品的能力。保护投资者的唯一办法是禁止或限制某些操作。以史为鉴，对衍生产品发起、交易、销售等各环节可能产生的各类风险实施严格监管，防止衍生产品风险事件重演，是金融政治性和人民性的最好体现。

本章核心观点：

● 为防范逆向选择和道德风险，资产证券化的风险管理顶层设计要在宏观层面抑制过度贷款造成的借款人杠杆率过高问题，要明确借款人信用质量和发起标准，完善发起人资产回购和保留部分基础资产的机制，要防止发行人、服务商和资产管理者合谋损害投资人利益，要强制提高评级机构的透明度，提升评级方法，要将发行人付费模式转变为投资者付费模式。

● 商业银行作为资产证券化发起人，集团内的其他金融机构就不宜再担任增信方、投资者和信用衍生产品的交易对手（信用风险买入方），否则，信用风险仍保留在集团内部，无法实质出表。集团以外的其他金融机构作为发起人，商业银行可以考虑成为增信方、投资者、信用衍生产品的交易对手，通过买入或主动接受信用风险，进行信贷结构调整，或实施流动性管理。

● 资产证券化发起人对基础资产的选择就是对信用风险、集中度风险、利率和汇率风险的取舍。在资本充足率的压力下，通过发起资产证券化可以释放基础资产对应的资本和准备金，达到增加资金、降低风险加权资产、节约资本等多重目的。

● 银行对资产证券化业务实施全面风险管理必须坚持遵循四条基本原则：根据银行控股集团所有机构在资产证券化过程中承担的角色，以管理信用风险和流动性风险为主，对所有风险实施管理全部覆盖，不留死角；坚持"三道防线"分工负责制；坚持银行账簿和交易账簿严格分设，严禁在银行账簿和交易账簿之间来回调整；坚持单一风险类别管理和机构管理结合，形成横向管风险类别，纵向管机构，横纵交织的管理体系。

● 从个体看，坚持"不要把鸡蛋放在一个篮子里"的理念，通过资产证券化分散且转移了风险，但从系统看，"鸡蛋数量越多，篮子越脆弱，摔坏鸡蛋的可能性越大"，全社会总体风险并未降低，只是风险表现形式发生了变化。

● 涉足衍生产品的金融机构倒闭之所以能引发金融危机，关键在于衍生产品市场结构、重置交易、产品内在冲突、流动性、杠杆等风险因素。防范衍生产品引发系统性金融风险必须坚持提高衍生产品市场透明度，坚持抑制衍生产品的顺周期特征，坚持机构监管与行为监管并行，坚持控制衍生产品销售风险。

● 在极端情况下，即使是已经完全对冲的头寸，可能因为交易对手违约而形成新的市场风险暴露。未能对冲的剩余风险，也可能造成持仓金融机构巨额亏损。

第八章 理解金融科技风险：见之于未萌

1844 年，美国第一条城市间电报线建成，标志着人类进入即时通信时代。1861 年，跨越大西洋的海底电缆铺设成功，欧洲和美国实现了信息即时传输。1949 年，出现了世界上第一台通用电子计算机。1967 年，美国高等研究计划署建立的"阿帕网"将 4 台计算机互连，成为互联网前身，同年，第一台自动取款机出现在伦敦。1995 年，世界上第一家没有营业网点，所有业务通过浏览器操作的网上银行诞生在美国。从电报到海底电缆，从自动取款机到网上银行，科学技术不断改变着金融行业经营环境和经营方式。当今世界金融行业业务模式、风险管理模式正在发生巨变，传统风险类别因为新的风险因素加入变得更加复杂，科技公司强势介入金融服务领域又带来新的风险来源，市场竞争、监管空白、管理缺陷都可能不经意造成风险相互交织和传染，变为金融危机的始作俑者。

一、 金融科技改变银行风险态势

金融稳定理事会将金融科技定义为在金融服务行业由技术带动的创新，由此带来对金融市场、金融机构、金融服务产生重要影响的新的商业模式、应用、过程或产品。[①] 存贷、支付、清算结算、资产管理、保险、加密资产等传统业务和新兴业务因为引入金融科技正在发生重大改变。

---

① FSB，"Financial Stability Implications from FinTech"，Supervisory and Regulatory Issues that Merit Authorities' Attention，27 Jun. 2017.

（一）　科技悄然改变金融

近年来，应用程序接口（Application Programming Interface）技术、大数据和云计算技术、行为生物识别技术、分布式总账技术、人工智能、机器学习技术在金融领域得到广泛运用，这些技术模糊了金融服务边界，改变了金融服务方式，提升了金融服务效率，催生了新的金融服务业态。应用程序接口技术创造了开放数据环境，将设备、流程、服务和软件更便捷地连接在一起，让银行和金融科技企业可以更加快速地共享数据，由此衍生出一些联合金融产品和服务，创造了交叉销售的机会。大数据技术极大地降低了数据复杂性，通过存储大量数据以及无限历史深度，即时执行复杂的演算法，将大部分使用过的数据置于能够快速读取的缓存中，降低数据存储成本。云计算是一种提供计算资源的新方式，远程数据存储、加工、软件处理效率由此大幅度提高。银行可以选择建立私有云，也可以使用多个云服务商的服务，将关键计算交给建立在私有云架构基础上的内部数据中心，跨多个云服务商运行。行为生物识别技术通过对智能设备使用过程中人的众多细节行为进行持续身份验证，极大地提高了反欺诈工作效率。分布式总账是一种数据库技术，数据在不同站点、国家或组织中进行传播，记录一个接一个地存储在一个持续的账本，排序存储到区块中。它可以提供价值服务和信用服务，在数字资产发行、交易、转让、结算、交割、行权、监管多个方面得以运用。金融机构后台运营也可以使用分布式总账，消除数据重复，支持不同数据库运行，降低维护成本。人工智能和机器学习技术在数据收集、汇总、存储、分析方面已经取得突破，利用客户在社交、消费和支付活动中留下的数据，分析客户消费需求和偏好、提供实时服务交付、进行风险预测是人工智能和机器学习的核心运用领域。

科技成果在金融领域运用带来更多的金融创新。银行作为资金中介的作用被削弱，客户可以利用互联网平台更直接地选择服务和服务提供商，也可以直接筹集股权资金。P2P 和股权众筹都是去中介化后金融供给和需求方对接的产物；移动和网络支付平台替代了货币实物支付，出现了面向零售客户的数字钱包和数字货币，形成了 e－money 新支付方式；手环、智能手表、可穿戴护目镜、健康追踪器、可穿戴相机、虚拟现实耳机、数据存储 NFC 环、RFID 钥匙扣等增加支付功能后都可以成为支付设备；数字银行、交易中各方电子数据交换与云端计算技术结合，实现动态支付，在供应链服务中为买家和供应商提供端到端的闭环，实现供应链融资、保理、动态贴现和现金服务"一键操作"；投资管理服务领域涌现出高频交易、跟随交易（Copy Trading），智能投资顾问基于被动投资和多元化策略交易算法，为投资者自动化调整投资组合，寻求更大收益，逐渐对人工投顾形成了替代；利用自然且非结构化文本中提取的信息、编译描述的事件，基于情感新闻和社交媒体报道对市场情绪进行自动文本分析，提示交易中的高风险企业，可以有效地为投资者规避损失；在证券和货币交易清算结算领域，运用分布式账本后效率明显提高；基于历史交易数据、应用程序接口接入的外部数据、预测算法可以为私人客户和中小企业提供现金流预测服务，起到辅助其决策作用；客户服务线上化让保险公司实现了数字化分销，也提高了保险价格透明度，便于客户比较产品和价格。持续积累线上数据还有助于改善风险量化模型表现，使精准风险定价成为可能。

这些金融创新正在改变工业化时代遗留下来的金融机构产品供应模式，科技公司和银行从海量结构化和非结构化数据中获取信息，利用这些信息精确地解读客户风险偏好，在合适的时间为合适的客户提供合适的产品和服务，千人千面个性化金融产品成为主流。多数科技公司优势产品规模不大，对传统金融机构安全稳健运营的影响并不明显，但是监管机构已经前瞻性地看到科技公司给金融体系带来的风险。现阶段监管科技公司大体存在两种思路。一种是对现有监管规则进行调整，间接影响科技公司运营，如提高科技公司在个人数据保护和分享方面的要求，强化对公司操作韧性的监督检查。这种思路属于行为监管思路，根据科技公司行为，采取适当监管措施。另一种思路是针对业务模式产生的风险，实施实体监管，对科技公司提出各种事前、事后监管要求和限制措施，如要求科技公司承担未违反监管规定的举证责任；保证与第三方在线平台的互用性；禁止科技公司在平台外向平台商业用户提供产品；禁止限制平台上的商业用户与其客户的交易，允许商业用户在平台以外采取促销活动，提供产品和服务；平等对待平台上现有客户和潜在客户、平台自己的产品和第三方的产品；要求暂停专项业务，禁止某些兼并收购等。

（二）　金融市场结构变化累积系统性金融风险

在科技公司社交网络平台、电子商务平台和搜索引擎平台上，不同类型用户之间互动产生的数据、网络外部性和行为之间可以形成一个自我强化循环，构成了庞大的数字生态系统，系统以大量用户数据交互为核心，依托这些数据提供产品和服务，产品和服务的使用过程再产生新数据，循环往复。科技公司这种特有的"数据—网络—行为"（Data – Network – Activity）循环彻底改变了银行垄断某些金融产品和服务的格局，对金融市场产品和服务的集中程度，竞争状况，供给、需求、中介机构及监管机构都会产生影响，在公共安全、市场竞争、数据保护和分享、操作韧性、金融稳定、消费者保护方面提出了新挑战。

科技公司业务范围广泛，在电子商务、社交媒体、互联网搜寻和广告、电讯、打车、零售支付、信贷、财富管理和云计算领域有不同程度涉及，各国普遍存在法律和监管空白地带。欧盟提议的《数字服务法》（*The Digital Service Act*）将起源于数字服务功能和使用的系统性风险定义为"大型在线平台误用于传播非法内容，通过触达范围特别广的账户扩大了非法内容的流传；违背了《基本权力宪章》保护的基本权力，包括表达的自由、信息的自由，私人生活的权力和不被歧视的权力；通过虚假账户或使用病毒故意操纵数据，在保护公共卫生、少数民族、公民话语、选举过程和公共安全方面出现实际的或可预见的负面影响"。[①] 根据上述定义，利用技术手段大范围传播非法内容，或利用提供数据服务之机限制特定消费者权利，未经消费者允许分享隐私数据，或操纵数据达到特定目的，或向境外机构提供限制出境的敏感数据等行为都可能形成系统性风险，危及国家金融安全。

科技公司以各种方式介入金融产品和服务。有的单独向客户提供新产品或新服务，成为金融市场新的搅局者；有的与金融机构合作提供新产品和新服务，成为金融机构的合作机构；也有的只是向金融机构提供类似云计算这样的专业服务，成为金融机构的外包商。在一些国家，大型科技公司利用数字垄断优势排斥其他竞争者，形成了金融服务和非金融服务市场垄断。对供应商、消费者搞价格歧视，违反职业道德进行歧视（Unethical Discrimination），不经消费者同意将自己的产品绑定专项服务，优先推介给客户，为了实现低价倾销目的，实施跨产品补贴……这些做法严重损害了市场公平竞争。

数据保护和分享的"度"是金融机构和科技公司在金融创新领域可持续发展的关键。各国对于客户数据拥有者是谁、什么样条件下可以使用个人数据、用于什么目的等涉及个人隐私保护的法律都在不断完善，维持好数据使用和保护的平衡，防止在数据存储、加工、检索、调用中侵犯消费者和投资者数据隐私权是社会关注焦点，银行与科技公司在数据安全、隐私保护、客户权益保护方面面临的压力一直在增加。开放银行（Open Banking）是金融机构数据与用户、第三方开发商通过应用程序接口共享的体系，在数据分享之前必须明确用户拥有同意、接入、修改、删除和数据迁移的权利。合法、公平、透明、准确、用于特定目的是个人数据收集和使用的基本要求。科技公司必须在获得用户同意的前提下才可以收集个人数据，而且需要科技公司内部建立个人信息保护的合规体系，建立主要由外部成员组成的保护个人信息的独立部门，定期披露关于个人信息保护的社会责

---

① Juan Carlos Crisanto, Johannes Ehrentraud, Aidan Lawson and Fernando Restoy, "Big rech regula-tion: what is going on?", FSI Insights on policy implementation, No. 36, Sep. 2021.

任报告。数据迁移权利是保护用户使用自己个人数据的权利以及将个人数据以技术可行方式转移到第三方的权利。在数据保护和分享方面，巴西和墨西哥制定了针对开放银行的专门监管方法，要求科技公司在专门的监管机构登记。中国香港、新加坡发布应用程序接口指引或建议实施标准，公布应用程序接口标准和技术说明书，鼓励科技公司参与建设开放银行，参与机构之间分享数据。还有的国家和地区既不要求也不禁止数据共享，完全取决于市场需要。

欧盟和美国的个人数据保护实践

欧盟以《欧盟通用数据保护条例》（*The European General Data Protection Regulation*）和《欧盟支付服务指引 2》（*The EU's Second Payment Services Directive*）来保证数据迁移权利实施。《欧盟通用数据保护条例》将数据权利赋予个人，应消费者要求所有企业可以和第三方分享客户数据，但只适用于自然人数据，不适用于企业数据，传输信息的技术标准也还没有明确。《欧盟支付服务指引 2》要求银行、电子货币和其他支付机构在客户同意前提下向拥有牌照的第三方提供客户支付账户信息。涉及的实体必须利用应用程序接口，建立接入客户账户的标准化界面，通过客户真实性查验落实安全要求。美国没有明确的规则、指引要求银行或者禁止银行与第三方分享客户允许的数据，但要求收集和使用个人数据遵循合法、公平和透明原则，确保数据收集和使用的安全性。在用户数据权利方面也没有联邦层面的法律进行保障。数据隐私保护在各州进行监管，《加利福尼亚州消费者隐私法》最具代表性，该法案要求数据所有者知晓数据何时和怎样被收集，具有接入、修改、删除、迁移这些信息的能力，允许消费者可以不受妨碍地传输信息给其他实体。苹果、脸书、谷歌、微软、推特等公司正在创建开源的数据迁移平台，让所有个人可以自愿在不同万维网的在线服务提供商之间迁移数据。

无论科技公司直接开展金融服务或与第三方合作开展金融服务，都需要保证能识别和评估操作风险，能保持通信技术和信息服务的连续性，服务中断时能快速做出反应。科技公司作为第三方服务的用户必须遵守评估和监控第三方风险的技术标准，制定第三方服务提供商中断后退出策略。作为第三方服务提供商，需要满足特殊监管要求，而且接受直接监管。欧盟提议根据第三方服务提供商的规模、可替代性、经营失败后对欧盟金融服务质量或连续性的影响，以及在关键和重要功能方面对第三方服务提供商的依赖，由主监管员（Lead Overseer）负责评估第三方服务提供商，根据评估结果实施额外的、更严格的监管。美国联邦银行机构（Federal Banking Agencies）拥有监督重要第三方服务提供商的权力。[1] 其中一项重要的监管内容就是操作韧性。新兴市场国家运营的科技公司在操作韧性方面监管标准成熟度不够，运营依赖的电信基础设施和数据安全保护均弱于发达国家，也更容易发生网络安全事件。

科技公司用户增长速度远快于传统金融机构，它对金融稳定的影响关键在于它的活跃程度、规模、与金融机构的关联性、可替代性、复杂性。科技公司介入信贷业务增加了中小微企业信贷的可获得性，与银行形成了局部竞争。对于信贷市场发育不足的国家，这种格局有利于金融稳定。对那些已经形成足够深度信贷市场的国家，由于科技公司比银行风险偏好更高，审批和信贷管理使用的各类风险模型未经过严格检测，激进盈利目标下信贷业务被过度激励，金融不是更稳定，而是更不稳定了。科技公司占据信贷市场较大份额后，诟病银行的"顺周期"特性在科技公司身上有过而无不及。对于"长尾客群"，科技公司提供的贷款几乎没有替代性，信贷

---

① 根据美国《联邦存款保险法》，联邦银行机构是指国民银行、联邦储蓄协会、外资银行的联邦分支机构和联邦代理处；美国联邦储蓄系统内的成员银行（国民银行除外）、外资银行的分支机构和代理处（外资银行的联邦分支机构、联邦代理处及已投保的洲级分支机构除外），由外资银行持股或控制的商业银行贷款公司，以及依据《联邦储蓄法》（《美国法典》第12卷第601节及以下，第611节及以下）第25节或第25A节运作的组织；经联邦存款保险公司承保的银行和州级储蓄协会（联邦储备系统的成员除外），以及外资银行已投保的州级分支机构。

标准收紧对这些客群是灾难性的，将进一步加剧"顺周期"特性。科技公司的信贷行为非常分散，游离在金融机构监管体系之外。即使设立专门的监管机构，在监管报告要求不清晰、难以及时获取科技公司信贷数据和信息的情况下，监管机构也无法有效履职。一旦科技公司出现流动性风险，没有像银行那样严密的公共安全网防护，很可能诱发金融危机。

（三） 银行风险来源、 内涵的变化

无论银行向科技公司提供支付、结算、托管等金融服务，还是银行自己或银行母公司对科技公司进行股权投资，向科技公司推介在银行无法获得贷款的客户，银行经营面临的风险来源都更加多样化，风险内涵也发生了新变化。

1. 操作风险

《巴塞尔资本协议Ⅲ》对操作风险识别、计量、有效管理构建了相对完善的实践标准，然而，"道高一尺、魔高一丈"，科技提高了金融服务的复杂性，操作风险出现了新的来源。云计算技术推动市场参与者和基础设施形成更紧密的依赖关系，银行的风险既可能来自使用相同云服务平台形成的集中度风险，也可能来自云服务商。如果几家云服务商使用相同的操作系统，一旦操作系统出现风险，所有服务商都会中招，从而连带接受云服务的银行被迫承担风险。作为云服务用户，银行可能并不清楚自己数据存储的确切位置，自己的数据和哪些其他数据存储在一起。完全依赖云服务商在网络安全方面的专业能力，云服务商的集成受制于安全性最弱的那个连接实体。云服务市场是高度集中的市场，软件、硬件、服务商的共享程度高，选择云服务商面临极大同质性，云服务商倒闭可能引爆金融危机。欧洲银行业管理局就曾提醒欧洲银行业，"从单家金融机构的维度看，云服务商有集中度风险，从整个行业看，云服务商也有集中度风险。当许多金融机构依赖大型云服务提供商时，这些服务商变成了失败的一个点"[1]，极

---

① EBA，"FinalReport：Recommendations on outsourcing to cloud service providers"，Dec. 2017.

端情况下可能造成巨大社会损失，使经济陷入停滞。不光是云计算技术，所有在金融领域内运用的新技术都可能是新的操作风险源。

相互关联是风险传染的必要条件。金融科技发展将金融基础设施、银行、科技公司和金融科技生态圈中的其他机构捆绑得更加紧密，相比过去时代，无论谁发生 IT 风险事件都可能造成广泛传染，这是科技时代银行生态体系操作风险增大的系统性体现。频率更快的创新产品和服务提高了单家银行交付能力的复杂性，为充分适应金融产品和服务方式变化，IT 架构需要向更加灵活的架构转换。IT 架构转换不仅仅是 IT 领域的事，还需要配套组织架构创新和流程创新。无论是组织架构，还是流程改变都会增加操作风险来源。跨界融合让银行更广泛、更频繁地使用外包服务，外包服务增加了银行运营复杂性，降低了运营透明度。银行业务可以外包，但业务相关的风险和责任仍在银行，需要银行有更健全的内部流程，对外包方进行尽职调查和严格的合约管理，定期评估外包对业务的整体影响，持续监控外包方风险状况。外包和技术合作方可能并未实施严格的安全标准，倘若市场出现紧急情况，为避免业务和服务中断，银行很可能被迫承担外包和技术合作方输入风险。数据在金融服务中广泛运用也必然带来新的风险隐患。

2. 信用风险、战略风险、合规风险、流动性风险

银行依托自建或合作的网络平台形成互联网生态圈，累积交易和支付数据，一定程度上解决了银行和企业的信息不对称，通过大数据驱动的中小企业行为预测模型开展小额信用贷款，极大地推进了普惠金融进步。信用贷款大量增加可以逐步摆脱信贷对实物抵押品的依赖，终结了抵押品价值变化传导货币政策的功能，在"明斯基时刻"有助于防止陷入"损失螺旋"。基于大数据预测风险在银行内部运行时间并不长，未经过完整经济周期验证之前，风险预测模型有效性不得而知，预测结果可能过于乐观，银行面临的信用风险未必减少。

新技术出现、科技企业跨界竞争、银行人员管理金融科技风险意识不足、产品批准及变革管理流程冗长都会增加银行的战略风险。如果科技公司在提升客户线上数字交互便利性、增加客户黏性方面，推出创新型产品和服务速度更快、效果更好，银行就会面临客户被大量分流，市场份额被蚕食，盈利不断下滑的窘境，被迫开展更高风险的业务，削弱抵御将来经济周期的能力，从而产生战略风险。

产品或服务自动化程度越高，银行因未能遵守法律、监管规定、规则、自律性组织制定的有关准则，遭受法律制裁或监管处罚、重大财务损失或声誉损失的风险越大。虚拟加密货币、基于匿名和分散化的分布式总账为科技公司与银行合作参与金融业务提供了更大空间，也使得跨境交易更为容易。和银行合作的科技公司在洗钱和恐怖主义融资方面执行标准弱于银行，更容易为金融犯罪提供可乘之机，如果客户遭受损失，很可能连带银行受罚。如果客户使用银行卡或银行账户进行支付，银行必须承担客户身份验证和防范虚假交易方面的合规责任。部分业务外包给科技公司后，银行监督科技公司履行消费者数据隐私保护的压力也会增大。

新技术的运用便于客户在不同存款账户或基金之间自由转换，以获得更多收益，也会造成银行存款稳定性下降，银行被迫应对更大的流动性风险。

3. 网络风险

网络风险拓宽了操作风险管理内涵，是网络时代系统性金融风险重要的风险来源，同时也是国家安全的一部分。[1] 国际证券委员会组织（International Organisation of Securities Commissions）前主席格雷格·梅德克拉夫特

---

[1] 金融稳定理事会认为网络与信息、通信系统相互关联的基础设施、数据、流程、人员及它们之间相互作用相关。"网络安全"一词，是指保护这种基础设施的私密性、完整性和可获得性。网络风险是指损害网络安全或侵犯安全或违反可接受的使用政策这类事件发生的可能性及影响，无论这类事件起源于恶意行为或非恶意行为。网络韧性，是指一家组织通过预测及适应网络威胁及与之相关的环境变化而继续履行使命，抵御、控制网络安全事件，并从网络事件中快速恢复的能力。

预测下一轮大型金融冲击来自对金融服务企业连续成功的网络攻击。2017 年 3 月，在二十国集团和央行行长会议上提出，恶意使用信息和通信技术可能使对于本国和国际金融体系至关重要的金融服务中断，削弱安全和信心，危及金融稳定。按照巴塞尔资本协议对网络风险的分类，它属于操作风险范畴。

金融机构个体面临的网络风险是由于 IT 系统失灵所产生的财务损失、系统中断和声誉损失。常见的网络风险事件主要来自以下六个方面：①公共卫生事件。新冠肺炎疫情暴发以来，银行被迫更多地依赖远程办公，客户不得不更多地依赖移动银行办理业务，增大了网络风险。②犯罪组织。犯罪组织利用勒索软件对银行进行攻击，而且一般是跨境团伙作案，调查和取证困难。2019 年美国《福布斯》报道声称，所有的恶意软件攻击中 25% 都指向银行和其他金融服务机构，高于其他任何行业。③员工。为工作方便，员工使用个人邮箱传输内部数据或私人存储设备拷贝内部数据，连接外网的计算机设有足够安全保护而造成数据失窃。员工未严格遵守内部程序，或内部程序无效造成网络安全事故。熟悉金融机构系统情况的离职员工在网络安全方面的威胁尤其明显。④外包行为。对外包商管理不力，未对外包商网络安全控制能力进行有效评估，未对外包商提出网络安全最低要求。应用系统接口、云计算和其他新技术过度依赖外包商，使银行 IT 系统暴露在网络攻击之下。⑤竞争对手。竞争对手利用网络窃取知识产权或商业秘密，或向被攻击的银行提供误导的数据，进行数据投毒（Data Poisoning）。⑥敌对国家。敌对国家利用网络攻击甚至瘫痪本国金融体系。

最典型的网络攻击形式包括中间人攻击、跨站脚本攻击、拒绝服务攻击（Denial of Service，DDos）、密码攻击、网络钓鱼、植入恶意软件、零时差攻击。在中间人攻击模式下，通过各种技术手段将受入侵者控制的一台计算机虚拟放置在网络连接中两台通信计算机之间，这台计算机就称为"中间人"。"中间人"通过拦截正常网络通信数据，并进行数据篡改；跨站脚本攻击是攻击者向 Web 网页里插入恶意 html 代码；拒绝服务攻击是攻击者利用网络上已被攻陷的电脑向某一特定目标电脑发动"拒绝服务"式攻击，将目标电脑网络资源和系统资源耗尽，使目标电脑无法提供正常服务；密码攻击指通过破解密码窃取电脑内的存储数据和信息；网络钓鱼通过发送看上去来源可靠的 Email，通过欺诈手段盗窃敏感数据；植入恶意软件的目的就是损坏 IT 设备，盗窃数据，使网络瘫痪；零时差攻击是针对已经发现的软件或硬件漏洞发起攻击，这种情况下客户和 IT 服务商马上面临之前没有觉察的网络攻击。

系统性网络风险被认为是"关键基础设施生态系统中单家机构的网络安全事件带来重大的延误、拒绝、崩溃、中断或损失，以至于触发机构的服务受到影响，而且处于逻辑上或地理上相关生态系统中的机构也承担了后果，对公众健康或安全、经济安全或国家安全构成重大不利影响。已经实现的对于经济、安全和治安的系统性不利影响通常来自信任、服务和关键数据中断，操作中断，以及丧失能力或实物资产损毁。"① 2017 年，美国公司 Equifax 数据外泄，此消息一出，公司股票市值在 1 周内下跌 35%。"城门失火殃及池鱼"，与 Equifax 同类型的 TransUnion 和 Experian 公司受到风险传染，投资者信心受损，两家公司股价也分别下跌了 13% 和 6%。同年，目标直指乌克兰关键基础设施的 Notpetya 恶意软件攻击，造成供应链中断，估计全世界损失 100 亿美元。2020 年 8 月 26 日，新西兰股票交易所遭受了大规模网络攻击，虽然交易系统技术上可以运行，但为了维护市场诚信，交易所还是决定暂停交易。对交易所这样的金融基础设施实施网络攻击会中断正常的交易、融资、清算和结算，在本国金融体系内部甚至是跨境产生连锁反应，恐慌引发市场信心丧失可以很快带来流动性危机。在很多国家的金融体系中，少数几家大型金融机构提供支付、托管、清算等关键金融服务，它们受到网络攻击会给整个行业带来冲击。金融机构之间业

---

① World Economic Forum, "Understanding Systemic Cyber Risk, Global Agenda Council on Risk&Resilience", White Paper, 2016.

务开展构成了复杂交易网络，金融行业高度依赖的数据和共同数据来源被篡改或服务出现中断，对数据可靠性的担心很可能引发一系列交易问题。即便只是一家金融机构受到网络攻击，关联性可以迅速扩散冲击，第三方技术服务商、目标客户、零售业务合作伙伴、交易对手都有可能成为跨境风险传染渠道。

全球化和数字化的融合创建了金融生态和运行网络，这个网络使相互依赖和相互关联更加紧密，也增加了网络攻击的脆弱性。金融基础设施是运行网络的关键节点，存储了大量保密数据，网络攻击会严重影响金融基础设施运行，成为潜在的系统性金融风险隐患。分析网络安全对系统性金融风险的影响很大程度上需要收集有关的数据，这方面全球基本上都还处于起步阶段。近年来，美国国会通过了《网络安全信息分享法案》（*The Cybersecurity Information Sharing Act*），欧盟发布了《网络和信息安全指引》（*the Network and Information Security Directive*），除了已经发现网络安全事件的实体外，鼓励或要求向其他没有发生网络安全事件的实体分享和报告网络安全事件更多信息。为了更准确地把握网络安全事件造成的潜在威胁，发达国家不断更新数据报告要求，但进展并非预期那样顺利，出于声誉方面考虑，受到网络安全攻击的报告并不完整，网络攻击引发的风险可能并未被完全理解，更不要说量化用于预测了。

网络安全风险

网络安全风险是系统性金融风险来源，系统重要性公司的网络安全事件可能引发重大外溢效果。根据美国财政部研判，网络安全风险影响金融稳定的三大渠道分别是关键公司服务缺乏可替代性、信心的潜在损失、数据完整性的潜在损失。系统性网络安全风险可能呈现出不同表现模式，如一起网络安全事件发酵，引发系统多处中断，相互关联的机构均受到冲击，不利影响呈瀑布式；多家机构存在普遍性、共同性弱点，多家机构同时爆发或快速接续传播多起网络安全事件；

多家机构存在个性化的弱点，许多机构同时发生了相互独立的网络安全事件；等等。

4. 合作机构风险

在预言家笔下，银行业的未来被设想为"一旦我登录了我的移动银行（很可能使用生物识别或者面部识别系统登录），我就能够通过 Ratesetter 进行 P2P 借款、通过 Transferwise 进行国际支付、给我的星巴克电子钱包充值或者向我的阿里巴巴货币市场基金账户中存钱。为实现每个目标，合作将成为金融服务业的常态。传统的金融机构无法赶上市场变化与金融科技企业创新的速度，因此，与其开发自己的创新产品与服务，倒不如与创新者合作，一起为客户提供新的产品与服务。"① 如果坚信银行与创新者的合作不可逆转，管理好合作机构风险向银行体系传染就变得非常迫切。合作机构的范围比外包方更宽泛，合作机构风险是合作机构给银行带来各类风险的统称，不是银行经营面临的一个单独风险类别。以场景生态为例，全球主流银行大多通过建设开放银行平台开展场景生态建设，多家合作机构深度参与改变了银行内部传统风险管控模式，场景建设中使用的一些技术和模型可能完全是"黑箱"，给银行网络安全风险控制、用户信息保护和智能化风险控制带来了新课题。对于合作机构可能引发的风险，或许还没有完全认知。

在对待创新的态度上，不应该完全排斥和扼杀与银行合作的金融科技创新机构，而要通过延伸监管，加强对消费者和投资者的保护，保证银行合作机构个体安全性，让它们保持合理期限错配以及合理杠杆水平（如量化交易可能有非常高的杠杆率，监管机构应避免其发生极端损失），要防止在业务合作中出现大额不良贷款，防止合作机构新技术测试不充分引发科

---

① 苏珊娜·奇斯蒂，亚诺什·巴伯斯. FinTech 全球金融科技权威指南［M］. 北京：中国人民大学出版社，2017.

技风险，业务深度合作引发声誉风险，向银行体系传染。对于那些与银行已经开展深度合作，且业务规模巨大、具有系统重要特征的合作机构，要防止单家机构倒闭冲击整个金融系统。

（四） 银行建立网络风险管理体系

网络风险变得越来越重要，在银行内部操作风险管理体系中单独分出网络风险管理的职能变得非常流行。规模、业务模式、关键资产的特征和敏感程度是建立网络安全管理体系的出发点，需要在治理、偏好、IT 架构、技术、人员等方面面统筹安排。董事会应该对网络风险有充分理解，知晓网络风险暴露可能造成的损失和损害，由董事会下设的风险委员会或网络韧性委员会负责监督银行网络风险整体状况，将网络风险管理纳入银行全面风险管理体系中，明确"第一、二、三道防线"在网络风险识别、保护、监测、反应和恢复环节的职责；在金融机构业务战略和风险偏好中应该充分考虑网络风险，不能仅仅把它看作 IT 问题，结合业务战略内容列出针对网络风险偏好指标，实施有效管理；定期进行网络固有风险评估，识别网络风险暴露大的关键资产；建立分布式 IT 架构和多层次防范体系，缓解网络攻击对客户的影响；开展侵入测试，侵入测试不仅要确定银行系统薄弱环节，而且要使用人工和自动技术来模拟攻击银行各种信息安全防范措施，发现薄弱环节；在外包管理中充分考虑外包商带来的网络风险，进行网络安全尽职调查，在外包合约中充分体现网络安全要求和对金融机构内部数据的保护。外包商分包要及时通知金融机构，有权进入外包商系统，对其进行审计，特定条件下拥有终止外包、及时退出的权利；建立完备的内部 IT 政策、程序，规范事件报告、及时响应机制、系统恢复和业务连续性计划、补丁管理、员工 IT 接入权限管理，同时运用技术手段实施控制；建立信息安全专业队伍，收集业界网络攻击情报和信息；定期对全员开展网络安全教育培训，不断提升员工网络安全意识，避免员工成为网络攻击薄弱环节。[1]

网络风险常用的管理工具包括网络地图、量化分析和压力测试。网络地图用于确定金融机构（含金融基础设施）、服务提供商、金融机构内部或第三方系统之间使用的主要技术、服务和相互关联关系，以便确定网络安全的关键薄弱环节。使用量化方法尽可能准确估计网络风险潜在损失。网络攻击频率和损失率的数据有限，网络攻击特征不断变化，网络攻击损失分布具有厚尾特征，准确估计潜在损失需要积累每次网络攻击事件的直接成本、间接成本及模型方法，这些都是量化分析面临的挑战。针对网络风险的压力测试主要是测试遭受网络攻击后银行流动性和资本受影响程度。新加坡金融管理局曾在 2019 年国际货币基金组织金融行业评估中进行网络风险分析，根据网络攻击情形类别，遭受直接网络攻击形成的损失可达银行季度净利润的 35%～65%。银行资本充足率和流动性比率分别下降 0.1%～0.4% 和 8.4%～35%。

每次网络风险事件发生都是一次极好的学习机会，银行应该建立健全包括网络威胁情报、网络风险事件、防止网络攻击技术信息在内的网络风险信息收集机制。网络威胁情报包括高频警示、风险分析、指标、网络威胁评估和分析，这些情报信息有助于银行日常发现网络安全薄弱环节。网络风险事件发生后收集损失相关信息，有助于增长应对经验，减少下一次损失。及时了解和引进控制网络攻击的技术也有助于建立技术安全堤坝。

二、 加密资产的风险特质

（一） 加密资产

数字资产和虚拟资产都与加密资产相关。2020 年，金融稳定理事会将

---

① 全球网络安全的技术标准包括国际标准化组织（International Organization for Standardization）系列，如 ISO270 系列，美国国家标准与技术研究院（National Institute of Standards and Technology）系列，如 NSIT800 系列，信息和相关技术控制标准（Control Objectives for Information and Related Technology），信息技术基础设施库（Information Technology Infrastructure Library）部分内容。

加密资产定义为主要依赖密码学、分布式账本或类似技术形成的私人数字资产。加密资产包括交换的数字方式和安全代币、与资产关联的代币、效用代币等数字代币，法定货币的数字体现不算数字货币资产。全球反洗钱标准制定机构——金融行动工作组（Financial Action Task Force）没有使用数字资产的概念，而代之以虚拟资产的概念。"虚拟资产"可以数字化交易、转让，能用于支付和投资目的，它的价值用数字来体现，但不限于依赖密码学、分布式账本技术形成的数字资产。比特币和稳定币既是数字资产，也是虚拟资产。

加密资产监管分类包括三大标准，即加密资产的功能，如作为支付和交换工具，类似股权或债务工具的权力和责任，持有者拥有接入一个或多个公司网络或生态系统的权力；具有稳定机制，如通过与实物资产、金融资产、加密资产关联，协议明确根据需求变化增加或减少稳定币供给来维持稳定价值；具有系统重要性，跨国采用，具有相当大的数量。在三大标准下，各国具体分类标准有所不同。加密资产相关的业务包括与资产发行和分销相关的一级市场业务，交易、结算、清算、托管等二级市场业务，支持和保证一级市场业务、二级市场业务以有效方式进行的业务，如基础设施服务。另一个与加密资产密切相关的监管概念是加密资产服务提供商，各国定义也不完全相同。英国将 P2P 交易平台作为加密资产服务提供商。日本受监管的加密资产服务提供商包括网络运行商、平台和应用开发商、技术维护提供商。各国都要求加密资产服务提供商在授权、资本、风险管理、治理、安全、操作韧性、报告、市场行为、财务健全方面遵守监管要求。银行与加密资产服务提供商开展加密资产业务，就可能形成直接或间接风险暴露，给银行带来流动性风险、信用风险、市场风险、操作风险（欺诈和网络风险）、洗钱和恐怖融资风险、声誉风险。

为防范加密资产给银行体系带来风险，巴塞尔银行监管委员会准备将加密资产按照一定的标准分为两大类。① 在第一大类下，满足一定分类条件的加密资产细分为代币化的传统资产（Tokenised Traditional Assets）和有稳定机制的加密资产（Cryptoassets with Stabilisation Mechanisms）。代币化的传统资产拥有和传统形式融资一样的法律权利，在计算信用风险、市场风险最低资本要求方面与传统资产保持一致。还有些加密资产不能拥有和传统资产一样的法律权利，但是可以通过稳定机制将加密资产价值与传统资产价值或一组传统资产价值联系起来，这种加密资产可以赎回为传统资产。假如赎回方承诺以加密资产交换传统资产，或等价现金，银行作为加密资产的持有方既面临传统资产价值变化或违约风险，也面临着赎回方违约风险，都需要计算风险加权资产。不满足第一大类条件的，如比特币，分为第二大类，比特币基金或衍生产品也分入第二大类。第二大类比第一大类风险更高，适用更高的资本监管要求。杠杆率、大额风险暴露、流动性比率的监管要求也适用于两大类加密资产，纳入计算口径。此外，银行持有加密资产面临的密钥失窃、DDos 攻击等网络风险，加密平台可测度性（Scalability）、分布式账户验证、节点运作可信任程度等信息技术风险都会增大。

　　加密资产服务提供商是洗钱和恐怖融资的重灾区。对于存量客户和新客户，加密资产服务提供商都必须以风险为本，履行尽职调查义务，按照要求记录交易，评估风险，通过内控体系评估反洗钱和反恐怖融资的合规状况，向金融监管部门及时报告可疑交易。金融行动工作组要求加密资产转让时，加密资产服务提供商必须获得发起人和受益人准确信息，提交给交易中下一个金融中介，这个规则称为转移规则（Travel Rule）。向金融机构或货币服务企业支付 3000 美元以上的实体，按照转移规则必须要分享发起人和受益人的名称、地址、账户数目。有些国家虽然规定了实施转移规则，但 IT 基础设施只能支持银行开展反洗钱和反恐怖融资执行转移，不支持加密资产服务提供商执行此类功能，需要加快完善功能。还有些国家加

---

① 不含中央银行数字货币。

密资产服务提供商没有在监管机构注册，需要结合使用开源网络搜寻、区块链和金融情报分析来发现非法的加密资产服务提供商。利用加密资产进行洗钱和恐怖融资的危险性具有跨境特征，向虚拟资产服务提供商或向从事虚拟资产业务的客户提供金融服务时，银行面临的反洗钱和反恐怖融资监管压力也在不断提升。

欧洲和美国大力支持在交易所内利用清算设施开展加密资产票据、基金交易，鼓励加密资产期货、场外加密资产信托发展，包括稳定币、比特币、以太币、智能合约等在内的全球加密资产规模迅速扩张，到 2021 年 9 月，全球加密资产总市值已超过 2 万亿美元，形成了由交易所、钱包、矿工和稳定币发行者在内的加密资产生态系统。[①] 在新冠肺炎疫情之前，加密资产收益与全球主要股票指数收益之间几乎没有相关性，可以作为独立的风险资产类别在投资组合中进行配置。新冠肺炎疫情发生后，欧洲机构投资者、零售投资者对数字资产的风险暴露都在增加。新兴市场国家居民参与交易所内加密资产交易的热情也十分高涨，新兴市场国家股票和加密资产的相关性显著增加。2020—2021 年，明晟新兴市场指数和比特币两类资产收益率的相关性已达到 34%。[②] 它与股票的相关性高于股票和黄金、股票和投资级债券、股票和主要货币之间的相关性。

加密资产市场缺乏监管，投机性强，而且投诉渠道和追溯机制缺失、产品嵌套杠杆、复杂程度高、市场信息透明度较低、流动性差，容易成为洗钱、欺诈、网络犯罪的"乐园"，并不适合大多数零售投资者参与。金融机构介入加密资产的投资、交易、清算、托管会通过财富渠道、信心渠道、风险暴露渠道和支付渠道传染风险，使防范系统性金融风险累积的任务更加复杂化。监管机构能获得的数据十分有限，除加密资产衍生工具和另类

[①] Dimitris Drakopoulos, Fabio Natalucci and Evan Papageorgiou, "Crypto Boom Poses New Challenges to Financial Stability", IMF Blog, Oct. 1, 2021.

[②] Tobia Adrian, Tara Iyer and Mahvash S. Qureshi, "Crypto Prices Move More in Sync With Stocks, Posing New Risks", IMF Blog, Jan. 11, 2022.

投资数据外，交易平台、交易所和数据汇总机构提供的数据可靠性存疑，难以掌握全球加密资产风险全貌。根据传统智慧，风险相关性提高意味着加密资产市场和其他金融市场之间风险传染加快，金融体系稳定的难度进一步增加，防范加密资产生态系统引发金融危机呼唤全球统一的监管框架。主要加密资产交易所提供的杠杆倍数如表 8 - 1 所示。

表 8 - 1　　　　　　　　主要加密资产交易所提供的杠杆倍数

交易所	最大杠杆倍数	提供杠杆的产品
BitMEX	100 倍	永久掉期（Perpetual Swaps）
Kraken	5 倍	加密资产
FTX	20 倍	期货、带杠杆的代币（Leveraged Token）
eToro	2 倍	差额合约（Contract for Differences）
Bitlevex	100 倍	期权
Bybit	100 倍	永久掉期和期货
Binance	125 倍	带杠杆的代币

资料来源：FSB，"Financial Stability Review"，May. 2022.

（二）　比特币及区块链

2008 年，中本聪在《比特币：一种点对点的电子现金系统》中首次提出比特币概念，听名称比特币像是一种货币，这是一种误解，它只是具有类似货币的支付功能，不是任何实体的负债，它的价值没有主权国家信用担保，而是来自它与其他商品和服务或主权货币相交换的预期，使用者预期变化会带来比特币价值波动和损失风险。比特币作为加密资产的一种形式，技术上和区块链密不可分。区块链（Blockchain）是分布式数据存储、点对点传输、共识机制、加密算法等计算机技术的新型应用模式①，本质上是一个去中心化的数据库，同时也是比特币的底层技术。区块链没有中心机房、没有运维，第三方按共识算法录入数据，用非对称加密算法保证数据安全，数据不可篡改。

---

① 共识机制是区块链系统中实现不同节点之间建立信任、获取权益的数学算法。

1. 区块链、比特币的应用前景及风险

区块链和比特币可能在一些重要金融领域出现革命性突破。首先是支付清算领域。按照 2012 年国际清算银行《金融市场基础设施原则》中关于金融基础设施的定义，参与机构之间用于清算、结算或记录支付、证券、衍生品或其他金融交易的多变系统，包含重要支付系统、中央证券存管、证券结算系统、中央对手和交易数据库五大类金融公共设施。使用分布式账本可以在支付系统参与方之间建立分散支付机制，提高后台结算和清算效率。使用分布式账本支付可以做到最终用户无感，金融市场基础设施面临着区块链的冲击，以区块链形成的交易清算系统节点之间交易信息不再需要第三方中心机构进行统一账簿更新和认证，直接完成点对点交易，存续多年的集中清算模式可能被彻底颠覆。

其次，智能资产和智能合约。区块链可以在技术上降低资产登记和转让的差错率，监控资金流向。区块链基础上形成的智能资产不仅能够在任何时候、任何地点进行高效率所有权转让，而且区块链提供了足够的隐私保护和匿名服务。建立在分布式账本技术基础上的智能合约可以在单个合约基础上支付变动保证金，提高自动化交易水平和交易效率，极大地提高了金融机构交易能力，降低了合约执行成本。

数字资产是"你对货币不理解的每件事与你对计算机不理解的每件事结合在一起的产物"。它不是法定货币，也没有政府或公共权威部门支持，不同于央行数字货币。新的数字资产类别也陆续出现，和参考资产挂钩的"稳定币"是否真的稳定，并未在实践中测试，不得而知。稳定币作为消费者即刻支付的一种选择，银行可能会和稳定币形成竞争，银行也可能直接参与稳定币生态，作为支持稳定币资产的托管方管理这些资产，或者对数字资产最终用户提供数字钱包服务。无论竞争还是合作，数字资产蓬勃发展会冲击银行原有业务模式，数字资产交易平台和数字资产相关的金融产品持续增长可能成为系统性金融风险的来源。

2. 监管创新尝试

区块链应用领域非常宽泛，客观上对监管机构提出了全新要求。美国纽约州将比特币列入虚拟货币实施全面监管，监管内容包括牌照要求、合规要求、资本要求、消费者资产托管和保护要求、业务监管、股权变化、报告和财务披露要求、网络安全要求、业务连续性和灾难备份要求、广告宣传要求、消费者投诉、反洗钱监管要求。2015 年 8 月，纽约州金融服务管理局颁布了《纽约州比特币牌照提案》，明确"接收虚拟货币用于传输或传输虚拟货币（交易用途为非金融性且不涉及超过虚拟货币面额的转移除外），存储、持有或为他人代管虚拟货币，为客户提供购买或销售虚拟货币的服务，为客户提供兑换服务，控制、管理或发行虚拟货币"，必须先申请牌照；开展虚拟货币业务的机构必须严格遵守联邦、州的法律及相关监管规则要求，设立合规官，建立书面的内部合规政策体系；机构持有资本的数量必须和总资产构成、总负债构成、实际和预计业务发生量、杠杆水平、流动性状况、产品和服务种类相匹配；必须开立美元信托账户，自有资产和信托资产实施隔离；产品、服务或业务重大改变必须事先征得监管机构书面同意，向监管机构提供所有权、经济状况、保险等信息，要求开展比特币业务的机构至少保存 7 年所有历史记录，以备监管机构查询；开展比特币业务的机构控制权发生变化必须征得监管机构书面事先批准；定期向监管机构提供财务报表，按监管要求提供内控报告，定期向客户披露开展比特币业务的风险；网络安全方面，要求开展比特币业务的机构制订安全计划、渗透测试、灾难恢复、应急预案，保护 IT 系统和敏感数据的安全；开展比特币业务的机构必须保留所有各种形式的宣传材料，以备监管机构检查，避免虚假宣传和误导宣传；要求机构内部有解决消费者投诉的程序，及时处理投诉；必须识别并验证客户，评估客户风险，监测异常举动，强制上报超过 1 万美元的资金大额交易，履行反洗钱义务。纽约州这种监管尝试目的是让经营比特币的公司离开纽约州，寻找监管没那么严格的地区。

在地区性监管规定没有上升到全国性监管规定之前，监管规则套利行为不会消失。即便是上升为全国性监管规定，也还有执行中的"弹性"问题，未必能彻底杜绝监管套利。

三、 线上融资的国际监管经验

线上融资是一个既笼统又模糊的概念，是因互联网兴起而创造的新型融资方式。从全球实践看，开展线上融资业务的既有银行，也有非银行机构；既有用自有资金借贷的，又有撮合资金供求两方的；既有债权融资平台，又有股权融资平台，还有"债权 + 股权"融资平台。彼此既有共同性，又有差异性，在不同法律环境、市场环境下资金供求双方和金融中介面临的风险迥异，各国监管思路和侧重点上也不尽相同。

（一） 银行线上融资监管

依托数字技术和先进数据能力，银行可以提供线上融资服务或发起成立数字银行专门提供线上融资服务，将面临信用风险、市场风险、操作风险、流动性风险等各类风险。与线下融资相比较，线上融资面临的操作风险，特别是操作风险中的网络风险更加突出。

大多数国家对专门开展线上融资服务的数字银行实施牌照监管与特殊监管相结合的监管方式。牌照监管要求数字银行申领专门牌照，牌照申请材料包括注册地、法律形式、业务计划、最低实收资本、管理层状况、风险治理、退出安排、拟经营的物理网点数量等。在所有权和控制要求方面，会要求由当地市民拥有或控制，非金融企业可以成为控股股东。韩国规定非金融企业最多可以拥有数字银行34%的股权。在市场定位方面，要求向监管机构显示服务客户需求，在传统银行难以触达的市场细分领域内具有专业能力，体现金融的普惠性。监管机构特别看重技术监管，要求董事会成员必须拥有支持线上融资专业知识，要求成立数字银行之前有过经营技术公司或电子商务领域的良好记录，进行技术领域适宜性和适当性测试

（Fitness and Propriety Test）。要求第三方技术专家进行专业评估，评估数字银行 IT 治理和系统的充分程度和稳健程度。

为防范数字银行外溢风险，数字银行牌照监管与过渡期要求紧密结合是比较普遍的做法，在过渡期内适当简化一些监管要求，分步实施。各国过渡期要求时间差异很大，有的国家在 1 年以内，有的在 2 年以内，还有的规定 2～5 年。过渡期内普遍对资产规模、存款规模、客户、经营地或海外经营、产品、信息披露实施严格限制。退出过渡期前必须由监管机构评估资本到位情况、高级管理层任命情况、内部关键政策和程序完成情况、财务表现、业务发展状况。英国的程序是数字银行提交申请，监管机构评估申请后进入过渡期，过渡期内数字银行可以开展批准的各项业务，不降低或豁免监管要求，会根据风险状况对业务数量实施限制。1 年内无法达到监管标准将被取消牌照，持续经营的数字银行持续接受监管。马来西亚对数字银行在过渡期内实施资产和期限限制，资产规模不能超过 20 亿林吉特，过渡期最短 3 年，最长 5 年。过渡期内要求最低资本金为 1 亿林吉特，过渡期末要求达到 3 亿林吉特。新加坡将数字银行分为数字批发银行（Digital Wholesale Bank）和数字全能银行（Digital Full Bank）两类，前者没有过渡期要求，后者有过渡期要求。数字全能银行经营牌照规定只能针对中小企业和其他非零售客户开展线上融资。受限制的数字全能银行在过渡期开始时最低实收资本不能低于 1500 万新加坡元，过渡期末不能低于 15 亿新加坡元。吸收的总存款不能超过 5000 万新加坡元，单一客户存款不能超过 7.5 万新加坡元，而且只能从业务合作伙伴、个人和关联方等特定客户吸收存款，只能提供简单的信贷和投资产品，最多只能在两个海外市场进行运营。获得数字银行的牌照后，在资本、杠杆、流动性、反洗钱反恐怖融资、市场行为、数据保护、网络安全方面还要接受和传统银行一样的持续监管。

（二）线上平台融资监管

线上平台融资有三种类型，第一种是非银行贷款机构通过线上平台提供融资，称为线上平台融资。第二种是贷款人和借款人利用线上平台实现债权融资，称为债权众筹。第三种是投资者和被投资人之间利用线上平台实现股权融资，称为股权众筹。前两种类型相同之处较多，只是在资金来源方面有明显区别。相同之处在于资金需求方均是中小企业或个人，或是融资项目，都以贷款形式提供资金。资金来源的不同之处在于，非银行贷款机构使用自有资金。债权众筹使用从投资者那里筹集的资金。债权众筹与股权众筹在资金来源方面相同，都来自投资者，但在资金需求和提供资金的形式上不同，股权众筹资金需求方主要是初创企业、中小企业和融资项目，几乎没有个人，以发行股权凭证的方式提供资金。从消费者和投资者保护角度看，线上平台融资风险最小，债权众筹次之，股权众筹最大。

根据风险性质及监管主体的责任，平台融资和债权众筹多由央行或银行监督机构负责监管，股权众筹由证券业监管机构负责监管。从业务监管规定看，线上平台融资适用的监管要求与非银行贷款机构适用的监管要求大致相同。针对线上信贷决策极少人工干预的特点，还提出了针对性强的监管要求。各国非银行贷款机构种类繁多，包括有银行牌照要求的非银行实体、没有银行牌照要求的非银行机构、日本的货币贷款机构，意大利的非银行金融中介、欧盟的投资基金、没有牌照和注册要求的贷款实体，对这些机构的监管要求差异也很大。美国各州对非银行贷款机构的监管要求取决于它是否对消费者或小企业进行贷款，且贷款是否用于购买房地产。欧盟对于使用投资基金进行贷款的另类投资基金经理必须满足《另类投资基金经理指引》中规定的授权要求和其他要求。秘鲁对非银行机构借贷行为没有监管要求，但必须遵守秘鲁央行设定的利率上限。2018 年，巴西批准设立了一种新型金融机构类型，在电子平台上开展应收账款贷款、融资和收购业务，称为直接信贷公司（Direct Credit Company）。直接信贷公司也提供信贷分析、贷款清收、保险分销、电子货币发行服务，它由巴西央行颁发牌照，必须满足审慎监管要求、最低资本要求和融资要求。除了发行股票融资外，不允许向公众筹集资金。

比利时、加拿大、法国、墨西哥、芬兰、秘鲁、菲律宾、葡萄牙、新加坡、西班牙、英国在同一监管框架下对债权众筹和股权众筹进行监管，智利、欧盟、瑞典正在跟进。澳大利亚、巴西、芬兰、意大利分别针对债权众筹和股权众筹进行监管。美国和日本特别强调对股权众筹的监管。无论债权众筹还是股权众筹，监管机构关注在债权众筹和股权众筹名称下开展哪种具体业务、涉及哪些实体、谁开展哪种业务、谁承担风险。所有国家对于非银行机构开展投融资业务都有消费者权益保护、反洗钱和反恐怖融资、投资者保护这样的要求。

规范众筹平台运作是控制风险的关键之一。各国普遍要求众筹平台在具体的法律形式下运营，满足最低实收资本要求。在申请授权或注册时，众筹平台要提供业务模式说明、组织构成、法律形式，可以获得的财务资源，风险管理政策、程序和控制方法，而且要向监管机构证明管理层和董事具有良好声誉、专业知识和职业资格。众筹平台可以为股权、贷款、资产支持证券、信托凭证、其他可转让证券、共同投资计划等多种金融工具提供经纪服务。一般情况下，不允许众筹平台投资自己作为金融中介的金融工具，如果投资，需要将尽职调查程序外包给独立一方，通知其他投资者，并将投资金额控制在一定金额之下。西班牙规定众筹平台投资金额不能超过每次筹集资金总额的 10%。墨西哥规定在申请牌照时需要提供有关计划，描述清楚对它所服务的投资者的激励如何与自身激励相容。在风险保留方面，监管要求包括采取措施管理潜在利益冲突、将尽职调查外包给独立一方、让投资者知晓众筹平台的投资参与程度、投资上限控制、其他众筹平台发起项目的投资限制。为防止众筹平台承担超过自身资本实力的风险，西班牙和英国对债权众筹平台的最低资本要求采取水涨船高的方法。借贷金额增加，风险增加，最低资本要求也就相应增加。意大利要求众筹平台撮合一定金额后购买职业责任险。众筹平台必须提前做好应急安排，保证经营失败时它们提供的服务可以继续下去。一些国家要求在申请牌照时将应急安排记录在案。为防止众筹平台成为洗钱洼地，反洗钱和反恐怖融资的监管要求也适用于众筹平台。欧盟规定只有满足《支付服务指引》下授权要求的实体才可以开展众筹交易支付，而且还要符合《反洗钱法指引》相关要求。

对消费者和投资者保护要求是控制风险外溢的重要保障。为了保证众筹平台掉线情况下，客户仍可以接入账户和交易数据。大多数国家都对众筹平台提出网络韧性要求，及时报告网络风险事件，进行网络韧性健康检查，建立恢复点目标（Recovery Point Objective），由外部审计师审计网络安全政策。

（1）很多国家都要求对众筹平台上借款人和发行人尽职调查情况进行披露，并限制众筹平台从事某些金融活动。披露要求分为原则披露和规定披露两种。按照原则披露要求，由众筹平台决定哪些信息是投资者决策需要的。按照规定披露要求，众筹平台必须向投资者提供详细项目信息、贷款信息、借款人和发行人信息，并配有标准信息披露模版，包含贷款或证券的特征、借款人或发行人详细信息、风险预警和解释性陈述、众筹平台收取的费用和成本信息。众筹平台要保证投资者理解面临的风险，或者要通过投资者适当性测试。有些国家规定公开募集资金金额达到一定标准的企业必须发布招股说明书，众筹平台可能由此限制每次众筹资金的数量，但筹资企业必须要披露关键投资信息。有些国家明确向投资者准确披露融资项目的责任由众筹平台和筹资企业共担，有些国家明确披露责任在众筹平台，也有些国家明确披露责任在筹资企业。阿根廷要求众筹平台在网站上公布评估和筛选项目的标准和方法，荷兰要求众筹平台公开其评估借款人的相关政策及借款人评级标尺。

（2）尽职调查及项目筛选、批准是投资前的必备程序，由谁负责尽职调查各国做法不同。大多数国家都认为尽职调查责任在众筹平台，要求众筹平台对借款人或发行人进行尽职调查。也有国家认为尽职调查责任在项目方，还有的认为尽职调查责任在独立第三方。意大利要求众筹平台外包尽职调查工作。印度要求股权众筹平台建立项目甄选委员会，负责对投资项目进行筛选。土耳其要求股权众筹平台必须建立投资委员会，在项目进入平台发布之前必须经过投资委员会批准。

（3）限制性措施是保护投资者的"闸门"。为保护零售投资者，限制借款人在股权众筹平台上借款，控制投资金额上限，或限制每年跨众筹平台借款金额、投资金额，或限制项目筹资金额，或限制部分零售投资者使用众筹平台都有实践。如西班牙规定每个项目投资上限为 3000 欧元，每年 1 万欧元。英国规定，在投资者同意投资不超过其可投资净资产 10% 的情况下，股权众筹平台促销的目标客户只能是普通零售投资者。有的国家根据投资者收入状况设定在众筹平台上的投资金额；有的国家规定，除非众筹平台有另外的牌照，否则众筹平台不能持有客户资金；有的国家强制要求股权众筹平台必须将客户资金放入信托账户或托管账户；有的国家不允许投资者出售在众筹平台上持有的头寸；有的国家不允许使用互联网以外的其他渠道寻找潜在投资者。

（4）持续开展投资者教育。有的国家要求监管机构必须对众筹平台的资本、流动性等共性风险进行提示，要求众筹平台提供平台发售的各种证券教育材料，履行投资者风险教育职责。

本章核心观点：

● 科技公司参与金融业务，形成了特有的"数据—网络—行为"业务模式，对金融市场产品和服务的集中程度，竞争状况，供给、需求、中介机构及监管机构都会产生影响，在公共安全、市场竞争、数据保护和分享、运行韧性、金融稳定等方面提出了新挑战。科技公司对金融稳定的影响关键在于它的活跃程度、规模、与金融机构的关联性、可替代性、复杂性。

● 在金融服务业态变化和金融科技企业的跨界竞争中，银行经营面临的传统风险类别来源更多样，内涵发生了新变化。金融科技发展客观上将金融基础设施、银行、科技公司和金融科技生态圈中的其他机构捆绑得更加紧密，无论谁发生 IT 风险事件都可能造成广泛传染，这是科技时代银行生态体系操作风险增大的系统性体现。

- 网络风险拓宽了操作风险的管理内涵，是网络时代系统性金融风险重要的风险来源，同时也是国家安全的一部分。丧失信心、无可替代性、数据可靠性缺失是网络风险影响金融稳定的三个渠道，可能诱发金融危机。

- 全球化和数字化融合创建了金融生态和运行网络，这个网络使相互依赖和相互关联更加紧密，也增加了网络攻击的脆弱性。场景生态建设改变了银行传统的风险管控模式，在网络安全风险控制、用户信息保护和智能化风险控制手段方面带来了新课题。

- 对合作机构的监管不是完全排斥和扼杀创新，而是要加强对消费者和投资者的保护，保证金融创新机构个体安全性，让它们保持合理的期限错配以及合理的杠杆水平，防止在业务合作中出现大额不良贷款，防止新技术测试不充分引发科技风险，业务深度合作引发声誉风险，向银行体系传染。

- 银行对任何形式的加密资产形成直接或间接的风险暴露，加密资产都会给银行带来流动性风险、信用风险、市场风险、操作风险（特别是欺诈和网络风险）、洗钱和恐怖融资风险、声誉风险。

- 支付清算、交易平台、智能资产和智能合约是区块链的重要运用领域，未来需要在牌照、合规、资本、消费者资产托管和保护、业务监管、股权变化、报告和财务披露、网络安全、业务连续性和灾难备份、广告宣传、消费者投诉、反洗钱监管等方面制定一系列监管标准。

- 为防范数字银行外溢风险，数字银行牌照监管与过渡期要求紧密结合是比较普遍的做法，在过渡期内适当简化一些监管要求，分步实施。各国过渡期要求时间差异很大。

- 无论债权众筹，还是股权众筹，监管机构关注在债权众筹和股权众筹名称下开展哪种具体业务、涉及哪些实体、谁开展哪种业务、谁承担风险。规范众筹平台运作是控制风险的关键之一，对消费者和投资者的保护是控制风险外溢的重要保障。在信息披露、尽职调查及项目筛选、限制性措施和投资者教育等方面需要有详细的监管规定。

第九章　直面气候相关风险：
绝不会是"阿喀琉斯之踵"

一、　与气候相关的金融风险

气候相关风险是新型风险类别，被形象地称为"绿天鹅"。"绿天鹅"事件发生同样具有高度不确定性，风险非线性，过去数据无法反映未来风险状况等特征，气候相关风险会在退化的生态条件和无法预料的环境影响、地缘政治争端、社会和经济风险之间形成复杂链式反应，最终突破气候临界点，使气候体系产生巨大变化。它比之前已经认知的大多数金融风险事件情况更复杂、后果更严重。与历史上任何时期相比，地球正面临着前所未有的气候紧急情况。

（一）　经济学家的解决方案及现实难点

气候相关风险具有明显负外部性，经济学家解决全球气候变化的方案是将其外部性通过庇谷碳税（Pigovian Carbon Taxes）内化为各个经济主体的成本，减少温室气体排放，缓解气候变化压力。对经济主体排放的碳征税可以将碳排放对中长期气候变化的社会成本体现在内，促使经济主体转向更加有效的生产方式和消费模式，引导金融支持重心从重碳资产转向低碳资产，实现国际社会一致的排放目标。

这一方案在落实过程中受到许多现实因素制约。碳定价达到驱动经济主体向低碳资产转型的水平需要较长时间，全球变暖很可能以无序方式影响经济体系，这又反过来对金融体系造成不可预测的负面影响。气候变化冲击各种商品供应链，特别是大宗商品供应链，推动物价水平攀升，甚至形成通货膨胀和滞胀。气候变化造成的冲击是永久性生物冲击，绝非短期经济冲击，传统政策工具应对气候变化冲击的有效性不足。气候变化是目前能看到的最大的市场失灵，它体现为企业为降低碳排放进行的研发和创新无法获得相应收益，能源系统、交通系统、建筑等具有公共产品性质的基础设施供给不足，自然环境改善、土地集约使用、低碳城市建设在减排方面具有很大空间，但市场无法自发解决供求不平衡，必须依赖政府干预。从各国碳排放目标实施进度来看，只有快速大幅度提升碳价，才可能从容应对全球气候变化挑战，达到共同的气候目标。这样做无疑是对每个国家国内经济格局和国际碳排放格局重新调整，会造成未知的影响，没有哪个国家敢贸然采取行动。市场对气候风险重新定价必然导致金融机构迅速收紧重碳企业的融资条件，出现再融资中断，甚至严重冲击金融体系安全。应对气候变化需要树立长期伦理考量优于短期经济考虑的价值观，改变传统生活方式，最终能否成功是国际协作、技术进步、监管要求、市场发育、文化基因、基础设施、供给网络多种因素综合作用的结果。各个国家在社会、制度和技术方面存在惯性，单单提高碳价不足以推动个体行为向低碳经济转型，货币政策、财政政策、审慎监管政策、支持创新的产业政策等需要共同发力。在"地球村"里，受自然风险冲击最大的是贫穷国家和中等收入国家，这些国家重碳企业面临的转型风险最大。无视这些国家应对气候变化的困难必然导致全球气候目标失控。

（二）气候相关的金融风险分类

气候是由多个子系统构成的复杂系统，一个子系统的微小变化就可能引发其他子系统明显变化。地球上气候变化引发的生物、地理、化学过程变化具有高度不确定性。气候变化产生的物理影响会带来复杂的社会变化，社会变化必然产生当代经济影响和跨代际经济影响。为了更好地识别和管理与气候相关的金融风险，金融稳定理事会将其分为自然风险和转型风险两类，这两类风险对金融体系的影响方式和影响路径大相径庭。

自然风险或物理风险（Physics Risk）是指与气候变化相关的极端天气事件发生频率和损失严重程度不断增加，由此产生的经济成本可能侵蚀金融资产价值或增加负债的可能性。自然风险事件包括暴雨、洪涝等气象风险事件和极端天气、干旱、山火等其他气候风险事件。自然风险对人类社会既可能造成短期、急剧的危害，也可能造成长期危害。在某些地区短时间内集中降雨，山洪暴发，冲毁道路桥梁基础设施，淹没良田和房屋。集中降雨后持续干旱造成农作物减产绝收，灾区居住条件受到影响，供应链正常运转遭到一定程度破坏，人力资本和实物资产劳动效率降低，这些都是肉眼所见的危害。1980—2017 年，天气和气候相关风险事件给欧洲地区（含英国）造成了 4530 亿欧元经济损失。2000 年意大利和法国发生洪水灾害，2002 年中欧地区又发生了洪水灾害，这两起洪灾分别造成了 130 亿欧元、210 亿欧元的损失。[①] 从全球以往历史数据和经验看，欧洲不算受气候相关风险影响最大的区域，天气较热的国家对气候相关风险暴露大，靠近海洋的区域更容易遭受飓风、干旱、暴雨影响。自 20 世纪 50 年代以来，南欧经历了时间更长、更严重的干旱，加勒比海、东亚和太平洋地区很多岛国都受到了海平面升高的困扰。1999—2018 年，受到极端天气影响最严重的国家分别是波多黎各、缅甸、海地。建筑行业和临近海边的房地产行业更容易受到自然风险波及。发生气候风险事件，借款人收入和盈利下降，抵押品价值下跌，违约可能性上升。受突发气候风险事件影响，金融市场上一些金融资产的气候风险溢价会突然上升。2011 年泰国暴发洪灾，受灾情影响 GDP 下降了 10%，泰国主要股票指数在洪水灾害发生后 40 个交易日内下跌了 30%。[②] 在气候相关风险面前，政府财政实力有限、公共救灾资

---

① European Central Bank, "Climate - related risk and financial stability", ECB/ESRB Project Team on climate risk monitoring, Jul. 2021.

② IMF, "Global Financial Stability Report", Chapter 5: Climate Change: Physical Risk and Equity Prices, Apr. 2020.

金缺乏、国内保险市场发育不足都会进一步恶化市场预期，形成连锁反应。与短期危害相比，气候逐渐变化产生的持续后果不易引起各方足够重视。气候逐渐变暖会带来冰川融化，全球海平面上升、平均气温上升和海洋酸化。海平面上升又会造成海滨城市、岛屿和低洼地带阶段性甚至是永久性淹没。1980—2018 年，全球自然灾害中 60% 是气象灾害和气候灾害，损失在 5.2 万亿左右。据世界银行估计，到 2050 年，拉丁美洲、南亚、非洲撒哈拉地区约 1.4 亿人口将因为缺水而迁移，粮食减产。即使只考虑南美洲、非洲和印度，气候变化也至少造成 1.43 亿人口迁移。预计到 2100 年，冰川融化引发海平面上升 2 米，造成 2 亿人口迁移。英格兰银行指出，海平面风险和洪水风险是英国金融机构最重要的自然风险。[①] 气候长期变化还可能延缓联合国减贫成果，造成地缘政治动荡，引发战争。所以说应对自然风险不单纯是一个经济问题，要上升到威胁人类生存角度来看待。

转型风险（Transition Risk）源于朝着低碳经济进行的结构性调整，法律、政策、技术变化以及消费者偏好发生转移都会促发金融资产和负债重新估值，给金融机构带来风险。2016 年《巴黎协定》提出的气候目标是 21 世纪全球平均温度比工业化之前上升 2℃以内，争取上升 1.5℃以内。照此目标测算，2030 年之前全球每年二氧化碳排放需要下降 3%。以理想的 1.5℃为目标，每年排放需下降 8%。要在 2050 年达到净零排放的话，投资结构要发生重大变化，从现在到 2035 年全世界对能源、交通、农业、工业转型投资每年要达到 1 万亿～2.4 万亿美元。[②] 由此驱动各行各业逐步降低高碳产品生产和消费，提升现存产品能源效率，降低单位产出能源消耗比率，实现向低碳能源生产转型。可以预见，依赖煤炭、石油、天然气等化石燃料，以化石燃料依赖型产业和能源消耗型产业（如电力、水力、石油和天然气生产加工、重工业和交通）为主的国家更容易受到碳排放政策冲

① Bank of England, "The Bank of England's climate – related financial disclosure 2021", 17 Jun. 2021.
② Intergovernemnt Panel on Climate Change, "Special Report：Global Warming of 1.5℃", Oct. 2018.

击。各国采取的能源转型和资源保护政策、控制污染物的监管规定、实施公共补贴措施都会对产业结构造成实质影响。按照英格兰银行的统计，2011—2018 年能源转型政策促使天然气使用显著增加，道琼斯煤炭指数下跌了 85%。2022 年上半年欧洲央行估计，欧元区银行 2/3 的公司信贷风险暴露是由高排放企业形成的，主要集中在制造业、房地产业和零售行业。由银行和非银行金融机构持有的非金融企业证券中有 30% 是高排放企业发行的[①]，都将面临转型风险冲击。为应对气候变化而采取的能源节约技术广泛使用低碳交通、非化石燃料也会对企业经营模式和融资产生影响。光伏发电技术可以使小规模电厂的可再生能源成本下降 80%。对自然风险危害的期望、气候政策、技术进步都会引起投资者和消费者改变风险偏好。

不可燃碳和搁浅资产

不可燃碳（Unburnable Carbon）和搁浅资产（Stranded Assets）是与转型风险紧密相关的概念。目前上市石油煤炭开采公司拥有的碳含量已经超过了全球气温上升 2℃ 的安全使用量，各国政府防止全球气温上升相关政策会限制石油煤炭储量的燃烧，产生不可燃碳。为了保证至少有 50% 的可能性让全球变暖保持在 2℃ 以内，从 2010 年到 2050 年，80% 以上的煤炭储备，一半的天然气储备，1/2 的石油储备应该保持封存状态。各国限制使用化石燃料促进低碳转型的政策，鼓励更多地使用可再生能源，必然造成与煤炭相关资产持续贬值。如果搁浅资产风险没有完全反映在采掘、分销和依赖化石燃料的企业价值中，这些资产未来被突然注销，发生贬值，或者变成负债的风险就会很大，一个行业的搁浅资产还可能促发其他行业形成搁浅资产。评估搁浅资产不外乎对未来收益可能的损失进行现金流折现，或评估对搁浅资产

---

① Tina Emambakhsh, Margherita Giuzio, Luca Mingarelli, Dilyara Salakhova and Martina Spaggiar, "Climate – related risks to financial stability", Published as part of the Financial Stability Review, May. 2022.

投资形成的损失。评估工作中一个很大的不确定性是化石燃料储备的估值。较为乐观的评估认为化石燃料企业市值已经体现了未来 10～15 年储备的价值，搁浅资产的影响并非想象那么大。较为悲观的评估认为搁浅资产被严重低估。消费者对不可燃碳、搁浅资产认知提高会变成对金融产品的需求，倒逼银行调整资产结构和业务策略。

自然风险和转型风险两者相互作用，甚至是同时发生，既取决于气候变化过程，也取决于为缓解气候变化采取的行动。为应对气候变化而突然出台的超预期政策降低了自然风险，但打破向低碳经济方向调整的部署在短期内可能促发转型风险。延缓政策调整在短期内不会面临转型风险，但不受控制的碳排放可能引发自然风险。气候相关的金融风险十分复杂，估计它对全球金融资产的整体影响并不容易。未来全球排放路径、评估模型、假设条件以及金融资产未来现金流折现率都会影响评估结果，自然风险和转型风险都要考虑在内。权威评估结果显示，根据全球金融资产价值未来现金流折现率不同，假设全球气温上升 $2℃$ 情况下，预计资产价格平均下降 0.7%～4.2%，在 1 万亿～6 万亿美元。假设从 2010 年开始缓解气候变化的政策持续推广，不再有其他额外减少排放的政策，在全球气温上升 4 摄氏度的情况下，预计资产价格平均下降 2.9%～9.7%，为 4 万亿～14 万亿美元。预计资产价格下降最多达 30.1%，43 万亿美元。[1] 上述预测的一个强假设是自然风险逐步显现，对资产价格的主要影响发生在 21 世纪后半段。如果气候相关风险在短期内造成自然环境、生态和社会体系发生快速变化，全球资产价格下降一定比预计的更快、更显著，很可能对金融体系形成灾难性冲击。

除自然风险和转型风险外，气候相关的金融风险中还有责任风险（Liability Risk）。责任风险来自对自然风险和转型风险产生损失而寻求补偿的人

---

① FSB, "The Implications of Climate Change for Financial Stability", 23 Nov. 2020.

员和企业，与保险公司相关。企业投资者因为气候风险事件蒙受损失，如果投资者认为企业没有向其提供足够的气候相关金融风险暴露信息是遭致损失的主要原因，就可能向企业索赔。最初责任风险作为单独一类气候相关的金融风险，与自然风险和转型风险三足鼎立，后来越来越多的观点认同将责任风险作为自然风险和转型风险的子类别，不再单列。[①]

（三）气候相关风险影响系统性金融风险的机理

要回答气候相关风险能否引发金融危机这个问题，就必须深入研究宏观经济、金融体系和气候体系之间相互作用以及风险促发因素和相互传染机制。

1. 宏观视角

气候变化对全球供给和需求形成冲击，气候风险因子影响劳动生产率、经济增长等宏观经济因子，影响无风险利率、通货膨胀率、商品和汇率等市场变量，这些宏观经济因子和市场变量反过来对银行经营环境施加影响，最终体现为银行经营的各类风险。

自然风险会从政府债务、国内生产总值、劳动力和社会经济四个方面影响信用风险。为应对气候风险，政府需要筹集更多资金。在全球政府债务普遍较高的现实情况下，为了偿还不断加重的政府债务，需要加税和降低政府支出双管齐下，政府举债方式和能力必然对银行承担的信用风险造成影响。1970—2018 年最大的 10 场灾难数据显示，自然风险造成比较贫穷、气候炎热的国家经济产出大幅下降，富裕、相对寒冷的国家经济产出上升。国际货币基金组织的研究表明，自然风险给新兴市场带来的损失占 GDP 的 2.9% ~ 10.1%，给发达经济体带来的损失占 GDP 的 1% ~ 3.2%。GDP 减少会恶化对这些国家的信用评级。全球平均气温变化超过 2.5 摄氏度后，过高的死亡率、劳动力供给变化、能源需求和农业生产变化都是政府的直接成本。预计到 2030 年，气候变化引发劳动生产效率下降造成全球

[①] Prudential Regulation Authority, "Climate – related financial risk management and the role of capital requirements", Climate Change Adaptation Report 2021, 28 Oct. 2021.

经济成本增加 2 万亿美元以上，21 世纪下半叶产出下降 30% 以上。极端天气、海平面上升、干旱、沙漠化等气候变化现象也增加了局部暴力冲突和受影响区域人口的迁移速度。这些影响带来了宏观经济环境和经济增长巨大变化，对信用风险产生间接影响。

自然风险事件发生频率和损失严重程度不断增加会给经济主体带来更大经济成本和更多金融损失，甚至带来气候模式长期变化。自然风险事件发生后，主权国家受到企业、家庭税收下降，救灾支出增加的两面夹击，偿还能力难免受到影响。银行向主权国家或类主权机构提供的信贷会因为气候相关风险而承担资产质量恶化的后果。加勒比海地区极端天气事件高发频发、损害强度大，处于该地区的国家难以进入国际金融市场融资，恶化了融资条件就是最好的佐证。企业资本损毁和盈利下降造成家庭金融资产重新分配。全球自然灾害上升威胁着家庭、企业和政府的清偿能力，必然影响金融机构清偿能力。资产损失增多、索赔持续增加也让保险公司和再保险公司经营脆弱性增加。金融机构被迫增加对自然风险的暴露更容易引起资产贬值，并通过金融体系扩散和传染。

与低碳经济转型相适应的政策改变、技术突破、声誉传播、市场偏好转变对金融的影响具有很大不确定性。早转、平稳转型是比较理想的，迟转、突然转型可能带来灾难。现阶段化石燃料占世界贸易的 10% 以上，占全球投资的 10% 左右。欧洲、日本和印度进口的化石燃料远大于出口，中东和北非的出口严重依赖化石燃料，出口商品的 70% 都是化石燃料。外国投资者在中东和拉美国家的投资主要集中在石油、天然气、传统能源和煤炭采掘等化石燃料领域。[1] 未来一些国家将面临大量化石燃料储备变成搁置资产，贸易条件恶化，国家收入来源锐减，影响其偿债能力，持有这些国

---

[1]　Carsten Jung, Theresa Löber, Anina Thiel and Thomas Viegas, "Bank Underground article on the potential macroeconomic implications of a transition to a low – carbon economy", Oct. 2018, www. bankofengland. co. uk.

家发行的主权债券将遭受损失，以这些国家主权债券作为抵押品进行融资的能力也会受到限制。主权国家评级下调会增加本国银行在国际金融市场上融资的成本，与主权信用密切相关的银行和企业的信用评级也会连锁下调，增大了银行信用风险。碳排放强度高的企业受到碳排放约束，收入下降，生产成本上升，影响着消费者的消费行为。高成本企业提高产品价格会减少家庭可支配收入，降低家庭消费能力。全社会消费和投资缩减又会造成失业率增加和家庭收入持续减少，家庭偿债能力恶化。经合组织成员国预计发达国家气候政策转变对转岗影响不大，到2050年转岗只占总就业的1.5%，新兴市场国家未必如此乐观。

转型风险的长期影响

碳排放路径是转型风险能否给金融机构造成巨额损失的决定因素。在英国，交通业是温室气体排放最大的单一来源，占全国温室气体排放的26%。2011年，英国政府宣布到2040年不再销售普通轿车和厢式货车，到2050年每辆在路上的普通轿车和厢式货车实现零排放。现状与目标相比还有不小的差距。2017年末，英国登记车辆中只有1.5%是新能源车，在20年左右的时间汽车市场必须从内燃引擎车向新能源车转型。金融机构向汽车制造商、汽车供应链上的企业、交易商和消费者提供的金融产品均面临转型带来的信用风险。为实现2050年转型目标而收紧尾气排放政策，实施城市区域内交通限制政策以及石油、柴油需求下降都会对转型产生影响。金融机构只有对汽车行业消费模式和成本结构进行更深入分析，考虑抵押车辆残值风险变化，对区域、行业、车辆类型、风险偏好、信贷政策、限额进行调整才能适应转型风险变化。

煤炭占全球初级能源的28%，煤炭行业也是向低碳经济转型过程中受冲击较大的行业。2014—2016年，全球煤炭行业风险暴露最大的35家银行向整个煤炭行业提供了750亿美元融资，向煤炭采掘业提供了 580 亿英镑融资。在"零排放"目标指引下，全球大部分银行开始减少对煤炭行业的风险暴露，少部分银行开始监测气候变化对煤炭行业信用风险的影响，气候相关金融风险的信息披露工作也在紧锣密鼓地进行。

"零排放"目标是全球"一盘棋"，转型风险始终挥之不去。如果全球气候变暖没有控制在 1.5℃，而是达到 2℃，联合国政府间气候变化专门委员会（Intergovernment Panel on Climate Change）预计处于南北回归线之间的热带地区和南半球亚热带地区经济增长受到的冲击将最为严重。

气候变化产生的跨代际经济影响容易理解，却不易评估。经济学家评估代际影响的逻辑是气候变化损害了下一代的福利，通过福利损害程度的折现率可以反映现阶段对下一代人福利的经济估值。这是一个为了方便分析的简化考虑，折现率不可能准确描述跨代际的全方位影响。

2. 微观视角

气候风险因子作为内生变量，作用于家庭、企业和主权国家各个主体，直接影响各个主体的投融资行为，间接影响金融机构持有债券、股票等金融资产的表现，带来气候相关的金融风险。气候相关风险因子作为外生变量，对金融机构面临的信用风险、市场风险、操作风险、声誉风险、流动性风险产生影响，冲击单家机构的安全性和稳健性。

（1）对信用风险的影响。土地、房产、存货、设备、基础设施等实物资本都会因为发生自然风险而受损，降低资产价值，破坏自身现金流，对其财富保有和偿还能力造成负面影响。银行融资可能因为突发自然风险而面临未预期损失。再保险公司可能因为突发自然风险事件而被信用评级公司降级，将保险公司暴露在再保险损失之下。

气候变化对分布在不同国家的企业影响多大难以量化，也没有权威预测结果。发达国家经济更依赖长期供应链，向其提供供给服务的国家中有相当一部分容易受到气候相关风险的冲击。标准普尔 500 指数中的企业在全球 68 个国家拥有实物资产，其中企业 60% 的高风险资产至少面临着一种自然风险。[①] 气候相关风险对经济运行造成的冲击强度由于不同区域、不同行业以及对水电的依赖程度而呈现出较大差异性。高温、持续降雨对谷物、大豆、棉花等农产品产量产生极大影响，石油提炼和加工企业的盈利能力会因为干旱而下降。在墨西哥和巴西，水利发电、农业、食品加工及用水量大的制造业企业都曾经因为干旱而产量下降，盈利减少。山洪、暴雨、泥石流造成的道路基础设施受损和电力供应中断给企业正常经营带来极大困扰。从整体上看，农业、森林产品、工业品、采掘和金属业、房地产及相关行业容易受到自然风险影响，汽车业、石油和天然气行业、工业品、采掘和金属业、交通业、公用设施容易受到转型风险影响。银行按照正常气候状况估计企业现金流，在此基础上提供融资，还款期间如遇到极端天气事件，融资企业遭受人员和物资重大损失，银行自然也会遭受损失。即使是直接融资的企业没有受到自然风险和转型风险影响，也不一定能高枕无忧，它的供应商和客户受到冲击，无法正常履约，也会间接地影响融资企业的信用状况。

极端天气事件和洪水灾害会破坏家庭拥有房产的价值，按揭贷款客户违约风险和抵押品损毁风险大大上升。2012 年，纽约遭到飓风桑迪袭击，受到洪水侵袭的区域房屋价格下降了 20%，直到 2015 年，受到洪水侵袭的区域房屋价格仍然比未受到洪水侵袭区域的房屋价格低 10%。还有预测表明，受到海平面上升和长期洪水侵蚀，2050—2100 年价值在 0.5 万亿 ~ 1.75 万亿美元的美国居民住房经常会被淹没。[②]

---

① Mattison, R., "The big picture on climate risk", S&P Global, 2020, www. spglobal. com/en/re-search – insights/featured/the – big – picture – on – climate – risk.

② Zillow Research, "802555 homes at risk of 10 year flood inundation by 2050", www. zillow. com/re-search/homes – at – risk – coastal – flooding – 25040/. 31 Jul. 2019.

气候相关风险的监控指标

有些金融机构使用碳足迹指标监控对气候相关风险的暴露。碳足迹指标用来评估特定投资组合的温室气体排放，反映了当前投资对环境的影响。碳足迹指标包括：①加权平均碳强度（Weighted Average Carbon Intensity）。对一国而言，这一指标计算温室气体排放相对于GDP的程度，温室气体排放量以生产为基础，一国范围内生产的商品和服务所有的排放量都计算在内，不考虑商品和服务的消费地和使用地。对企业而言，计算温室气体排放相对于企业收益的程度，用二氧化碳排放吨数/企业年收益表示。对投资组合而言，计算温室气体排放相对于投资组合市值的程度，用二氧化碳排放吨数/投资组合市值表示。该指标不考虑规模绝对水平，用于比较国家之间、类似资产或投资组合之间的碳强度水平。②总的碳排放量（Total Cabon Emissions）。计算某一国家、某一区域、某一企业、某一投资组合温室气体绝对排放量，用二氧化碳排放吨数表示。③碳强度（Carbon Intensity）。计算每实现100万美元收益排放的二氧化碳。④碳相关资产的风险暴露金额（Exposure to Carbon – related Assets）。用总资产中碳相关资产数额或百分比表示。⑤资产组合的碳足迹。用资产组合总的二氧化碳排放吨数和资产市值之比来反映二氧化碳相对排放量。

有些金融机构使用主权国家化石燃料风险暴露来监控转型风险。为实现全球碳排放目标，有些国家与化石燃料相关的资产将不再开采，获取自然资源的活动产生的GDP占全部GDP的比例可以评估该国这类资产的风险。有些金融机构通过评估一国前瞻性气候政策来研判主权资产的气候风险。它的逻辑在于假如一国的政策不能与国际气候目标充分保持一致，就更可能暴露于无序转型风险之中，从而对主权债券的价值产生负面影响。有些金融机构使用打分卡评估自身面临的主权国家自然风险暴露水平，采用一系列指标对每个国家当前的和预计的自然风险暴露进行打分排序，作为支持投资决策和资产组合配置的工具。

（2）对市场风险的影响。无论是自然风险还是转型风险，都会给金融资产未来价值带来不确定性。极端天气事件和其他自然灾害发生的区域、时间、强度会给金融市场带来多大不确定性，是否已经反映在受影响资产的价格中尚缺乏实证研究。例如，飓风引起山体滑坡，影响了企业经营，位于这样自然灾害高风险区域企业的期权隐含波动性会增加。经济转型过程中政策变化、技术进步和投资者情绪变化会拉高高碳行业借款人风险溢价，也会带来金融资产突然再定价的风险。经济转型期比较长，金融资产持有期较短，在转型期内银行将暴露在金融资产或抵押品价格变化的风险之下。联合国关于环境对金融影响的研究显示，在向低碳经济转型过程中，如果到2100年全球气温上升控制在1.5℃以下，由3万家上市公司构成的组合价值会损失13.16%。[①] 联合国环境规划署可持续金融倡议组织（United Nations Environment Programme Financial Initiative）研究显示，从受到自然风险冲击的行业看，自然风险对建筑行业公司股票价值的影响远远大于对公用事业类公司股票价值的影响。国际货币基金组织的研究认为，在过去50年里大规模灾害对股票市场、银行股票、非寿险公司股票的影响适中，2019年观察到的、市场隐含的股票风险溢价没有反映出各种气候变化情形下自然风险预测的变化。由于没有一致的方法、标准化度量工具和能相互比较的气候相关风险披露标准，气候相关风险如何反映在市政债券、公司债券和股票定价中还没有成熟做法。

根据历史数据控制市场风险暴露是金融机构的惯常做法，然而，管理气候相关风险的困难在于不清楚金融资产市场价格在多大程度上反映了气候相关金融风险，也不清楚金融机构面临的市场风险受到气候相关风险影

---

① United Nations Environment Programme – Financial Initiative，"Changing course：UNEP FI and twenty institutional investors launch new guidance to implement TCFD Recommendations"，May. 2019，www. unepfi. org/news/industries/investment/changing－course－－unep－fi－and－－twenty－institutional－investors－launch－new－guidance－for－implementing－tcfd/.

响有多大。只知道气候相关风险会引起金融资产价格下跌，特殊时段可能会引起资产市场波动性加大。金融机构在对冲风险类似但不完全相同的头寸时，对资产价格相关性假设以及金融资产市场流动性假设都会影响最终承担市场风险的大小，存在单家金融机构采用的假设不当而被迫过度承担市场风险，从而遭受重大损失甚至倒闭的可能。

（3）对操作风险和声誉风险的影响。发生自然风险毁坏交通基础设施和通信设施、中断能源供应的事件之后，金融机构业务连续性必然受到强烈冲击。2011年，日本东北部发生地震，地震区内银行处理信贷的能力受到极大影响，地震区外的企业无法从地震区内的银行借到款。这可以说是自然灾害影响银行操作风险的鲜活案例。气候风险事件造成金融机构网络瘫痪，也是银行需要正视的新型操作风险。自然风险可能影响金融机构物业维护，转型风险可能影响金融机构能源使用和航空旅行，也可能影响企业给金融机构提供的产品、服务及原材料，这些方面都是声誉风险的新来源。

气候变化也使金融机构面临不断上升的法律、监管合规风险，对气候变化敏感的投资和业务相关的诉讼成本和负债成本都会增加。企业经营给气候造成负面影响，金融机构为此类企业提供融资也会面临间接声誉风险。尽管风险已至，银行将气候与环境风险纳入银行操作风险管理体系还处于非常早期阶段。2020年欧洲央行对欧洲112家重要金融机构进行了气候和环境风险的监管评估，其中只有8%的金融机构将责任风险或诉讼风险造成的财务影响纳入操作风险管理流程，18%的金融机构将声誉风险造成的财务影响纳入操作风险管理流程，将自然风险对运营影响纳入操作风险管理流程的金融机构最多，占比为50%。①

（4）对流动性风险的影响。气候相关风险通过直接影响金融机构筹集资金、清偿资产的能力，间接影响客户流动性需求而影响金融机构的流动

---

① Eurpoean Central Bank，"The state of climate and environment risk management in the banking sector"，Report on the supervisory review of banks' approaches to manage climate and environment risks，Nov. 2021.

性。自然灾害发生以后，刺激了金融机构、企业和家庭的预防性流动性需求，客户提取存款需求激增或更多提用信贷额度都会对金融机构流动性产生冲击，可能造成流动性风险在金融机构体系扩散，迫使央行出手应对。为保证市场流动性，2011 年日本央行在东北部大地震后第一个营业日就提供了 21.8 万亿日元的资金，这一规模几乎相当于 2007—2009 年国际金融危机期间提供资金规模的近 3 倍，地震后的 1 个月内央行经常账户余额达到了创纪录的 42.6 万亿日元。[①] 积极响应转型要求，对期限长、流动性差的绿色基础设施贷款也会给金融机构流动性带来压力。有的银行已将自然灾害事件纳入流动性或有计划，有的银行将"漂绿"（Greenwashing）作为流动性潜在威胁[②]，还有的将气候和环境相关风险整合进内部流动性充足程度评估过程及日常流动性压力测试体系中。

二、 几家欢乐几家愁

（一） 气候相关金融风险管理的实践

应对全球气候变化是全人类共同利益所在，作为应对气候变化的国际法律制度基础，《巴黎协定》与《联合国气候变化框架公约》打响了政府、企业、居民碳减排行动的"发令枪"。国际大型金融机构正在从治理、战略、风险管理、度量指标和方法各个方面构建囊括气候相关风险的全面风险管理体系。

在治理层面，越来越多的金融机构将气候相关金融风险的管理责任赋予董事会或高级管理层，将气候相关影响纳入机构重大资本支出、收购兼并、退资等重大决策评估。在战略层面，确定机构面临的气候相关风险以

---

① Bank of Japan, "Reponses to the Great East Japan Earthquake by payment and settlement systems and financial institutions in Japan", Payment and Settlement Systems Dapartment, Oct. 2011, www. boj. or. jp/en/research/brp/ron _ 2011/data/ron111027a. pdf.

② 企业或项目假借绿色环保之名蒙蔽公众，其实另有所图，与环境保护背道而驰。

及它对整个机构业务和战略的影响方式、对每个重要行业和区域的影响大小，定期测试气候相关风险影响之下的资本充足水平。在风险管理层面，已经有金融机构对交易对手风险暴露、主权风险暴露、持有的抵押品、投资的基金进行气候相关风险识别、评估和管理。根据交易对手的业务模式、地域集中、行业集中受气候相关风险的影响程度，改进交易对手风险管理方法，设定风险容忍限额。根据主权国家对高碳行业依赖程度，地理位置对自然风险的暴露程度及该国金融体系的韧性，将气候相关风险反映在对主权国家的风险管理过程中。根据抵押品类型及受气候相关风险的影响程度，调整抵押品政策、估值方法和折扣值。根据对未来气候相关风险的判断，在投资策略、投资产品中考虑气候相关风险引发的金融风险。实施气候相关风险负面筛查制度，主动筛查拟贷款、投资、承销企业的气候相关风险状况，对风险暴露大的行业或企业不再开展业务。鼓励能源行业客户降低二氧化碳排放，评估客户碳减排计划与政府设定目标的一致程度，考虑客户直接运营的地理位置、供应链的地理位置、消费市场的地理位置分别赋予权重，对客户面临的热压、山火、洪水、海平面上升等自然风险进行打分，结合 "交通信号灯" 分类法，根据客户对气候相关风险相对暴露水平，在信用风险尽职调查、投资决策、贷后评审方面实施差异化管理。在度量指标和目标方面，气候相关风险评估独立于标准的信用风险评估，每个客户都有一个能反映其自然风险暴露和转型风险暴露的气候风险评级，跟踪客户气候相关风险评级重要性矩阵变化情况。根据行业特点，设置度量转型风险相关指标，如以单位能耗排放二氧化碳、每公里排放二氧化碳体现电力行业和汽车行业的转型风险。使用信用风险加权指标度量整体转型风险，[①] 设立气候相关风险暴露限额。确定银行自身气候相关目标适用的

---

① 计算公式为 $\sum$ 温室气体排放绝对额或相对额 $\times$ 借款人违约概率 $\times \frac{贷款金额}{贷款总额}$。违约概率是对借款人信用风险的度量，温室气体排放是对转型风险脆弱程度的度量，加总结果反映银行违约风险和转型风险结合后的影响。

时间段、与气候相关目标适应的温室气体排放目标、直接购买和通过购买能源形成的间接温室气体排放目标，定期评估这些关键绩效指标的达标情况。

银行碳足迹

温室气体协议公司标准（The GHG Protocol Corporate Standard）将公司温室气体排放分为三类，第一类是拥有或控制的资源进行的直接排放，第二类是购买的能源产生的间接排放，第三类是履行温室气体排放报告责任的企业价值链上下游所有排放。采掘业、航空业和化学工业直接排放较多，房地产、能源消耗行业购买能源形成的间接排放较多，汽车业和建筑业上下游排放远超过自身排放和购买能源形成的间接排放。

很多银行已经开始正式披露前两类排放温室气体的状况，包括银行使用车辆、冷冻设备、天然气、发电设备等直接排放温室气体，以及银行用电造成的排放。第三类与银行运行密切相关的电力传输、航空和铁路旅行、用水、办公用纸、垃圾处理、钞票生产等产生的间接排放也将逐步纳入披露计划。截至 2020 年 2 月，全球超过 1000 家机构支持气候相关金融披露工作组（the Task Force on Climate - related Financial Disclosures）提出的工作建议。有些国家开始推动银行纸币转向数字货币、塑料钞票，以减少碳排放。经英格兰银行确认，5 英镑的塑料钞票在生命周期内碳足迹下降 16%，10 英镑的塑料钞票碳足迹下降 8%。为缓解碳价风险对银行长期资本投资的影响，有些银行开始实施内部碳价，为长期投资决策提供依据。碳价上升使银行物业能源成本变化，设定完全转向使用可再生能源的时间表有助于加快转型。外部采购也是银行气候相关风险暴露的重要领域。有些银行要求关键供应商提供气候相关风险暴露的信息，以便银行评估供应链的脆弱程度。

（二）数据和方法

金融机构无法使用传统数据对气候相关的金融风险进行评估，必须收集新的数据类别进行风险暴露匹配，并将气候相关风险因子转换成金融风险估计值。为此，需要如下新的数据类别：①描述自然风险和转型风险因子的数据，这是评估气候相关风险影响银行风险暴露的基础。具体包括气候信息或当前及预测的灾难事件信息、能源替代物成本和绩效数据。前者可以作为解释变量，分析经济结果和经济关系变化，结合其他地理数据还可以确定气候相关风险的地理位置，后者可以用来估计能源价格的关系。这些数据也可以用于预测不同情景下 GDP 增长、失业率、利率等宏观经济变量或市场价格等微观经济变量。②描述风险暴露脆弱程度的数据，如企业地理空间数据及其供应链数据、按揭抵押房产位置数据、在生产和分销过程中交易对手对能源价格和碳价格的敏感程度数据。使用这些影响风险暴露敏感程度的数据，可以将经气候调整的经济风险因子和风险暴露关联起来。银行对自然风险的暴露主要由交易对手的地理空间位置决定。要评估自然灾害对企业供应链冲击的风险，除生产企业总部位置信息外，还需要对供应链上各节点，包括借款人生产渠道和仓储位置，供应商的加工、生产、存储设施，以及运输线路和分销渠道了如指掌。对转型风险的暴露主要取决于交易对手在特定国家或独立司法管辖区内的经济活动，评估交易对手转型风险需要其所在行业和子行业数据，以及行业、子行业对碳敏感程度数据，尤其是当前温室气体排放水平、生产能力和排放之间的关系以及企业缓解碳排放强度的创新能力等。③金融风险暴露数据，如资产构成、交易对手数据等，将风险暴露敏感程度转换为违约概率、违约损失率。

度量气候相关金融风险需要的数据庞杂，大量数据不在传统金融数据收集范围内。各国对于碳排放信息披露执行程度不一，非上市公司、超主权机构和政府担保的发行人普遍没有公开的碳排放数据，最基础的碳排放数据也不完整，缺乏数据是气候相关金融风险管理面临的现实挑战，更大的问题是即使可以获得部分数据，但由于数据长度和颗粒度不够，数据更新频率与金融风险度量频率不一致，很难直接使用。退一步来讲，即使是数据能使用，也要非常小心气候相关风险对传统风险管理方法的颠覆性挑战。基于历史数据和损失正态分布假设，在95%～99%置信度下保证经营安全是现代金融机构风险管理的基本方法，但自然风险和转型风险均具有极度不确定性。例如，人口和建筑密度增加会加大气候相关风险暴露，未来气候变化可能和历史气候数据根本没有关联，使用气候相关的历史数据对未来气候相关风险进行推导，会犯严重的认识论错误。用历史数据和模型难以对未来气候相关风险造成的损失进行预测并实施管理，必须使用更具前瞻性的方法管理气候相关风险。

情景分析、敏感性分析、压力测试是金融机构管理气候相关风险的前瞻性方法。气候相关风险的情景分析必须考虑技术、政策、行为及宏观经济变量和气候模式将来相互影响的情景，将情景假设转变为对行业层面和企业层面的度量指标。由于气候相关风险与采取的缓解行动相互影响，这是一个非常复杂的过程。较为流行的做法是先假设情景，情景包含两个维度内容，即比参照期温度上升度数，将上升度数转换为排放路径及对能源使用的限制。一种较为典型的情景是"渐进和适中地朝着全球温度上升2℃以下转型"，另一种典型的情景是"全球转型延迟到2030年以后，2030年以后被迫加大转型步伐"并采取新的转型方式，需要假设是有序排放还是无序排放，同时要假设是否得到碳捕捉和碳封存技术，然后，针对自然风险分析在不同排放水平和随后气候变暖程度下全球承担的经济损失。在估计气候事件发生频率和发生后预计经济损失的基础上，将经济损失分解到区域和企业，再将企业遭受气候损害的估计转换为对每个企业隐含违约概率的影响，以上情景分析主要用于判断自然风险的影响。转型风险表现为各国政府碳排放政策带来的政策成本上升。转型风险的时间具有高度不确定性，在假设未来政策成本完全在当前定价反映出来的前提下，分析对企业债券估值产生的影响，计算每个企业的总成本和收益，进行折现，并将折现后结果与企业当前债权和股权的市场价值比较。情景设置具有相当的灵活性，有助于量化尾部风险，澄清气候相关风险固有的不确定性。

敏感性分析是在多种情景下通过某一参数的变化观察各情景产生结果的范围，也可以通过几个参数同时变化观察参数之间的相互影响。常用于评估特定气候政策对经济后果的潜在影响。有的行业对长期天气模式变化较为敏感，就可以使用敏感性分析将长期自然风险影响转换为对企业生产效率和收益的影响，也可以定期评估极端天气对房地产抵押品价值、房地产价格变化对房地产风险暴露的影响，还可以将影子价格引入特定行业转型风险敏感性分析中，通过调整电价、碳价、燃料价格评估交易对手的现金流、息税摊销折旧前收益等财务指标受影响程度。气候敏感性分析在一定程度上弥补了情景分析的不足，能更好地帮助决策者理解潜在气候影响。

气候压力测试也是常用的管理工具之一，有人将压力测试作为情景分析的子类看待。情景分析多针对较长期限内气候风险因子对金融风险暴露的潜在影响，压力测试多针对短期内政策冲击、技术冲击、政策和技术双重冲击、信心冲击等情景对金融机构或金融体系韧性的影响，最后落到金融机构资本充足率变化上。虽然根据历史上观察到的数据评估气候与经济之间的关系以及这种关系对金融机构资本短缺程度的影响理论上可行，但如何将长期气候风险转换为短期资本充足率要求，又不过于增加金融机构资本负担还在探索之中。由于长期评估固有的不确定性，以及用来描述未来气候和经济之间关系的历史观测数据辨别力有限，根据压力测试结果确定的银行资本短缺程度并不可靠。

除情景分析、敏感性分析和压力测试外，一些市场机构也创新使用了自然资本分析（Natural Capital Analysis）和气候 VaR 方法辅助分析。自然资本分析先确定包括水、清洁空气和森林在内的自然资本资产，假设自然资本资产遭到破坏后，评估承受风险最大的区域、行业、借款人及其资产，可以在客户和交易层面确定对金融机构的影响。它的理念是自然资本是有限的，随着稀缺程度提升，成本会越来越高，气候变化加剧了自然资本的稀缺性。气候 VaR 方法采用传统 VaR 方法度量气候变化对金融机构资产负债表的影响，主要用于度量在特定气候情景下在一定时间内气候变化以一定概率对金融资产价值的影响。

气候情景、模型假设、模型结果运用都带有尝试性质。基础定义和技术标准不统一，气候条件假设差异很大，数据长度不足，模型结果难以相互比较都是横亘在眼前的现实问题。很长一段时间内气候相关金融风险模型的辨别力、稳定性和审慎性都无法做出结论。从历史教训可知，风险传染一定从最薄弱环节开始。每家金融机构抵御气候相关金融风险的能力不同，那些气候相关金融风险暴露比较大、管理能力弱的金融机构可能成为薄弱环节和突破口，继而向金融体系传染扩散并引发金融危机。

（三）决定结果的差异性因素

气候对经济和金融市场的影响可以从国家、地区、行业等维度研判。暴露在转型风险下的地区和行业面临的风险取决于所在国家的政策、技术创新和市场情绪转变。一个国家转型的速度反映了政治体制、经济体系和能源结构特征。一国经济和市场结构影响着它面对自然风险和转型风险的敏感程度。即使是面临同样的气候风险，经济和社会政策、金融体系以及保险市场发育程度都会对结果产生影响。国际货币基金组织发现，相对于自身经济规模，自然灾害给新兴市场国家造成的冲击远高于发达国家。长期来看，保持灵活汇率、金融行业自由化程度高、基础设施好、社会公平程度高有助于缓解气候对产出的不利影响。气候对一国经济的影响也要看行业集中度差异。气温上升对高度依赖劳动密集和户外经营的产业冲击较大，对于农业和旅游业占比高的国家也有非常不利的影响。国民经济高度依赖化石燃料的国家面临的转型风险也会较大。不同国家保险制度对自然风险覆盖范围不同，自然风险发生后经济主体的损失可以全部或部分由金融机构"埋单"，所以保险行业发育程度及可获得性也决定了气候相关风险会造成多大影响。

一国银行体系结构、资本市场期限影响着气候相关风险因子在多大程度上转化或者抵消银行的信用风险。同样受到严重天气事件影响，以小型、地区性银行为主的银行体系比大型银行为主的银行体系更可能增加对零售客户和企业的信用风险暴露，经济从自然灾害恢复进程中这样的银行体系也会发挥更重要作用。美国的经验显示，地区性银行比全国性银行更多地选择对暴露在气候相关风险下的资产进行证券化，信用风险分散化更明显。气候变化路径的不确定性决定了经济影响的不确定性，也决定了气候敏感资产的风险溢价处于变化之中，金融市场上资产价格之间共同变动程度决定了投资者分散或转移风险的效能。资本市场发育程度、深度、广度和流动性良好的国家才具备对气候相关金融风险有效定价的条件，才可能有更多金融工具用于对冲投资者的风险暴露。期权市场对于气候监管不确定性非常敏感，股票期权对于飓风预测非常敏感，发达国家发育良好的衍生产品市场已经成为对冲特定行业和企业气候变化风险的重要市场。[①]

金融机构主动调整资产组合可以减轻对气候相关风险的敏感性。典型做法是采用分散化投资策略，在资产配置中向可持续发展的企业增加投资，进行风险缓释，让投资者充分了解采取了哪些缓解气候风险的行动；通过转变业务模式，降低对气候风险的暴露；及时调整校准信贷模型，以便更好地捕捉气候风险；逐步减少气候敏感资产，降低严重气候事件和向低碳经济转型带来的损失；收紧高气候风险地区的信贷标准，提升资本缓冲水平，收取更高利率，要求更多抵押品来缓释银行自身风险。利用资产证券化或开展资产销售将资产负债表内的气候风险转移出去。在长期遭受洪水风险的地区，国际金融机构通过资产证券化转移该地区资产的风险已有很

---

① 气候监管的不确定性可以认为是转型风险的表现形式，飓风预测可以认为是自然风险的表现形式。

多先例。银行业、农业、娱乐业、旅游、能源及保险业使用天气衍生产品对冲天气状况变化和季节性波动造成的风险变得越来越普遍。发达国家正尝试在多个市场上运用股票指数期货、碳衍生产品、水衍生产品对冲风险。

气候风险缓释物的成本、可靠性和效率取决于许多因素。保险是风险转移的有效工具，能有效降低自然灾害对金融机构的影响。美国规定，从银行按揭房屋的家庭，如果按揭房屋所处地区至少有1%的可能性面临洪水灾害，就必须强制购买洪水保险，这一要求提高了银行应对洪水风险的能力。在全球资本市场发行保险关联证券（Insurance – Linked Securities）和灾难债券（Catastrophe Bond）也是向投资者转移自然风险的一种有效方式。灾难债券由发达国家的保险公司、再保险公司和国家灾难基金（National Catastrophe Funds）发行，投资收益和保费用于向投资者支付利息。尽管灾难债券余额、保险关联证券规模不断增加，但与自然灾害造成的经济损失相比仍然很小，还有很大增长空间。建筑物、厂房、道路、机场、电网等基础设施建设标准高的国家，可以更加从容地应对气候变化造成的直接损失和设施中断带来的间接成本，金融机构的损失就可以有效控制在一定数量范围内。在金融基础设施完善、开放水平高的国家，借款人容易在资本市场融资，可以较低成本获得广泛融资来源，也会增加借款人应对气候相关风险的韧性。

单家金融机构面临的气候相关风险大小取决于它所处的地理位置、暴露在气候风险之下的资产或风险暴露规模、气候相关风险和金融风险之间相互影响、风险传染渠道的相互依赖程度等多重因素，风险可能由此而扩大，也可能会减轻，甚至被抵消。

三、 共同的挑战

金融机构管理气候相关风险的复杂性在于气候变化风险影响所有行业、区域，风险是可预见的，政府、监管机构、金融机构、企业和家庭都无法独善其身，需要协调一致共同行动，这一代人不采取积极有效的措施控制气候变化，下一代人将承担严重后果。一旦气候变化形成现实威胁，破坏国民经济一些重要产业，打击金融机构安全时，再采取行动就迟了。采取缓解行动面临的现实挑战来自数据和模型、专业知识和资源、治理体系三方面。数据问题和模型不成熟已无须赘述，监管体系的规则缺口和能力缺口也是现实困扰。规则缺口体现为银行审慎监管资本要求以 1 年期为限，在审慎性保证方面过于依赖银行历史数据，计算资本使用的资产类别划分上未体现受到气候相关金融风险严重影响的区域和行业，难以反映未来气候相关的金融风险。宏观审慎监管改革中提出的资本保守缓冲、"逆周期"资本缓冲都没有考虑气候相关的金融风险。能力缺口体现为碳排放信息披露缺乏标准术语和披露标准，特别是第三类间接排放几乎没有披露。为了得出气候相关的市场风险和资本要求，需要将气候科学融入情景设计和目标设计过程，现状是各家金融机构采用的模型存在重大差异，自然风险和转型风险的数值范围和发生的时间是资本估计的基础，也都存在不确定性。在金融机构治理体系中完整纳入气候相关风险需要将气候相关风险概念转化为应对气候相关风险的管理政策、程序和流程，经营越复杂的金融机构面临的挑战越大。

　　向低碳经济转型方向很明确，但是"欲速则不达"，转型过快可能造成市场动荡，高碳行业融资条件被迫收紧，加大损失，加快迎来"气候明斯基时刻"。金融体系受到气候风险冲击的严重程度、可能发生的时间和各国采取的应对政策息息相关，气候相关风险的影响面、影响时间和强度会降低市场对气候相关风险的合理定价能力及有效管理能力。自然风险和转型风险对金融市场和金融机构的影响会在金融体系内，在金融体系与实体经济之间形成自我强化的"反馈链路"。金融市场和金融机构的顺周期特征会放大对金融机构资产负债表的影响，增加金融体系的损失，产生金融放大器（Financial Amplifier）效应。

其一，气候相关风险溢价普遍增加，投资组合朝着低碳方向转变会放大资产价格的变化。既然全球对低碳资产价值普遍认同，投资组合、金融产品、抵押品价值、交易对手信用和流动性都会紧紧围绕这些资产，形成趋同、集中、扎堆效果。设想在国际金融市场上投资基金、保险公司、银行都大规模持有制造业、交通和电力供应三个高碳行业企业发行的证券，形成了共同风险暴露。在将来某一特殊时间段内气候相关政策快速收紧，这些证券的价值迅速下挫，为规避风险，所有金融机构挤在很短时间内急于出售，很容易就跌入损失螺旋和保证金螺旋。

其二，气候相关风险可能同时影响多个看起来毫不相关的风险暴露，在单家金融机构集中会造成气候相关集中度风险。地理位置相同或相同行为就会对自然风险有相似的敏感性，碳排放分配行业相近或碳排放水平相同会对转型风险有相似的敏感性，都会在银行内部形成气候相关集中度风险。碳价格冲击会引发之前不相关或弱相关企业违约相关性明显增加，高排放企业违约相关性远甚于低排放企业。

其三，自然灾害之间相互作用也会产生自我强化或反馈机制。雷电和山洪一起暴发会带来山火，山火会增加发生更多山火的可能性。台风和降雨一起暴发会加剧山体滑坡的可能性，山体滑坡又会带来洪水灾害。多种灾害在短期内同时或先后发生使投资者难以对风险临界点进行定价，风险分散变得更加困难，金融体系面临着突发冲击。

其四，气候相关风险增大促发金融机构对债务人信用状况再评估，可能陷入恶性循环。虽然一个国家发生自然风险事件，在另一国家没有发生，但可能诱发关联风险，向另一国传染。同时诱发市场预期变化，造成国家之间传染。设想发生自然风险事件国家的借款人信用状况恶化、抵押品价值降低削弱了该国银行的清偿能力，银行清偿能力不足又会引发其交易对手损失，涉及跨境风险暴露就会形成跨境风险传染。提供跨境融资的金融机构面临着本国自然风险和接受融资机构所在国家的自然风险，无论是哪边发生自然风险事件都可能传染到对方。即使是没有跨境金融业务或金融机构之间的往来，也可能被间接传染。一国政府采取比其他国家更严格的国内环保政策诱发了转型风险，也可能影响其他国家相关资产价格。

其五，保险公司和银行的风险相互交织，风险态势更加复杂。保险公司根据观察到的保费支出、预期成本来调整保险产品覆盖范围和保费水平。从中长期看随着更多的风险无法保险或保险成本太高，保险覆盖程度可能会缩小，气候相关风险造成的损失必然向家庭和非金融行业转移，这样会降低部分企业生存能力，由此会减少政府税收，增加财政支出，可能诱发政府违约风险。政府违约风险和金融机构违约风险紧密相连，金融机构受牵连，反过来进一步恶化政府信用。2015 年，英格兰审慎监管局对英国气候变化引发的洪水保险定价进行调查，调查结论是没有政府干预，洪水保险的市场风险溢价远高于当时气候状况下的市场价格。保险和再保险的作用是让银行和银行的客户减轻或免受自然灾害损失，积极缓解气候变化对银行的影响。然而，自然灾害给公共部门和私人部门造成的损害并非保险公司能完全解决。据瑞士再保险公司 2020 年调查，2018 年、2019 年全球自然灾害造成的经济损失分别为 1660 亿美元和 1370 亿美元，只有 51% 和 38% 的经济损失由保险覆盖。国家之间差异程度也很大，在新兴市场国家和欠发达国家，被保险的损失不足总损失的 10%，"保护缺口" 巨大，只能由资产所有者承担绝大部分气候相关风险造成的损失。在气候风险不确定性面前，在什么程度上、多长时间内、什么保障水平上保险公司能缓解银行承担的风险，政府能在多大程度上弥补保险公司供给不足形成的 "保护缺口"，仍需要持续跟进研究。

必须承认人类对气候相关风险的认识仍然在路上，没有完全掌握其特征及内在规律，与之相关的系统性金融风险是人类 "未知未知" 的领域。对气候相关风险认识存在相当的局限，气候变化及变化演进的速度在人类历史上前所未有，已经看到气候相关风险提高了许多资产的风险溢价，相关的资产价格共振程度在上升，但风险驱动因子的影响因素有哪些，以及它们之间相互影响的机理还不甚清楚，在市场上难以通过保险转移风险。二氧化碳排放路径、排放对自然环境的危害、自然界各个生态系统之间的相互影响、将来经济转型政策实施的路径和强度、技术进步的快慢、消费者和市场情绪变化或其他暂时未知的领域都是风险管理的不确定因素，防止"绿天鹅"事件引发金融危机是未来的重大课题。

本章核心观点：

● 气候相关风险由自然风险和转型风险构成。前者是气候变化相关的极端天气事件发生的频率和损失严重程度不断增加，由此产生的经济成本可能侵蚀金融资产价值或增加负债的可能性。后者产生于向低碳经济目标调整过程之中。法律、政策、技术等变化以及消费者偏好转移都会促发大量资产重新估值，给金融机构带来风险。自然风险和转型风险两者相互作用，甚至是同时发生，既取决于气候变化的过程，也取决于为缓解气候变化采取的行动。

● 为应对气候变化而突然出台的超预期政策降低了自然风险，打破向低碳经济方向调整的部署在短期内可能促发转型风险。延缓政策调整在短期内不会面临转型风险，不受控制的碳排放可能引发自然风险。

● 从宏观视角分析，自然风险从政府债务、国内生产总值、劳动力和社会经济四个方面影响信用风险变化。从微观视角分析，自然风险和转型风险影响金融机构承担的信用风险、市场风险、操作风险、声誉风险、流动性风险。

● 农业、森林产品、工业品、采掘和金属业、房地产及相关行业容易受到自然风险影响，汽车业、石油和天然气行业、工业品、采掘和金属业、交通业、公用设施容易受到转型风险影响。

● 气候相关风险对传统风险管理方法提出了颠覆性挑战。自然风险和转型风险均具有极度不确定性，使用气候相关的历史数据对未来气候相关风险进行推导，会犯严重的认识论错误。

● 单家金融机构面临的气候相关风险大小取决于金融机构所处的地理位置、暴露在气候风险之下的资产或风险暴露规模、气候相关风险和金融风险之间相互影响、风险传染渠道的相互依赖程度等多重因素，风险可能由此而扩大，也可能会减轻，甚至被抵消。

● 金融机构管理气候相关风险的复杂性在于气候变化风险影响所有行业、区域，风险是可预见的，政府、监管机构、金融机构、企业和家庭都无法独善其身，需要协调一致共同行动，这一代人不采取积极有效的措施控制气候变化，下一代人将承担严重后果；向低碳经济转型方向很明确，但是 "欲速则不达"，转型过快可能造成市场动荡，高碳行业融资条件被迫收紧，加速 "顺周期" 损失，甚至迎来 "气候明斯基时刻"。

● 自然风险发生、转型风险发生或两者同时发生，它们对金融市场和金融机构的影响会在金融体系内，在金融体系与实体经济之间形成自我强化的 "反馈链路"。金融市场和金融机构的顺周期特征会放大对金融机构资产负债表的影响，增加金融体系的损失，产生金融放大器效应。

● 到目前为止，人类对气候相关风险的认识仍然在路上，没有完全掌握其特征及内在规律，与之相关的系统性金融风险更是人类 "未知未知" 的领域。

参考文献

一、 中文部分

习近平. 决胜全面建成小康社会 夺取新时代中国特色社会主义伟大胜利——在中国共产党第十九次全国代表大会上的报告 ［N］. 2017 - 10 - 18.

习近平. 习近平谈治国理政（第二卷） ［M］. 北京：人民出版社，2017.

人民日报评论部. 习近平用典（第一辑）［M］. 北京：人民日报出版社，2015.

人民日报评论部. 习近平用典（第二辑）［M］. 北京：人民日报出版社，2018.

刘鹤. 两次全球大危机的比较研究 ［M］. 北京：中国经济出版社，2013.

周小川. 金融政策对金融危机的响应——宏观审慎政策框架的形成背景、内在逻辑和主要内容 ［J］. 金融研究，2011 （1）.

周小川. 金融改革发展及其内在逻辑 ［J］. 中国金融，2015 （19）.

周小川. 守住不发生系统性金融风险的底线 ［N］. 人民日报，2017 - 11 - 22.

易纲. 关于国际金融危机的反思与启示 ［J］. 求是，2010 （20）.

易纲. 中国应参与和引导全球经济治理进程 ［N］. 21 世纪经济导报，

2015 – 11 – 17.

易纲. 坚守币值稳定目标 实施稳健货币政策 [J]. 中国总会计师, 2019（12）.

郭树清. 不改善金融结构 中国经济将没有出路 [J]. 国际经济评论, 2012（4）.

中国银行业监督管理委员会编. 商业银行资本管理办法（试行）[M]. 北京：中国金融出版社, 2012.

中国银行业监督管理委员会. 有效银行监管核心原则（2012）——银行监管的国际标准 [M]. 北京：中国金融出版社, 2012.

沈联涛. 十年轮回——从亚洲到全球的金融危机 [M]. 上海：上海三联书店, 2020.

陈四清. 美国金融危机的深层次原因分析及对中国银行业的启示——兼论金融危机与新资本协议的关系 [J]. 国际金融研究, 2008（12）.

乔安妮·凯勒曼, 雅各布·德汗, 费姆克·德弗里斯. 21 世纪金融监管 [M]. 北京：中信出版集团, 2016.

米歇尔·沃克. 灰犀牛——如何应对大概率危机 [M]. 北京：中信出版集团, 2017.

威廉·戈兹曼. 千年金融史 [M]. 北京：中信出版集团, 2017.

瓦列里奥·莱玛. 影子银行体系——构建金融市场的透明度 [M]. 北京：中国金融出版社, 2018.

查尔斯·P. 金德尔伯格, 罗伯特·Z. 阿利伯. 恐慌、惊恐和崩溃——金融危机史 [M]. 北京：中国金融出版社, 2011.

乔恩·格雷戈里. 中央对手方：场外衍生品强制集中清算和双边保证金要求 [M]. 北京：中国金融出版社, 2017.

李儒斌. 运转全球市场：金融基础设施的机构治理 [M]. 北京：中国金融出版社, 2019.

乔治·阿克洛夫，奥利佛·布兰查德，戴维·罗默，等．我们学到了什么？——次贷危机后的宏观经济政策［M］．北京：中国人民大学出版社，2017.

彼得·L. 伯恩斯坦．与天为敌——风险探索传奇［M］．北京：机械工业出版社，2014.

罗伯特·席勒．非理性繁荣与金融危机［M］．北京：中信出版社，2014.

本·伯南克．行动的勇气——金融风暴及其余波回忆录［M］．北京：中信出版集团，2016.

王胜邦．国际金融危机与金融监管改革［M］．北京：中国金融出版社，2013.

上海银监局．后危机时代银行业监管治理探索［M］．北京：中国金融出版社，2012.

金融业发展和改革"十二五"规划课题组．中国金融业发展和改革的顶层设计与总体规划［M］．北京：中国金融出版社，2013.

国际货币基金组织．中国金融体系稳定评估报告［M］．中国人民银行，译．北京：中国金融出版社，2012.

世界银行．中国金融部门评估报告［M］．中国人民银行，译．北京：中国金融出版社，2012.

苏珊娜·奇斯蒂，亚诺什·巴伯斯．FinTech 全球金融科技权威指南［M］．北京：中国人民大学出版社，2017.

阿尔文德·纳拉亚南，约什·贝努，爱德华·费尔顿，等．区块链技术驱动金融——数据货币与智能合约技术［M］．北京：中信出版集团，2016.

李洋．决胜金融安全 3.0 时代［M］．北京：人民邮电出版社，2019.

《比较》研究部．读懂 Libor［M］．北京：中信出版集团，2019.

吴军．全球科技通史［M］．北京：中信出版集团，2019.

安妮·米尔斯，彼得·海恩斯．金融合规要义——如何成为卓越的合规官［M］．北京：中国金融出版社，2019.

卡门·M. 莱因哈特，肯尼斯·S. 罗格夫．八百年金融危机史——这次不一样［M］．北京：机械工业出版社，2020.

中金公司．美国80—90年代储贷危机的回顾和经验教训［J］．金融界，2020（12）．

中国人民银行．人民币国际化报告（2015—2021年）［EB/OL］．中国人民银行官网．

中国人民银行金融稳定分析小组．中国金融稳定报告（2018—2021年）［EB/OL］．中国人民银行官网．

全国干部培训教材编审指导委员会办公室．应急管理体系和能力建设干部读本［M］．北京：党建读物出版社，2021.

安永碳中和课题组．一本书读懂碳中和［M］．北京：机械工业出版社，2021.

陈忠阳，易卓睿．系统性风险的管理思维［J］．中国金融，2022（4）．

章彰．客观审视流动性风险监管指标在我国的适用性［J］．银行家，2013（4）．

章彰．我国房地产业贷款的信用风险有多大？［J］．银行家，2013（8）．

章彰，罗军．全球系统重要性银行监管思路及实践［J］．银行家，2013（11）．

章彰．持续监管银行的风险预测能力［J］．中国金融，2013（8）．

章彰．企业违约概率模型表现的监管标准研究［J］．金融监管研究，2013（12）．

章彰．超额贷款损失准备过高抑制银行资本充足率［J］．银行家，

2014（6）.

章彰. 实施资本充足率目标区间管理——以国有控股五大行为例 ［J］. 银行家，2014（9）.

章彰. 基于风险预测的风险管理模式创新——个人住房按揭贷款视角 ［J］. 银行家，2015（1）.

章彰. 信用风险预测指标面临实践检验——基于 5 家大型银行的分析 ［J］. 银行家，2015（5）.

章彰. 杠杆率的宏观审慎监管效果及其局限 ［J］. 银行家，2016（2）.

章彰. 积极应对渐行渐近的市场风险 ［J］. 金融电子化，2016（6）.

章彰. 破解区域金融发展的制约因素 ［N］. 湖南日报，2017 - 01 - 23.

章彰. 衡阳金融发展的结构性难题及破解之道 ［J］. 银行家，2017（2）.

章彰. 构建地方金融机构和融资中介的全过程监管体系 ［J］. 财经界，2017（13）.

章彰. 政府产业投资基金：顶层设计与风险控制 ［J］. 银行家，2017（11）.

章彰. 资产证券化：风险管理的视角与逻辑（上）［J］. 银行家，2018（12）.

章彰. 资产证券化：风险管理的视角与逻辑（下）［J］. 银行家，2019（1）.

章彰. 银行风险管理的变与不变 ［J］. 中国金融，2019（1）.

章彰. 全球系统重要性银行资本管理的新命题 ［J］. 银行家，2019（4）.

章彰，孙晓蕾，刘婷，等. 我国银行业对衍生产品风险管理的现状、问题及改进 ［J］. 国际金融，2019（8）.

章彰. 透视地方政府偿债能力评价的合理性 ［J］. 银行家，2019（10）.

肖立红，章彰，杨瑾，等．多层次风险并表管理模式研究［J］．国际金融，2020（1）．

二、 外文部分

Agustín Carstens，The role of macroprudential policies during economic crises，BIS speech，21 Sep. 2021.

Agustín Carstens，Stijn Claessens，Fernando Restoy and Hyun Song Shin，Regulating big techs in finance，BIS Bulletin，2 Aug. 2021.

Ahmed Al‐Darwish，Michael Hafeman，Gregorio Impavido，Malcolm Kemp and Padraic O'Malley，Possible Unintended Consequences of Basel Ⅲ and Solvency Ⅱ，IMFWorking Paper，Aug. 2011.

Alan Greenspan，Mr. Greenspan asks whether efficient financial market mitigate financial crisis? BIS Review 114/1999，19 Oct. 1999.

Alan Greenspan，Corporate governance，BIS Review 21/2003.

Alan Greenspan，Risk transfer and financial stability，BIS Review 32/2005.

Aliona Cebotari，Jeffrey Davis，Lusine Lusinyan，Amine Mati，Paolo Mauro，Murray Petrie and Ricardo Velloso，Fiscal Risks‐Sources，Disclosure and Management，IMF 2008.

Andreas Dombret，New year，old problems _ Europe's sovereign debt crisis，BIS central bankers' speeches，6 Feb. 2012.

Andreas Dombret，Systemic risks of shadow banking，BIS central bankers' speeches，20 Aug. 2013.

Andreas Schrimpf，Vladyslav Sushko，Beyond LIBOR：A primer on the new reference rates，BIS Quarterly Review，Mar. 2019.

André Geis and Oana Luca，Real Estate in the Netherlands：A Taxonomy of Risks and Policy Challenges，IMF Working Paper，Aug. 2021.

André Icard, Risk measurement and systemic risk, BIS management speeches, 8 Nov. 2005.

Andreas Dombret, Firm as a rock – is bank capital an all – purpose tool? The example of sovereign debt regulation, BIS central bankers' speeches, 4 Dec. 2015.

Andrew Filardo, Hans Genberg and Boris Hofmann, Monetary analysis and the global financial cycle: an Asian central bank perspective, BIS Working Papers, No. 463, Sep. 2014.

Andrew G Haldane, Rethinking the financial network, BIS Review 53/2009, 28 Apr. 2009.

Andrew Powell, On sovereign ratings: observations and implications, BIS Papers No. 72, Jul. 2013.

Anna Zabai, Household debt: recent developments and challenges, BIS Quarterly Review, Dec. 2017.

Antoaneta Serguieva, Multichannel contagion vs stabilisation in multiple interconnected financial markets, Eighth IFC Conference on "Statisticsal implications of the new financial landscape", Basel, 8 – 9 Sep. 2016.

Arthur E. Wilmarth, Jr. Controlling systemic risk in an Era of Financial Consolidation, Jul. 2002.

Bankfor International Settlements, Sovereign risk: a world without risk – free assets? Proceedings of a seminar on sovereign risk including contributions by central bank governors and other policy – makers, market practitioners and academics, BIS Papers, No. 72, Jul. 2013.

Bank for International Settlements, Low long – term interest rates as a global phenomenon, BIS Working Papers, No. 574, Aug. 2016.

Bank for International Settlements, CBDCs: an opportunity for the monetary system, Annual Economic Report Jun. 2021.

Bank of England, Financial Stability Report, Jul. 2019.

Bank of England, The Bank of England's climate – related financial disclosure 2020, Jun. 2020.

Bank of England, Financial Stability Report, Jul. 2021.

Bank of England, Financial Conduct Authority, Operational resilience: Impact tolerance for important business services, Mar. 2021.

Bank of England Prudential Regulation Authority, Transition in thinking: The impact of climate change on the UK banking sector, Sep. 2018.

Bank of England Prudential Regulation Authority, Climate – related financial risk management and the role of capital requirements, Climate Change Adaptation Report 2021.

Basel, Proposal for improving global derivatives market statistics, report prepared by a woking group established by the euro – currency standing committee of the central banks of the group of ten countries, Jul. 1996.

Ben S Bernanke, Financial innovation and consumer protection, BIS Review 47/2009, 17 Apr. 2009.

BCBS, A framework for measuring and managing liquidity, Sep. 1992.

BCBS, Bank Failures in Mature Economies, Working Paper No. 13, Apr. 2004.

BCBS, The management of liquidity risk in financial groups, May. 2006.

BCBS, Observed range of practice in key elements of Advanced Measurement Approaches, Oct. 2006.

BCBS, Liquidity Risk: Management and Supervisory Challenge, Feb. 2008.

BCBS, Principles for sound liquidity risk management and supervision, Jul. 2008.

BCBS, Cross – sectoral review of group – wide identification and management of risk concentrations, The JointForum, Apr. 2008.

BCBS, Fair value measurement and modelling: An assessment of challenges and lessons learned from the market stress, Jun. 2008.

BCBS, Findings on the interaction of market and credit risk, Working Paper No. 16, May. 2009.

BCBS, The Joint Forum, Report on Special Purpose Entities, Sep. 2009.

BCBS, International framework for liquidity risk measurement, standards and monitoring, Dec. 2009.

BCBS, Review of the Differentiated Nature and Scope of Financial Regulation, Key Issues and Recommendations, Jan. 2010.

BCBS, Report and recommendations of the cross – border bank resolution group, Mar. 2010.

BCBS, Proposal to ensure the loss absorbency of regulatory capital at the point of non – viability, Aug. 2010.

BCBS, The transmission channels between the financial and real sectors: a critical survey of the literature, Working Paper No. 18, Feb. 2011.

BCBS, Range of methodologies for risk and performance alignment of remuneration, May. 2011.

BCBS, Operational Risk – SupervisoryGuidelines for the Advanced Measurement Approaches, Jun. 2011.

BCBS, Report on asset securitization incentives, The Joint Forum, Jul. 2011.

BCBS, Report on intra – group support measures, The Joint Forum, Feb. 2012.

BCBS, Principles for effective risk data aggregation and risk reporting,

Jan. 2013.

BCBS, Basel Ⅲ leverage ratio framework and disclosure requirements, Jan. 2014.

BCBS, Impact and implementation challenges of the Basel framework for emerging market, developing and small economies, Nov. 2014.

BCBS, corporate governance principles for banks, Jul. 2015.

BCBS, Making supervisory stress tests more macroprudential: Considering liquidity and solvency interactions and systemic risk, Working Paper 29, Nov. 2015.

BCBS, Finalising post – crisis reforms: an update – A report to G20 Learders, Nov. 2015.

BCBS, Pillar 3 disclosure requirements: consolidated and enhanced framework, Mar. 2016.

BCBS, Revisions to the Basel Ⅲ leverage ratio framework, Apr. 2016.

BCBS, Implications of fintech developments for banks and supervisors, Aug. 2017.

BCBS, Identification and management of step – in risk, Mar. 2017.

BCBS, Sound Practices, Implications of fintech developments for banks and bank supervisors, Feb. 2018.

BCBS, Principles for Operational Resilience, Mar. 2021.

BCBS, Climate – related risk drivers and their transmission channels, Apr. 2021.

BCBS, Climate – related financial risk – measurement methodologies, Apr. 2021.

BCBS, Consultative Document, Prudential treatment of cryptoasset exposures, Jun. 2021.

Ben S Bernanke, Reducing systemic risk, BIS Review 100/2008.

Benoît Coeuré, The euro area sovereign debt market: lessons from the crisis, BIS central bankers' speeches, 28 – 29 Jun. 2012.

Benoît Coeuré, Assessing the implications of negative interest rates, BIS central bankers' speeches, 28 Jul. 2016.

BIS, Proposals for improving global derivatives market statistics, Report prepared by a Working Group established by the Euro – currency Standing Committee of the central banks of the Group of Ten countries, Jul. 1996.

BIS, Ten years after the Great Financial Crisis: what has changed? BIS Papers, No. 103, Jun. 2019.

Board of Governors of the Federal Reserve System, Money and Payments: The U. S Dollar in the Age of Digital Transformation, Jan. 2022.

Bradford Case and Susan Wachter, Residential real estate price indices as financial soundness indicators: methodological issues, BIS Papers No. 21, Apr. 2005.

Bryan Hardy, foreign currency borrowing, balance sheet shocks and real outcomes, BIS Working Papers, No. 758, Nov. 2018.

Byung Chan Ahn, Capital flows and effects on financial markets in Korea: developments and policy responses, BIS Papers No. 44, 30 Jan. 2009.

CAE Goodhart, Banks and Pubic sector authorities: the international financial crisis and policy challenges in Asia – Pacific, BIS Papers No. 52.

Carmen M. Reinhart and Kenneth S. Rogoff, Financial and Sovereign Debt Crises: Some Lessons Learned and Those Forgotten, IMF Working Paper, Dec. 2013.

Charles I Plosser, Fiscal policy and monetary policy – restoring the boundaries, BIS central bankers' speeches, 24 Feb. 2012.

Christian Barontini and Henry Holden, Proceeding with caution – a survey on central bank digital currency, BIS Papers No. 101, Jan. 2019.

Christian Upper, How safe was the "Safe Haven"? Financial market liquidity during the 1998 turbulences, BIS Papers No. 2, 1999.

Christopher Crowe, Giovanni Dell'Ariccia, Deniz Igan, and Pau Rabanal, How to Deal withb Real Estate Booms: Lessons from Country Experiences, IMF Working Paper, Apr. 2011.

Claudio Borio and Philip Lowe, Asset prices, financial and monetary stability: exploring the nexus, BIS Working Papers, No. 114, Jul. 2002.

Claudio Borio, Market distress and vanishing liquidity: anatomy and policy options, BIS Working Papers, No. 158, Juy 2004.

Claudio Borio and Mathias Drehmann, Towards an operational framework for financial stability: "fuzzy" measurement and its consquences, BIS Working Papers, No. 284, Jun. 2009.

Claudio Borio, Ten propositions about liquidity crises, BIS Working Papers, No. 293, Nov. 2009.

Claudio Borio and Piti Disyatat, Global imbalances and the financial crisis: Link or no link? BIS Working Papers, No. 346, May. 2011.

Claudio Borio, The financial cycle and macroeconomics: what have we learnt? BIS Working Papers, No. 395, Dec. 2012.

Claudio Borio, Mathias Drehmann, Dora Xia, The financial cycle and recession risk, BIS Quarterly Review, Dec. 2018.

C. Lim, F. Columba, A. Costa, P. Kongsamut, A. Otani, M. Saiyid, T. Wezeland X. Wu, Macroprudential Policy: What Instruments and How to Use Them? Lessons from Country Experiences, IMF Working Paper, Oct. 2011.

Committee on Payments and Market Infrastructures, Cyber resilience in financial market infrastructures, Nov. 2014.

Committee on Payments and Market Infrastructures, Digital currencies, Nov. 2015.

Committee on Payments and Market Infrastructures, Central bank digital currencies, Mar. 2018.

Committee on the Global Financial System, A Review of Financial Market Events in Autumn 1998, Oct. 1999.

Committee on the Global Financial System of BIS, Structural Aspects of Market Liquidity from a Financial Stability Perspective, Jun. 2001.

Committee on the Global Financial System Market Committee, The functioning and resilience of cross – border funding markets, CGFS Papers No. 37, Mar. 2010.

Committee on the Global Financal System, Funding patterns and liquidity management of internationally active banks, CGFS Papers, No. 39, May. 2010.

Committee on the Global Financial System, Global liquidity – concept, measurement and policy implications, CGFS Papers No. 45, Nov. 2011.

Committee on the Global Financial System, Trade Finance: developments and issues, Jan. 2014.

Committee on the Global Financal System, Experiences with the ex ante appraisal of macroprudential instruments, CGFS Papers, No. 56, Jul. 2016.

Committee on the Global Financial System, Structural changes in banking after the crisis, Jan. 2018.

Committee on the Global Financial System, Financial stability implications of a prolonged period of low interest rates, CGFS Papers No. 61, Jul. 2018.

Committee on the Global Financial System, US dollar funding: an international perspective, Report prepared by a Working Group chaired by Sally Davies and

Christopher Kent, CGFS Papers No. 65, Jun. 2020.

Committee on the Global Financial System, Changing patterns of capital flows, Report prepared by a Working Group co – chaired by Gerardo Garcíal Lópezand Livio Stracca, CGFS Papers No. 66, May. 2021.

Craig H Furfine, Interbank exposures: quantifying the risk of contagion, BIS working papers, No. 70, Jun. 1999.

Cyril Roux, Cybersecurity and cyber risk, BIS central bankers' speeches, Sep. 2015.

Darrel Duffle, The failure mechanics of dealer banks, BIS Working Papers, No. 301, Mar. 2010.

Deniz Igan, Dealing with real estate booms and busts, BIS Papers No. 64, Mar. 2012.

Deepak Mohanty, Global liquidity and financial contagion, BIS central bankers' speeches, 14 Jan. 2014.

Dietrich Domanski, Ingo Fender, Patrick McGuire, Assessing global liquidity, BIS Quarterly Review, Dec. 2011.

Donald L. Kohn, Crisis management – the know, the unknown, and the unknowable, BIS Review 3/2005, Jan. 2005.

Donato Masciandaro, Sovereign debt: financial market over – reliance on credit rating agencies, BIS Papers No. 72, Aug. 2013.

Duvvuri Subbarao, Mitigating spillovers and contagion lessons from the global financial crisis, BIS Review 153/2008.

ECB, Financial Stability Review, May. 2016.

Ed Sibley, Non – performing loans – the Irish perspective on a European problem, BIS central bankers' speeches, 22 Sep. 2017.

Egemen Eren, Andreas Schrimpf and Vladyslav Sushko, US dollar funding markets during the Covid – 19 crisis – the money market fund turmoil, BIS Bulletin, No. 14, 12 May. 2020.

Elisa Ferreira, Lessons from the crisis for central banks – a policy view, BIS central bankers' speeches, Sep. 2017.

Emily Jones and Alexandra Zeitz, The Limits of Globalizing Basel Banking Standards, Journal of Financial Regulation (Revision submitted 31. 01. 2017).

Erik Feyen, Jon Frost, Leonardo Gambacorta, Harish Natarajan and Matthew Saal, Fintech and the digital transformation of financial services: implications for market structure and public policy, BIS Papers No. 117, Jul. 2021.

Erkki Liikanen, Low interest rate environment and systemic risks – current issues, BIS Central bankers' speeches, Oct. 2016.

Eugenio Cerutti, Stijn Claessens and Patrick McGuire, Systemic Risks in Global Banking: What Can Available Data Tell Us and What More Data Are Needed? No. 376, BIS Working Papers, Apr. 2012.

European Central Bank, Credit default swaps and counterparty risk, Aug. 2009.

European Central Bank, Climate – related risk and financial stablility, ECB/ESRB Project Team on climate risk monitoring, Jul. 2021.

European Central Bank, Financial Stability Review, May. 2022.

Fabio Comelli and Sumiko Ogawa, What can we learn from financial stability reports? IMF Working Paper, WP/21/200, Jun. 2021.

Fabio Panetta, The impact of sovereign credit risk on bank funding conditions, Committee on the Global Financial System Papers, No. 43, Jul. 2011.

Fabio Panetta, 21st century cash: Central banking, technological innovation and digital currencies, Bocconi University, 7 Jun. 2018.

Financial Stability Forum, Report of the Working Group on Capital Flows,

Meeting of the Fianancial Stability Forum, 25 – 26 Mar. 2000.

Frank Adelmann, Jennifer Elliott, Ibrahim Ergen, Tamas Gaidosch, Nigel Jenkinson, Tanai Khiaonarong, Anastasiia Morozova, Nadine Schwarz and Christopher Wilson, Cyber Risk and Financial Stability: It's a Small World After All, IMF Staff discussion note, Dec. 2020.

Frederic Boissay, Torsten Ehlers, Leonardo Gambacorta and Hyun Song Shin, Big techs in finance: on the new nexus between data privacy and competition, BIS Working Papers, No. 970, Oct. 2021.

Fritz Zurbrügg, Mortgage and real estate markets: Current developments pose risks to financial stability, Speech, Lucerne, 31 Aug. 2021.

FSB, Shadow banking: scoping the issues, 12 Apr. 2011.

FSB, Thematic review on corporate governance, Apr. 2017.

FSB, Cambridge Centre for Alternative Finance conference on Navigating the Contours of Alternative Finance Regulation and Supervisory Issues from FinTech, Remarks by Svein Andresen, 29 Jun. 2017.

FSB, Assessment of shadow banking activities: risks and the adequacy of post crisis policy tools to address financial stability concerns, Jul. 2017.

FSB, Guiding Principles on the internal total loss absorbing capacity of GSIB (Internal TALC), Jul. 2017.

FSB, Principles on Bail – in execution, Nov. 2017.

FSB, Supplementary guidance to the FSB principles and standards on sound compensation practices, Mar. 2018.

FSB, FinTech and market structure in financial services: Market developments and potential financial stability implications, 14 Feb. 2019.

FSB, The Implication of Climate Change for Financial Stability, 23 Nov. 2020.

FSB, Enhancing the Resilience of Non – Bank Financial Intermediation, Progress report, 1 Nov. 2021.

FSB, Global Monitoring Report on Non – Bank Financial Intermediation 2021, 16 Dec. 2021.

FSB, US Dollar Funding and Emerging Market Economy Vulnerabilities, 26 Apr. 2022.

FSB, BigTech Firms in Finance in Emerging Market and Developing Economics Market developments and potential financial stability implications, 12 Oct. 2020.

FSB, OTC Derivatives Market Reforms Implementation progress in 2021, 3 Dec. 2021.

FSB, BIS Committee on the Global Financial System, FinTech credit Market structure, business models and financial stability implications, Report prepared by a Working Group established by the Committeen on the Global Financial System (CGFS) and the Financial Stability Board (FSB), 22 May. 2017.

FSB, IMF and BIS, Guidance to Assess the Systemic Importance of Financial Institutions, Markets and Instruments: Initial Considerations – Background Paper, Report to the G20 Finance Ministers and central Bank Governors, Oct. 2009.

FSB, IMF and BIS, Macroprudential policy tools and frameworks, Update to G20 Finance Ministers and Central Bank Governors, 14 Feb. 2011.

Financial Stability Forum, Report of the Working Group on Capital Flows, meeting of the Financial Stability Forum, 25 – 26 Mar. 2000.

Geoff Bascand, In search of gold: Exploring central bank issued digital currency, a speech delivered to The Point Conference in Auckland, Reserve Bank of New Zealand, 26 Jun. 2018.

Glenn Stevens, The Asia crisis – a retrospective, BIS Review 82/2007.

Group of Ten, Consolidation in the Financial Sector, summary report, Jan. 2001.

Guideline for Financial Conglomerates Supervision, Financial Services Agency of Bank of Japan, Mar. 2007.

Guy Debelle, Collateral, funding and liquidity, BIS central bankers' speeches 1, Jun. 2011.

Guy Debelle, Lessons and Questions from the GFC, speeches, 6 Dec. 2018.

Hans Genberg, Currency internationalisation: analytical and policy issues, BIS Papers No. 61, Jan. 2012.

Harikumara Sababathy and Lims Sheng Ling, Cross – border interbank contagion risk to the Malaysian banking system, IFC Satellite Seminar on "Post – crisis data landscape: micro data for the macro world", co – organised with the Central Bank of Malaysia and the Eurpoean Central Bank, 16 Aug. 2019.

Haruhiko Kuroda, The battle against deflation – the evolution of monetary policy and Japan's experience, BIS central bankers' speeches, Apr. 2016.

Heiko Hesse and Ken Miyajima, South Africa: The Financial Sector – Sovereign Nexus, IMF, Mar. 2022.

Hervé Hannoun, Sovereign risk in bank regulation and supervision: Where do we stand, BIS paper No. 72, Oct. 2011.

Hervé Hannoun, The global financial cycle and how to tame it, International Symposium of the Banque de France "Central banking: the way forward", Paris, 7 Nov. 2014.

Hiro Ito and Robert N McCauley, A key currency view of global imbalances, BIS Working Papers, No. 762, Dec. 2018.

Hiroshi Nakaso, The financial crisis in Japan during the 1990s: how the Bank of Japan responded and the lessons learnt, Oct. 2001.

HKMA, Hong Kong's property market and macroprudential measures, BIS Papers No. 94, Sep. 2017.

Hung Q Tran, The role of markets in sovereign debt crisis detection, prevention and resolution, BIS Papers No. 72, Jul. 2013.

Ignazio Visco, sovereign bankruptcy in the EU – a comparative perspective, BIS Review 144/2010, 26 Oct. 2010.

Ignazio Visco, Global monetary system – our currency, your problem? BIS central bankers' speeches 1, Nov. 2015.

Ignazio Visco, Banks' sovereign exposures and the feedback loop between banks and their sovereigns, BIS Central bankers' speeches, May. 2016.

Ilzetzki, E, C Reinhart and K Rogoff, Exchange arrangements entering the twenty – first century: which anchor will hold?, Quarterly Journal of Economics, Vol. 134, No. 2, 2019.

IMF, The IMF – FSB Early Warning Exercise, Design and Methodological Toolkit, Sep. 2010.

IMF, France: Financial Sector Assessment Program – Technical Note on Housing Prices and Financial Stability, IMF Country Report No. 13/184, Jun. 2013.

IMF, Ireland: Lessons from Its Recovery from the Bank – Sovereign Loop, Jan. 2015.

IMF, From banking to sovereign stress: implications for public debt, Mar. 2015.

IMF, United Kingdom Fiancial Sector Assessment Program, supervision and systemic risk management of financial market infrastructure – technical note, Jun. 2016.

IMF, Lower for Longer, Global Financial Stability Report, Oct. 2019.

IMF, Managing Systemic Banking Crises, New Lessons and Lessons Relearned, Prepared by an IMF staff team led by Marc Dobler, Marina Moretti and Alvaro Piris, No. 20/05.

IMF, How to Assess Country Risk: The Vulnerability Exercise Approach Using Machine Learning, technical notes and manuals, 21/03, 2021.

IMF, Global Financial Stability Report, Covid – 19, Crypto and climate: Navigating Challenging Transtions, Oct. 2021.

IMF, People's Republic of China Selected Issues, Country Report No. 22/22, Dec. 20, 2021.

IMF, Global Financial Stability Report, Shockwaves from the War in Ukraine Test the Financial System's Resilience, Apr. 2022.

Ingo Fender, Janet Mitchell, The future of securitization: how to align incentives? BIS Quarterly Review, Sep. 2009.

Iñaki Aldasoro, Claudio Borio and Mathias Drehmann, Early warning indicators of banking crises: expanding the family, BIS Quarterly Review, Mar. 2018.

Iñaki Aldasoro and Torsten Ehlers, Global liquidity: changing instrument and currency patterns, BIS Quarterly Review, Sep. 2018.

Iñaki Aldasoro and Torsten Ehlers, The geography of dollar funding of non – US banks, BIS Quarterly Review, Dec. 2018.

Iñaki Aldasoro, Leonardo Gambacorta, Paolo Giudici and Thomas Leach, Operational and cyber risks in the financial sector, BIS Working Papers, Feb. 2020.

Iñaki Aldasoro, Leonardo Gambacorta, Paolo Giudici and Thomas Leach, The drivers of cyber risk, BIS Working Papers, No. 865, May. 2020.

Iñaki Aldasoro, Jon Frost, Leonardo Gambacorta and David Whyte, Covid –

19 and cyber risk in the financial sector, BIS Bulletin, 14 Jan. 2021.

Irving Fisher Committee on Central Bank Statistics, Data requirements for monitoring derivative transactions, Proceedings of the workshop organized by the People's Bank of China and the Irving Fisher Committee, Zhengzhou, 27 – 29 Sep. 2010, IFC Bulletin, No. 35, Feb. 2012.

Jae Hyun Jo, Managing systemic risk from the perspective of the financial network under macroeconomic distress, FSI Award 2012 Winning Paper, Sep. 2012.

Jaime Caruana, Systemic risk: how to deal with it? 12 Feb. 2010.

Jaime Caruana, Dealing with financial systemic risk: the contribution of macroprudential policies, Central Bank of Turkey/G20 Conference on "Financial systemic risk", 27 – 28 Sep. 2012.

Jaime Caruana, Assessing global liquidity from a financial stability perspective, 48th SEACEN Governors' Conference and High – Level Seminar, 22 – 24 Nov. 2012.

Jaime Caruana, Ebbing global liquidity and monetary policy interactions, Central Bank of Chile Fifth Summit Meeting of Central Banks on Inflation Targeting: "Global liquidity, capital flows and policy coordination", 15 Nov. 2013.

Jaime Caruana, Revisiting monetary policy frameworks in the light of macroprudential policy, Panel remarks at the IMF seminar on "Revisiting monetary policy frameworks ", 10 Oct. 2015.

Janet L Yellen, Interconnectedness and systemic risk – lessons from the financial crisis and policy implications, BIS central bankers' speeches, 4Jan. 2013.

Jean Cassidy, Understanding long – term mortgage arrears in Ireland: insights from macro and micro data, IFC workshop on "Combining micro and macro statistical data for financial stability analysis. Experience, opportunities and challenges ", 14 – 15 Dec. 2015.

Jean – Claude Trichet, Systemic risk, BIS Review 165/2009.

Jean – Paul Redouin, What happened to liquidity? A central banker's perspective, BIS Review 62/2008, Apr. 2008.

Jean – Pierre Danthine, Taming the financial cycle, BIS central bankers' speeches, 5 Sep. 2012.

Jean – Pierre Landau, Global liquidity – concept, measurement and policy implications, CGFS Papers, No. 45, Nov. 2011.

Jens Weidmann, All for one and one for all? The roles of microprudential, macroprudential and monetary policy in safeguarding financial stability, BIS central bankers' speeches, 28 Feb. 2014.

Jeremy C Stein, Liquidity regulation and central banking, BIS Central bankers' speeches, Apr. 2013.

Jian Cai, Anthony Saunders, Sascha Steffen, Syndication, Interconnectedness and Systemic Risk, Basel Sep. 2015.

Jim Wong and Laurence Fung, Liquidity of the HongKong stock market since the Asian financial crisis, CGFS conference volume No. 2, Oct. 2002.

João A. C. Santos, Commercial Banks in the Securities Business: A Review, BIS Working Papers No. 56, Jun. 1998.

Jonathan William Welburn and Aaron Strong, Systemic Cyber Risk and Aggregate Impacts, RAND Working Paper1311, Sep. 2019.

Johannes Ehrentraud, Denise Garcia Ocampo, Camila Quevedo Vega, Regulating fintech financing: digital banks and fintech platforms, FSI Insights on policy implementation No. 27, Aug. 2020 .

Jorge A. Chan – Lau, Srobona Mirtra and Li Lian Ong, Contagion Risk in the International Banking System and Implication for London as a Global Financial Center, IMF Working Paper, Apr. 2007.

José Manuel González – Páramo, Liquidity, funding and solvency – policy responses and lessons, BIS Review 6/2009.

Juan Carlos Crisanto and Jermy Prenio, Regulatory approaches to enhance banks'cyber – security frameworks, FSI Insights on policy implementation, No. 2, Aug. 2017.

Juan Carlos Crisanto, Johannes Ehrentraud, Aidan Lawson and Fernando Restoy, Big rech regulation: what is going on? FSI Insights on policy implementation, No. 36, Sep. 2021.

Katie Britton, Lindsey Dawkes, Simon Debbage and Talib Idris, Ring – fencing: what is it and how will it affect banks and their customers? Bank of England Quarterly Bulletin, 2016Q4.

Kazumasa Iwata, Housing and monetary policy in Japan, BIS Review 96/2007, 1 Sep. 2007.

K C Chakrabarty, Crisis preparedness in interconnectedness markets – prevention is better than cure, BIS central bankers' speeches, 16 Jan. 2012.

Kiyohiko G Nishimura, Macro – prudential lessons from the financial crises – a practitioner's view, BIS Review 115/2010, Aug. 2010.

Kiyohiko G Nishimura, How to detect and respond to property bubbles – challenge for policy – makers, BIS central bankers'speeches, 21 Aug. 2012.

Kiyohiko G Nishimura, Property bubbles and economic policy, BIS central bankers' speeches, Jan. 2013.

Kumushoy Abduraimova and Paul Nahai – Williamson, Solvency distress contagion risk: network structure, bank heterogeneity and systemic resilience, Bank of England Staff Working Paper No. 909, Feb. 2021.

Kyungsoo Kim and Young Kyung Suh, Dealing with the benefits and costs of internationlisation of the Korean won, Paper prepared for the BOK/BIS seminar on

Currency Internationalisation: Lessons from the global financial crisis and propects for the future in Asia and the Pacific, Seoul, 19 – 20 March 2009.

Lars Nyberg, The ESCR—reflections after 9 month of operation, BIS central bankers' speeches, 27 Sep. 2011.

Lee Hsien Loong, Separation of financial and non – financial activities in Singapore, BIS Review 53/2000.

Leonardo Gambacorta and David Marques – Ibanez, The bank lending channel: Lessons from the crisis, BIS Working Papers, No. 345, May. 2011.

Leonardo Gambacorta, Yiping Huang, Zhenhua Li, Han Qiu and Shu Chen, Data vs collateral, BIS Working Papers, No. 881, Sep. 2020.

Lorenzo Bini Smaghi, Some thoughts on the international financial crisis, BIS Review 127/2008.

Luc Laeven and Fabian Valencia, Systemic Banking Crises: A New Database, IMF Working Paper, Nov. 2008.

Luiz Awazu Pereira da Silva, Research on climate – related risks and financial stability: An "epistemological break"? BIS speech, 23 May. 2019.

Mahir Binici and Mehmet Yörükoglu, Capital flows in the post – global financial crisis era: implications for financial stability and monetary policy, BIS Papers No. 57 2011.

Marcin Jerzy Michalski, Michael Bowe, Olga Kolokolova, Systemic risk, interbank market contagion and the lender of last resort function, IFC workshop on "Combining micro and macro statistical data for financial stability analysis, Experiences, opportunities and challenges", 14 – 15 Dec. 2015.

Marc Hollanders, The role of oversight in collecting derivatives data, IFC Bulletin No. 35.

Marco Jacopo Lombardi and Andreas Schrimpf, Volatility concepts and the risk premium, BIS Quarterly Review, 14 Sep. 2014.

Már Guðmundsson, The financial crisis in Iceland and the fault lines in cross − border banking, BIS Review 9/2010.

Már Guðmundsson, Iceland's crisis and recovery and the crisis in the euro-zone, BIS central bankers' speeches, 28 Jun. 2012.

Martin Blåvarg and Patrick Nimander, Interbank exposures and systemic risk, Sveriges Riksbank's Economic review, No. 2, 2002.

Martín Redrado, Latin America and Argentina − the effect of international financial turmoil, BIS Review 85, 26 Jun. 2008.

Masaaki Shirakawa, Way out of economic and financial crisis − lessons and policy actions, BIS Review 50/2009.

Masaaki Shirakawa, Preventing the next crisis − the nexus between financial markets, financial institutions and central banks, BIS Review 60/2009.

Masaaki Shirakawa, 150 years of innovation and challenges in monetary control, 8 Mar. 2011.

Masaaki Shirakawa, How to address tail risks, BIS central bankers' speeches, 27 Jun. 2011.

Masahiko Takeda and Philip Turner, The Liberalisation of Japan's Financial Markets: Some Major Themes, BIS Economic Papers, No. 34, Nov. 1992.

Masayoshi Amamiya, Janpan's Experience and Its Implications for China − Monetary Policy and Financial System, Speech at the PBC School of Finance, Tsinghua University, Nov. 2019.

Mattia Montagna, Gabriele Torri and Giovanni Covi, On the origin of systemic risk, Bank of England Staff Working Paper No. 906, Jan. 2021.

Mervyn King, Banking and the Bank of England, BIS Review 75/2009, 10 Jun. 2008.

Michael Chui, Anamaria Illes, Christian upper, Mortgages, developers and property prices, BIS Quarterly Review, Mar. 2018.

Miguel Segoviano, Bradley Jones, Peter Lindner, and Johannes Blankenheim, Securitization: Lessons Learned and the Road Ahead, IMF Working Paper, Nov. 2013.

Minouche Shafik, The interaction of monetary and macroprudential policy, BIS central bankers' speeches, Oct. 2015.

Miranda Carr, Shifting capital balance between US and China puts bond rally at risk, Financial Times, 19 Nov. 2019.

Mohd Zabidi Md Nor and Michael J. Zamorski, Consolidated Supervision: Achieving a 360 Degree View of Bank Risk, SEACEN Financial Stability Journal, Vol. 2/2014.

Monetary and Economic Department, Monetary stability, financial stability and the business cycle: five views, BIS Papers, No. 18, 2003.

Monetary and Economic Department, Sovereign risk: a world without risk – free assets? BIS Papers, No. 72, Jul. 2013.

Monetary policy frameworks in EMEs: inflation targeting, the exchange rate and financial stability, BIS Annual Economic Report, 30 Jun. 2019.

Moritz Schularick, Alan M. Taylor, Credit Booms Gone Bust: Monetary Policy, Leverage Cycles and Financial Crises, 1870—2008, Amercian Economic Review, Vol. 102 (2), 2012.

Mr Bäcksström looks at the Riksbank and financial system stablility and comments on the LTCM case, BIS Review 23/1999.

Mr. Grenville discuss the Asia economic crisis and how such problems might be avoided in future, BIS Review, 22/1998.

Mr Greenspan asks whether efficient financial markets mitigate financial crisis？BIS Review 114/1999.

Ms. Phillips discusses the restrictions imposed on bank holding companies by the US Federal Reserve Board，BIS Review 34/1997.

Naohiko Baba，Shinichi Nishioka，Nobuyuki Oda，Masaaki Shirakawa，Kazuo Ueda and Hiroshi Ugai，Japan's deflation，problems in the financial system and monetary policy，BIS Working Papers，No. 188，Nov. 2005.

New York State Department of Financial Service，"Regulations of the Superintendent of Financial Services Part 200：Virtual Currencies"，http：//www. dfs. ny. gov/legal/regulations/adoptions/dfsp200t. pdf.

Nicola Cetorelli，Linda S. Goldberg，Global banks and international shock transmission：evidence from the crisis，NBER Working Paper Series，May. 2010.

Nicola Cetorelli and Stavros Peristiani，The role of banks in asset securitization，FRBNY Economic Review，Jul. 2012.

Nicolas Blancher，Srobona Mitra，Hanan Morsy，Akira Otani，Tiago Severo and Laura Valderrama，Systemic Risk Monitoring Toolkit – A User Guide，IMF Working Paper，Jul. 2013.

Nigel Jenkinson，Strengthening regimes for controlling liquidity risk – some lessons from the recent turmoil，BIS Review 50/2008，Apr. 2008.

Nor Shamsiah Mohd Yunus，Crisis preparedness menu for guardians of financial stability，BIS central bankers' speeches，28 Oct. 2015.

Ong Chong Tee，The international banking crisis：effects and some key lessons，BIS Papers No. 54.

Pablo Hernández de Cos，The future path of the Basel Committee：some guiding principles，BCBS speech，17 Oct. 2019.

Pablo Hernández de Cos，Financial technology：the 150 – year revolution，19 Nov. 2019.

Patrick Cleary, William Harding, Jeremy McDaniels, Jean – Philippe Svoronos and Jeffery Yong, Turning up the heat – climate risk assessment in the insurance sector, FSI Insights on policy implementation No. 20, Nov. 2019.

Patrick Honohan, Banking system failures in developing and transition countries: diagnosis and prediction, BIS Working Papers No. 39, Jan. 1997.

Patrick Honohan, Financial regulation in Ireland – past, present and future, BIS Review 157/2009, 1 Dec. 2009.

Patrick Honohan, The impact of the boom and bust on the capital of household in Ireland, BIS central bankers'speeches, 20 Jun. 2014.

Patrick Honohan, Carelessness or misfortune? Lessons from our generation's two macroeconomic collapses, BIS central bankers'speeches, 22 Oct. 2014.

Patrick Bolton, Morgan Despres, Luiz Awazu Pereira Da Silva Frédéric Samama and Romain Svartzman, The Green Swan, Central banking and financial stability in the age of climate change, BIS, Jan. 2020.

Patrizia Baudino, Antonella Gagliano, Edoardo Rulli and Ruth Walters, How to manage failures of non – systematic banks? A review of country practices, FSI Insights on policy implementation No. 10, Oct. 2018.

Patrizia Baudino, Jon Thor Sturluson and Jean – Philippe Svoronos, The banking crisis in Iceland, FSI Crisis Management Series No. 1, Mar. 2020.

Patrizia Baudino, Diarmuid Murphy and Jean – Philippe Svoronos, The banking crisis in Ireland, FSI Crisis Management Series No. 2, Oct. 2020.

Paul Fisher, Tail risks and contract design from a financial stability perspective, BIS central bankers' speeches, Sep. 2011.

Paul Tucker, The crisis management menu, BIS Review 144, Nov. 2009.

Paul Tucker, Macroprudential policy – building financial stability institutions, BIS central bankers' speeches, Apr. 2011.

Petar Goshev, Some lessons from the crisis, BIS Review 90/2010.

Peter Praet, The future of global financial integration, BIS central bankers' speeches, 17 Nov. 2016.

Philipp M Hilderbrand, Policy implications of the financial crisis, BISReview 145/2009.

Philip Turner, The global long – term interest rate, financial risks and policy choices in EMEs, BIS Working Papers, No. 441, Feb. 2014.

Philip Wooldridge, Comparison of BIS derivatives statistics, Eighth IFC Conference on "Statistics implication of the new financial landscape ", Sep. 2016.

Philip Wooldridge, Implications of financial market development for financial stability in emerging market economies, Note submitted to the G20 International Financial Architecture Working Group, Jul. 2020.

Property markets and financial stability, Proceedings of joint workshop organized by the BIS and the Monetary Authority of Singapore in Singapore on 5 September 2011, BIS Papers, No. 64, Mar. 2012.

Ramon Moreno, Central bank instruments to deal with the effects of the crisis on emerging market economies, BIS Papers No. 54, Dec. 2010.

Ramon Moreno and Agustin Villar, Impact of the crisis on local money debt markets in emerging market economies, BIS Papers No. 54, Dec. 2010.

Randall S Kroszner, Improving risk management in light of recent market e-vents, BIS Review 23/2008, Feb. 2008.

Raphael Auer, Giulio Cornelli and Jon Frost, Rise of the central bank digital currencies: drivers, approaches and technologies, BIS Working Papers No. 880, Aug. 2020.

Rodrigo Coelho, Jonathan Fishman and Denise Garcia Ocampo, Supervising croptoassets for anti – money laundering, FSI Insights on policy implementation

No. 31, Apr. 2021.

Roger W Ferguson, Jr: Thoughts on financial stability and central banking, BIS Review 32/2006.

Romain Ranciere, Aaron Tornell and Athanasios Vamvakidis, A New Index of Currency Mismatch and Systemic Risk, IMF Working Paper, Nov. 2010.

Rudi Bonte, Supervisory lessons to be drawn from the Asia crisis, BIS working paper, No. 2 Jun. 1999.

Rupert Nabarro and Tony Key, Performance measurement and real estate lending risk, BIS Papers No. 21, Apr. 2005.

Ryan Banerjee, Juan Contreras, Aaron Mehrotra and Fabrizio Zampolli, Inflation at risk in advanced and emerging market economies, BIS Working Papers, No. 883, Sep. 2020.

Salih Fendoglu, Mustafa Kilinç and Mehmet Yörükoglu, Cross – border portfolio flows and the role of macroprudential policies: experiences from Turkey, BIS Papers No. 78, Aug. 2014.

Samo Boh, Stefano Borgioli, European Macroprudential Database, IFC – National Bank of Belgium Workshop on "Data needs and Statistics compilation for macroprudential analysis", May. 2017.

Sandra Batten, Climate change and the macro – economy: a critical review, Staff Working Paper No. 706, Bank of England, Jan. 2018.

Securitization and financial crisis: reexamining the flow of funds in the shadow banking system, a paper prepared for the 15th Conference of Research Network Macroeconomics and Macroeconomic Policies, 28 – 29 Oct. 2011.

Senior Supervisors Group, Risk Management Lessons from the Global Banking Crisis of 2008, Oct. 2009.

Serdar Dinc and Patrick M McGuire, Did investors regard real estate as "safe" during the "Janpanese Bubble" in the 1980s? BIS Working Papers No. 164, Nov. 2004.

Sheryl Kennedy, Real estate, mortgage markets and monetary policy, BIS Review 84/2008, Jun. 2008.

Shigenori Shiratsuka, The asset price bubble in Japan in the 1980s: lessons for financial and macroeconomic stability, BIS Papers No. 21, Oct. 2003.

Shinji Takagi, Internationalising the yen, 1984 – 2003: unfinished agenda or mission impossible?.

Sir Andrew Large, Financial stability oversight – past and present, BIS Review 5/2004.

Srichander Ramaswamy, Market structures and systemic risks of exchange – traded funds, BIS Working Papers, No. 343, Apr. 2011.

Standard Chartered Bank, MiFIDII conflicts of interest disclosure statement, http://www. standardchartered. com.

Stanley Fischer, Central bank lessons from the global crisis, BIS Central bankers' speeches 1, Mar. 2011.

Stanley Fischer, Financial stability and shadow banks – what we don't know could hurt us, BIS central bankers' speeches, 3 Dec. 2015.

Stefan Avdjiev, Egemen Eren, Patrick McGuire, Dollar funding costs during the Covid – 19 crisis through the lens of the FX swap market, BIS Bulletin No. 1, Apr. 2020.

Stefan Ingves, Cross – border banking regulation – a way forward: the Eurpoean case, BIS Review 96/2006.

Stephan V Arthur, Obtaining real estate data: criteria, difficulties and limitations, BIS Papers No. 21, Apr. 2005.

Stefan Gerlach, Ireland's road out of the crisis, BIS central bankers' speeches, 8 Dec. 2011.

Stephen Gerlach, Housing markets and financial stability, BIS central bankers' speeches, Apr. 2012.

Stephen Gerlach, Making residential rental markets work for financial stability, BIS central bankers' speeches, 8 Jun. 2015.

Stephen Grenville, Mr. Grenville discussion the Asian economic crisis and how such problems might be avoided in future, 1998.

Stephen G Cecchetti, Jacob Gyntelberhg, Marc Hollanders, Central counterparties for over – the – counter derivatives, BIS Quarterly Review, Sep. 2009.

Stijn Claessens, Giovanni Dell' Ariccia, Deniz Igan and Luc Laeven, Lessons and Policy Implications from the Global Financial Crisis, IMF Working Paper, WP/10/44, Feb. 2010.

Stijn Claessensand M. Ayhan Kose, Financial Crises: Explanations, Types and Implications, IMF Working Paper, WP/13/28, Jan. 2013.

Susan Schmidt Bies, Observations on measuring and managing operational risk under Basel Ⅱ, BIS Review 37/2005, May. 2005.

Task Force on Climate – related Financial Disclosures, Recommendations of the Task Force on Cliamte – related Financial Disclosures, Final Report, Jun. 2017.

Task Force on Climate – related Financial Disclosures, 2020 Status Report, Oct. 2020.

The Financial Crisis Inquiry Report, submitted by the Financial Crisis Inquiry Commission, Jan. 2011.

The Supervision of Financial Conglomerates, a Report by the Tripartite Group of Bank, Securities and Insurance Regualtors, Jul. 1995.

Thierry Tressel, Financial Contagion through Bank Deleveraging: Stylized

Facts and Simulations Applied to the Financial Crisis, IMF Working Paper, Oct. 2010.

Tina Emambakhsh, Margherita Giuzio, Luca Mingarelli, Dilyara Salakhova and Martina Spaggiar, Climate – related risks to financial stability, Published as part of the Financial Stability Review, May. 2022.

Thomas C Wilson, Risk Management in the face of risky sovereign debt: four observations, BIS Papers No. 72.

Timothy F Geithner, Systemic risk and financial markets, BIS Review 95/2008.

Urszula Kochanska, The ESRB macroprudential measures database, IFC – National Bank of Belgium Workshop on "Data needs and Statistics compilation for macroprudential analysis", May. 2017.

Valentina Bruno and Hyun Song Shin, Currency depreciation and emerging market corporate distress, BIS Working Papers No. 753, Oct. 2018.

Vítor Constáncio, The establishment of the European Systemic Risk Board – challenges and opportunities, Euro Financial Forum plenary session 14, 29 Sep. 2010.

Vítor Constáncio, Margins and haircuts as a macroprudential tool, BIS central bankers's speeches, 6 Jun. 2016.

William A Allen and Richhild Moessner, The liquidity consequences of the euro area sovereign debt crisis, BIS Working Papers, No. 390, Mar. 2013.

William C Dudley, Regulation and liquidity provision, BIS Central bankers' speeches, Sep. 2015.

William Coen, The market risk framework: 25 years in the making, keynote speech at the ISDA Annual General Meeting, 25 Apr. 2018.

Yannis Stournaras, The impact of the Greek sovereign crisis on the banking sector – challenges to financial stability and policy responses by the Bank of Greece, BIS Central Bankers' Speeches, 8 Jun. 2016.

Yutaka Yamaguchi, Triangular view of systemic risk and central bank responsibility, speech at the Third Joint Central Bank Research Conference on Risk Measurement and Systemic Risk, 7 – 8 Mar. 2002.

Yves Mersch, Digital Bases Money – an assessment from the European Central Bank's perspective, BIS Central Bankers' Speeches, 16 Jan. 2017.

本书主要观点:

● 纵览几百年世界金融发展历史,要避免发生内生的系统性金融风险,就必须要保证宏观经济稳定、金融市场稳定和金融机构稳定,必须尽早建立、健全包括"第一、二、三道防线"在内的、防范系统性金融风险的牢固防线。

●几乎没有人能够预测到系统性金融风险爆发的特征和范围,在系统性金融风险领域一定存在着已知未知和未知未知情形;可以从金融周期、经济理论、外部冲击、内部结构、金融传染、监管体系、战略互动、道德风险等视角分析系统性金融风险产生的原因,防范系统性金融风险需要借鉴全球经验,查找薄弱环节。

●金融抑制的经济本质是一种税收,通过金融抑制扭曲资源配置,因为它能纠正金融过度,也就降低了金融危机发生的概率。实践中金融抑制和审慎监管的界限很难分清。容忍一定程度的通货膨胀,同时实施一定程度的金融抑制是降低政府债务的可行方法。

●在放松管制时期,金融机构容易放大杠杆,累积系统性金融风险。受制于宏观环境变化和市场结构变化,收紧管制时可能已经错过了最佳时机。逆周期监管是应对系统性金融风险的重要思路,逆周期监管的思想与中国传统社会"积谷防饥"的思想如出一辙。

●防范系统性金融风险必须关注融资如何支撑房地产业繁荣,较早地抑制融资杠杆不断累积形成的风险,同时要增加金融体系的韧性,应对房地产业衰退产生的冲击。调控房地产业的政策目标不应该是价格上涨,而是家庭和银行杠杆攀升带来的风险。

●新兴市场国家银行的经营特点决定了在经济上行期,市场力量拉动贷款投放,风险加权资产增加;在经济下行期,为保证一定幅度的经济增长目标,也需要银行增加贷款投放,增加风险加权资产。这意味着银行增加风险加权资产的需求是刚性的。只要银行不改变以贷款为主的经营模式，就会陷入"贷款增长必然带来信用风险加权资产增长，收入增长必然带来操作风险加权资产增长"的循环。

●在金融危机出现之前，宏观政策要充分考虑债务负担以及资产的流动性。一旦系统性金融风险演化成金融危机，宏观政策优先级是阻止金融体系的崩溃，阻止金融体系与经济活动螺旋下降自我强化趋势产生的威胁。进入金融危机处置阶段，宏观政策优先目标是修复资产负债表，奠定经济自我修复的基础。

●科技公司参与金融业务，形成了特有的"数据—网络—行为"业务模式，对金融市场产品和服务的集中程度，竞争状况，供给、需求、中介机构及监管机构都会产生影响，在公共安全、市场竞争、数据保护和分享、运行韧性、金融稳定等方面提出了新挑战。

●金融机构管理气候相关风险的复杂性在于现在这一代人不采取积极有效的措施抑制气候变化，下一代人将承担严重的后果；向低碳经济转型方向很明确，但是"欲速则不达"，转型过快可能造成市场动荡，高碳行业融资条件被迫收紧，加速顺周期损失，甚至迎来"气候明斯基时刻"。

后 记

从开始工作算起不知不觉已过了 20 多年，20 多年来辗转于北京、香港和衡阳，先后在中国银保监会、中银香港和衡阳市人民政府工作，不同地域、不同岗位、不同文化的经历让我不断思考更宏观的一些风险问题。我给自己定了一个目标，每过 10 年都把自己所思所想记录成书，退休以后再拿出来读一读，在岁月沧桑中找寻当年的意气。于是在我 30 岁的时候出版了《商业银行信用风险管理——兼论巴塞尔新资本协议》，40 岁的时候出版了《巴塞尔新资本协议：监管要求与实施中的问题》。《商业银行信用风险管理——兼论巴塞尔新资本协议》这本书里记录了走出"象牙塔"后我对银行风险管理的思考和一知半解的评论。2006 年，我远赴中国香港，开启了海外机构风险管理的职业生涯。在中银香港深入实施《巴塞尔资本协议 II》的日子里，虽然赶上了 2008 年国际金融危机，但我却在新资本协议的落地工作中找到了从未有过的快乐和满足，在不断挑战专业人士和接受专业人士的挑战中体会到风险管理实践的美，于是就有了《巴塞尔新资本协议：监管要求与实施中的问题》一书。离现在最近的 10 年，特别是在衡阳市政府工作的 2 年里，让我有极佳的机会转换了视角，站在政府官员立场上近距离观察、思考和处理中国社会的现实经济金融风险问题，于是在我 50 岁时有了这本《系统性金融风险的缘起与治理——国际经验与教训》。

在写作本书过程中，我翻阅了金融稳定理事会、巴塞尔银行监管委员会、英格兰银行、美联储、欧洲央行等机构大量的英文文献，很多观点和重要的文献反复读、反复想。遇到工作繁忙的时候或者怎么也没思路、写不下去的时候就彻底放手，让自己先放松一下，就这样磕磕绊绊，历时 3 年多，无数个昼夜的打磨才有了这本书。写作进程中，我印象最为深刻的是日本和美国两位监管官员金融危机发生后的反思。曾任日本央行副行长的中曾宏（Hiroshi Nakaso）对日本 20 世纪 90 年代金融危机提出了"三个如果"的考问：如果日本在金融危机前能有充分的金融基础设施（会计体系、披露标准和监管规则是金融机构设施中最重要的，央行预见不可预见事物的视野和专业知识也是基础设施的组成部分），及早发现潜在风险有多大，政策制定者就可能在早期阶段更果断地采取行动。如果政策制定者能建立灵活的安全网，一系列主要金融机构经营失败后能早点使用公共资金救助，后果就不可能是灾难性的。虽然不能阻止这些金融机构的失败，但是应对危机的时间和成本会小得多。如果日本银行的管理层能有前瞻性和勇气在较早阶段就进行重组，就不会使所有银行都深陷不良贷款泥潭的恶果。美联储前主席格林斯潘在 2008 年国际金融危机过后说："美国这次经历了金融危机，其实我觉得对美国及对中国都是好事情，市场有'一只无形的手'，能把出轨的经济拉回来。很多人都认为美国通过这次金融危机，是不是会变得更加保守，而放弃追求金融创新呢？我觉得不会，任何创新都会冒险、付出高昂代价的。美国经济能发展到今天，主要是每个时期都会出现一代又一代为美国经济向前走的推动者。"在我看来，这种坦然承认问题的态度是解决问题最好的"钥匙"。我国的金融改革进程难免遇到各种艰难险阻，但绝不能丧失创新的勇气和能力。

系统性金融风险是一个非常庞杂的话题，涉及领域之广、内容之深远远超出了我的知识范围。尽管如此，我还是尽我所能地总结着各国的经验与教训，希望能厘清一些规律性的认知，在防范和化解我国的系统性金融风险方面尽绵薄之力。许多风险我们知晓它就在那里，但是没有解决方案，还有很多风险属于"未知未知"，我们还不知晓它在哪里，这或许就是系统性金融风险值得我辈孜孜以求的魅力吧。成书之际，特别感谢中国银行刘连舸董事长、刘金行长、陈怀宇副行长和刘坚东风险总监，在风险管理工作遇到阻力之时，他们的博学与睿智、工作上悉心指导给了我许多启发和帮助。借此机会，还要特别感谢湖南省人大常委会周农副主任、长沙市郑建新市长、湖南省发改委党组周海兵书记、湖南省政府秘书长邓群策等几位领导，我在衡阳工作期间他们先后担任衡阳市委书记和市长，在他们的带领下，衡阳在全面建设湖南省域副中心的征程中砥砺奋进，我有幸见证了这一段光荣的历史，在他们身上我深深体悟到了为官的担当与责任，我永远都是他们的忠实粉丝。在写作过程中，我的同事金彦、王晓卫、石泓、孙晓蕾、梁晓钟、胡广立、刘婷、陈超、陈静、秦春申、许博、吴佳哲提供了资料，他（她）们在一些重大问题上的观点和实践让我受益良多，形成了书中的一些观点。我希望这些观点能够经受住经济周期和金融周期的检验，当然全书错漏完全由我负责，非常欢迎读者批评指正。感谢中国金融出版社肖丽敏主任鼎力支持、忘我工作，没有她的团队，本书绝无可能在这么短的时间内就与读者见面。

"望崦嵫而勿迫，恐鹈鴂之先鸣"，这些年来我过于沉浸在自己的事业中，陪伴父母、妻儿的时间很少。蓦然回首，感慨万千，家人默默地承担着工作、学习、生活中的各种压力，为的是让我义无反顾地做个踽踽独行的探索者，他们的爱是我前进的不竭动力。

章 彰

2022 年 6 月 29 日